Danksagung

Mein Dank gilt allen Frauen, die in den vergangenen Jahren mit Ihrer ganz persönlichen Situation sich meiner Beratung und meiner Analyse anvertrauten. Ohne Sie wäre dieses Buch niemals zustande gekommen.

Ebenso gilt mein Dank den Frauen, die mir im Rahmen der Recherche als wandelnde Naturtalente eine zusätzliche Inspiration waren. Sie alle leben mit beeindruckendem Beispiel vor, mit welcher Konsequenz, mit welcher kristallklarer Intuition und Selbstsicherheit, doch gleichzeitig auch mit welcher unendlichen Wärme, Leidenschaft, Lebenslust und Lebensfreude sie stets Ihre ureigene weibliche Kostbarkeit in all Ihren Facetten zelebrieren. Fast geheimnisvoll beseelt von etwas viel Höherem, gegen das ein Mann keine Chance hat, entwaffnen sie nahezu jeden von ihnen ergeben an Ihrer Seite.

Mein besonderer Dank gilt hierbei Sonja.

Martin von Bergen

Das Geheimnis, wie sich ein Mann wieder in Sie verliebt

Wie Sie ihn wieder an sich binden, wenn er sich von Ihnen emotional entfernt hat.

1. Auflage

Herausgeber: Bluepoint Publishing Limited

Autor: Martin von Bergen

ISBN: 978-3-03799-310-1

Printed in Germany

Bibliografische Information der Deutschen Nationalbibliothek:

Die Deutsche Nationalbibliothek verzeichnet diese Publikation in der Deutschen Nationalbibliografie; detaillierte bibliografische Daten sind im Internet über http://dnb.d-nb.de abrufbar.

Inhalt

Inhalt

Inhalt

Vorwort

In den vergangenen Jahren wurde ich im Rahmen meiner Tätigkeit als Frauen - und Beziehungscoach immer wieder gefragt:

„Wie ist es denn bloß möglich, dass er sich so schlagartig verändern kann? ER war doch derjenige, der sich anfangs die ganze Zeit so stark um mich bemühte, während ich mich lange Zeit kaum für ihn erwärmen konnte und mir gar nicht im Klaren darüber war, ob er mein Typ ist und noch lange nicht wusste, was ich überhaupt von ihm will ...“

Meistens wurden dann am Anfang einer Fallbegleitung von Seiten der Frau zunächst die verschiedensten, verzweifelten Fragen geäußert:

- „Wie kann ich ihm zeigen, dass ich die Richtige für ihn bin?“
- „Wie erreiche ich, dass er seine Liebe zu mir wieder spüren kann?“
- „Was kann ich tun, damit er sich wieder bei mir meldet?“
- „Wie schaffe ich es, dass er endlich wieder liebevoll, aufmerksam und zärtlich zu mir ist?“
- „Was ist bloß geschehen? Er geht fremd mit einer anderen“
- „Er weiß nicht mehr, was er von mir will. Er will keine feste Beziehung. Was kann ich tun?“
- „Er sagt, er liebt mich, aber er kann nicht mehr mit mir zusammen sein”
- „Er hat sich von mir getrennt: Wie kann ich ihn zurückbekommen?“
- „Was kann ich tun, damit er wieder das Verlangen spürt, mit mir zu schlafen?“
- „Was kann ich tun, damit er wieder erkennt, dass er eine gemeinsame Zukunft mit mir will?“

Doch fast immer reduzierte sich für mich im weiteren Verlauf das eigentliche Problem auf die einfache, alles entscheidende Frage:

„Warum hat er sich von mir emotional entfernt und wie kann ich ihn wieder ganz neu an mich binden?“

Liebe Leserin,

seit vielen Jahren bin ich als Coach und Berater von Frauen tätig, die sich in einer schmerzhaften Beziehungskrise befinden.

Fast alle Frauen, die ich in den Jahren beriet, litten zu Beginn unter einer komplizierten Situation mit einem Mann, der nach einer intensiven Zeit leidenschaftlichen Verliebtseins und ehrlicher, verbindlicher Nähe trotzdem damit begann, sich von der Frau emotional zu entfernen.

Aus den vielen Begleitungen und konkreten Fallanalysen ist mittlerweile eine umfassende und übersichtliche Praxisanleitung entstanden, um nach einem bestimmten Zeitplan und in einem ganz bestimmten Tempo all die Schritte nachzuholen, die Ihre gemeinsame Verbindung FÜR IHN wieder fühlbar machen können.

Selbst auf die Gefahr hin, dass es Ihnen paradox erscheint:

Ich möchte, dass Ihnen zunächst einmal klar wird, dass sein starkes Abstandsverhalten absolut NICHTS damit zu tun hat, dass er etwa die Trennung von seiner Exfrau noch nicht verarbeitet hat, er etwa bindungsunfähig ist und dass sein Verhalten ebenso auch NICHT damit zusammenhängt, dass er persönliche Probleme, familiäre Verpflichtungen oder beruflichen Stress hat.

Daher werden Sie sich im Verlauf des ersten Kapitels zunächst einmal ganz bewusst darüber werden müssen, dass der Grund für seine Gefühlserkaltung NICHT darin liegt, dass Sie etwa nicht gut genug für ihn sind, dass er es scheinbar nicht wirklich ernst mit Ihnen meinte oder dass er von Anfang an nur mit Ihnen spielen wollte.

Wenn Sie ganz ehrlich behaupten können, dass Ihr Kandidat für eine gewisse Zeit bemüht, zärtlich und aufmerksam war, Ihre Nähe suchte, sich wohl bei Ihnen fühlte und sehr gern Zeit mit Ihnen verbrachte:

Dann dürfen Sie sich fast sicher sein, dass seine erste gefühlte, jedoch zerbrechliche Verbindung mit Ihnen dafür ausgereicht hätte, um sich nach und nach auf eine ganz natürliche Weise tiefer und tiefer an Sie zu binden: WENN Sie sich auf eine ganz bestimmte Weise seinem inneren Bindungsrhythmus souverän, geduldig und spielerisch angepasst hätten.

Sie wissen selbst, dass Sie sich in einer komplizierten und sehr herausfordernden Situation befinden.

Denn Sie fangen ja nicht bei Null an, sondern wenn Sie beginnen dieses Buch durchzuarbeiten, haben Sie an dieser Stelle höchstwahrscheinlich schon eine größere Menge Ihres „Pulvers verschossen".

Sie haben einiges „wiedergutzumachen", fangen also im Minus an:

Denn gegenüber einem Mann, welchen Sie etwa ganz neu kennen lernen würden, stehen Sie momentan IHM gegenüber vor einer viel größeren Aufgabe:

Meiner Erfahrung nach sind etwa 95 % aller Frauen, die sich in diesem Moment in einer ganz ähnlichen Situation befinden wie Sie, ihren heftigen Gefühlen völlig hilflos ausgeliefert:

Fast panikartig innerlich getrieben, tendieren sie dazu, immer weiter „Öl ins Feuer zu gießen" durch fast alles, was sie jetzt im Kontakt mit ihrem Freund tun, sagen und ebenso durch das, was sie unterlassen.

Ihre gegenwärtige grundbesorgte und bedrückte Ausstrahlung verschüttet immer weiter und immer fester all das, was ER anfangs noch für Sie empfand.

Eine erdrückende Mischung aus Vorsicht, Gleichgültigkeit, Mitgefühl, Genervtheit und Hilflosigkeit bilden jetzt eine Wand, die sein Herz so fest und so undurchdringbar umschließt, dass er seine Gefühle für Sie zunächst erstmal NICHT mehr spüren kann.

Dieses Buch ist an alle Frauen gerichtet, die diesen Fehler bereits begangen haben.

Ab heute werde ich Sie dabei anleiten, Schritt für Schritt seinen ursprünglich gefühlten und aufflackernden Bindungswunsch wieder freizulegen, damit er den inneren Raum hat, sich wieder von ganz alleine innerlich stark in Ihre Richtung getrieben zu fühlen.

Um das zu erreichen, müssen Sie den Acker seiner inneren Welt wieder auf eine sehr kluge Weise neu und effektiv besäen, so dass die zarte Pflanze seiner ursprünglichen starken Zuneigung für Sie ÜBERHAUPT erst einmal wieder anfangen kann, zu wachsen.

Denn erst DANN, wenn der Same richtig gesät wurde und die Pflanze erneut Wurzeln schlägt, können Sie fortfahren, womit Sie verhängnisvollerweise damals aufhörten:

Das zarte Gewächs seiner Emotionen wieder in der RICHTIGEN Weise und stets zum richtigen Zeitpunkt zu begießen.

Nur so kann dann später daraus wieder ein kleiner, stabiler Baum werden.

Dieser ungewöhnliche Weg, der nun vor Ihnen liegt, wird Ihnen einiges abverlangen.

Vor Ihnen liegt nun die Aufgabe, sich Schritt für Schritt in jene Frau zurückzuverwandeln, in die er sich anfangs verliebte.

In den vergangenen Jahren kristallisierte sich im Rahmen meiner Tätigkeit ein umfassender und effektiver 3 Schritte- Plan heraus, den ich seit Jahren mit schon vielen hunderten von Frauen in sehr speziellen Beziehungssituationen intensiv zusammen durchlaufen habe:

1. Transformationsphase

2. Führungsphase

3. Bindungsphase

Diese 3 Wiederannäherungs-Phasen folgen der inneren Entstehungsdynamik eines männlichen Bindungswunsches.

Ich werde Ihnen für jede dieser Phasen ganz bestimmte Vorgehensweisen und Maßnahmen erklären, um den Wachstumsprozess seiner verschütteten Gefühle nach einem bestimmten Rhythmus wieder neu in Gang setzen zu können und ihn damit Stück für Stück wieder VON SELBST fühlen lassen zu können, was ihn wirklich an Sie bindet.

Aus Erfahrung möchte ich Sie ermutigen und motivieren:

Wenn Sie es geschafft haben, nach der Transformationsphase „die Zügel" wieder in der Hand zu haben, können Sie wieder die Kraft und die Souveränität in sich spüren, dass SIE es in Wirklichkeit sind, die das Geschehen mit ihm aus Ihrer weiblichen Stärkeposition lenkt.

Erst DANN können Sie in der Führungsphase wieder weitermachen, womit Sie damals wohl verhängnisvollerweise aufgehört haben und können wieder ALLE Facetten Ihrer souveränen und spielerischen Weiblichkeit ihm gegenüber neu erstrahlen lassen.

Mir ist es sehr wichtig, Ihnen bei jedem einzelnen Schritt ganz genau zu erklären, WARUM diese für Sie teils sicher ungewöhnlich und teils auch etwas krass wirkenden Maßnahmen für Sie der einzige Weg sind, der dazu führt, dass Ihr Freund wieder Stück für Stück genau das fühlen kann, was SIE im Moment für ihn fühlen.

Wenn Sie diesen Weg entschlossen und konsequent mit mir gehen, wartet am Ende Ihre weibliche Souveränität und Ihre emotionale Freiheit.

Es wartet Ihre natürliche innere Leichtigkeit im Kontakt zu DEM Mann, den Sie wirklich lieben – als die unendlich kostbare und facettenreiche Frau, die Sie in Wahrheit sind.

Ich möchte mich an dieser Stelle von ganzem Herzen bei all den Frauen bedanken, die mir im Verlauf der vergangenen Jahre in sehr intensiven und aufschlussreichen Beratungsstunden Ihre konkrete Beziehungssituation anvertrauten. Ohne die permanente Fallanalyse und ohne die große Herausforderung, mich immer wieder neu in ihre verschiedensten Konstellationen hineinzufühlen und dabei konkrete Lösungen zu erarbeiten, wäre dieses Buch niemals entstanden.

Ebenfalls bedanke ich mich auch bei allen weiblichen „Naturtalenten“, welche ich in den vergangenen Jahren immer wieder zu diesem persönlichen Thema interviewte. Diese Frauen bestätigten mir mit Ihren ganz individuellen und farbenfrohen Beispielen in sehr beeindruckender Weise die Gültigkeit der von mir beschriebenen Konzepte.

Ich freue mich, Sie nun auf eine spannende und erkenntnisreiche Reise mitnehmen zu dürfen und Sie auf dem Weg zur Wiederverbindung mit Ihrem Nr.1-Kandidaten zu begleiten.

Herzlichst, Ihr

Martin von Bergen

Kapitel 1: Warum ein Mann sich von Ihnen emotional entfernt

Schon sehr häufig fragte ich eine Frau am Anfang der Beratung danach, welche Gründe SIE SELBST für möglich hielt, warum Ihr Freund sich von ihr emotional immer weiter entfernte.

In den meisten Fällen wurde mir mindestens einer der folgenden Punkte genannt:

- Er ist nicht beziehungsfähig.
- Er hat Angst, sich wirklich zu binden und fürchtet sich vor zu viel Nähe.
- Er hat die Beziehung zu seiner Exfreundin noch nicht wirklich verarbeitet.
- Ich habe ihm zu viele Vorwürfe gemacht.
- Er hat sich zu sehr von seinen Freunden bzw. Eltern beeinflussen lassen.
- Er liebt mich nicht mehr.
- Er hat Angst, verletzt zu werden.
- Er hat eine Andere.
- Er hat zunehmend beruflichen bzw. privaten Stress.
- Er hat eine schwere Vergangenheit/schwere traumatische Erfahrungen gemacht.
- Er hat ein Problem mit seiner Mutter/mit Alkohol/mit Frauen/mit sich selbst/ mit Gefühlen/mit Nähe/etc.

Doch bei näherer Beleuchtung des bisherigen Beziehungsverlaufs traf in 99% der Fälle KEINER dieser Gründe zu, wenn es darum ging, herauszufinden, WARUM er sich in Wirklichkeit von ihr zurückzog und WIESO bei ihm die anfängliche Verbindlichkeit und Verliebtheit zunehmend verblasste. Es waren schlicht und einfach NICHT die Ursachen für seinen Rückzug.

Liebe Leserin,

Für den Fall, dass Sie wirklich behaupten können, dass für Sie zu Beginn Ihrer Beziehung von seiner Seite aus spürbar Anziehungskraft, Nähe und Verliebtheit erkennbar waren und Sie tatsächlich eine gewisse Zeit lang das Gefühl hatten, dass er es damals ernst mit Ihnen meinte, dann vermute ich sehr stark Folgendes:

Es bestand zum damaligen Zeitpunkt schon ein Fundament zwischen Ihnen, das absolut ausgereicht hätte, damit er sich immer tiefer und verbindlicher an Sie gebunden hätte.

Unter ganz bestimmten Bedingungen:

WENN Sie das tief verwurzelte, komplizierte männliche Bindungsverhalten damals schon berücksichtigt – und sich danach verhalten hätten.

Ich kann Ihnen aus meiner Erfahrung versichern, dass die innere Bereitschaft eines Mannes, sich dauerhaft an Sie zu binden, von einem alles entscheidenden oberen Prinzip abhängt:

Ob ein Mann mit einer Frau glücklich wird, sie niemals verlässt, sondern dauerhaft bei ihr bleibt, hängt weniger von ihm selbst ab – es steht und fällt mit der Fähigkeit der Frau, auf das Verhalten des Mannes STETS PASSEND ZU REAGIEREN.

Dies mag sich an dieser Stelle noch recht unkonkret und allgemein anhören, doch möchte ich Ihnen die Bedeutung dieses Prinzips in diesem Kapitel noch viel genauer erklären.

Wenn ich Ihnen im Folgenden die häufigsten weiblichen **Fehlreaktionen** erläutere, die fast immer dazu führen, dass sich ein Mann von einer Frau mehr und mehr emotional entfernt oder sich irgendwann von ihr trennt, werden sie dieses Prinzip sicher deutlich besser verstehen.

Vor allem hoffe ich, dass Sie durch dieses tiefere Verständnis erkennen werden, dass Sie durch Ihr gesamtes Verhalten einen unermesslich großen Einfluss darauf haben, ob eine Beziehung zu Ihren Gunsten oder zu Ihren Ungunsten verläuft.

Rückblickend auf meine langjährige Tätigkeit als Frauen- und Beziehungscoach kann ich immer wieder **drei entscheidende Hauptursachen** feststellen, warum ein Mann, obwohl er anfangs mit viel Gefühl, Verliebtheit und Verbindlichkeit bei der Sache war und sich eine Zeit lang brennend und leidenschaftlich bemühte, irgendwann TROTZDEM begann, sein Interesse zu verlieren (dies sogar häufig schlagartig) und von da an stets nur noch gefühlskalt, gleichgültig und ablehnend wurde.

Wenn ein Mann sich von einer Frau emotional entfernt, sich immer mehr innerlich zurückzieht und sich im Extremfall von ihr trennt, liegt es in nahezu jedem Fall an einem oder mehreren der folgenden 3 Gründe:

Warum er sich von Ihnen emotional distanzierte, obwohl Sie vorher die Richtige für ihn waren

Um das widersprüchliche Verhalten eines Mannes zu verstehen, der sich anfangs sehr enthusiastisch und begeistert um die Frau bemüht, sich dann aber wieder überraschend und sehr plötzlich von ihr entfernt, möchte ich zunächst einen kleinen Ausflug in die männliche Bindungspsychologie mit Ihnen machen:

Jeder Mann, der sich irgendwann in seinem Leben dauerhaft und wirklich ernsthaft an eine bestimmte Frau bindet, muss bindungspsychologisch gesehen 3 bestimmte

Phasen durchschreiten, bevor er von ganzem Herzen das erste Mal das tiefere Verlangen empfinden kann, sich langfristig auf diese eine Frau festzulegen.

Die Anziehungsphase

Dies ist der Zeitraum der ersten Monate vertrauter Nähe und Intimität, die Zeit des unbeschwerten Zusammenseins, endloser Gespräche tiefer Leidenschaft.

Im Gegensatz zur weiblichen Bindungspsychologie, bei der in dieser Periode das Gefühl von „Zukunftspotenzial“ und „Zusammengehörigkeit“ eine große Rolle spielt, sind dagegen aus männlicher Perspektive seine erlebten Gefühle in dieser Phase NICHT dafür entscheidend, ob es später zu einer festen Beziehung kommt oder nicht.

Während eine Frau allein schon aufgrund ihrer biologischen Konstitution gezwungen ist, instinktiv den Mann daraufhin abzuchecken, ob es sich im Blick auf ihre eigene Zukunft lohnt, ihre Energie und ihre Gefühle in ihn zu investieren, kann der Mann in derselben Situation nicht den Wunsch in sich fühlen, herausfinden zu müssen, ob die Frau langfristig zu ihm passt oder nicht.

Er muss in seinem Leben nicht lernen, das Risiko zu vermeiden, eine falsche Entscheidung zu treffen und sich auf eine Frau einzulassen, von der sich vielleicht herausstellen könnte, dass Sie doch nicht die Richtige für ihn ist.

In den ersten Monaten der intensiven Nähe und der Vertrautheit mit einer Frau hat er NICHT die Möglichkeit, sich darüber bewusst zu sein, wie ernst es ihm mit ihr ist.

Nur wenige Ausnahmen bestätigen hier die Regel.

Während eine Frau sich in der Anziehungsphase zukunftsorientiert an einen Mann bindet, bindet sich also der Mann in der Anziehungsphase eher „defizitorientiert“:

Die erlebte Zärtlichkeit, der Sex und die gemeinsamen Stunden haben für ihn im Wesentlichen die Bedeutung, seine eigenen gefühlten Mängel zu kompensieren:

1. Das frustrierende Gefühl, in seinem Leben keinen Einfluss darauf nehmen zu können, ob und wann er Sex und Zärtlichkeit erlebt.
2. Das fehlende männliche Selbstbewusstsein, sich entschlossen und erfolgreich an solche Frauen heranzumachen, die ihm wirklich den Atem rauben und bei denen er aufgeregt und nervös wird.
3. Dadurch das Erleben von oft längeren „Durststrecken“ mit Einsamkeit und unerfülltem starkem Verlangen nach Intimität.
4. Der unglaublich starke Trieb nach weiblicher Bestätigung seiner Männlichkeit.

In den allermeisten Fällen erfüllt ihn eine sehr starke Unsicherheit darüber, ob er als Mann attraktiv genug ist für solche Frauen, die sein Herz berühren.

Weil er sehr unsicher darüber ist, ob er jemals eine Chance bei solch einer Frau hat, braucht er immer wieder das überlebenswichtige Gefühl, ÜBERHAUPT von Frauen begehrt zu sein – das heißt insbesondere von Frauen, die ihm zuerst weniger auffallen und denen er zufällig in seinem Lebensumfeld begegnet.

Sobald eine Frau ihm ausreichend interessant genug erscheint und er eine Chance bei ihr wittert, hat er den starken Drang, sie zu erobern und sie in sich verliebt zu machen – im Wesentlichen erst mal, um seine Männlichkeit zu spüren und seine überbordende Sehnsucht nach Nähe und Sexualität zu stillen.

In der Anziehungsphase geht es dem Mann also NICHT darum, herauszufinden, ob die Frau zu ihm passt oder nicht.

Es geht ihm nur darum, diesen Zustand mit der Frau ALS SOLCHEN in all seinen Facetten zu genießen.

Dies hält ihn dann auch nicht davon ab, anfangs eine starke Leidenschaft und Verliebtheit zu empfinden. Es hält ihn in dieser Phase ebenfalls nicht davon ab, euphorisch von einer gemeinsamen Zukunft zu reden und die Worte „ich liebe dich“ zu sagen.

Die Unverbindlichkeitsphase

Diese Phase folgt meistens direkt auf die Anziehungsphase:

Die Oberflächlichkeit der Energien, die den Mann in Phase 1 noch getrieben haben, führen in Phase 2 dazu, dass er beginnt, einen ganz natürlichen Rückzug von der Frau zu benötigen.

Bislang war er wesentlich davon angetrieben, seine starken Sehnsüchte mit der Frau zu stillen und seine empfundenen Männlichkeitsdefizite auszugleichen.

Genau das führt jetzt aber in Phase 2 dazu, dass in dem Moment, wo sich eine gewisse Routine eingespielt hat und er das Gefühl bekommt, die Anziehung der Frau in bestimmten Maße „sicher“ zu haben, sein Energiehaushalt jetzt wieder in andere Richtungen gelenkt wird.

Bis hierher hat er viel Zeit und Energie aufgewendet, um an sein Ziel zu kommen:

Endlich wieder lang ersehnte sexuelle Leidenschaft zu erleben. Schmerzlich vermisste Nähe und Vertrautheit zu genießen – und das Gefühl auszukosten, von einer interessanten Frau begehrt und gewollt zu werden.

Das wesentliche Ziel war, genau DIESEN Zustand erstmal halbwegs sicher zu haben.

Für diesen starken Wunsch hat er in Phase 1 gekämpft, sich bemüht, Gedanken und Zeit eingesetzt und die Angst ausgehalten, Sie zu verlieren. Er hat – von diesem Wunsch getrieben – Ideen und Pläne geschmiedet, sein bestes Selbst präsentiert, gehofft und gebangt.

Sie können sich vielleicht nicht vorstellen, wie AUSGESPROCHEN STARK diese Triebkräfte in einem Mann wirksam sind. Doch ist sein tief empfundener Männlichkeitsmangel so überaus mächtig am Werk, dass er überhaupt nicht imstande ist, noch weiter zu blicken.

Er hat schlicht und einfach in dieser Phase nicht die Möglichkeit, sich darüber bewusst zu werden, was genau er eigentlich von dieser Frau langfristig will, wie unverzichtbar sie für ihn wirklich ist – und was sie in Wahrheit auch nur ansatzweise mit seiner Zukunft zu tun haben könnte.

So kommt es in den meisten Fällen dazu, dass er in dem Moment wo er registriert, dass er das Interesse und die Zuneigung der Frau sicher hat, SOFORT UND UNMITTELBAR damit beginnt, sich nicht mehr ganz so stark zu bemühen und einen Gang herunterzuschalten.

Bedenken Sie:

Bevor er Sie kannte, führte er ein Leben mit wichtigen Inhalten, Interessen und Kontakten, welches er zu vernachlässigen begann, als er anfing Sie zu erobern. Er fängt jetzt sofort damit an, sich wieder um all die Dinge zu kümmern, die er bis hierher mehr oder weniger für die Frau zurückstellte:

- seine männlichen und weiblichen Freunde wieder häufiger zu treffen.
- seinen Interessen und Hobbys wieder aktiv nachzugehen.
- sich wieder mehr in seine Arbeit zu stürzen.

- sein Bedürfnis danach, allein zu sein und in Ruhe seinen Gedanken nachzuhängen.
- seine Familie und Bekannten häufiger zu sehen.
- usw.

Er hat jetzt das starke Bedürfnis, all diese Dinge OHNE SIE zu tun, denn er fühlt jetzt eine gewisse Ernüchterung und Sättigung von Ihnen:

Eine leichte Unsicherheit darüber, was er wirklich will und leichte Zweifel darüber, ob seine Gefühle ausreichen, um diesen Weg mit Ihnen in gleicher Intensität weiter zu gehen.

OHNE SIE, weil er spätestens jetzt in dieser Phase Unentschlossenheit spürt weil er noch keine Ahnung hat, ob seine momentane Verbindung mit Ihnen überhaupt irgendein Zukunftspotenzial hat.

Liebe Leserin, doch bevor Sie jetzt mehr und mehr irritiert und beunruhigt werden, lesen Sie bitte weiter, denn nun kommt die gute Nachricht:

1. JEDE dauerhafte, glückliche Beziehung basiert darauf, dass beide Partner jeweils zu ganz bestimmten Zeitpunkten ihre Phasen des Zweifels und des Sich-Bewusstwerdens in der ersten Zeit der Beziehung – und später ebenfalls immer wieder – ungestört durchlaufen konnten.
2. JEDER Mann durchläuft die Phase 2, bevor er sich in Phase 3 von Herzen und dauerhaft an eine Frau binden KANN.
3. Sein schlagartiger Rückzug ist zunächst GANZ NATÜRLICH und bedeutet erstmal absolut NICHT, dass er darüber nachdenkt, Sie zu verlassen.

Er genießt die neue Beziehung zu Ihnen jetzt aus der Distanz, einfach indem er die neuen Energien für andere Dinge, die er vorher vernachlässigte, nutzt.

OB ein Mann sich weiterhin an die Frau bindet oder ob er sich vielleicht immer weiter zurückzieht und irgendwann in Phase 2 stagniert, hängt weniger von ihm selbst ab als vielmehr von der Art und Weise, wie Sie als Frau mit seinem emotionalen Rückzug umgehen.

Und genau um diesen Punkt geht es in diesem ganzen Kapitel:

IHRE REAKTION auf seine Rückzugsphase ist ausschlaggebend dafür, ob ER irgendwann damit beginnt, sich tiefer zu Ihnen hingezogen zu fühlen oder ob er auf dieser Stufe der Ungewissheit „stecken" bleibt.

Wir werden uns gleich noch genauer anschauen, was in dem Gefühlsleben Ihres Geliebten vermutlich vorging, so dass er bisher noch nicht FÄHIG war, einen tiefen und ernsthaften Bindungswunsch für Sie zu entwickeln.

Die Bindungsphase

Die Bindungsphase ist die Phase, in der ein Mann beginnt zu fühlen, dass er eine Frau wirklich ernsthaft will:

Er merkt, dass sie immer unersetzlicher für ihn wird und dass er sich keine andere mehr vorstellen kann. Er beginnt immer mehr damit, sich eine gemeinsame Zukunft auszumalen, konkret gemeinsame Pläne zu schmieden und er lässt die Frau offen an seinem Leben teilhaben.

Ganz entscheidend dafür, dass es überhaupt zu einer Bindung kommt, ist jedoch die Art und Weise, WIE er Sie während seiner Unverbindlichkeitsphase erlebt. Ein Mann wird sich nur an Sie binden,

- wenn er das Gefühl bekommt, dass er Sie wirklich braucht.
- wenn er erlebt, dass er Sie wirklich schmerzlich vermisst.
- wenn er auf einer tieferen Ebene spürt, was es wirklich bedeutet, Sie zu verlieren.
- wenn er sich stark verbunden mit Ihnen fühlt.
- wenn er spürt, dass Sie perfekt mit ihm umgehen können und stets das richtige „Schritt-Tempo“ mit ihm gehen
- wenn er fühlen kann, dass Sie weiterhin die unbeschwerte, glückliche und starke Frau bleiben, um die er anfangs gekämpft hat.
- wenn er spürt, dass er Sie nicht verletzen kann, er nicht ihr Lebensmittelpunkt ist und er Sie in keinster Weise durch seinen Abstand verunsichern und enttäuschen kann.
- wenn seine Distanz von Ihnen ebenso analog „gespiegelt” wird und Sie Ihre Erfüllung im Falle seiner Distanzierung stets woanders suchen und bekommen.

Fast ALLES ist also davon abhängig, wie er Sie in Ihrem Verhalten und in Ihrer gesamten Ausstrahlung erlebt, sobald er beginnt, sich das erste Mal von Ihnen zu entfernen.

Die alles entscheidenden Weichen werden von Ihnen als Frau gestellt.

Ich komme in Kapitel 2 sehr detailliert darauf zurück, was Sie Schritt für Schritt tun müssen, um Ihren Kandidaten wieder spüren zu lassen, dass Sie immer noch genau die Frau sind, in die er sich anfangs enthusiastisch verliebte.

Doch kommen wir zurück zur Hauptursache dafür, dass ein Mann sich von Ihnen emotional entfernt.

Entscheidend beim Verständnis darüber, wie Männer sich langfristig und immer tiefer an eine Frau emotional binden, ist die Unverbindlichkeitsphase (Phase 2).

Diese Phase entscheidet nicht nur darüber, ob es nach dem ersten innigen und intimen Kennenlernen ÜBERHAUPT zu einer ersten tieferen und ernsthafteren Bindung kommt – Sie entscheidet über noch viel mehr:

Insbesondere in den ersten Jahren einer festen Beziehung fällt ein Mann in den meisten Fällen immer wieder für eine gewisse Zeit zurück in die Unverbindlichkeitsphase. Diese männliche Distanzierung WÄHREND einer schon bestehenden Beziehung ist zunächst noch normal und bindungspsychologisch völlig natürlich.

Denn in sehr vielen Beziehungen führen die natürlichen Distanzierungstendenzen des Mannes NICHT zu einer Krise, da die Frau häufig ebenfalls selbst Ihre ganz natürlichen Distanzierungsbedürfnisse lebt und den Rückzug des Mannes daher nicht als schmerzhaft empfindet.

In anderen Fällen wiederum REAGIERT die Frau auf das Verhalten des Mannes PASSEND, indem sie in ihrer gesamten Ausstrahlung und ihrem Verhalten weiterhin vertrauensvoll, beherrscht und souverän bleibt. Sie behält ihr Misstrauen, ihre Eifersucht und ihre Verlustangst weitestgehend FÜR SICH und wahrt stattdessen das Gleichgewicht, indem sie ihm gegenüber weiter ruhig und gelassen bleibt, ihr Leben jedoch aktiv mit anderen Inhalten füllt.

In beiden Fällen zieht es den Mann nach kurzer Zeit wieder von GANZ ALLEIN zurück zur Frau. Häufig FESTIGT sich sogar dadurch seine innere Bindung an sie.

Auf eine kritische und bedrohliche Weise entfernen sich Männer nur dann von einer Frau, wenn sie in seiner Unverbindlichkeitsphase Ihre emotionale Unabhängigkeit verliert.

Mit anderen Worten:

Wenn eine Frau nach dem ersten schmerzhaften Schock, den sie beim plötzlichen Erkalten des Mannes fühlt, es nicht schafft, ihre emotionale Freiheit in der Beziehung zu behalten, VERÄNDERT sich Ihre gesamte Ausstrahlung in den Augen des Mannes. Das vorherige Gleichgewicht zwischen den beiden kippt in kritischer Weise und verwandelt sich in eine extreme Schieflage.

ER braucht sie nicht mehr so stark wie noch vor dieser Phase. SIE jedoch braucht ihn noch stärker als je zuvor zum emotionalen Überleben.

In den ersten Monaten einer noch sehr zerbrechlichen und ungeläuterten Beziehung führt dieses Missverhältnis meistens sehr schnell zu einer großen Krise: Da bisher kaum ein gemeinsames und einigermaßen bewährtes Beziehungsfundament aufgebaut wurde, hat die Frau nur die folgende Wahl:

Entweder sie lässt die sichere Trennung über sich ergehen, oder sie erkennt ihr eigenes Abhängigkeitsmuster und beginnt entschlossen damit, Schritt für Schritt wieder ihre emotionale Freiheit und Unabhängigkeit zu erlangen und so in Augen des Mannes wieder zur der Frau zu werden, in die er sich verliebte.

In einer längeren Beziehung hat die Frau zwar meistens vielmehr Zeit, um diese Aufgabe zu meistern und die Trennung dadurch zu verhindern.

Doch beobachte ich immer wieder, dass selbst in jahrelangen verbindlichen Beziehungen das typisch erkaltete und gleichgültige Verhalten des Mannes, sobald er in seine Unverbindlichkeitsphase fällt, IMMER DANN zu einer Trennung führen kann, wenn die Frau es nicht schafft, mit ganzer Entschlossenheit innerlich LOSZULASSEN und damit aufzuhören, um die Beziehung zu KÄMPFEN.

In sehr vielen Fällen führt ihre gefühlte Ohnmacht dazu, dass sie nicht mehr die Kraft besitzt, sich INNERHALB der Beziehung zu transformieren. Denn nur wenn sie sich in dieser Phase komplett innerlich emanzipiert und sich selbst zurückgewinnt, indem sie damit aufhört, ihre Lebensenergie in die Beziehung zu investierten, stellt sie die anfängliche Balance zu diesem Mann wieder her. Die Beziehung gewinnt dann anschließend an noch mehr Tiefe.

Schauen wir uns jetzt die tiefere Dynamik noch etwas genauer an, die in der Unverbindlichkeitsphase dazu führt, dass ein Mann sich emotional immer mehr von Ihnen entfernt.

Ich möchte Ihnen nahelegen, dass Sie dabei versuchen, Parallelen zu Ihrem vergangenen Verhalten zu erkennen, denn ein tieferes Verständnis für die Zusammenhänge wird Ihnen im weiteren Verlauf des Buches helfen, entschlossen die notwendigen Rückgewinnungsschritte zu gehen.

In den meisten Fällen liegt die Ursache für die Erkaltung eines Mannes in einer verhängnisvollen FEHLINTERPRETATION seines normalen Abstandsverhaltens in seiner Unverbindlichkeitsphase:

Die Frau hat meistens an einem bestimmten Punkt der Beziehung (häufig schon in der Anfangsphase) das Gefühl von Sicherheit und des Geliebtwerdens verloren. Sie verlor ihre emotionale Freiheit und Unbeschwertheit, stattdessen wurden plötzlich folgenden Gefühle in ihr tonangebend:

- Sie spürt seitdem immer wieder die Angst, ihn zu verlieren.
- Sie kann die Beziehung nicht mehr genießen, sondern verkrampft innerlich und zieht sich zurück.
- Sie fühlt sich innerlich bedrückt von der Sorge, dass sie anscheinend nicht mehr attraktiv genug für ihn ist.
- Sie ist wütend, dass er sie so egoistisch und respektlos behandelt.
- Sie spürt immer wieder die schmerzhafte Sorge, dass er sich in eine andere verliebt.

Doch der am meisten kritischste Punkt, der sich seitdem in ihrem Verhalten ihm gegenüber veränderte:

In so gut wie allen Fällen hat sie fortan ihren Freund ihr Misstrauen und ihre permanente Unzufriedenheit deutlich spüren lassen – und ihn seither mit ihrem Verhalten ihm gegenüber aktiv damit konfrontiert.

Damit begann aber in vielen Fällen ein Teufelskreis, der dann dazu führte, dass der Mann ihr gegenüber immer mehr abstumpfte. Doch gehe ich gleich detaillierter darauf ein.

Zunächst müssen Sie verstehen, wie diese Veränderung Ihres Verhaltens sich aus der Sicht des Mannes darstellt.

Je nach Persönlichkeitstyp der Frau beobachte ich immer wieder insgesamt 2 verschiedene Muster, wie eine Frau in ihrer Beziehung rückblickend begann, auf das Rückzugsverhalten des Mannes zu reagieren, so dass ihre Anziehungskraft auf ihn dadurch immer mehr abnahm:

1. Der Mann wird **direkt** mit ihren schmerzhaften Gefühlen konfrontiert:
   Sie beschwert sich, macht ihm Vorwürfe, erwähnt häufig, dass sie unglücklich ist. Manchmal stellt sie ihm ein Ultimatum, dann wieder kritisiert sie, wie rücksichtslos er ist, wie wenig er sich um sie kümmert.
2. Der Mann wird indirekt mit ihren schmerzhaften Gefühlen konfrontiert:
   Sie passt sich immer mehr an ihn an, lässt sich viel von ihm gefallen. Sie schluckt ihren Ärger und ihre Verzweiflung herunter und vermeidet immer mehr,ihn auch nur irgendwie zu enttäuschen und in die Flucht zu schlagen. Die Angst ihn noch weiter zu verlieren, bestimmt wie ein schleichendes Gift immer mehr ihre Handlungen, ihr Denken und ihre Ausstrahlungen ihm gegenüber. Häufig flüchtet sich die Frau gleichzeitig in alle möglichen Aktivitäten, verändert sich beruflich, sucht sich neue Hobbys und Interessen und arbeitet an ihrer Persönlichkeit.

Alle beiden Reaktionen sind fast immer der Hauptgrund dafür, dass der Mann sich immer weiter von ihr distanzierte und sich ihr seitdem nicht mehr liebevoll und leidenschaftlich nähern konnte.

Was geht insgeheim in der Gefühlswelt eines Mannes vor, wenn er sich von Ihnen entfernt und scheinbar Ihnen gegenüber emotional gleichgültig wird?

Liebe Leserin,

ich kann Ihnen eines versichern:

Immer, fast ausnahmslos können sie sich über eines gewiss sein, und ich spreche hier vielen Männern aus der Seele:

Ihr Freund hat sie unverändert sehr, sehr lieb und es ist für ihn ein unerträgliches Gefühl, ihnen wehzutun. Sie sind ihm menschlich sehr ans Herz gewachsen, er hat ein zartes Gefühl für Sie, auch wenn er sehr oft gleichgültig und desinteressiert wirkt.

Aber:

Gerade DESHALB kann er nicht anders, als sich so gefühllos und lieblos zu verhalten, wie er es Ihnen gegenüber gerade tut.

Klingt unsinnig? Ist es von außen betrachtet auch.

Und doch ticken wir Männer genau so.

Warum zeigt er aber dann nicht einfach seine Gefühle, die er für mich hat?

Wissen Sie eigentlich, was das schmerzhafteste und schlimmste Gefühl ist, das Ihr Partner in Ihrer Beziehung haben kann?

Es ist das Gefühl, dass er schuld daran ist, dass Sie unter ihm leiden. Dass er die Ursache dafür sein könnte, dass Sie unglücklich sind und es ihnen nicht gut geht.

Genau dieses Gefühl ist unerträglich für ihn.

Warum ist dieser Punkt so unendlich wichtig zu verstehen?

Weil es zu einem schleichenden und verhängnisvollen Schließreflex in seinem Innern kommt:

Ein Mann kann sich Ihnen gegenüber solange nicht mehr öffnen, solange Sie ihm durch Ihre Ausstrahlung und mit Ihrer Energie signalisieren, dass Sie seinetwegen unglücklich sind.

Er spürt dann reflexartig und unbewusst den Drang, vor diesem Gefühl zu flüchten. Er hat von diesem Moment an keine Wahl mehr, als vor diesem ausweglosen und erdrückenden inneren Zustand zu fliehen.

Alles andere wird dann plötzlich wichtiger als seine Beziehung zu Ihnen und das kann z.B. so aussehen:

- Er trifft sich ausufernd häufig mit seinen Freunden.
- Er engagiert sich verstärkt in anderen Bereichen, orientiert sich beruflich neu, hat viel Stress und hat deshalb immer weniger Zeit für Sie.
- Er legt sich neue Hobbys zu, die ihm weniger Zeit für Sie übrig lassen.
- Er sitzt häufig am PC, schaut mehr Fernsehen, trink mehr Alkohol als vorher.
- Alles andere ist permanent wichtiger als Sie.
- Er hat kaum noch das Bedürfnis, mit Ihnen zu schlafen.

- Er wirkt häufig gedanklich abwesend, innerlich mit anderen Dingen beschäftigt
- Er ist unaufmerksam, desinteressiert und nimmt sich kaum noch Zeit für Sie.

Er kann sich jetzt aus Mitgefühl und schlechtem Gewissen noch eine ganze Zeit lang nicht von Ihnen trennen, denn er ist in dieser Situation noch lange nicht fähig, sich seinen gewachsenen Zweifeln zu stellen und daraus gleich Konsequenzen zu ziehen.

Ebenso ist er so gut wie unfähig, diese für ihn wertvolle Quelle an weiblicher Geborgenheit und Anerkennung einfach so aufzugeben.

So bleibt ihm einfach nichts anderes mehr übrig, als sich einzig nur noch von diesen schlicht unerträglichen Gefühlen immer weiter innerlich zurückzuziehen. Und zwar hinein in alles erdenklich Mögliche, was mit Ihnen nicht zu tun hat. So, dass es für ihn gerade noch moralisch erträglich genug ist, die Beziehung mit Ihnen weiter führen zu können.

Er verharrt auf diese Weise lieber noch eine ganze Weile – notfalls noch jahrelang – weiter in der Beziehung mit Ihnen.

Und zwar solange, bis Sie SELBST keine Kraft mehr haben, Sie einfach nicht mehr können und sich aus purer Verzweiflung von ihm trennen.

ODER solange, bis er schlagartig ein Sprungbrett gefunden hat, d.h. eine neue Frau kennenlernt, in die er sich verliebt oder mit der er sich zumindest ABLENKEN kann.

Der Prozess in seinem Innersten: Wie seine ursprünglichen Gefühle für Sie erkalteten

Wie kann man sich genau vorstellen, dass ein Mann seine ursprünglichen Gefühle für eine Frau komplett VERLIERT, obwohl er es am Anfang noch ernst mit ihr meinte?

Die Antwort darauf zunächst in Kurzform:

Die Flucht des Mannes vor seinen Schuldgefühlen und vor dem unerträglichen Gefühl, eine Frau unglücklich zu machen, führt immer auch GLEICHZEITIG dazu, dass er seine Liebe zu ihr nicht mehr fühlen kann.

Dieser innere Mechanismus im Mann läuft bei ihm jedoch komplett unbewusst ab.

Das heißt mit anderen Worten:

Ein Mann verdrängt mit seinem schlechten Gewissen ebenso auch das Gefühl von Anziehung, das er vorher noch für Sie hatte.

Da ihm dieser Prozess jedoch nicht klar ist, glaubt er dann tatsächlich, dass er weniger für Sie empfindet und dass Sie wohl doch nicht die Richtige für ihn sind.

Seine ursprünglichen positiven Gefühle, die er für Sie hatte, wurden bei ihm sozusagen unter dieser neuen Schicht von Schuldgefühlen und Hilflosigkeit verschüttet.

Liebe Leserin,

ich kann diesen Punkt nicht deutlich genug formulieren, denn er ist so wichtig, um die Gefühlserkaltung Ihres Geliebten wirklich in der Tiefe zu verstehen:

In seiner unbewussten Wahrnehmung haben SIE sich unerwarteterweise zu Ihren Ungunsten verändert. Nicht jedoch er.

Ab einem bestimmten Punkt der Beziehung, ganz gleich ob dieser Zeitpunkt schon in den ersten Tagen oder Wochen des Kennenlernens liegt oder erst nach ein paar Jahren folgte, haben SIE damit begonnen, Ihre vormals noch gleichwertige Position zu verlassen.

Sie haben ihm, obwohl es überhaupt nicht seinem Verhalten ANGEMESSEN war, kontinuierlich weiterhin Ernsthaftigkeit, Verbindlichkeit und verzweifelte Beziehungswilligkeit GEGEBEN, sodass er nicht anders konnte als seine neu gewonnene, ursprünglich gar nicht geplante Macht über Sie zu festigen.

Dadurch, dass er auf diese Weise kaum noch Ihre Grenzen spüren konnte, haben Sie ihn in seiner Gefühllosigkeit und Respektlosigkeit also belohnt. Sein Unterbewusstsein akzeptierte immer mehr die völlig neue, von Ihnen gelebte Realität:

„Du bist jetzt keine Bereicherung mehr in meinem selbstbestimmten Leben für mich, sondern im Gegenteil: Nun brauche ich dich um jeden Preis für mein eigenes emotionales Leben und billige dafür alles was du mit mir tust."

Für ihn fühlt es sich jetzt so an, als wenn er auf einmal von jemandem vergöttert wird, der seine innere Leere und emotionale Labilität mit ihm KOMPENSIERT. Wenn man seine ihm nicht bewussten Gefühle beschriften könnte, würde man in etwa Folgendes lesen können:

„Sie ist ja gar nicht die starke, unbeschwerte, glückliche Frau, die mit klaren Vorstellungen und hohen Erwartungen vertrauensvoll durchs Leben geht. Scheinbar hat sie ihr Leben bisher nur irgendwie erträglicher gestaltet und war in Wirklichkeit die ganze Zeit wartend darauf fixiert, ihren übermächtigen Beziehungstraum zu verwirklichen.
Jeder Mann, den sie ausnahmsweise mal interessant findet und der ihr gleichzeitig ebenso näheres Interesse zeigt, wird verzweifelt und so schnell wie möglich irgendwie in diesen großen Traum hineingezwängt. Ich habe mich scheinbar völlig in ihr getäuscht."

Durch diese veränderte Wahrnehmung Ihrer Person geraten Sie gewaltig in die Schwächeposition.

Um es deutlicher zu sagen: Er stand von Beginn an auf derselben Position, auf der er auch heute noch steht. Er hat sich nicht bewegt.

Nur SIE sind gesunken. Sie sind jetzt in seinen Augen nicht mehr das gleichwertige Gegenüber auf Augenhöhe, auf das er ursprünglich sein ganzes Interesse richtete, sondern Sie sind in Ihrer verzweifelten, bedürftigen Abhängigkeit von seiner Person zu seiner BEDINGUNGSLOSEN ANHÄNGERIN geworden.

Dadurch entsteht in ihm dann das Gefühl, dass SIE sich verändert haben.

Denn für ihn wäre es zu Beginn Ihrer Beziehung absolut NICHT VORSTELLBAR gewesen, dass Sie irgendwann einmal allein aufgrund seiner zeitweiligen Distanz und seinem ersten emotionalen Abkühlen (was für ihn, wie beschrieben, erst mal ganz natürlich ist) damit beginnen könnten, gleich an der gesamten Beziehung mit ihm zu zweifeln, in Panik zu verfallen und ihn mit den qualvollsten Verlustängsten in Ihrer gesamten Ausstrahlung zu konfrontieren.

Glauben Sie mir: Er konnte es sich zu Beginn Ihrer Beziehung einfach nicht vorstellen, dass SIE wegen ihm so schnell Ihre Souveränität, Ihre Stärke und Ihre Unbeschwertheit verlieren könnten.

Hätte er das schon in den ersten paar Begegnungen gespürt, hätte er sich aus Mitgefühl und Überforderung wahrscheinlich niemals auf Sie einlassen können.

Er kann dann aus dieser ungewollten Machtposition heraus so gut wie keine Verliebtheit und Anziehung mehr empfinden.

Denn durch diese Über-Position sind für ihn dann fast nur noch Gefühle wie Mitgefühl, schlechtes Gewissen sowie fehlender Respekt möglich. Nicht jedoch die Empfindung, sich glücklich schätzen zu können, mit dieser Frau zusammen zu sein.

Dieser Veränderung in seiner Gefühlswelt, die eine Frau in dieser Weise verursacht, kann ein Mann sich kaum entziehen. Er hat dann keine andere Chance mehr, als sich nur noch nach dem Lustprinzip zu verhalten und sich immer nur noch dann um die Frau zu bemühen, wenn er zufällig und völlig willkürlich wieder ein wenig mehr Sehnsucht und Verlangen empfindet.

Der ganze „Rest" seiner ursprünglichen Gefühle ist in so einer Konstellation verschüttet.

Verstehen Sie bitte an dieser Stelle unbedingt seine chaotische Gefühlswelt:

Er selbst weiß ja nicht, dass seine Verliebtheit nur verschüttet ist und eigentlich Stück für Stück wieder „freigeschaufelt" werden könnte.

Er weiß es deshalb nicht, weil ja NUR SIE die Mittel dafür besitzen, um die Schicht aus Mitleid, Schuldgefühlen und innerer Beklemmung, die sich immer mehr auf sein Herz legte und seine Leidenschaft verschüttete, zu entfernen und die leidenschaftlichen Gefühle darunter wieder für ihn spürbar zu machen.

Auf der einen Seite ist er stark an Sie gebunden und hat Sie als Mensch in sein Herz geschlossen. Doch auf der anderen Seite verdurstet er auf der Ebene der Beziehung jetzt mehr und mehr, weil Sie ihm Ihre attraktive, unbeschwerte und emotional freie Weiblichkeit jetzt vorenthalten. Seine gefühlte Männlichkeit wird daher von Ihnen kaum noch zum Vorschein gebracht.

Stattdessen ertrinkt er zunehmend in den zwischenmenschlichen Gefühlen, die er für Sie empfindet.
Um sich Luft zu verschaffen, muss er dorthin schwimmen, wo er atmen kann: Weiter nach OBEN, also noch weiter weg von Ihnen.

In den allermeisten Fällen führt dann genau dieser innere Gefühlszustand des Mannes zu einer immer stärkeren Abwärtsspirale:

Ein Mann, der innerlich spürt, dass er die Macht hat, eine Frau permanent unglücklich zu machen, kann irgendwann nicht mehr anders, als ihr durch sein Verhalten zu demonstrieren, dass er sich nicht mehr ändern wird. Dass es keine glückliche Zukunft mit ihm gibt.

Warum wird er das tun?

1. Um Sie daran zu gewöhnen, nicht mehr zu viel Hoffnung in ihn zu investieren.
2. Damit er Sie nicht noch stärker verletzen kann.

In vielen Fällen, die ich kenne und die ich betreut habe, nahm der Mann durch dieses Verhalten sogar indirekt die Trennung vorweg.

Völlig unfähig, teils über Jahre hinweg, SICH SELBST zu trennen (aus Angst, sie erneut zu verletzen und aus Angst sie als emotionalen Halt zu verlieren), blieb ihm nichts anderes übrig, als durch sein gesamtes Verhalten zu PROVOZIEREN, dass sie sich von ihm trennte. Dieser Prozess spielt sich oft komplett unbewusst ab.

Was er von Ihnen braucht, um sich dauerhaft an Sie binden zu wollen und wodurch Sie aufhörten, eine Bereicherung für ihn zu sein

Wissen Sie eigentlich, was ein Mann wirklich von einer Frau braucht?
Wodurch er sich wirklich wohl bei ihr fühlt?

Was bringt ihn dazu, immer mehr darüber nachzudenken, dass er wirklich glücklich ist, Sie zu haben?

Insbesondere in der zerbrechlichen Phase des Rückzugs bzw. der Unverbindlichkeit, also dort, wo die erste stürmische Anziehungsphase einen ersten Dämpfer bekommt und der Mann wieder beginnt, nüchterner zu werden und das Ganze mit Abstand zu betrachten, sieht er die Beziehung aus etwas anderen Augen:

Sein Fokus ist jetzt meistens SEHR genau darauf gerichtet, was die Frau ihm eigentlich zu GEBEN hat, wodurch sie ihn BEREICHERT – und vor allem: Was gibt sie ihm NICHT? Wo ist sie KEINE Bereicherung – und vielleicht sogar eine Belastung?

Um Ihnen genauer zu veranschaulichen, warum ein Mann in seiner Rückzugsphase Sie entweder als Bereicherung oder als Belastung empfinden kann, je nachdem, WIE Sie auf diese Phase reagieren, möchte ich, dass Sie sich etwas vorstellen:

Denken Sie jetzt bitte an eine Bekannte oder Freundin von Ihnen, die Ihnen zu einer bestimmten Zeit Ihres Lebens Ihre Energie geraubt hat und Ihnen immer mehr zur Last fiel, als Sie SELBST von ihr Unterstützung und Verständnis gebraucht hätten. Jedoch forderte die Freundin überwiegend nur IHRE Aufmerksamkeit und Unterstützung - welche Sie ihr aufgrund des freundschaftlichen Verhältnisses TROTZ Ihres eigenen Stresses so gut es eben ging, gaben.

Vielleicht hat diese dabei sogar noch manchmal ungerecht über Sie geurteilt und sich über Ihre fehlende Zuwendung beschwert.

Dieser Bekannten ging es vielleicht nicht gut und Sie brauchte Sie NOCH mehr als Ihnen schon lieb war:

Sie brauchte Ihre volle Aufmerksamkeit und Ihr Verständnis. Sie haben Ihr zugehört, wenn sie Probleme hatte und versucht, Ihr mit Rat und Tat beiseite zu stehen. Es war für Sie selbstverständlich, dass Sie ihr halfen, da Sie ja mindestens eine Art von Freundschaft hatten.

Dies führte nun eventuell dazu, dass Sie selbst Ihre eigenen Bedürfnisse dieser Freundin gegenüber immer mehr zurückstellen mussten, da diese in ihrem Zustand natürlich nicht ansatzweise in der Lage war, sich dafür zu interessieren.

Rein vom Sinn einer Freundschaft her ist es bis hierher noch normal:

Sie erleben nur eine Phase, in der Ihre Freundin Sie MEHR braucht als umgekehrt. Vielleicht war es ja auch schon mal umgekehrt. Daher haben Sie Ihrer Freundin im Moment mehr zu GEBEN, als diese Ihnen geben kann.

Doch wenn dieser Zustand nun eine Weile anhält, kann es dazu kommen, dass Sie dieses Ungleichgewicht immer mehr als belastend und nervend empfinden und diese Bekannte Ihnen zunehmend Ihre Energie raubt:

Sie als Mensch sind ja ebenfalls voll mit Ihren Bedürfnissen: Sie brauchen daher von den Menschen, mit denen Sie näher zu tun haben, eigentlich ebenso Dinge wie Aufmerksamkeit, Ermutigung, Lob, Anerkennung, gute Laune, interessiertes Nachfragen und Zuhören. So wie gemeinsam Spaß haben und die Fähigkeit, ein Verständnis für Ihre Situation entwickeln zu können etc..

Nun stellen Sie sich weiter vor (und vielleicht haben Sie es schon einmal erlebt):

Die Schieflage zwischen Ihnen kippt immer mehr und Sie sind gezwungen, sich die Erfüllung Ihrer eigenen Bedürfnisse nach Austausch, Lebensfreude und heiterer Geselligkeit immer mehr woanders, als bei Ihrer Freundin/Bekannten zu holen.

Ihre Bekannte merkt genau, dass Sie sich immer mehr verschließen und reizbarer erscheinen, sich von ihr mehr und mehr distanzieren und immer weniger Zeit für Sie haben.

Sie fängt jetzt eventuell an, Ihnen ein schlechtes Gewissen darüber zu machen, dass Ihnen nichts an der Freundschaft mit ihr liegt und wirft Ihnen vor, egoistisch zu sein. Vielleicht beklagt sie sich auch nicht direkt, sondern lässt Sie nur deutlich und unmissverständlich spüren, wie sie darunter leidet, dass Sie weniger Zeit und Interesse an ihr haben.

Ganz gleich in welcher Form Ihre Freundin Sie ihr Leid spüren lässt:

Es führt sehr wahrscheinlich dazu, dass Sie selbst jetzt eine Mischung aus Schuldgefühlen, Mitgefühl, Hilflosigkeit und Wut ihr gegenüber empfinden:

Je mehr Sie Ihre Freundin in dieser Form erleben, desto ohnmächtiger fühlen Sie sich.

Je mehr dieser Zustand anhält, desto stärker brauchen Sie Abstand von ihr, um selbst mit Ihrem eigenen Stress und Ihren eigenen Bedürfnissen zu überleben.

Je länger dieser Zustand dauert, desto mehr sehen Sie sie aus anderen Augen:

Diese Frau ist von Ihnen emotional abhängig, Sie selbst jedoch brauchen sie KAUM noch, da sie für Sie immer weniger eine Bereicherung ist.

Sie hat selbst nicht die Kraft und das Interesse, Ihnen zu geben was SIE brauchen, gleichzeitig lässt sie Sie deutlich spüren, dass sie mit Ihnen unzufrieden ist und Ihre bisherige Unterstützung als selbstverständlich erachtete:

Ihre Freundin empfindet Sie daher scheinbar als egoistisch, rücksichtslos und desinteressiert.

Sie sind sich selbst vielleicht gar nicht genauer darüber bewusst, WAS es nun eigentlich ist, das Ihnen Ihre Energie im Kontakt zu ihr raubt, doch wenn man das Verhalten Ihrer Freundin in Einzelteile zerlegen könnte, würde man wahrscheinlich auf Folgendes stoßen:

- Sie kann Ihre bisherige Hilfe und Unterstützung so gut wie gar nicht WERTSCHÄTZEN. Es bedeutet ihr nicht viel. Es war stets „viel zu wenig" und hatte daher scheinbar kaum Bedeutung.
- Da Ihrer Freundin Ihre ganz persönlichen und reichhaltigen Facetten Ihrer Person so wenig bedeuten, kann sie also NICHT diese Eigenschaften von Ihnen „gebrauchen", welche aber in Wahrheit Ihre vielseitige Persönlichkeit ausmachen:
- Zum Beispiel Ihre Fähigkeit zuzuhören, Ihre Energie, Ihren Humor, Ihre Kreativität, Ihre Inspiration, Ihr Wissen, Ihre Großzügigkeit und all die anderen Dinge, die Sie ganz individuell ausmachen.
- Sie hat nicht die Fähigkeit, die Ungerechtigkeit ihres eigenen Verhaltens zu erkennen, um Ihnen zumindest zu signalisieren, dass es ihr bewusst ist, aktuell mehr zu nehmen als zu geben und dass ihr selbst dieser Zustand eventuell unangenehm ist.
- Ihre Freundin kann Ihnen nicht das geben, was SIE SELBST von ihr „brauchen". Sie kann Sie NICHT unterstützen in dem, was SIE SELBST innerlich beschäftigt und wo Sie Inspiration von ihr benötigen.
- Stattdessen braucht sie Ihre Person AN SICH existenziell, dass heißt, sie braucht Sie, um emotional ZU ÜBERLEBEN.
- Ihre Freundin zeigt Züge von Abhängigkeit und Bedürftigkeit: Es ist ihr nicht möglich, Ihre vielen kleinen Gaben zu schätzen, bzw. zu würdigen. Stattdessen kann Sie nicht genug von Ihrer BLOẞEN ANWESENHEIT und von Ihrer BLOẞEN ZEIT bekommen.

Sehr wahrscheinlich führt dieses Verhalten dazu, dass Sie Ihre Freundin nicht mehr als wertvolles Gegenüber wahrnehmen KÖNNEN: als Person, die Sie bereichern und inspirieren kann und bei der Sie stolz sind, mit ihr befreundet zu sein.

Es führt wohl eher dazu, dass Sie sie immer weniger in Ihre Zukunftsplanungen und Freizeitaktivitäten mit einbeziehen.

Außerdem führt es wohl insbesondere dazu, dass Sie keine andere Wahl haben, als immer mehr Abstand von ihr nehmen zu MÜSSEN, da das ohnmächtige Gefühl kaum zu ertragen ist, dieser Frau einfach nicht geben zu können, was sie von Ihnen braucht und von Ihnen ERWARTET – und das Gefühl, sie dadurch scheinbar permanent zu verletzen.

Kommen wir jetzt zurück auf unsere Ausgangssituation – der natürlichen Rückzugsphase Ihres Freundes und Ihre bisherige Reaktion darauf:

Versetzen Sie sich einmal in SEINE Situation:

Im Vergleich zu dem Bild von der unausgewogenen Beziehung zu dieser Freundin ruht eine angehende Beziehung zwischen Mann und Frau ja noch viel weniger auf dem Fundament einer Freundschaft, so dass Dinge wie Mitleid oder engagiertes Helfen in Not hier noch viel weniger eine Rolle spielen.

Denn Ihr Freund ist nicht mit Ihnen als Frau zusammen, weil er eine platonische Freundschaft mit Ihnen einging, sondern einzig, weil er Sie als Frau attraktiv fand. Er hat sich ausschließlich nur in seiner Rolle als Mann an Sie gebunden und lernt Sie während seiner Phase 1 und 2 in Ihrer Eigenschaft als FRAU näher kennen. Er hat in Phase 1 bisher nur das Hier und Jetzt genossen, ohne sich jegliche Gedanken über die Zukunft zu machen. Deshalb zieht er sich in Phase 2 erst einmal von Ihnen zurück.

In dieser Phase spürt er aus der Distanz heraus SEHR GENAU:

1. Ob Sie IHM geben können, was ihn bereichert, inspiriert und ob er sich ÜBERHAUPT bei Ihnen wohlfühlen kann.
2. Ob das, was Er IHNEN SELBST momentan zu geben hat, FÜR SIE überhaupt ausreichend und genug ist. Mit anderen Worten: Er spürt jetzt ebenfalls genau, ob er in seinem gesamten Umgang mit Ihnen immer noch eine Bereicherung für Sie bleibt – oder nicht.

Seien Sie sich gewiss:

Ganz gleich wie wenig er sich bei Ihnen meldet, wie unverbindlich oder wie unterkühlt er ist:

Seine Wahrnehmung Ihrer Person ist in dieser Phase sehr sensibel darauf fokussiert, ob er Ihnen trotz seiner Distanz noch „gut tut" oder ob er Sie durch sein Verhalten herunter zieht, traurig macht und Sie „mehr" von ihm brauchen.

Er will wissen, ob Sie sich weiterhin über seine Anwesenheit freuen und die Zeit unbeschwert genießen können oder ob Sie in irgendeiner Weise beginnen, ihm zu signalisieren, dass es Ihnen viel besser ginge, wenn er Ihnen NOCH mehr Zeit, Aufmerksamkeit und Verbindlichkeit geben würde.

Er fühlt aufgrund seiner männlichen Bindungspsychologie genau das, was er augenblicklich nur fühlen kann – nicht mehr und nicht weniger. Und dabei ist er einfach nur er selbst:

- Er hat Sie weiterhin sehr lieb und schätzt Sie sehr.
- Er denkt weiterhin positiv über Sie.
- Er freut sich darauf, dass er Sie wiedersehen kann, selbst wenn er momentan wenig Zeit und Offenheit dafür hat.

- Sie tun ihm gut. Er genießt die Verbindung mit Ihnen aus der Distanz.
- Er empfindet sich selbst als gewissenhaften, vielseitigen Mann, der viele gute Eigenschaften hat.

Das alles ist für IHN sehr viel. Auch wenn es für SIE wenig ist.

Es ist viel für ihn, weil es wirklich momentan ALLES ist, was er Ihnen GEBEN kann.

Denken Sie jetzt wieder an das Bild von der energieraubenden Freundin:

Wenn Ihr Freund in dieser Phase erleben würde, dass sein natürliches Verhalten dazu führt, dass er Sie unzufrieden und unglücklich macht, OHNE dass er das auch nur im Ansatz ändern kann, dann kann er ebenfalls nicht anders als immer mehr genauso zu fühlen, wie SIE SELBST in diesem Beispiel fühlen würden:

Sie würden sich wahrscheinlich ebenfalls hilflos und überfordert fühlen mit dem brennenden Wunsch Ihrer Freundin, dass Sie stets viel mehr Zeit mit ihr verbringen und dass Sie ihr vielmehr aktive Aufmerksamkeit schenken. Gleichzeitig schreckt es Sie aber zurück, dass Ihre Freundin so wenig Verständnis für IHRE Situation hat und Sie kaum anerkennend würdigen kann, was Sie ihr trotzdem GEBEN.

Liebe Leserin,

Kann es sein, dass Sie in der jetzigen Phase nicht mehr so locker und unbeschwert ihm gegenüber sind und Sie ihm nicht mehr das geben, was er momentan gerade dringend von Ihnen „braucht“?

Zum Beispiel:

Freiheit, Unverbindlichkeit und weiterhin unbeschwerte Heiterkeit?

Haben Sie dafür schon häufiger Ihre Sorgen oder auch Ihre ganze Verzweiflung über die Situation ihm gegenüber zum Ausdruck gebracht – womöglich vorwurfsvoll?

Dann vermute ich Folgendes:

Durch den ganzen Stress und die starke Belastung, die die ganze Situation für Sie bedeutet, konnten Sie in letzter Zeit immer weniger Enthusiasmus aufbringen,

- sich aktiv für ihn und seine Aktivitäten zu interessieren, seine kleinen Aufmerksamkeiten zu würdigen.
- ihn zu loben und ihm zu zeigen, welche Eigenschaften und Dinge Sie an ihm mögen und warum Sie sich wohlfühlen mit ihm.

Es kann also sein, dass Sie ihm aktuell nicht mehr so viel von dem geben, was er von Ihnen als Frau jedoch am Anfang noch bekam.

Vermutlich geben Sie ihm viel weniger von dem, was IHM gut tut, einfach weil Sie sich durch seinen Rückzug von ihm gekränkt fühlen und seinen Rückzug sehr persönlich nehmen.

Ich gebe zu, es ist schwierig, jemandem offenherzig und engagiert etwas zu GEBEN, wenn man selbst nur noch das Gefühl hat, als würde man seine ganze Energie in diese Person investieren, ohne das von ihr/ihm auch nur ansatzweise etwas zurück kommt.

Womöglich KÖNNEN Sie ihm dann weniger solche Dinge geben, die IHM guttun und die IHM Spaß machen. So wie unsere bedürftige Freundin in dem Beispiel IHNEN nicht das geben konnte, was SIE von ihr gebraucht hätten.

Verhängnisvollerweise führt das aber dazu, dass Sie aufhören, eine Bereicherung für ihn zu sein.

Stattdessen fühlt er sich ohnmächtig:

Auf der einen Seite sind Sie unglücklich und verletzt durch sein Verhalten – in dem, was er denkt, tut und fühlt, macht er Sie insgesamt permanent unglücklich.

Auf der anderen Seite halten Sie jedoch immer weiter und immer stärker an ihm fest.

Können Sie sich vorstellen, wie Sie als Frau jetzt zunehmend auf ihn wirken?

Es kommt ihm immer mehr so vor, als wenn Sie ihn nur noch zum reinen emotionalen Überleben dringend benötigen,

- ganz gleich, wie er Sie behandelt und wie wenig Interesse er zeigt.
- ganz gleich, wie sehr Sie sich wirklich für die Dinge interessieren, die IHM wichtig sind.
- ganz gleich, ob Sie aktiv dafür sorgen, dass er sich WOHLFÜHLT.

Dieses Gefühl ist für jeden Mann unerträglich.

Gleichzeitig spürt er, dass seine Gaben und menschlichen Eigenschaften von Ihnen nicht gebraucht werden, dass das, was er Ihnen in seiner Unverbindlichkeitsphase also „anzubieten" hat, nicht von Ihnen gewollt ist.

Um den Vergleich Ihrer energieraubenden Freundin zu bemühen:

Sie geben ihm in diesem Fall NICHT, was er von Ihnen braucht. Sie enthalten ihm also die Dinge vor, die ihm sehr guttun und ihm das Gefühl geben würden, dass er sich wohl bei Ihnen fühlt.

Stattdessen geben Sie unentwegt etwas, was er in dieser Phase absolut NICHT von Ihnen braucht:

Er braucht von Ihnen nicht das Bekenntnis,

- wie ernst Sie es mit ihm meinen.
- wie stark Sie auf eine gemeinsame Zukunft hoffen.
- wie sehr Sie ihn vermissen.
- wie verliebt Sie in ihn sind.
- wie viel Sie an ihn denken.
- wie gern Sie noch viel mehr von ihm hätten.
- wie überzeugt Sie davon sind, dass Sie beide unglaublich gut zusammenpassen.
- usw.

Dies sind alles Dinge, die er brauchen würde, wenn SIE SICH SELBST nach längerer glücklicher Partnerschaft ganz unerwartet und plötzlich VON IHM entfernen würden – wenn SEINE Angst, Sie an jemand anderen zu verlieren, so groß wäre, dass ihm solche Liebesgeständnisse wie ein wohltuender warmer Regen erscheinen würden.

Es sind vor allem Dinge, die ÜBERHAUPT nur dann in eine Beziehung passen würden, wenn ganz augenscheinlich BEIDE Partner es sehr ernst miteinander meinen – wenn also keiner vom anderen weniger will, als umgekehrt.

Nur dann wirken diese Dinge wie Balsam, da sie die ersehnten und sehr guttuenden Antworten auf die eigene starke Sehnsucht sind.

Für Ihren Freund ist es jedoch GENAU DAS GEGENTEIL von dem, was er gerade von Ihnen „gebrauchen" kann.

Genauso kann er IHNEN in der aktuellen Periode die folgenden Dinge nicht geben:

- Eine verbindliche Beziehung.
- Liebesbeweise.
- Viel Zärtlichkeit und Berührungen.
- Leidenschaftliches Begehren.
- Das Gefühl von Verbundenheit und Zusammengehörigkeit.
- Viel Zeit und viele Unternehmungen.

Es ist wie bei der gut meinenden Frau, die Ihrer bedürftigen Freundin zurzeit einfach nicht MEHR geben kann, als sie es sowieso schon tut.

Denn ER gibt seinem Gefühl nach genau das, was er zu geben hat (z.B. die Gespräche, Telefonate, die kleinen Unterstützungen, seinen Humor, sein ganzes WESEN, seine sporadische Zeit mit Ihnen, etc.).

Doch das REICHT Ihnen nicht und Sie lassen ihn Ihr Leid darüber spüren, dass er Ihnen nicht das gibt, was Sie von ihm wollen:

GENAU DAS treibt ihn dazu, um selbst emotional zu überleben in der Beziehung zu Ihnen, dass er sich noch weiter von Ihnen entfernen muss:

Noch weiter weg von Ihnen, um nicht durch zu viel Nähe spüren zu müssen, wie schuldig und hilflos er sich Ihnen gegenüber fühlt.

Um nicht häufiger am eigenen Leibe erleben zu müssen, dass Sie doch nicht die Bereicherung in seinem Leben sind, welche Sie anfangs noch für ihn waren.

Es besteht jetzt die Gefahr, dass er immer mehr das Gefühl bekommt, sich komplett in Ihnen getäuscht zu haben – die Gefahr, zu denken, dass er nicht der „Richtige“ für Sie ist – und die Gefahr, sich felsenfest in den Kopf zu setzen, dass er Sie auf keinen Fall noch mehr verletzen darf, als er es sowieso schon getan hat.

Was brauchen Männer von einer Frau, damit sie sich nicht irgendwann wieder von ihr trennen, sondern sich fest und dauerhaft an sie binden?

Aus jahrelangen und zahlreichen Beratungen, den Erkenntnissen vieler Interviews mit Frauen und Männern, die ich zu diesem Thema durchführte, aber auch aus meiner eigenen Erfahrung als Mann behaupte ich, ziemlich genau zu wissen, welche Dinge wirklich entscheidend dafür sind, dass ein Mann eine Frau auf einer tieferen Ebene braucht und sie für ihn dauerhaft unersetzlich wird.

Es sind insgesamt nur ein paar existenzielle Dinge, die er von ihr empfangen muss, damit er sie niemals verlässt, sondern ihr stets hingebungsvoll ergeben ist. (selbst dann, wenn er sich nicht stets wohl bei ihr fühlt):

- Sie ist so erfüllt von anderen Dingen in Ihrem Leben, dass er fühlt, niemals Ihr alleiniger Mittelpunkt zu sein.
- Sie lässt ihn stets sehr deutlich spüren, dass sie ihn auch wieder verlassen würde, wenn er trotz mehrmaliger Verwarnungen weiterhin ihre Grenzen überschreitet.
- Sie lässt ihn deutlich spüren, dass ihre Gefühle für ihn sich stets wandeln können – von entwaffnender Leidenschaft und hingebungsvoller Zärtlichkeit bis hin zu sachlicher Abgekühltheit und Gleichgültigkeit - je nachdem, wie sehr er gerade ihren Erwartungen entspricht.
- Sie lässt es niemals zu, dass er beginnt, ihr weniger Respekt und Liebe entgegenzubringen. Sobald Sie solche Anflüge auch nur wittert, erstickt sie diese Versuche schon im Keim: Sie entzieht sich freundlich-souverän

und wendet sich dann verstärkt anderen Dingen zu – bis er wieder VON SELBST damit beginnt, ihr wieder die Liebe und Aufmerksamkeit zu geben, so wie sie es von ihm erwartet.

- Sie sagt ihm klar und deutlich, was sie an ihm mag, was Sie an ihm schätzt und bewundert – und für welche Eigenschaften sie ihn liebt.
- Genauso deutlich zeigt sie ihm, was ihr an seinem Verhalten nicht gefällt, was sie nervt und was sie nicht bereit ist, hinzunehmen. Dies tut sie ohne persönliche Verletztheit und ohne klagende Vorwürfe.
- Sie fördert und unterstützt ihn in den Dingen, die ihm guttun und die ihn weiterbringen, beruflich und privat. Sie gibt ihm die Freiheit, seine Hobbys und Interessen zu verfolgen, ermuntert ihn, seine Wünsche und Träume ernst zu nehmen und zu verwirklichen. Ganz gleich, ob das bedeutet, dass er weniger Zeit mit ihr verbringen kann oder nicht.
- Sie zeigt immer wieder, dass sie sich für die Dinge interessiert, die ihn aktuell beschäftigen, die ihm in seinem Leben wichtig sind – und dass sie ihm dabei ein verständnisvolles und kluges Gegenüber ist.
- Sie lässt ihn deutlich spüren, dass sie sich bei ihm wohlfühlt, indem Sie sich nicht verstellt und so ist, wie sie ist.
- Sie bringt ganz offen und regelmäßig Ihre Anerkennung und Wertschätzung für all die kleinen Dinge zum Ausdruck, die er für sie tut.
- Sie erkennt und reflektiert, wenn ihr Verhalten ungerecht oder rücksichtslos war – und entschuldigt sich dafür bei ihm.
- Sie ist voller Selbstvertrauen, sehr selbstbewusst und voller Lebensfreude.

Was ein Mann unter anderem also ganz dringend benötigt, um sich ernsthaft binden zu können, ist, dass Sie ihm signalisieren, was Sie alles an ihm schätzen und wofür Sie ihn lieben.

Was er jedoch ebenso braucht, ist, dass Sie ihm klar und unmissverständlich signalisieren, was Ihnen nicht gefällt und was Ihnen nicht an seinem Verhalten passt – und dass Sie dies OHNE VORWÜRFE UND OHNE ÜBERMÄßIGE VERLETZTHEIT zum Ausdruck bringen. Und vor allem braucht er es, an Ihnen genau zu spüren, dass Sie sich nicht allzu viel gefallen lassen und sich im Ernstfall von ihm trennen würden.

Sie sind und bleiben dann stets eine unverzichtbare, große Bereicherung für ihn.

Warum?

Gerade WEIL Sie sich bei Punkten, die Ihnen nicht gefallen, souverän und ohne tiefere Betroffenheit leicht enttäuscht und emotional erkaltet geben, jedoch in anderen Punkten und Situationen wiederum gleichbleibend wertschätzend und anerkennend zeigen, bleiben Sie eine große Herausforderung:

Da Sie sich insgesamt scheinbar niemals Ihre Lebensfreude von ihm verderben lassen und sich im Falle seiner Respektlosigkeiten SELBST emotional von ihm distanzieren, hat er das Gefühl, sich noch mehr bemühen zu müssen, um irgendwann nicht ganz Ihre Liebe und Wertschätzung durch sein schlechtes Benehmen zu verlieren.

Hier ein Beispiel für so ein Verhalten, das ihn bereichert und welches er existenziell von einer Frau braucht:

Sie bringen Ihre leichte Enttäuschung über seinen wachsenden Fernsehen-, PC- oder Alkoholkonsum – oder darüber, dass er sich weniger bemüht und sich immer seltener Interessantes für Sie gemeinsam ausdenkt – zum Ausdruck:

Freundlich, liebevoll und ohne vorwurfsvoll zu werden. Gleichzeitig macht sich ganz leichte Skepsis in Ihnen breit, ob er vielleicht DOCH nicht auf lange Sicht der inspirierende, verantwortungsvolle Mann ist, der mit beiden Beinen im Leben steht, der von einer höheren Aufgabe erfüllt, ehrgeizig seine Ziele verwirklicht und Ihnen dadurch Sicherheit geben kann. Der bewusst lebt und sich neugierig-offen für seine Umwelt interessiert.

Aufgrund dieser leichten Skepsis NERVT Sie sein Verhalten vielmehr, als dass es Sie etwa stark VERLETZEN würde. Es nervt Sie deshalb, weil sein Verhalten in Wirklichkeit Ihren persönlichen Werten und Ihren Erwartungen an einen Mann widerspricht.

Sie klagen oder betteln daher nicht um seine Aufmerksamkeit und lassen sich absolut nicht von seinem Verhalten Ihre Lebensfreude und gute Laune verderben. Stattdessen führt Ihre leichte Enttäuschung lediglich dazu, dass Sie sich die Erfüllung und den Spaß, den Sie durch dieses Verhalten Ihres Freundes vermissen, nun zunehmend „woanders" holen und sich z.B. wieder viel mehr mit Ihren Freunden treffen und sich neue erfüllende Aktivitäten suchen.

Sie bewegen sich also aufgrund seines Verhaltens ein Stück weiter weg von ihm, da er Ihnen zurzeit nicht mehr ganz so bereichernd erscheint wie sonst. Er kann Ihnen gerade nicht so viel geben.

Doch IHM GEGENÜBER bleiben Sie in Ihrem Verhalten weiterhin authentisch, freundlich und offenherzig. Mit dem Unterschied, dass diese Begegnungen viel seltener VON IHNEN zugelassen werden.

Sie zeigen ihm zum Beispiel immer wieder mal Ihre Dankbarkeit und Ihre Anerkennung für seine Großzügigkeit oder seine Fähigkeit, zuzuhören, für seine kleinen Aufmerksamkeiten und Unterstützungen (so klein diese auch sein mögen) oder zeigen ihm Ihre ehrliche Bewunderung für seine beruflichen Leistungen und zwischenmenschlichen Fähigkeiten. Manchmal, wenn es Ihnen auffällt, sagen Sie ihm direkt und spontan, WAS Sie genau an ihm schätzen und mögen.

Warum ist es so wichtig, dass Ihr Freund Sie in dieser Art wahrnimmt?

Da Sie ihm aufgrund seines lethargischen und gleichgültig gewordenen Verhaltens in letzter Zeit immer mehr entgleiten, hat er das Gefühl, dass Sie die Beziehung nicht um IHRER SELBST willen führen und daher trotz seiner Nachlässigkeiten unwiderruflich an ihm kleben.

Stattdessen spürt er an Ihnen das wertvolle Gefühl, dass Ihre Liebe STEHT ODER FÄLLT mit seinem Verhalten. Dies tun Sie in kleinen, für ihn erkennbaren Schritten, ohne Klagen oder Vorwürfe – und ohne dass Sie dabei Ihre innere Ruhe und Souveränität verlieren. Ein solches Verhalten ist für ihn völlig nachvollziehbar.

Und im schlimmsten Fall erlebt er, dass Ihre Entscheidung dazu führt, die Beziehung und Ihre Zukunft mit ihm komplett in Frage zu stellen, da er Ihnen als Mann insgesamt nicht mehr geben kann, was Sie brauchen.

Der heilsame Effekt auf ihn:

Damit geben Sie ihm stets weiterhin das, was er dringend von Ihnen braucht, insbesondere wenn Sie es DANN tun, während er sich von Ihnen zeitweise entfernt.

Er braucht von Ihnen genau diese Dinge, um stets sensibel darauf bedacht zu sein, was er sich Ihnen gegenüber erlauben kann und wie weit er Ihre Grenzen überschreiten kann. Er braucht diese weiblichen Gaben von Ihnen, um sich bei Ihnen wirklich wohlzufühlen.

Er braucht es dringend, Ihre starken, souveränen Grenzen immer wieder schmerzhaft spüren zu können, denn er weiß selbst ganz genau, dass er Sie nur als gleichwertiges Gegenüber und nur als STARKES GEGENGEWICHT langfristig lieben kann und Sie NUR DANN nicht irgendwann wieder verlassen wird.

Kapitel 2: Transformationsphase

In den nächsten Wochen und Monaten ist es nun Ihre Aufgabe, die mittlerweile sehr stark verfestigte Schieflage zwischen Ihnen wieder auszugleichen.

Ihre Beziehung hat nur dann eine Zukunft, wenn Sie es schaffen, die mittlerweile komplett verdrehten Rollen zwischen Ihnen wieder zurück in die gesunde Balance zu bringen.

Die verhängnisvolle Rollenverteilung zwischen Ihnen ist bisher:

Er will Sie NICHT für eine feste Beziehung. Trotzdem hat er Sie jedoch sicher, ganz gleich, wie viel Desinteresse und Gleichgültigkeit er Ihnen ganz authentisch vorlebt. Sie jedoch brauchen ihn VIEL MEHR. Sie kämpfen verkrampft und verzweifelt um eine feste Beziehung mit ihm und erleiden besorgt und beschwert sein ganzes unverbindliches Verhalten.

Die nun beginnende Rückverwandlung zurück in Ihr höheres weibliches Selbst hat am Ende das Ziel der folgenden Rollenverteilung zwischen Ihnen:

Er braucht Sie um jeden Preis und bemüht sich brennend und permanent um Sie. Denn er weiß genau, dass er Sie wieder verlieren kann, je nachdem, ob er Sie wirklich bereichern kann. Sie fühlen sich dabei wohl und innerlich unbeschwert. Sie belohnen ihn mit den wertvollen Highlights Ihrer Anwesenheit und Ihrer facettenreichen weiblichen Persönlichkeit. Sie genießen einfach nur das Hier und Jetzt mit ihm und lassen die Dinge auf sich zukommen. Sie sind sich aber noch lange nicht sicher, ob er Sie langfristig glücklich machen kann. Das stört Sie nicht, denn Sie sind insgesamt glücklich. Sie lassen den Dingen daher Ihren ganz natürlichen Lauf. Ganz gleich wie verliebt Sie sind: Ihr Lebensmittelpunkt liegt nicht bei ihm, sondern in Ihrem eigenen Leben.

Das jetzt beginnende Transformationsprogramm erfordert Ihre ganze Entschlossenheit und Ihre Disziplin. Es kostet Sie Ihre tägliche Zeit, Ihre tägliche Bewusstmachung und Ihre tägliche Überwindung. Denn ab SOFORT beschreiten Sie völlig neue Wege. Um erfolgreich sein zu können, müssen Sie bereit sein, aus Ihren alten Abhängigkeitsmustern auszubrechen.

Dabei werden Sie die eingetretenen, gewohnten Pfade Ihrer bisherigen reflexartigen Bauchentscheidungen verlassen müssen. Insbesondere am Anfang dieses neuen Weges kostet es Sie viel Vertrauen, denn Sie müssen Ihr altes „Kontrollverhalten" gegenüber Ihrem Nr.1-Kandidaten komplett loslassen und dabei jene Verlustängste, Zweifel und Ungewissheiten aushalten, die Sie bisher meistens vermieden haben.

Meine Erfahrung dabei ist, dass Sie die schwerste Hürde auf diesem Weg DANN überwunden haben werden, sobald Sie ERLEBEN und FÜHLEN können, dass Ihr verändertes Verhalten zu den ersten kleinen Erfolgen führt. Die ersten kleinen Fenster zur Realität Ihrer höheren weiblichen Freiheit öffnen sich ÜBERRASCHEND und UNERWARTET. Erst dann werden Sie wirklich das Gefühl haben, auf dem richtigen Weg zu sein, und Sie werden das erste Mal einen größeren, kraftvollen Energieschub spüren.

Bis dahin müssen Sie Ihre Transformation zunächst konsequent und sozusagen „blind" durchziehen.

Von außen betrachtet bedeutet das konkret:

Sie müssen ENORM in seiner Wertschätzung und seinem Respekt steigen. Nur eine völlig neue Ausgeglichenheit zwischen Ihnen wird dazu führen, dass er sich wieder neu in Sie verlieben kann.

Nur indem Sie in Ihrer gesamten Umgangsweise und Ihrer gesamten Ausstrahlung ihm gegenüber wieder zu DER Frau werden, um die er sich damals schon für kurze

Zeit brennend bemühte, können Sie die verloren gegangene GRUNDLAGE Ihrer Beziehung wiederherstellen.

Denn es gibt nur DIESES EINE, verschüttete Fundament zwischen Ihnen, welches Sie Schritt für Schritt wieder freischaufeln müssen, damit er Sie erneuert als diejenige erkennen kann, die Sie „damals“ für ihn waren.

Folgende Dinge müssen in seinem Inneren passieren, damit er dieses Fundament wieder spüren kann:

- Sein Gefühl, Sie verletzten zu können, sei es durch seine Distanz, seine Gefühllosigkeit oder gar durch eine Trennung, muss aufgelöst werden.
- Sein Gefühl, Sie grenzenlos und um jeden Preis sicher zu haben, muss unterbrochen werden.
- Das ihm vertraute, ineinander verzahnte System (er weiß nicht so recht, was er will, und verhält sich unberührt und unverbindlich – sie jedoch investieren weiter und weiter durch Ihre misstrauische und sorgenvolle Grundhaltung, durch Ihre Vorwürfe und Ihre stille Besorgnis) MUSS einen Bruch bekommen.
- Sein Respekt, den er für Sie fühlt, kann NUR wachsen, indem er bemerken würde, dass Sie sich nicht weiter für ihn bereit halten, obwohl er Unverbindlichkeit lebt.
- dass Sie ihm nicht weiter stets zur Verfügung stehen, obwohl er selbst IHNEN nicht zur Verfügung steht.
- dass Sie sich nicht für ihn bewusst „aufbewahren”, obwohl er keinen einzigen Gedanken an Ihre gemeinsame Zukunft verschwendet.
- dass Sie nicht mehr weiterhin Gefühl, Nähe und Zeit in ihn investieren, obwohl er Sie nicht voller Liebe und Aufmerksamkeit behandelt.
- dass Sie nicht ernsthaft an ihm interessiert sind, obwohl er es scheinbar nicht ist.
- dass Sie nicht mehr Ihre Erfüllung bei ihm suchen, obwohl er seine Erfüllung woanders hat.

Wenn Sie ihm diese Dinge in einer freundlichen, souveränen und spielerischen Weise vorleben und signalisieren können, wird sein Bild, das er von Ihnen hat, komplett revidiert: Schritt für Schritt würden sein Respekt und seine Achtung für Sie wachsen.

Und damit würde proportional Ihre Anziehungskraft auf ihn steigen: Sein Begehren und seine Leidenschaft ebenso wie seine Bewunderung und ernsthafte Verliebtheit.

Dies wird sicher nicht bei Ihren ersten leichten Veränderungen geschehen, deshalb müssen Sie ihm unbedingt Zeit geben:

Er kennt Sie vermutlich schon eine längere Zeit nicht mehr anders als in Ihrem wartenden, viel erduldenden Verhalten – und ihm auf Knopfdruck zur Verfügung stehend.

Das Gefühl, sich bei Ihnen SEHR viel erlauben zu können, absolute Freiheit und Macht über Sie und Ihre Gefühle zu haben, ist für ihn ganz selbstverständlich und die Basis, auf der er sich ausruht.

Dieses große Übergewicht, welches er in der Beziehung besitzt (als der für Sie unendlich wertvolle Edelstein), ist im Übrigen, wie wir gesehen haben, der WESENTLICHE Grund für ihn, kaum noch verliebt in Sie sein zu KÖNNEN – und der Grund für seine latente Gleichgültigkeit Ihnen gegenüber.

Erwarten Sie deshalb bitte nicht, dass in den ersten Wochen schon das Bild von Ihnen, das er in sich trägt, komplett erneuert wird und gleich Ihre ersten Schritte sichtbar dazu führen, dass er ebenfalls „anders“ wird.

Er wird sehr wahrscheinlich aus folgenden Gründen eine gewisse Zeit dafür brauchen, um Sie als attraktiver wahrzunehmen und grundsätzlich wieder interessierter und neugieriger zu werden:

1. Er hat sich von Ihnen schon längere Zeit emotional entfernt und hat wegen seiner gefühlten Ohnmacht, andererseits nicht einsam, also nicht ganz OHNE Sie sein zu wollen, INNERLICH DICHT gemacht. Er will keine weiteren Gefühle oder Verhaltensweisen zeigen, die Ihnen auch nur in irgendeiner Weise Hoffnung auf eine gemeinsame Zukunft machen könnten.

Sein ganzes Verhalten ist äußert sensibel darauf abgestimmt, weiter mit Ihnen Kontakt haben zu können, so wie er es gerade will, Sie dabei jedoch nicht noch weiter zu verletzen, als Sie es sowieso schon sind.

Gehen Sie auf jeden Fall davon aus: Er ist sich seiner moralischen Schuld völlig bewusst.

Sein Mitgefühl für Sie ist daher VIEL stärker, als Sie denken.

Denn er ist genau aus diesem Mitgefühl extrem vorsichtig damit geworden, Ihnen gegenüber liebevolle und zarte Gefühle zu zeigen.

Geben Sie ihm daher Zeit, ganz von sich aus einen Schritt auf Sie zuzukommen.

2. Er hat im Moment ein starkes Bedürfnis nach FREIHEIT und absoluter UNVERBINDLICHKEIT, sonst hätte er sich ja niemals so weit von Ihnen zurückgezogen.

Er nimmt daher zunächst wohl erst mal jede sich ihm bietende Gelegenheit wahr, um dieses Gefühl noch ein bisschen weiter auszukosten.

Erst wenn er MEHRMALS erlebt hat, dass seine Unverbindlichkeit und seine Freiheit bei Ihnen keine negativen Gefühle mehr bewirken können, sondern Sie selbst auch IHRE FREIHEIT genießen, kann er sich selbst wieder erlauben, stärkere Sehnsucht nach Ihnen zu empfinden und sich mit Ihnen verbunden zu fühlen. Denn genau dieses Gefühl fehlte ihm schon lange:

Nämlich dass Sie ihm Freiheit geben – und das nicht sorgenvoll WARTEND, sondern völlig unbeschwert und sorgenfrei.

Geben Sie ihm daher unbedingt ab sofort mehrmals die Gelegenheit, seine Unverbindlichkeit und Unentschlossenheit auszukosten und dabei zu erleben, dass Sie darauf ANDERS reagieren als sonst – erst dadurch wird er Sie neu wahrnehmen können.

Im ersten Schritt muss also zunächst seine Wahrnehmung von Ihnen auf ganz bestimmte Weise erneuert werden, bevor Sie im zweiten Schritt damit beginnen können, ihm gegenüber – dann in sehr attraktiver und konsequenter Weise – AKTIVER zu werden.

Das BILD, das er sich bisher von Ihnen gemacht hat, muss sich beträchtlich verändern.

Damit er von SICH AUS irgendwann in Zukunft ein starkes und brennendes Verlangen spüren kann, mit Ihnen ganz exklusiv zusammen zu sein, muss er Sie zunächst eine Zeit lang in bestimmter Form neu erleben:

1. Er muss eine Weile erleben und spüren, dass absolut nichts in seinem Verhalten und in seinen Worten Sie mehr verletzen, enttäuschen oder kränken kann.

   Im Gegenteil: Er muss lang genug sehen, dass er durch nichts in seiner Macht stehende mehr bewirken kann, Sie in Ihrer Lebensfreude und Ihrer positiven Stimmung zu beeinträchtigen.

2. Er muss längere Zeit immer wieder erleben, dass jeder Kontakt und jede Begegnung mit Ihnen entspannt, locker und absolut ohne jegliche Verpflichtung sind.

Er darf in keiner Weise mit ernsthafteren oder sorgenvollen Gefühlen konfrontiert sein und auch nicht mit an ihn gerichteten Wünschen nach „mehr".

Es geht ab sofort nur noch um den „Moment" – es darf auf KEINEN FALL mehr um eine ZUKUNFT gehen.

Meine Erfahrung ist: Geben Sie ihm mindestens 4–8 Wochen Zeit für jegliche erkennbare Veränderungen in seinem Verhalten und lassen Sie sich nicht weiter davon beirren, dass er nicht sofort leidenschaftlich um Sie „kämpfen" wird.

Diesen Prozess kann er nicht selbst beeinflussen oder steuern. Denn dies ist ein natürlicher emotionaler Wachstumsprozess, der ganz und gar SEINEM natürlichen inneren „Bindungsrhythmus" entspricht.

Die Saat wird nicht genau dann aufgehen, wenn Sie es wollen, sondern wenn sein Inneres soweit ist, wieder seine verschütteten Gefühle für Sie Schritt für Schritt wieder fühlen zu können:

Ausstieg aus dem Beziehungsmodus

Die erste und absolute Voraussetzung dafür, dass die Schicht, die seine anfängliche Begeisterung verschüttete, Schritt für Schritt wieder abgetragen werden kann:

Sie müssen nun komplett aus dem „Beziehungsmodus" aussteigen, ohne sich dabei enttäuscht oder reserviert zurückzuziehen.

Seien Sie bei Ihrem Rückeroberungsvorgehen also GEDULDIG. Schielen Sie nicht immer auf seine unmittelbaren und sofortigen positiven Reaktionen auf Ihr neues Verhalten sondern ziehen Sie Ihren neuen Plan einfach ganz entschlossen und vertrauensvoll durch. Seien Sie sich gewiss, dass sich die beabsichtigte Veränderung bei ihm zeigen wird.

Denken Sie also nicht in Tagen, sondern in Wochen und Monaten.

Sie werden insbesondere für SICH SELBST diese Zeit benötigen, um die Kraft und Entspanntheit zu entwickeln, ihm mehr und mehr neu und anders begegnen zu können.

Stärken Sie sich unbedingt selbst in dieser Phase mit den beschriebenen Maßnahmen.

Sie werden diese „Energieschübe“ brauchen: Denn was Sie ab sofort „sperren“, ist ja nicht der Kontakt zu ihm, sondern dass Sie permanent Ihre gesamte Lebensenergie in ihn investieren – und dadurch ihm gegenüber permanent eine leicht bedrückte, besorgte und verletzte Grundhaltung AUSSTRAHLEN.

Denn GENAU DAS ist das größte Hindernis für ihn, sich wieder innerlich und äußerlich mehr in Ihre Richtung zu bewegen.

Um genau zu verstehen, warum Sie die im Folgenden beschriebenen einzelnen strategischen Prinzipien befolgen müssen, um wieder Schritt für Schritt ein vollkommenes GLEICHGEWICHT herzustellen, sollten Sie sich noch einmal ganz genau vor Augen halten, wie das UNGLEICHGEWICHT zwischen Ihnen tatsächlich beschaffen ist:

Sehr wahrscheinlich treffen die meisten der folgenden Punkte auf ihn zu:

- Er denkt nicht in „Beziehungskategorien” an Sie, auch wenn Sie sich beide offiziell in einer Beziehung befinden. Sie kommen nicht vor, wenn er an seine Zukunft denkt.
- Er ist im Augenblick nicht verliebt in Sie.
- Für ihn ist der aktuelle Zustand mit Ihnen genau das, was er mit Ihnen haben will. Es ist für ihn alles PERFEKT.
- Wenn Sie sich nicht verändern, führt er das Ganze solange mit Ihnen fort, entweder bis Sie sich trennen oder bis er eine andere hat.

- Er will absolut keine Verpflichtungen mit Ihnen und keine Verbindlichkeiten - er braucht grenzenlose Freiheit.
- Er fühlt Ihnen gegenüber sehr mitmenschlich und herzlich: Er hat Mitgefühl, Mitleid und ein schlechtes Gewissen und nimmt auf seine Art Rücksicht auf Sie.
- Fast alles in seinem Leben ist ihm wichtiger als Sie und er findet dort mehr Erfüllung, Spaß und Freude – Sie spielen definitiv nur eine Nebenrolle in seinem Leben.
- Er denkt nicht an Sie und auch nicht über Sie nach, wenn er keinen Kontakt hat. Er vermisst Sie so gut wie GAR nicht.
- Sie sind eine Art gute Freundin für ihn – mit der er gelegentlich Sex haben kann.

Mit anderen Worten:

Sie selbst investieren bislang unaufhörlich in die Beziehung. Er jedoch investiert NICHTS in die Beziehung.

Wie wir gesehen haben, kann sich ein Mann nicht länger mit Ihnen verbunden fühlen, wenn Sie weiterhin viel Energie und Ernsthaftigkeit in Ihre aktuelle Beziehung investieren – er tut es NICHT, da er inzwischen seine natürliche Unverbindlichkeitsphase durchläuft.

Ihre Anziehungskraft auf ihn schwindet in dieser Form immer weiter gegen Null.

Ich kann Ihnen aus meiner eigenen Erfahrung, aus den Gesprächen mit vielen, vielen Männern sowie aus zahlreichen Intensivcoachings versichern:

JEDER Mann tickt so. Wenn eine Frau es in der zerbrechlichen Bindungsphase nicht schafft, wieder zu der glücklichen, unbeschwerten Frau zu werden, in die er sich anfänglich verliebte, OBWOHL er sich von Ihr emotional entfernt, führt dieses Ungleichgewicht irgendwann zur Trennung.

Daher ist es unendlich wichtig, dass Sie diese eklatante Schieflage Schritt für Schritt wieder ausgleichen.

Denn wenn Sie dieses Problem in Ihrer jetzigen Beziehung nicht auf die Reihe bekommen, passiert es Ihnen sehr wahrscheinlich in der nächsten Beziehung erneut – spätestens dann, wenn Sie das nächste Mal wirklich verliebt sind und der Mann irgendwann beginnt, sich eine Zeit lang etwas von Ihnen zu entfernen.

Warum?

Ganz einfach, weil ALLE Männer sich in einer Beziehung (in vielen Fällen auch noch Jahre später):

1. zu einem bestimmten Zeitpunkt von Ihnen ganz natürlich „distanzieren" werden (aufgrund Ihres Energiehaushalts), meist überraschend und unerwartet.
2. Und sich genau dann, von Ihnen wieder ebenso ganz natürlich immer mehr von Ihnen „entlieben" – wenn Sie auf seinen Rückzug mit Verletztheit und Vorwürfen reagieren und von dort an Ihre gute Laune und Ihre Unbeschwertheit verlieren (Sie sich also zu Ihren Ungunsten verändern).

Die Transformationsphase ist also in Ihrem persönlichen Plan der allererste und wirklich existenziellste Schritt, um sein bisher schlechtes Verhalten nicht mehr still und leidend weiter zu BELOHNEN, sondern jetzt endlich damit zu beginnen, ihm Ihre Grenzen und damit Ihren hohen WEIBLICHEN WERT konsequent VORZULEBEN.

Sie beginnen mit diesem Schritt, indem Sie sein Verhalten in einer attraktiven und verführerischen Weise SPIEGELN.

„Transformationsphase" bedeutet also:

Sie hören ab sofort auf, in Ihre „Beziehung" zu investieren – (ebenso wie er schon längere Zeit nichts mehr investierte).

Sie tun dies nicht aus Verletztheit und Schwäche, sondern aus einer Stärke und Souveränität heraus.

Die Transformationsphase sollte von Ihnen natürlich unbedingt nicht als solches angesprochen werden. Sie sollten es einfach nur TUN.

Folgendes sollte also ab sofort Ihre INNERE HALTUNG im Rückeroberungsprozess sein:

Ich habe momentan keine Beziehung zu ihm, sondern nur eine spezielle menschliche Verbindung, von der noch absolut unklar ist, wohin sie uns führen wird. Ich habe ihn wirklich total gern, aber ich bin bereit, meine Lebensfreude, meinen Spaß und mein persönlichen Wünsche woanders auszuleben.

Wo er mir keine Erfüllung gibt, suche ich mir aktiv an anderer Stelle Erfüllung. Es kann gut sein, dass dies dazu führt, dass ich dann immer weniger für ihn empfinde – und wenn er das alles zulässt, ist das absolut okay.

Ich bin froh, dass ich jetzt die Chance habe, in der folgenden Zeit sehr in meiner Unabhängigkeit und weiblichen Stärke zu wachsen. Ich erwarte absolut nichts mehr von ihm und sehe ihn als guten Bekannten – denn es ist absolut unklar, was aus uns wird.

Ich werde ab sofort meine attraktive weibliche Identität nicht mehr zurückhalten und mich auch nicht mehr unter Wert verkaufen. Ich werde jetzt konsequent damit beginnen, meine unendlich wertvolle Weiblichkeit in all ihren Facetten auszuleben – die warmherzigen – die kreativen – die sinnlichen Seiten genauso wie die kalten – die selbstbewussten – die wilden, launischen – und konsequenten Seiten meines Ichs.

Erst dann, wenn ich erlebe, dass ich von einem Mann, den ich sehr interessant finde, sehr hoch geschätzt und gewürdigt werde – erst dann schaue ich mir jemanden genauer an, ob er mich wirklich glücklich machen könnte. Solange dies nicht der Fall ist, bin ich sehr entspannt, locker, heiter und unverbindlich gegenüber Männern.

Vermeiden Sie ab jetzt bitte komplett alle typischen Verhaltensweisen, die nur in eine seit längerem bewährte, glückliche Beziehung gehören. Dinge, die nur dort Platz haben, wo über längere Zeit eine ausgeglichene Balance zwischen Mann und Frau herrscht:

- Thematisieren seiner Gedanken, seiner Absichten mit Ihnen. Das Ansprechen einer gemeinsamen Zukunft und wie er dazu steht.
- Das Bekenntnis, dass Sie es ernst mit ihm meinen. Dass Sie ihn lieben, ihn vermissen, auf ihn warten.
- Durchblicken lassen, dass Sie unter der Situation leiden, dass es ihnen wegen ihm schlecht geht, dass Sie an nichts anderes mehr denken können.
- Sie reagieren auf ihn mit Verletztheit, Wut, Traurigkeit, Aggressivität, Klagen, Vorwürfen, stellen ihm ein Ultimatum, etc.
- Sie zeigen sich eifersüchtig. Sie zeigen Misstrauen und Unsicherheit darüber, ob er evtl. eine andere hat.
- Sie versuchen mit ihm auf der logischen Ebene zu argumentieren, wie ungerecht und egoistisch sein Verhalten ist und wägen Ihre Investitionen und seine Investitionen gegeneinander ab.
- Sie drohen ihm, machen ihn eifersüchtig, versuchen ihn zu manipulieren oder zu beeindrucken.
- Sie begeben sich in die stille Warteposition: Sie haben immer Zeit, wenn er Sie sehen will: Sie haben wenig andere Inhalte und Leidenschaften in Ihrem Leben und kaum andere Dinge, die Sie erfüllen und ausfüllen. Er ist der unangefochtene Mittelpunkt.
- Sie geben ihm viel Nähe, Zärtlichkeit und Sex.

- Sie sind weiter bequem verfügbar für ihn (als Ansprechpartnerin für seine Probleme und seinen Stress, im Bett, als Begleiterin für Familienbesuche und bei Treffs mit Freunden, als stiller Beistand bei seinen Fernseh- und PC- Abenden, etc.).
- Sie erzählen ihm detailliert von Ihren eigenen persönlichen Sorgen und Problemen.
- Sie berichten ihm von alltäglichen Belanglosigkeiten, die ihn nicht interessieren.
- Sie erkundigen sich engagiert nach seinen Problemen und Sorgen und geben diesen in der Kommunikation mit ihm Raum.
- Sie sind abrufbar und stehen ihm immer genau dann zur Verfügung, wenn ihm gerade wieder danach ist.

Diese und andere Elemente sind nur tragbar in einer gewachsenen und absolut festen Beziehung, in der beide Partner gleich viel Liebe zeigen. Dort also, wo keiner den anderen mehr braucht, als umgekehrt.

Vermeiden Sie diese Punkte bitte ab sofort KOMPLETT – solche Dinge sind in Ihrer Situation einfach völlig fehl am Platz und absolut nicht dem IST-Zustand Ihres aktuellen Verhältnisses zu Ihrem Freund angemessen.

Denn das sind Dinge, die er zurzeit von Ihnen absolut NICHT braucht – er fühlt sich dabei NICHT wohl – es inspiriert ihn nicht – es bindet ihn nicht an Sie, sondern stößt ihn immer weiter ab von Ihnen.

Die entscheidenden Grundenergien, mit denen Sie ihm ab sofort begegnen

Im weiteren Verlauf Ihres nun beginnenden Veränderungsprozesses sollte Ihr Freund dann nachher ganz bestimmte, sehr weiblich-attraktive Merkmale in Ihrer gesamten Ausstrahlung wahrnehmen.

Für die kommenden 4–8 Wochen der Transformationsphase lassen Sie sich ausschließlich nur noch von folgenden Veränderungsenergien leiten:

- Sie sind stets positiv und nehmen ab sofort NICHTS mehr persönlich.
- Sie sind ab sofort ihm gegenüber ohne jegliche Vorwürfe und Kritik.
- Sie geben ihm ab sofort absolute Freiheit und unterstützen all seine Vorhaben und Aktivitäten konsequent.
- Sie sind ihm gegenüber angstfrei und sorglos.
- Sie erwarten von ihm keine bestimmten Bemühungen, Verbindlichkeiten oder Aufmerksamkeiten.
- Sie sind ihm gegenüber stets in einer entspannten und gut gelaunten Grundhaltung.
- Sie sind erfüllt von anderen Dingen, Zielen und Menschen, mit denen Sie innerlich umgeben sind – diese Dinge beschäftigen Sie ab sofort mehr als er Sie beschäftigt.
- Sie reagieren daher ab sofort FREUNDLICH-DISTANZIERT in Ihrem gesamten Auftreten ihm gegenüber. Sie sind also viel freundlicher (kameradschatlicher – höflicher – netter – mitmenschlicher) als bisher – aber genauso auch viel distanzierter (weniger bemüht um ihn – mit anderen Dingen beschäftigt – weniger Zeit für ihn – weniger anhänglich).
- Sie brauchen keine Gewissheit mehr darüber, was aus Ihnen beiden in der Zukunft wird – Sie halten nichts mehr fest und versuchen nichts mehr zu kontrollieren – Sie lassen alle verzweifelten Hoffnungen und alle sorgenvollen Wünsche komplett los.
- Sie lassen Ihrer Bekanntschaft ab jetzt Ihren natürlichen Verlauf und leben nur noch von Moment zu Moment – so wie es gerade passt und wie Sie wirklich Lust haben.

Entfalten Sie wieder Ihr attraktives unbeschwertes Selbst, in das er sich verliebte

Ich möchte mit Ihnen folgende Übung machen:

Orientieren Sie sich daher an Ihrer Ausstrahlung und an Ihrem Gefühl, das Sie ganz am Anfang Ihrer Bekanntschaft hatten.

Erinnern Sie sich bitte an eine Phase Ihrer Beziehung oder Ihres Kennenlernens, in der Sie sich ihm gegenüber noch unbeschwert, sorglos und positiv angeregt fühlten.

Falls Ihnen das schwerfällt, erinnern Sie sich an die Zeit, in der Sie noch nicht zusammen waren – in der Sie noch keinen ernsthaften Beziehungswunsch verspürten und nur lockeren Kontakt hatten – vielleicht waren dies ja auch nur ein paar Tage oder sogar nur ein paar Stunden?

Es ist wichtig, dass Sie diese Übung machen, um an das Gefühl wieder heranzukommen, das Sie hatten, bevor Sie damit begannen, Ihre emotionale Freiheit zu verlieren und selbstzerstörerischen Gefühlen Raum gaben wie Angst ihn zu verlieren, Kontrollzwänge, Verkrampfung, Verschlossenheit, Unsicherheit, Verzweiflung, Wut, Verletztheit, Misstrauen und belastendes Sorgen.

Denn die Art und Weise, wie Sie sich verhielten, als Sie sich noch emotional frei und unbeschwert ihm gegenüber fühlten, ist ganz genau die INNERE GRUNDHALTUNG, die Sie in Zukunft benötigen, damit Sie einen Mann, der Sie wirklich fasziniert, dauerhaft halten und binden können.

Führen Sie sich vor Augen, wie Sie ihm begegneten, als Sie noch NICHT unter ihm litten:

- Wie haben Sie mit ihm geredet? Wie war Ihre eigene Energie dabei: Sanft,beschwingt, angeregt? Inspiriert, spontan, spielerisch? Heiter, unbeschwert, gut gelaunt?
- Worüber haben Sie sich unterhalten? Welche Dinge haben Sie ihm erzählt?
- Welche Themen standen zwischen Ihnen im Vordergrund?
- Welche Fragen haben Sie ihm gestellt?
- Wie direkt haben Sie ihm Ihre Meinung gesagt – haben Sie ihm direkt gesagt, was Sie über ihn denken, selbst auf die Gefahr hin, dass es ihn verletzen könnte?
- Haben Sie mit ihm geflirtet?
- Haben Sie sich dabei wohl in Ihrer Haut und weiblich-attraktiv gefühlt?
- Wie haben Sie ihn angeschaut – haben Sie ihn dabei angelächelt?
- Erinnern Sie sich an Situationen, in denen Sie völlig in Ihrem Element waren und ihm gegenüber vor Selbstsicherheit nur so strotzten?
- Gab es Zeiten, wo Sie über alles redeten, was Ihnen gerade in den Sinn kam?
- Wie haben Sie sich bewegt – wie war Ihre Körpersprache und Ihr Tonfall / Ihre Stimme? Wie haben Sie sich gekleidet?
- Wie haben Sie auf ihn reagiert, wenn er etwas tat, was Sie störte bzw. nervte? Haben Sie verletzt reagiert, ihm Vorwürfe gemacht? Oder hat es Sie nicht sonderlich gekümmert?
- Wie selbstbewusst und spielerisch sind Sie mit Männern umgegangen?
- Was hat Ihnen in dieser Zeit SONST noch gut getan? Welche Kontakte haben Sie bereichert? Wie engagiert waren Sie ihn Ihrem Beruf/Ihrer Selbständigkeit – wie intensiv haben Sie Ihre Interessen und Hobbys gepflegt?
- Was hat Sie außer der Bekanntschaft zu Ihrem Freund SONST noch innerlich beschäftigt? Welche Pläne hatten Sie? Welche Ideen über Ihre Zukunft? Waren Sie damit beschäftigt, sich etwas aufzubauen oder einen Traum zu verwirklichen?
- Wie viel Raum haben Sie Ihrer Laune gegeben, ob und wann Sie ihn sehen wollen?

- Wie viel Zeit hatten Sie für ihn? Haben Sie ihm häufiger abgesagt bzw. keine Zeit gehabt? Haben Sie ihm die kalte Schulter gezeigt oder gar versetzt?
- Wie stark war Ihr Verhalten in dieser Phase von der Angst geprägt, ihn nicht zu verlieren/nicht zu enttäuschen?
- Was mochte er an Ihnen? Worauf hat er positiv reagiert?

Mit Hilfe dieser Übung bekommen Sie zugleich ein genaueres Bild davon, in welchem Energiezustand SIE SELBST waren, als Sie noch alles „richtig“ machten.

Sie können mit diesem Bild besser verstehen, wie Ihr gesamtes Verhalten, Denken und Ihre Ausstrahlung beschaffen waren in der Phase, als Sie sich noch unbeschwert und zufrieden gefühlt haben, als Sie sich noch mit Energie und Freude auf ANDERE Dinge in Ihrem Leben konzentrieren konnten.

Es spielt dabei keine Rolle, ob es vielleicht sogar nur ein paar Tage oder Wochen waren, in denen Sie sich ihm gegenüber im Kontakt zu ihm noch gut fühlten. Wichtig ist nur, dass Sie sich in diesen Zustand zurück versetzen können und den Unterschied zu Ihrer momentanen Ausstrahlung ihm gegenüber fühlen können.

Im weiteren Verlauf dieses Buches gehe ich noch sehr konkret darauf ein, wie Sie sich Schritt für Schritt ihm Gegenüber wieder so verhalten, dass er sich wieder an Ihre ursprüngliche Attraktivität erinnern wird bzw. wie er Sie wieder aus ganz neuen Augen sehen kann.

Doch orientieren Sie sich zunächst erst einmal an dem GEFÜHL, welches Sie hatten, als Sie noch sorglos und unbeschwert mit ihm in Kontakt standen – und entwickeln Sie nach und nach wieder diesen Teil Ihrer weiblichen Persönlichkeit.

Denn genau diese Frau löste ursprünglich ein tieferes Gefühl in ihm aus. Bei dieser Frau hat er sich wohl gefühlt.

Ich möchte an dieser Stelle erneut betonen: Es ist nicht wichtig, ob er sich bei Ihnen längere Zeit wohl fühlte oder ob dies nur eine ganz kurze Periode war.

Denn selbst wenn es auch nur ein paar wenige Stunden während Ihres ersten Kennenlernens gewesen sein sollten, in denen Sie ihm emotional frei und entspannt – d.h. nur von positiven Gefühlen getragen – begegneten:

Es gab also eine Zeit, in der Sie sich so fühlten und verhielten, wie er es brauchte, um sich mit Ihnen wohl zu fühlen und den Kontakt zu Ihnen insgesamt genießen zu können.

Das – und nur das – war das zerbrechliche Fundament, auf dem einzig und allein Ihre Beziehung in eine glücklichere Richtung verlaufen hätte KÖNNEN.

Verinnerlichen Sie in dieser Phase auf diese Weise immer wieder Ihr eigenes „verloren gegangenes Ich". Denn in der Transformationsphase geht es darum, wieder Stück für Stück diese in Ihnen angelegte positive Lebensenergie, die er damals bei Ihnen spürte, wieder aufzubauen.

Ab welchem Punkt begann er damit, sich von Ihnen emotional zu distanzieren?

Es ist sehr sinnvoll, sich einmal vor Augen zu führen, ab welchem genaueren Punkt in Ihrer Beziehung seine Erkaltung und Leidenschaftslosigkeit in etwa begann.

Sie können so ein genaueres Gespür dafür bekommen, welche konkreten Merkmale in Ihrer Ausstrahlung seine Distanzierung noch stärker verfestigten.

Wenn Sie diese konkreten Veränderungsmerkmale in Ihrer Ausstrahlung ausmachen können, haben Sie einen sehr guten Orientierungsmaßstab dafür, in welche Richtung Sie stattdessen wieder gehen müssen, um schrittweise die ursprüngliche Ausgeglichenheit wiederherzustellen.

Welche Dinge haben also dazu geführt, dass er sich nicht nur eine Zeit lang zurückgezogen hat (im Rahmen seiner ganz normalen Rückzugsphase), sondern dass er sich INFOLGE Ihres unentspannten und möglicherweise übertriebenen Verhaltens dann TATSÄCHLICH emotional von Ihnen entfernte?

Können Sie einen Punkt ausmachen, an welchem es wirklich stark „kippte“?

Ein paar Fragen können Ihnen dafür eine Stütze sein:

- Wo waren Sie damals zu unentspannt, zu ungeduldig? In welchen Bereichen war Ihr Verhalten übertrieben?
- Haben Sie ihn häufiger mit Eifersucht konfrontiert? War diese manchmal unbegründet und die Situation viel harmloser als Sie dachten?
- Haben Sie irgendwann angefangen sich selbst zu vernachlässigen? – evtl. aus Angst, ihn noch weiter zu verlieren (z.B. Ihre Kontakte und Hobbys, Ihren Beruf, Ihr persönliches Vorankommen, Ihre Gesundheit, Ihr Äußeres)?
- Haben Sie evtl. irgendwann damit begonnen, Konfrontationen und ehrliche Auseinandersetzungen zu vermeiden und lieber stillgehalten, um ihn nicht noch weiter von sich zu „stoßen”?
- Haben Sie angefangen, immer mehr „durchgehen” zu lassen, um ihn nicht noch mehr zu „verlieren”?
- Waren Sie vielleicht ab einem bestimmten Zeitpunkt IMMER VERFÜGBARER für ihn? Selbst dann, wenn er immer UNVERFÜGBARER wurde und vielleicht immer unregelmäßiger Zeit für Sie hatte? Haben Sie dann trotzdem noch sofort Zeit für ihn gehabt, wenn er sich dann wieder bei Ihnen meldete?

- Gab es mehrere Fälle, in denen Sie ihm gegenüber dankbarer hätten sein sollen?
- Hatten Sie vielleicht Unrecht mit einigen Unterstellungen und Vorwürfen?
- Gab es Situationen, in denen Ihr Misstrauen UNBEGRÜNDET war?
- War die Art, wie Sie Ihre Verletztheit ihm gegenüber kommunizierten, vielleicht manchmal zu vorwurfsvoll? Hat er evtl. Stress gehabt, war er ausgepowert oder mit anderen Dingen beschäftigt?
- Brauchte er evtl. manchmal einfach nur seinen ganz natürlichen Abstand, um sich Luft zu verschaffen?
- Wo waren Sie ungerecht und unfair zu ihm?
- Wo waren Sie zu kleinlich, unentspannt und übertrieben aggressiv mit ihm?
- Wo waren Sie undankbar, obwohl seine Absicht gut und menschlich liebevoll war?
- Haben Sie ihn eine Zeit lang mit Ihren Gefühlen für ihn „überschüttet", also mit dem, was Sie für ihn empfinden und wie ernsthaft Sie das Ganze mit ihm sehen? Sie taten das jedoch in einer Phase, in der in SEINEM Verhalten kaum erkennbar war, dass er es momentan genauso empfand?

Es geht bei dieser Übung darum, herauszufinden, was genau an IHREM Verhalten dazu führte, dass er irgendwann komplett „dicht" machte.

Wenn Sie ein Gefühl dafür bekommen, wie SIE sich SELBST in seinen Augen veränderten, spüren Sie wahrscheinlich auch die Möglichkeit, dass SIE SELBST die Kontrolle darüber haben, es wieder rückgängig zu machen.

Das Band wieder spannen, das Sie miteinander verbindet

Ihre gesamte weiblich-souveräne Transformation in dieser Phase hat nur diesen einen Zweck:

Die Verbindung zwischen Ihnen aufs Neue ANZUSPANNEN, indem Sie ihm nach und nach wieder das geben, was ihn ursprünglich an Sie GEBUNDEN hat.

Stellen Sie sich dieses unsichtbare Band vor,
das Sie beide miteinander verbindet:

Immer DANN wenn Sie selbst viel stärker auf sich und Ihr eigenes Leben fokussiert waren und nicht viel Energie in die Beziehung investierten, konnte er dieses Band SPÜREN.

Dieses Band selbst ist also da.

Es ist mittlerweile aber so gut wie „unfühlbar" für ihn geworden, denn es liegt zur Zeit nur noch völlig locker und unangespannt zwischen ihnen.

Der Grund dafür:

Mit Ihrer ganzen Energie sind Sie ihm inzwischen stark ENTGEGENGEKOMMEN, anstatt Ihre sorglose Stärkeposition zu behalten und weiterhin das gestraffte Band fest, unerschrocken und vertrauensvoll in Ihrer Hand zu halten.

So konnte er irgendwann immer weniger die Spannung des Bandes spüren, die er noch zu Beginn fühlte, als noch SIE SELBST diese Spannung aufrechterhielten.

Mindestens ganz zu Beginn hatten Sie dieses Band noch fest in der Hand und dadurch stets in die richtige Richtung gezogen.

Es hat sich auf diese Weise ausgedehnt und gestrafft. So war eine ganz natürliche Spannung für ihn spürbar, weil es im ausgedehnten Zustand IHN SELBST stark in IHRE RICHTUNG zog.

Sie müssen sich nicht mehr mit ihm VERBINDEN. Sie SIND es schon.

Sie müssen nur darauf vertrauen, DASS Sie es sind und dann dementsprechend handeln.

Und dazu gehört, dass Sie wieder beginnen ihn zu SPIEGELN.

Ich komme auf diesen Begriff im nächsten Kapitel detaillierter zurück, doch merken Sie sich in Kurzform:

Sie haben ihn in den glücklichsten Zeiten Ihrer Beziehung gespiegelt, indem Sie offenherzig und selbstbewusst auf sein ganzes Bemühen und seine Aufmerksamkeit REAGIERTEN, indem Sie Ihre Gefühle zugelassen haben und ihn damit BELOHNTEN.

Dadurch, dass Sie sich z.B. ein paar Tage nicht gesehen haben, straffte sich das Band zwischen Ihnen immer wieder ganz schnell.

In der MOMENTANEN Phase Ihrer Beziehung können Sie jedoch die Spannung nur wiederherstellen, indem Sie damit beginnen, ihm genau DAS widerzuspiegeln, was seinem inneren Zustand ZURZEIT entspricht.

Der perfekte weibliche Spiegel beinhaltet im Augenblick Folgendes:

- Sie sind glücklich und erfüllt von anderen Dingen – unabhängig von ihm.
- Sie freuen sich manchmal, ihn zu sehen, denken aber die meiste Zeit NICHT an ihn.
- Sie haben im Moment so gut wie KEIN Interesse an einer Beziehung mit ihm. Ihnen ist der unverbindliche Kontakt zu ihm als männlicher Kumpel viel lieber; und zwar immer dann, wenn SIE gerade Lust dazu haben – entsprechend unverbindlich sind Sie.

- Er hat für Sie nur die Bedeutung, ab und zu Momente mit viel Spaß, Wohlfühlen und unbeschwerter Heiterkeit zu erleben – ansonsten haben Sie keine Lust mehr auf „Stress".
- Sie sind daher neben Ihrer neuen Unberührtheit ausschließlich positiv, unterstützend und betont wohlmeinend zu ihm.

Spiegeln bedeutet in Ihrer speziellen Situation, dass Sie sich wieder sehr schnell auf ganz natürliche Weise von ihm ENTLIEBEN, wenn er sich über längere Zeit gleichgültig und emotionslos verhält.

Sie KÜHLEN EMOTIONAL AB auf der Ebene der Paarbeziehung (Anziehung, Verliebtheit, Sehnsucht, Vermissen) und Sie ERWÄRMEN auf der Ebene der viel weniger verbindlichen MENSCHLICHEN Beziehung (Mitgefühl, Verständnis, Ungezwungenheit, Unbeschwertheit, Mitleid, Anteilnahme).

Ausnahmslos ALLE Frauen, die ich thematisch sehr speziell zu dem Punkt interviewte („Ich stehe seit Längerem in einer glücklichen Beziehung, musste damals aber erstmal meinen in jener Zeit sehr unentschlossenen Freund dazu bringen, mehr zu wollen") berichteten mir von der unglaublich hohen Wichtigkeit dieser weiblichen Art, auf Distanzierungen zu reagieren.

Natürlich benannte keine der Frauen Ihre eigenen Verhaltensweisen selbst mit dem Wort „Spiegeln", doch es ist genau dieses Wort, mit dem ich Ihr weises, intuitives Verhalten dem Mann gegenüber beschreiben möchte.

Wenn Sie in einer Beziehung VON ANFANG AN richtig spiegeln, behalten Sie als Frau die ganze Zeit Ihren hohen weiblichen Attraktivitätswert und werden niemals erleben, dass Ihr Freund sich von Ihnen emotional entfernt. Er wird sich zwar äußerlich manchmal entfernen, doch emotional fühlt er STÄNDIG die starke Spannung des Bandes zwischen Ihnen und ihm und kommt daher stets zu Ihnen zurück.

Sie spiegeln ihn, indem Sie mit Ihrem Verhalten auf seinen INNEREN Zustand in sehr attraktive Weise REAGIEREN. Sie achten dabei komplett auf Ihre Intuition, welches jeweils das angemessene Verhalten ist, um Ihren hohen Wert in seinen und genauso in Ihren eigenen Augen AUFRECHTZUERHALTEN.

Der perfekte Spiegel entwaffnet ihn; er nimmt ihm seine Fluchtimpulse, seine gewissenhafte Vorsicht und seine Übersättigung.

Er strafft das extrem gelockerte Band wieder zwischen Ihnen.

Synchrones Loslassen und Aufbau von persönlichen Energiesäulen

Im Rahmen der inhaltlichen Gestaltung dieses Buches verfeinerte und differenzierte ich meine Erkenntnisse aus der eigenen jahrelangen Frauenberatungstätigkeit, indem ich mich über die anschauliche Umsetzung der „Prinzipien zum Beziehungsglück“ immer wieder ganz direkt bei weiblichen „Naturtalenten“ vergewisserte. Hierfür interviewte ich eine Reihe von Frauen zum Thema „Einen Mann langfristig an sich binden“.

Die Zielgruppe meiner Befragungen waren Frauen, welche schon längere Zeit in einer glücklichen Beziehung stehen.

Folgende Bedingungen mussten vorliegen:

In der Kennenlernphase wollte er WENIGER als sie – er war sich unsicher, hat sich unverbindlich verhalten und wollte zunächst keine ernsthafte Beziehung.

- Sie musste es geschafft haben – trotz seiner vorherigen Unernsthaftigkeit und Unverbindlichkeit – ihn Schritt für Schritt immer tiefer an sich zu binden.

- Er musste der Frau inzwischen sehr hingegeben und glücklich mit ihr sein.
- Es durfte kein Ungleichgewicht herrschen: Keiner von beiden sollte einen offensichtlich dominanteren und emotional unabhängigeren Part in der Beziehungskonstellation inne haben.
- Der Mann musste ihr selbst nach längerer Beziehung immer noch sehr viel Liebe und Aufmerksamkeit zeigen.

Folgende Eigenschaften konnte ich schlicht und einfach FAST IMMER bei diesen Frauen beobachten:

1. Diese Frauen sind sehr auffällig damit beschäftigt, ihre Wünsche und Lebensziele zu realisieren und sehr darum bemüht, in bestimmten Dingen voranzukommen – völlig unabhängig vom gegenwärtigen Freund.
2. Viele dieser Frauen übten mit viel Freude ein oder mehrere Hobbys aus oder gehen Interessen nach, bei denen Sie viel Spaß haben und „sich selbst dabei spürten" – unabhängig vom gegenwärtigen Freund. Sie wirkten auf mich in den Gesprächen immer sehr lustig, humorvoll, lebensfroh und erfüllt von allen möglichen Dingen.
3. Diese Frauen pflegen mit großer Priorität Ihre Freundschaften und familiären Kontakte und widmen diesen Kontakten und gemeinsamen Unternehmungen – auch ohne ihren Freund – viel Zeit.
4. Diese Frauen gehen außergewöhnlich selbstbewusst, direkt, angstfrei und locker mit ALLEN MÄNNERN um – sie flirten, spielen mit ihren Reizen – doch genauso geben sie einem Mann das Gefühl, ihr bester Kumpel zu sein und machen den Eindruck, dass man mit ihnen „Pferde stehlen" kann.

ALLE Grundprinzipen und Elemente dieses Buches, in denen es um die Eroberung eines Mannes geht, konnte ich in den verschiedensten Formen bei diesen Naturtalenten wieder erkennen. Sie wurden von diesen Frauen auch immer wieder bestätigt. Sie leben alle diese Prinzipien ganz intuitiv und sehr entschlossen gegenüber Männern und haben Ihren aktuellen Freund auf diese Art und Weise immer stärker emotional an sich gebunden.

Schritt für Schritt provozierten sie durch ihr gesamtes Verhalten bei ihm immer mehr Entschlossenheit, Respekt, Verliebtheit – und das Gefühl, „sich glücklich schätzen zu können", sie zu haben.

Doch halten wir an dieser Stelle erstmal fest:

Um in Zukunft ÜBERHAUPT die Kraft und Energie zu haben, Ihrem Traummann nicht mehr in einer emotional schwächeren und abhängigeren Position zu begegnen, brauchen Sie weitere Energiesäulen, die Sie glücklich machen und ausfüllen.

Es ist ein wesentliches Merkmal sehr glücklicher Beziehungen, dass beide Partner in einem ähnlichen Nähe-Distanz-Verhältnis stehen:

- Keiner von beiden ist emotional wesentlich abhängiger vom Partner als der andere.
- Keiner von beiden hat ein deutlich schwächeres Selbstwertgefühl, als der andere.
- Beide leben ihr Leben unabhängig vom anderen sehr stark nach Ihren Wünschen und Vorstellungen – sie sind also emotional gleichzeitig stark mit anderen Dingen ausgefüllt.
- Beide haben meistens eine recht geringe Schmerztoleranz, wenn es darum geht, ihre Würde gegenseitig stets zu wahren und zu verteidigen – und sind immer bereit, Konsequenzen zu ziehen.
- Beide lassen sich keine Missachtung und Respektlosigkeiten vom anderen gefallen und können sehr gut gegenseitig Grenzen setzen.
- Beide sind sich gegenseitig eine sehr starkes, authentisches Gegenüber und zeigen sich einander, was sie am Anderen mögen.

- Beide haben meistens schon vor der Beziehung eine genauere Vorstellung davon gehabt, was sie in diesem Leben glücklich macht und welche Wege sie gehen wollen. Ein aktueller Partner würde gegen diese Ziele nur schwer „ankommen".

Um es anders zu formulieren:

In einer glücklichen Beziehung können sich beide Partner immer wieder auf eine natürliche und attraktive Weise LOSLASSEN, ohne sich dabei den Kopf zu zerbrechen, mit diesem „egoistischen Verhalten" den anderen zu enttäuschen oder gar von sich wegzutreiben.

So gesehen „betrügen" sich beide Parteien auf emotionaler Ebene gegenseitig permanent und immer wieder.

Denn jeder öffnet sich innerlich stark für andere Aufgaben, Inhalte und Menschen und VERGISST in diesen Momenten den Partner komplett.

Diesen Prozess nenne ich SYNCHRONES LOSLASSEN.

Er ist die innere emotionale Voraussetzung eines Menschen, um eine gesunde und glückliche Partnerschaft führen zu können:

Denn ohne die Fähigkeit, synchron zu dem starken Gefühl der Liebe den inneren Raum in seiner Gefühlswelt immer wieder auch mit anderen Glücks- und Energiequellen auszufüllen und dabei den anderen „emotional zu vergessen", würde man – wie ein schleichendes Gift – vom anderen immer destruktiv abhängiger werden und sich selbst immer stärker vernachlässigen. Man könnte die Beziehung nicht mehr genießen, da man beziehungssüchtig wäre.

In einer emotional gesunden und ausgeglichenen Partnerschaft haben sich beide zu einem Leben verpflichtet, in dem der andere nicht die Glücksquelle Nr. 1 seines Lebens ist.

Der andere ist zwar ein sehr bereichernder Begleiter, doch bildet er nicht das Fundament, auf dem man geht. Eine Trennung würde zwar wehtun, doch würde sie nicht so einen irrsinnigen Schmerz auslösen, der das eigene Leben in ein tiefes Unglück stürzen würde.

Denn jeder wandelt schon auf seinem eigenen, unabhängigen Glücks-Fundament. Aus dieser emotionalen Freiheit heraus begegnen sich beide genau so, wie es der andere BRAUCHT:

Denn jeder von beiden hat noch WEITERE emotionale Säulen in seinem Herzen als den aktuellen Partner. Diese Säulen tragen ihn immer dann gefühlsmäßig, wenn der andere ihm nicht die Liebe und Wertschätzung gibt, die er vom Partner erwartet.

Und in dieser Situation befinden Sie sich: Sie brauchen jetzt unbedingt Ihre ganz persönlichen Energiesäulen, die Sie emotional tragen und Ihnen Kraft geben.

Lassen Sie los und öffnen Sie sich für Ihre ganz persönlichen Energiespender

Beginnen Sie in den kommenden Wochen so entschlossen und kompromisslos wie möglich, weitere Säulen in Ihrem Leben aufzubauen, die Ihnen neue Lebensfreude und Energie vermitteln.

Durchweg kann ich Ihnen aus dem Frauen-Coaching bestätigen, dass es extrem wichtig und entscheidend für Ihre dringend benötigte Lockerheit und Souveränität ist, dass Sie sich jetzt komplett für Ihre ganz persönlichen „Kraftspender“ öffnen.

Lassen Sie sich ab jetzt wirklich fallen in alle Bereiche Ihres Lebens, die im Moment noch brach und unausgelebt vor Ihnen liegen.

Denken Sie dabei insbesondere an Bereiche in Ihrem Leben, die Sie möglicherweise wegen IHM vernachlässigt haben:

Nehmen Sie sich in einer ruhigen Minute einmal die Zeit dafür, sich darüber bewusst zu werden, welche Wünsche, Interessen und Leidenschaften (privater und beruflicher Natur) Sie wahrscheinlich viel entschlossener realisiert hätten, wenn Sie in den letzten Jahren die komplette emotionale Freiheit gehabt hätten im Hinblick auf das Thema „Männer“ und „Beziehung“:

- Mit welcher Aktivität hätten Sie unter Umständen begonnen?
- Welche Kontakte hätten Sie wieder aufblühen lassen?
- Welche privaten Interessen oder berufliche Herausforderung wären Sie angegangen?
- Welche Wünsche hätten Sie sich erfüllt?
- Was wollten Sie in Ihrem Leben schon immer von ganzem Herzen ausprobieren und verwirklichen, hatten es aber nie entschlossen realisiert?
- Welche Ihrer ganz persönlichen Leidenschaften hatten Sie vor oder während Ihrer aktuellen Beziehung einschlafen lassen, weil Sie etwa „keine Energie” oder „keine Zeit” mehr dafür hatten?
- Welche Kontakte, Freundschaften und regelmäßigen Begegnungen haben Sie in den letzten Monaten oder Jahren vernachlässigt?
- Welche Dinge und Ideen hätten Sie sehr wahrscheinlich in Ihrem Leben ausprobiert oder verwirklicht, wenn das Thema „Beziehung“ Sie nicht in Ihrem Denken und Fühlen vereinnahmt hätte?

War es unter Umständen in Ihrem Leben fast schon „normal“, dass Sie sich über längere Phasen hinweg innerlich bremsen lassen haben durch das starke, emotionale Fixiertsein auf einen Mann?

Oder haben Sie sich sogar in Ihren zufriedenen Single-Phasen mit Ihren persönlichen Ideen und Wünschen eher zurückgehalten, da Sie bisher immer der Überzeugung waren, dass Ihr wahres Glück sowieso nur in einer Partnerschaft liegt und es daher wenig Sinn macht, jetzt noch viel neue Zeit und Energie in Ihre Selbstverwirklichung zu stecken?

Wenn Sie sich einmal klar darüber geworden sind, welches Ihre inzwischen vergrabenen und noch nie ausgelebten Sehnsüchte und Interessen sind, wissen Sie auch, in welche Richtung Sie jetzt gehen müssen.

Sie wissen dann, welche brachliegenden inneren Quellen an Lebensenergien und Lebensfreude zu Ihrem ganz persönlichen Wesen GEHÖREN. Selbst dann, wenn Sie diese im Moment nicht ausleben.

Energiesäulen sind eine sehr individuelle Sache.

Jeder Mensch springt emotional auf ein ganz bestimmtes Umfeld an, welches speziell bei ihm die tieferen Anteile seiner Persönlichkeit weckt und diese plötzlich für ihn fühlbar macht.

Dies kann ein Engagement für eine höhere Sache sein, welches einem das Gefühl von Sinn, Liebe und höherer Aufgabe vermittelt.

Ebenso könnten dies auch Aktivitäten sein, die einen mit Begeisterung und Lebensfreude füllen. Oder ein Hobby, welches Ihren tiefsten Sehnsüchten entspringt und Sie alles um sich herum vergessen lässt. Vielleicht aber ist es auch nur ein herzlicher und ehrlicher Kontakt zu Menschen, mit denen Sie auf einer Wellenlänge sind.

Diese Lebensenergien werden bei jedem Menschen unterschiedlich geweckt:

Vielleicht wollten Sie immer schon eine ganz bestimmte Zusatzausbildung oder Umschulung machen, die Ihren Talenten entspricht. Möglicherweise träumten Sie schon häufiger davon, Ihre menschlichen Fähigkeiten in Form einer beruflichen Selbstständigkeit zu verwirklichen.

Ist es immer Ihr Wunsch gewesen, eine bestimmte Tanzart zu erlernen? Glauben Sie, es würde Ihnen sehr guttun, sich regelmäßig in einem Fitnesscenter körperlich auszupowern und dort die angebotenen Kurse zu belegen, die Ihnen Spaß machen? Vielleicht interessiert Sie auch eine bestimmte Sportart, welche Sie nur zum Spaß mal ausprobieren und die Sie ggf. mit anderen Frauen und Männern zusammen betreiben.

Möglicherweise würde es Sie stark inspirieren, sich für ein Seminar anzumelden zu Themen wie „Persönlichkeitsentwicklung", „Glücklich werden" oder „Träume verwirklichen" und dort automatisch in Kontakt zu gleich gesinnten und hochmotivierten Frauen und Männern zu kommen, die in einer ganz ähnlichen Lebenssituation sind wie Sie.

Vielleicht täte Ihnen momentan auch eine Gesprächs- oder Verhaltenstherapie sehr gut, um Ihre gesamte Lebenssituation viel besser zu verstehen und sich von einer/einem vertrauensvollen Therapeutin/Therapeuten ermutigen und motivieren zu lassen.

Es kann sein, dass Sie ein einfacher „Tapetenwechsel" schon wieder ganz neu mit Lebensenergie füllt. Ziehen Sie in einen Ort oder in eine Stadt, in der Sie sich wohlfühlen.

Falls es Ihnen guttäte, schauen Sie sich einige WGs an, lernen der Reihe nach die weiblichen Hauptmieterinnen kennen und ziehen für eine gewisse Zeit in eine Wohnung zu der Frau, mit der Sie sich am besten verstanden haben.

Nehmen Sie sich Urlaub und machen Sie die Reise, die Sie immer machen wollten. Fragen Sie eine Freundin – fahren Sie mit ihr übers Wochenende in ein Wellnesshotel oder machen Sie gemeinsam einen spannenden Ausflug.

Dies alles sind Dinge, mit denen Sie Ihre eigene emotionale Welt auf sanfte Weise „zwingen", die Gedanken und Gefühle an Ihren Freund für eine gewisse Zeit loszulassen. Auf ganz natürliche Weise bekommt dadurch der Mann, auf den Sie zurzeit so fixiert sind, allmählich wieder den Platz in Ihrem Herzen, der ihm zugemessen ist:

Einen Nebenschauplatz in Ihrem ohnehin schon inspirierenden und spannenden Leben.

Gleichzeitig trainieren Sie auf diese Weise immer mehr das für eine dauerhafte Beziehung so wichtige Grundgefühl der natürlichen Distanz vom Partner. Sie üben sich darin ein, Ihr Leben stark in eine eigendynamische Bewegung in Richtung „Glück" zu bringen – UNABHÄNGIG davon, wie viel Geborgenheit Sie gerade in einer aktuellen Beziehung erleben oder nicht.

Sie erlernen damit indirekt auch die innere Freiheit, eine Beziehung zu einem Mann GENIESSEN zu können, selbst wenn Sie in ihr momentan keinerlei Gewissheiten oder Sicherheiten haben.

Den meisten Frauen fallen erfahrungsgemäß die ersten Schritte zurück in ihr emotional selbstbestimmtes Leben am schwersten. Denn etwas völlig Neues in ihrem Leben ganz aktiv zu gestalten, was jedoch NICHT in irgendeiner Verbindung zum Partner steht, kann sich besonders zu Beginn nahezu anfühlen wie eine kleine Trennung.

Sie zerstören sozusagen Ihr eigenes Abhängigkeitssystem.

Es kostet zunächst Selbstüberwindung für viele Frauen, nach langer Zeit endlich SELBST ihr eigenes Muster zu BRECHEN, welches sie in der Vergangenheit unglücklich und völlig erfolglos an einen Mann gebunden hat: Den permanenten inneren Zwang einer Frau, durch ihr aktives Verhalten darum zu kämpfen, mehr Gewissheit darüber zu bekommen, ob ihr Freund es ernst mir ihr meint oder nicht.

Ich selbst kenne keinen größeren Beziehungskiller, insbesondere in den ersten 2–4 Monaten einer leidenschaftlichen Bekanntschaft zwischen Mann und Frau, als den inneren Zwang einer Frau, sich emotionale Sicherheit über den weiteren Verlauf Ihrer Beziehung verschaffen zu müssen.

Anstatt diese zerbrechliche Bekanntschaft im Hier und Jetzt vertrauensvoll und dankbar als Bereicherung zu genießen und sie ganz und gar ihrem NATÜRLICHEN WACHSTUM zu überlassen, vergeben sich sehr viele Frauen immer genau dann Ihre Möglichkeiten, wenn sehr viel Gefühl im Spiel ist.

Dieses Muster können Sie nur brechen, wenn Sie beginnen, sich Ihren eigenen Glückssäulen zu öffnen und sich von ihnen emotional im Inneren tragen zu lassen. Denn diese innere Leichtigkeit ist die größte Voraussetzung, die Sie benötigen für das lockere und natürliche Entwickeln einer allmählichen Liebesbeziehung zu einem Mann, der ihr Herz tief berührt.

Die ersten Schritte auf dem Weg zu Ihren ganz persönlichen Energiesäulen erfordern wahrscheinlich Ihre ganze Kraft und Ihre ganze Entschlossenheit.

Doch seien Sie sich darüber gewiss:

Sie sind auf diesem Weg nicht allein.

Ihre weibliche Stärke und emotionale Freiheit bei anderen Männern kultivieren

So gut wie alle glücklich liierten Frauen, die ich interviewte zum Thema „Wie habt ihr euren inzwischen festen Freund damals dazu gebracht, dass er irgendwann begann, verbindlich und ernsthaft eine Beziehung mit euch zu wollen?“ hatten einen ganz bestimmten Punkt auffällig gemeinsam:

Während der Kennenlernphase, das heißt in der ganzen Zeit, in der ihr jetziger Freund noch nicht genau wusste, was er wollte und sich daher sehr widersprüchlich (heiß-kalt) verhielt, kultivierten viele dieser Frauen ganz bewusst die Gesellschaft anderer Männer.

Mit anderen Worten:

Sie lebten ganz einfach nur so, wie es der Realität entsprach. Und die Realität war die, dass sie keine feste Beziehung hatten, sondern irgendwas „darunter". Irgendetwas „Kompliziertes" also, in das sie auf keinen Fall sehr viel Energie investieren und worauf Sie schon gar nicht ihre ganze Zukunft bauen konnten.

Beispiel Ulrike:

Ulrike wohnt mittlerweile seit mehr als 2 Jahren mit ihrem Freund zusammen und ist sehr glücklich mit ihm.

Sie berichtete mir, dass sie sich vorher, als sie noch nicht offiziell zusammen waren, mit ihm schon mehr als ein halbes Jahr traf. Die beiden schliefen miteinander, unternahmen viele tolle Dinge zusammen, konnten viel zusammen lachen und sich stundenlang über Gott und die Welt unterhalten.

Der Haken:

Keiner von beiden nahm das Wort „Beziehung" in den Mund und keiner brachte auch nur ansatzweise ein tieferes und ernsthaftes Gefühl für den anderen zum Ausdruck.

Dazu kam, dass er sich immer wieder mal überraschend von ihr zurückzog:

Zum Beispiel meldete er sich manchmal plötzlich wieder weniger bei ihr oder er war in ihrer Anwesenheit ungewohnt gefühlskalt und gleichgültig.

Ulrike erklärte mir, dass ihr in der ganzen Zeit immer wieder sehr deutlich wurde, dass das Ganze für ihn noch lange keine verbindliche Beziehung war. Sie wusste genau, dass Sie in SEINEN Augen noch nicht zusammen waren.

Er gab ihr nämlich nicht zu verstehen, dass es ihm WIRKLICH ernst mit ihr ist , obwohl es die meiste Zeit von außen betrachtet so aussah, als wenn die beiden ein Paar wären.

Auf meine Frage hin, was sie sich denn in dieser Zeit am meisten von ihm gewünscht hätte, antwortete sie:

„Das Gefühl, dass er wirklich MICH braucht und keine ANDERE mehr.“

Auf mein Nachhaken, was sie damit genauer meinte, antwortete sie:

„Er war zwar meistens sehr zärtlich zu mir und wollte immer viel Zeit mit mir verbringen. Aber er hat mir dabei z.B. nie gesagt, dass er es ernst meint oder mich liebt oder zumindest dass ich die Einzige für ihn bin – und so etwas hätte schon kommen müssen ... Also z.B. so was wie ‚Sind wir jetzt eigentlich zusammen?‘ oder ‚Ich will mit dir zusammensein‘ – und zwischendurch dann immer wieder diese überraschenden Abstandsphasen ... Ich weiß aus vergangenen Beziehungen ja genau, wie das aussieht, wenn ein Mann wirklich in mich verliebt ist.“

Ich: *„Und wie sind Sie mit dem Ganzen umgegangen?“*

Ulrike: *„Die Ungewissheit war manchmal ziemlich hart ... ich wollte ihn ja ... Aber er hatte es nicht verdient, dass ich ihm zeige, dass ich unzufrieden bin, ihm irgendwelche Vorwürfe mache oder um mehr Aufmerksamkeit bettele. Bin dafür viel zu stolz – hab mich dann einfach immer abgelenkt. Aber insgesamt hatten wir ja immer viel Spaß. Ich habe mich dann natürlich ebenfalls einfach mal aus heiterem Himmel für kurze*

Zeit zurückgezogen und dann immer gemerkt, dass ich ihm schon ziemlich wichtig bin. Ich hab das aber auch deshalb getan, um ihn immer wieder genau das spüren zu lassen, was ich selbst fühlte, als er sich vorher mal distanzierte. Er war dann immer schnell wieder sehr aufmerksam zu mir."

Ich: *„Gut, aber was war dann irgendwann die entscheidende Wende in Richtung ‚Beziehung'?"*

Ulrike: *„Ich hab ja ziemlich am Anfang schon gemerkt, dass er sich nicht wirklich festlegen will – dass er das Ganze scheinbar gern immer so weiterlaufen lassen würde. Ihm reichte das. Mir überhaupt nicht. Und so habe ich von Anfang an meine vorigen Männerbekanntschaften weiterlaufen lassen, nur nicht mehr so intensiv – und ohne Sex, zumindest soweit das ging ...*

Ich: *„ Hat er denn nichts davon mitbekommen?"*

Ulrike: *„Nein, ich habe ihm nichts davon erzählt – zumindest nicht von irgendwelchen Dates mit Verehrern. Dass ich ‚gute männliche Freunde' habe und mich regelmäßig treffe mit denen, das habe ich immer durchblicken lassen. Nur habe ich das nie so genau erklärt, mit wem ich mich gerade wieder treffe. Für solche Rechtfertigungen war mir das alles noch viel zu locker. Ich habe immer nur angedeutet, dass ich z.B. am Samstag auf ein Konzert mit einem ‚Freund' gehe. Und manchmal auch nur dann, wenn er nachgehakt hat."*

Ich: *„Und die Wende?"*

Ulrike: *„Die Wende kam, als einer der anderen Männer, die ich gedatet habe, immer interessanter für mich wurde. Ich hatte mich jetzt nicht verliebt in ihn, doch er war wirklich sehr attraktiv und ich habe gemerkt, dass ich mich unter anderen Umständen gern noch vielmehr auf ihn eingelassen hätte. Das was mich hinderte, mich innerlich* *weiter zu öffnen, war Michael. Mir war's wirklich ernst mit ihm. Ich war aber jetzt erst recht unzufrieden darüber, dass er immer noch nicht Stellung bezogen hatte."*

Ich: *„Haben Sie ihn vor die Alternative gestellt?"*

Ulrike: *„Nein, nicht direkt. Ich hab ihm dann aber sinngemäß gesagt: ‚Du, ich brauche mal eine Woche Abstand von dir, um über einiges nachzudenken. Ich habe dich wirklich sehr gern, aber ich kann mit unserer aktuellen Freundschaft gerade nicht so viel anfangen und weiß nicht genau, was ich will. Lass uns mal Pause machen und denk du doch auch noch mal darüber nach, was du eigentlich willst. Ich kann mir sehr gut vorstellen, dass es mit uns weitergeht, jedoch habe ich noch ein paar andere Eisen im Feuer. Meine Zeit ist mir sehr wertvoll. Ich würde gern mit jemandem mehr Zeit verbringen, der wirklich weiß, was er will. Lass uns in einer Woche wieder sprechen und dann weiterschauen."*

Ich: *„Eine sehr gute Aktion. Wie hat er darauf reagiert?"*

Ulrike: *„Ich zog das dann natürlich für eine Weile durch. Doch er fing schon gleich am nächsten Tag damit an, mich mit SMS zu bombardieren, wie sehr er mich vermisst und wie viel ich ihm bedeute usw. Ich hab ihm nur darauf geantwortet, dass wir diese Woche einfach mal durchhalten und beide überlegen, was wir möchten. Als er am dritten Tag aber immer noch keine Ruhe gab und schrieb, dass er es kaum mehr aushielte und mich unbedingt sehen müsste, habe ich die Pause verkürzt und wir haben uns getroffen."*

Ich: *„Hatte sich seitdem etwas verändert?"*

Ulrike: *„Ja, ganz definitiv. Seit dem Zeitpunkt zeigte er mir ganz klar und ausdrücklich, dass er mit mir zusammen sein will. Er redete von da an das erste Mal von gemeinsamer Zukunft, plante jetzt ständig irgendetwas Schönes fürs Wochenende.*

Das erste Mal sagte er mir jetzt auch, dass er mich liebt. Aber das zeigte er mir jetzt auch unabhängig davon so gut wir jeden Tag."

Dies ist nur ein Beispiel von verschiedenen Fällen unter den von mir interviewten Frauen, die obwohl sie verliebt waren, trotzdem scheinbar wie selbstverständlich noch eine ganze Zeit ihre Augen bewusst für andere Männer offen hielten, diese näher kennen lernten und trafen – und zwar noch solange, bis ihr aktueller Mr. Right sich ganz offen und ernsthaft zu ihr als seiner Freundin bekannt hat, mit der er ganz offiziell zusammen sein will.

Die befragten Frauen, die es schafften, einen anfangs recht unverbindlichen Mann am Ende in einer glücklichen Beziehung an sich zu binden, praktizierten für mich auffällig häufig die bewusste Kultivierung anderer potenzieller Männer in den verschiedensten Abstufungen.

Ob es ein früherer Verehrer war, mit dem sie sich weiterhin trafen, eine vergangene Affäre, die immer mal wieder aufgefrischt wurde oder ein vergangener Lover der ab und zu kultiviert wurde – eines war diesen Frauen gemeinsam:

Sie schafften es über längere Zeit, einen sehr lockeren und unverbindlichen, gleichzeitig sehr intensiv-freundschaftlichen Kontakt zu Ihrem Mr. Right zu halten, in den SIE verliebt waren, er jedoch umgekehrt nicht genauso in sie.

Genauso wie ER es tat, lebten auch Sie bewusst die gleiche Unverbindlichkeit. Sie trafen sich weiterhin parallel mit anderen Verehrern und öffneten sich sogar ganz bewusst für Männer, die auch für sie selbst interessant waren.

Sie konzentrierten sich zwar auf der einen Seite ganz klar auf den Einen, den Sie wirklich wollten und investierten immer wieder ihre Zeit und Energie in ihn. Doch investierten sie NIEMALS MEHR ALS ER und schon gar nicht „bewahrten" sie sich ganz bewusst für ihn auf.

Im Gegenteil: Sie holten sich das Gefühl von Begehrtsein und das Kribbeln heißer Flirts parallel bei anderen männlichen „Energiesäulen". Sie redeten kaum darüber, gaben auch keine Rechenschaft, sondern TATEN das einfach. Bis Ihre männliche Nr. 1 sich voll und ganz für sie entschied.

Die Kultivierung anderer Männer kann meiner Erfahrung nach eine sehr wertvolle Säule sein, um die Phase der emotionalen Distanzierung Ihres Freundes mit genügend Kraft zu überstehen und mit Erfolg wieder rückgängig zu machen.

Es kann Ihnen eine Extraportion Entschlossenheit und Kraft geben, sich in Ihrem Verhalten nicht von Ihren Verlustängsten leiten zu lassen, wenn es darum geht, Ihren Nr.1-Kandidaten immer dann, wenn es dringend nötig ist, souverän loszulassen.

Denn nur durch sehr mutige und vertrauensvolle Schritte WEG VON IHM ist es möglich, ihn spüren zu lassen, wie wichtig Sie ihm wirklich sind.

Warum Sie weiterhin andere Männer treffen und kennenlernen sollten, solange er nicht eindeutig ist

Das spielerische Kennenlernen, Daten und Flirten mit anderen Männern entspricht analog der Realität des jetzigen Unsicherheitsstatus Ihrer aktuellen Bekanntschaft: Sie HABEN real keine verbindliche Beziehung, da er es im Moment in Wirklichkeit gar nicht will.

Sie sind daher natürlich ganz selbstverständlich aufgeschlossen für weitere männliche Bewerber und potenzielle Kandidaten. Sie suchen diese auch wieder AKTIV.

Die naheliegende Konsequenz wäre sonst, die Verbindung zu ihm zu beenden, da Sie sonst eindeutig Ihre Zeit verschwenden würden, wenn Sie Ihre wertvolle Energie weiter in ihn investieren und sich für ihn aufbewahren würden.

Es gibt aber genau diesen MITTELWEG.

Es entspricht insbesondere deshalb völlig der Realität, da ER es ist, der sich entliebt hat. Er kann sich mit Ihnen im Augenblick keine gemeinsame Zukunft vorstellen.

Es ist völlig klar, dass er selbst nicht einen Tick zögern würde, sich auf eine neue Frau einzulassen, WENN er nur im Geringsten die Gelegenheit dazu bekäme.

Kein Mann, der in einer halbherzigen Beziehung steckt und der sich über längere Zeit stark von seiner Freundin emotional entfernt, würde auch nur eine Sekunde zögern, mindestens sofort eine Affäre einzugehen mit einer Frau, die ihn erregt und ihm dem Atem raubt – wenn er nur die Chance dazu hätte.

Erinnern Sie sich an das erste Kapitel:

Ein Mann, der sich in einer Beziehung zu einer Frau befindet, die er nicht liebt und von der er sich emotional entfernt hat, trennt sich in so gut wie allen Fällen nicht einfach von selbst:

Er hält die Beziehung mit ihr immer weiter und weiter aufrecht, und zwar auf dem niedrigstmöglichen Level, den sie immer noch bereit ist, mitzumachen und mitzuerleiden.

Dies zieht er solange konsequent (teils Jahre) durch, bis er dank einer anderen Frau (egal ob nur eine Affäre oder neue Beziehung) endlich den ersehnten Absprung schafft.

Oder er stellt die Frau solange konsequent auf Liebesentzug und Entwöhnung, bis sie selbst endgültig den Schlussstrich zieht – was er indirekt provozieren wollte – um nicht noch ein weiteres Mal der Schuldige zu sein.

Es sind nur die wenigsten Frauen, die diesen Teufelskreis durchbrechen, WÄHREND sie noch die Beziehung führen – indem Sie voller Selbstbewusstsein und innerer Entschlossenheit beginnen, ihr EIGENES VERHALTEN komplett zu verändern – und die ursprüngliche Balance Schritt für Schritt wiederherzustellen.

Diese Frauen schaffen es dadurch, ihren gesunkenen Wert auf eine sehr weiblich-attraktiv-souveräne Weise wieder stark in die Höhe zu treiben – und ihren Freund auf diese Weise zu entwaffnen.

Und vor allem:

KEINE der Frauen, die mir als lebendiges Beispiel für diese Vorgehensweise dienten – sowohl Klientinnen als auch „lebendigen Vorbildern“ im Rahmen meiner Interviews – provozierten durch dieses Verhalten, dass der Mann sich von ihnen noch mehr abwendete.

Ganz im Gegenteil:

Indem Sie ihn weiterhin gezielt immer wieder durch ein rein positives, herzliches, völlig unverletztes weiblich-souveränes Verhalten BELOHNTEN – gleichzeitig jedoch sein „schlechtes Benehmen“ immer wieder auf undurchschaubare und mysteriöse Weise „BESTRAFTEN“, konnten Sie ihren Nr.1 - Kandidaten auf sehr attraktive Art und Weise immer stärker an sich BINDEN.

Meistens wird alles dadurch nur wieder viel lockerer und zugleich spannender. Sie spiegeln also nur seinen Zustand: Er fühlt sich ja gerade dadurch so „abgestoßen" von Ihnen, weil Sie in der Vergangenheit so viel, so ernst und so intensiv etwas von ihm wollten.

Weil Sie selbst im Beziehungsmodus waren, obwohl er es nicht war.

Und da er es nicht war, können Sie zudem auch SICHER sein, dass er verstärkt von anderen Frauen phantasiert und sehr offen für neue Begegnungen ist. Falls sich eine neue attraktive Gelegenheit ergäbe zu einer Frau, die sein Herz berührt und die seinen Idealen entspricht, würde er sich in seiner jetzigen Verfassung (er fühlt sich in dieser Phase zu Ihnen hingezogen, aber nicht GEBUNDEN) sich nicht zurückhalten. Er würde sich seinen Gefühlen hingeben und sofort eine neue Beziehung eingehen.

Holen Sie sich als weitere Energiesäule also, wenn es Ihnen irgendwie möglich ist, interessante Männer in Ihr Leben.

Leben Sie unbedingt konsequent so, wie es dem REALZUSTAND entspricht. Und der ist: Sie haben aktuell keine verbindliche und ernsthafte Beziehung.

Sie können zurzeit auf den aktuellen Zustand KEINEN DEUT Ihre Zukunft bauen.

Das Gefühl Ihres weiblichen Wertes kultivieren

Es gibt etwas Verhängnisvolles, das ich häufiger in Fällen beobachten kann, in denen eine Frau sich über längere Zeit voll und ganz auf einen bestimmten Mann fixiert, ER SELBST sie jedoch ganz offensichtlich NICHT als Partnerin braucht und vermisst – sondern sie lediglich als vorübergehende emotionale und sexuelle Stütze benötigt (ein teils über viele Jahre währender Prozess bis er die Chance von einer neuen Frau bekommt):

Viele Frauen verlieren dadurch komplett Ihr letztes Gefühl an weiblicher Würde und Stolz.

Je länger Sie verlernen, diesem Mann sanft, aber bestimmt Grenzen zu setzen und konsequent für Ihr eigenes zu Glück sorgen, desto kleiner wird im Laufe der Zeit auch Ihr gefühlter weiblicher Wert.

Irgendwann haben Sie dann völlig vergessen, wer Sie selbst sind – und welche Chancen Sie Tag für Tag bei anderen Männern verpassen.

In den vielen Jahren meiner Beratungspraxis sind mir keine Frauen begegnet, die so ein niedriges weibliches Selbstwertgefühl haben wie diejenigen, die viele Jahre in einer unglücklichen Beziehung festsaßen – teils langjährig verheiratet.

Diese Frauen hatten irgendwann scheinbar voll und ganz die längere „Intensivbehandlung" durch ihren Mann für sich selbst als subjektive Wahrheit übernommen:

„Ich bin generell als Frau nicht liebenswert und gut genug, um von einem Mann dauerhaft leidenschaftlich geliebt zu werden. Ich ergebe mich daher voll und ganz meinem Schicksal und bleibe bei ihm, um nicht völlig ins Bodenlose zu fallen."

Der Teufelskreis wird so nur immer größer:

Je länger eine Frau auf ihr Geburtsrecht verzichtet, würdevoll und innig von ihrem Partner geliebt zu werden und dieses Recht nicht für sich einfordert, desto ausschließlicher kann sie nur noch ihr Schattenselbst leben.

Wie oft erlebe ich, dass Frauen nach Jahren, teils nach Jahrzehnten solcher belasteten Gefängnisbeziehungen wieder komplett bei Null anfangen, wenn es darum geht, sich später nach einer Trennung, mit neuem Optimismus wieder in die Männerwelt zu stürzen und die neue Freiheit zu genießen, sich ganz neu auszuprobieren und zu erfahren.

Viele schaffen es dann nicht mehr, wieder den Mut zu fassen, sich ganz aktiv um den Kontakt zu interessanten Männern zu kümmern (also zu solchen, bei denen Sie nervös werden) und sich offen und kontaktfreudig in deren Nähe zu begeben.

Umgekehrt besitzt eine Frau, die spielerisch und aktiv den Kontakt zu potenziell für sie interessanten Männern kultiviert, häufig genau DADURCH die Fähigkeit, sich auch dann ähnlich locker, selbstbewusst und ungezwungen zu verhalten, wenn der RICHTIGE plötzlich auftaucht.

Sie hat ein untrügliches und sehr geübtes Gespür für den respektvollen Umgang mit ihrer weiblichen Würde. Sie weiß dadurch genau, was Sie erwarten kann – und kann dadurch stets gelassen, stark und souverän auch mit solchem männlichen Verhalten umgehen, welches sie nicht bereit ist, zu akzeptieren.

Sie kann ein beherztes Ja sagen – und dieses auch genauso wieder zurücknehmen.

Doch kann sie vor allem Nein sagen – und dieses, falls ihr danach ist – genauso wieder in ein Ja verwandeln.

Ich kann Ihnen nur ans Herz legen:

Öffnen Sie sich aktiv und ungezwungen für andere Männer, solange sie sich nicht in einer völlig verbindlichen Beziehung befinden.

Verlieren Sie niemals das so wichtige Gefühl von Optionen, das dadurch entsteht, dass Sie mehrere Eisen im Feuer haben.

Nähren Sie Ihr Gefühl für Ihre eigene Begehrlichkeit durch das männliche Geschlecht.

Vielleicht ist genau dieser emotionale Puffer DAS Netz, welches Sie hält, um nicht noch weiter ins Bodenlose zu fallen – durch die völlig verbohrte Fixierung auf ihn allein.

Nicht wenige meiner Klientinnen schnitten auf diese Weise das innere Band durch, welches ihre Gefühle vorher noch auf eine völlig vergiftete und selbstzerstörerische Art und Weise an einen einzigen Mann knüpfte.

Sie taten das jedoch, ohne die Beziehung zu ihm zu beenden – und schufen genau dadurch den Weg frei für ihn, sich auf SEINE Art wieder ganz neu an sie zu binden.

Es ist ungemein wichtig, dass Sie insbesondere JETZT ihre weiblichen Energien entfalten und Ihr weibliches Selbstwertgefühl aus verschiedenen Quellen ganz neu stärken:

Flirten Sie mit Männern – lächeln Sie ganz frei heraus andere Männer an. Üben Sie sich in weiblicher Souveränität und Selbstsicherheit. Treffen Sie sich mit Männern und lassen Sie Ihrem weiblichen Zauber und Ihrer Sinnlichkeit freien Lauf – ebenso wie Ihrer neuen Entspanntheit und Ihrer Unbeschwertheit.

Sorgen Sie dafür, dass Sie MEHRERE Eisen im Feuer haben und sich in die genussvolle Position begeben, die AUSWAHL zu haben. Flirten Sie ganz bewusst mit für Sie interessanten Männern – überall, wo Sie sich befinden.

Lächeln Sie im ALLTAG Männern offen und direkt zu – schauen Sie Ihnen dabei etwas länger in die Augen – und schauen dann als erste weg.

Lassen Sie sich auf diese Weise ansprechen.

Sprechen Sie Männer auch indirekt an.

Das Ziel dabei ist, als eine weitere Energiesäule ganz unverbindlich und spielerisch verschiedene Männer in Ihr Leben zu holen und damit wieder das brachliegende weibliche Urbedürfnis nach Begehrtwerden zu kultivieren.

Es ist eine weitere mächtige energetische Säule im Hinblick auf Ihre weibliche Ausstrahlung, die Sie Ihrem Freund gegenüber an den Tag legen, wenn sie aus dem Grundgefühl des Begehrtwerdens heraus kommt – sowie aus dem Gefühl heraus, selbstbestimmt und konsequent positive Bewegung in Ihr Liebesleben zu bringen.

Sie spüren dabei wieder Stück für Stück Ihren wahren weiblichen Wert.

Ich habe schon mehrere Klientinnen dabei begleitet, insbesondere diese Energiesäule in ihrem Leben wieder aufzubauen – bei einigen dieser Frauen war es genau dieses Element im Prozess der Rückgewinnung ihres Freundes, welches ihnen im Kontakt zu ihm eine ganz neue Unabhängigkeit und Stärke gab und ihnen emotional Rückgrat verlieh. So konnten Sie dann voller Entschlossenheit und neuem Selbstvertrauen Ihrem Freund begegnen.

Indem sie durch neue, interessante Männerbegegnungen wieder ihren hohen attraktiven Wert spürten, waren sie in der Lage, viel lockerer und entspannter diesem hohen Wert gemäß, auch ihrem Freund gegenüber zu handeln – sich also nicht mehr UNTER WERT zu verkaufen.

Es geht einzig um neue Kontakte zum männlichen Geschlecht und das, was Sie dabei wiedererlernen sollen – nicht darum, konkret eine Affäre oder gar eine neue Beziehung zu beginnen.

Falls Sie keine Möglichkeiten dazu haben und es Ihnen an der richtigen „männlichen Umgebung“ mangelt:

Greifen Sie auf die bekannten, seriösen Singlebörsen im Internet zurück.

Wenn Sie aktiv die unterhaltsame Gesellschaft anderer Männer kultivieren, könnte das die entscheidende Kraftsäule sein, um auch IHM gegenüber emotional viel freier zu sein und dadurch wieder attraktiv auf ihn zu wirken.

Es wird ihn nicht von Ihnen wegtreiben, wenn Sie diese Säule klug und geschickt in Ihr neues, gesamtes Unabhängigkeitssystem einbauen. Wie auch bei vielen anderen neuen Bereichen Ihres transformierten und neuen Lebens stehen Sie absolut in keinem Rechtfertigungszwang darüber, wann und mit wem Sie so alles Ihre Freizeit verbringen.

Doch ist die Wahrscheinlichkeit sehr hoch, dass Sie auf diese Art sehr viel schneller Ihre in Ihnen schlummernden WEIBLICHEN Energien aktivieren können – die Sie dringend dafür benötigen, durch Ihr ganzes Auftreten und Ihre Ausstrahlung auf ihn zu bewirken, dass er für Sie wieder den ursprünglichen Respekt und die hohe Würdigung Ihrer weiblichen Attraktivität fühlen kann.

Ich selbst kenne keine Methode, bei der es schneller geht, all die Vielfalt Ihrer weiblichen Facetten zu trainieren und aufblühen zu lassen, als sich regelmäßig mit VERSCHIEDENEN Männern zu treffen und mit diesen eine offenherzige ehrlich-direkte Kommunikation zu betreiben.

Es ist dabei wirklich wichtig, dass Sie das Ganze nicht als ernsthafte Partnersuche betreiben und ihr jeweiliges Date nicht durch die „Beziehungsbrille“ betrachten, sondern den Fokus dabei komplett nur auf SICH SELBST legen.

Es geht darum, Spaß und Ausgelassenheit im Kontakt zum männlichen Geschlecht zu genießen. Ganz im Hier und Jetzt und ganz ohne irgendwelche Erwartungen.

Und vor allem geht es darum, dass Sie in solchen Begegnungen ganz bewusst IN SICH SELBST hineinspüren und JEDES GEFÜHL, das Sie dabei empfinden, ZULASSEN und diesem in einer weiblich-souveränen Form Ihrem männlichen Gegenüber AUSDRUCK verleihen.

Was bedeutet das konkret?

Wenn Sie fühlen, dass Sie fasziniert sind von einem Mann, bringen Sie genau DAS zum Ausdruck. Sie achten darauf, WAS konkret Sie an ihm begeistert und sagen ihm dann z.B.:

„Es begeistert mich, wie du die Dinge siehst/die Art, wie du dich ausdrückst/wie du dich bewegst/was du schon alles erlebt hast/ wie sportlich du bist/wie ehrgeizig du deinen Beruf auszuüben scheinst/ wie erfolgreich du bist/wie klug du bist/etc. Es macht Spaß, sich mit dir zu unterhalten.“

Kleiden Sie Ihr authentisches Gefühl in ein selbstbewusstes Kompliment ein:

„Mir gefallen deine Augen/deine Stimme/Dein Kleidungsstil/deine Ausstrahlung/deine ehrliche Art/deine Umgangsformen/dein Lachen/dein Humor/deine Lebendigkeit/deine freche Art.“

Verpacken Sie Ihre Bewunderung sehr spielerisch-provokant:

„Du bist wirklich attraktiv – wenn du jetzt noch ein paar weitere Eigenschaften hättest, könnte ich mich glatt in dich verlieben.“

Dann reden Sie weiter bzw. wechseln wieder das Thema.

Das Muster dahinter ist immer:

Sie bringen spontan ein Gefühl zum Ausdruck – einfach so, weil Sie es gerade haben und Ihnen danach ist. In diesem Fall war es das Gefühl der Faszination.

Weitere Beispiele dafür, wie Sie auf sehr weiblich-souveräne Art Ihrem Gefühl Ausdruck verleihen:

Gefühl: *Ihr leichtes Unbehagen darüber, dass Ihr Gegenüber verunsichert ist.*

Ausdruck: *„Du scheinst ein bisschen nervös zu sein – das brauchst du gar nicht, ich beiße nicht – bin außerdem selbst ein bisschen nervös."*

Weiterreden / Themenwechsel

Gefühl: *Ihre Genervtheit und Wut darüber, dass er sich so wenig Mühe gibt, seinen Beitrag zu einer anregenden Konversation beizusteuern.*

Ausdruck lächelnd-sanft: *„Hey, ich hoffe doch nicht, dass dir schon die Fragen ausgegangen sind." Oder: „Was möchtest du denn noch von mir wissen?"*

Gefühl: *Ihre Genervtheit und Ihr Unbehagen, wenn er zu intensiv von beruflichen Problemen/Stress/Ängsten/seinem Ärger mit der Ex/etc spricht.*

Ausdruck lieb-lachend: *„Können wir nicht einfach das Thema wechseln? Wir kennen uns gerade eine Stunde und du erzählst mir schon von deinen größten Schwierigkeiten."*

Gefühl: *Unbehagen oder Wut, dass er so schnell körperlich wird oder zu schnell auf das „Eine" hinsteuert.*

Ausdruck lächelnd: *„Oooh, entschuldige bitte, so schnell geht das bei mir nicht – ich hoffe, du kannst den Abend trotzdem mit mir genießen."*

Oder auch: *„Das geht aber schnell bei dir. Nein, das passt irgendwie nicht zu dem heutigen Verlauf des Abends. Ich sehe dich im Moment noch gar nicht als Sexpartner, eher als sehr sympathischen Menschen, mit dem man sich gut unterhalten kann. Auf der anderen Ebene regt sich bei mir leider noch gar nichts".*

„Wir wollen aber nicht gleich mit der Tür ins Haus fallen."

Gefühl: *Wut und Unwohlsein, dass er dreist davon ausgeht, dass es am selben Abend zu Sex kommen wird."*

Ausdruck amüsiert-lachend: *„Du scheinst ja ziemlich ausgehungert zu sein – wenn du wüsstest, welche Schalter ein Mann in mir erstmal umlegen muss, damit er mich überzeugen kann."*

Gefühl: *Gelangweiltsein von seinen 08/15-Standard-Fragen.*

Ausdruck: *„Gibt es nichts Spannenderes, was du von mir wissen willst?" oder „Das ist doch nicht wichtig. Themenwechsel: Was glaubst du, was du einer Frau zu bieten hast, so dass sie sich ernsthafter auf dich einlassen könnte?"*

Gefühl: *Genervtsein von seinen angeberischen Erzählungen.*

Ausdruck lachend: *„Du bist ein Angeber"/„Du willst mich damit doch nur beeindrucken"/„Du hörst Dich glaub ich wahnsinnig gern selbst reden, stimmt's?"*

Gefühl: *Überrascht, dass jemand sich so schnell in sie verliebt zu haben scheint, ohne Sie näher zu kennen - Ihr Bedürfnis, sich abzugrenzen.*

Ausdruck: *„Ich will ehrlich sein, ich sehe das Ganze hier nur als ungezwungenes Kennenlernen ohne jegliche Verpflichtung. Ich bin eigentlich gar nicht auf Partnersuche. Ich lerne zurzeit einfach nur gern neue Leute kennen – insbesondere Männer."*

Oder: *„Ich finde dich wirklich sympathisch, aber eine Beziehung kann ich mir absolut nicht mit dir vorstellen."*

Oder: *„Ich finde dich wirklich sehr sympathisch, ich bin mir aber überhaupt nicht sicher, mach dir am besten nicht so viel Hoffnung. Ich hab im Augenblick eher das Gefühl, dass ich dich nur rein freundschaftlich mag. Wir können uns sicher gern mal wieder spontan irgendwann treffen und etwas unternehmen oder so toll unterhalten wie gestern!"*

Gefühl: *Sie mögen jemanden und dieser ist sehr von sich überzeugt - Sie möchten es ihm nicht zu einfach machen:*

Ausdruck: *„Ich fühle mich sehr wohl bei dir/habe es sehr genossen. Bestimmt können wir uns spontan mal wieder treffen! Aber etwas Festes oder Ernsthaftes kann ich mir im Moment nicht vorstellen. Also das jetzt nur, damit es nicht zu irgendwelchen Missverständnissen kommt.*

Bei der bewussten Pflege von Männerkontakten geht es also insbesondere darum, den authentischen AUSDRUCK VON GEFÜHLEN aus einer Position der STÄRKE und des WOHLBEFINDENS heraus zu trainieren.

Lernen Sie, sowohl Ihre NEGATIVEN Gefühle (wie Wut, Empörung, Genervtheit oder auch die Sorge, jemanden nicht enttäuschen zu wollen) als auch Ihre POSITIVEN Gefühlen (wie Spaß, Faszination, Verliebtheit, Erregung oder auch Wärme und Anteilnahme) auszudrücken.

Ich persönlich kenne so einige Frauen, die diese Säule explizit dafür nutzten, um SICH SELBST im Kontakt zum anderen Geschlecht immer besser kennen zu lernen und die dabei bestimmte Blockaden sehr effektiv aufgelöst haben.

Gleichzeitig nutzen Sie dieses Feld auch, um Ihre weibliche Attraktivität und Ihre Kommunikationsfähigkeiten zu trainieren und zu erweitern – spielerisch – mit Spaß und mit dem tragenden Gefühl von Leichtigkeit, über diesen Weg vielleicht irgendwann auch für den Richtigen emotional gewappnet zu sein.

Regelmäßig Männer zu daten, kann noch so einige in Ihnen schlummernde weibliche Fähigkeiten und Eigenschaften freisetzen. Vorausgesetzt, Sie gehen das Ganze nicht (mehr) als eine aktive Suche nach einem Partner an und setzen ab sofort NICHT mehr die Beziehungsbrille auf. Sie haben also KEINE Erwartungen an jemanden als potenziellen Partner.

Trainieren Sie also Ihre weibliche Souveränität und Lockerheit im Kontakt zu interessanten und genauso auch zu uninteressanten Männern.

Der Folgeeffekt für Ihr Verhalten gegenüber Ihrem Freund wird in absehbarer Zeit dann sein:

Es erscheint Ihnen irgendwann nur noch absurd, sich bei dem EINEN weiterhin besorgt und ängstlich um den Platz an seiner Seite zu bewerben, wenn Sie gleichzeitig mit einer Reihe von verschiedenen männlichen Kandidaten und Nicht-Kandidaten selbstbewusst und weiblich-souverän Ihren wirklichen Gefühlen Ausdruck verleihen.

Es wird dann kaum noch möglich sein, sich von dem Einen weiterhin alles gefallen zu lassen. Genauso werden Sie es viel besser schaffen können, dass er sich in Ihrer Anwesenheit wohl und frei fühlen kann.

Falls Sie diesen Weg beschreiten möchten, achten Sie darauf, in den kommenden Wochen/Monaten unbedingt MEHRERE Dates mit Männern (mindestens 3–5) zu machen, um erstmal ein Gefühl dafür und die notwendige Gelassenheit zu bekommen. Und vor allem:

Sollten Sie keine Möglichkeit haben, mit Freundinnen auszugehen oder auch für den Fall, dass Sie in einem sehr kleinen Ort wohnen, melden Sie sich dann einfach in einer der seriösen Internet-Kontaktbörsen an und treffen Sie auf diese Weise neue Männer in Ihrer näheren Umgebung.

Ganz gleich, ob ein interessanter Mann dabei ist oder ob einige Männer für Sie nicht in Frage kommen: Amüsieren Sie sich köstlich und haben Sie in jedem Fall einfach Spaß im Hier und Jetzt. Lassen Sie im Kontakt zu Männern alle Facetten Ihrer Gefühlswelt zu.

Bei nicht wenigen meiner Klientinnen war dieser offenherzige und spielerische Prozess, andere Männer ohne ernsthafte Erwartungen zu daten, eine ganz wichtige Energiequelle, um sich ebenso schnell wieder ihrem aktuellen Kandidaten gegenüber selbstsicher und stark zu fühlen.

Häufig nämlich ist die Vorsicht und Sorge einer Frau gegenüber dem harmlosen und unbeschwerten Treffen neuer Männer nur die KEHRSEITE Ihrer eigenen weiblichen Unfähigkeit, dem EINEN Mann, den sie wirklich will, sanft, aber bestimmt Grenzen zu setzen und ihn ohne Kompromisse und selbstbewusst zu einem leidenschaftlich bemühten Mann zu „erziehen“.

Wenn Sie Ihre weiblichen Fähigkeiten und Ihre Souveränität ganz bewusst und konsequent im Kontakt zu anderen Männern trainieren, spüren Sie schnell wieder, was es bedeutet, aus Ihrer kraftvollen und unendlich kostbaren weiblichen Würde heraus zu agieren und dabei dem Gedanken an seine mögliche Reaktion nicht die GERINGSTE Beachtung zu schenken.

Es ist sehr wichtig, dass Sie das untrügsame Gefühl wieder für sich zurückgewinnen, wer Sie als Frau wirklich sind und welche Achtsamkeit, welchen Respekt und wie viel brennendes Bemühen Sie verdient haben.

Sobald Sie diese Wahrheit wieder fühlen können, wird es Ihnen kaum mehr möglich sein, einen Mann verhängnisvollerweise mit Ihrer Nähe, Ihrer Ernsthaftigkeit, mit klärenden Gesprächen und mit Ihrer zeitlichen Verfügbarkeit weiter und weiter an sich binden zu wollen, wenn dieser sich inzwischen doch längst emotional von Ihnen zurückgezogen hat.

Sich derart unter Wert zu verkaufen, ist dann nicht mehr für Sie möglich. Denn die Angst, ihn zu verlieren wird dann nicht mehr die Grundlage Ihrer Handlungen sein. Jedoch benötigen Sie paradoxerweise genau diese innere Stärke, um ihn auch wieder an sich binden zu können.

Verfügbarkeit brechen. Die natürliche Verschiebung Ihrer Prioritäten

Sie verplanen jetzt Ihre Zeit verstärkt mit Ihren persönlichen Energiesäulen. Sehr viele andere Dinge sind jetzt wichtiger als er. Sie sind mit anderen Dingen verstärkt erfüllt und beschäftigt.

Das bedeutet: Er hat jetzt keine Priorität in Ihrem Leben.

Sie öffnen sich also mehr und mehr konsequent für Ihre eigenen Interessen, Kontakte und Leidenschaften und lassen ihn dabei los. Sie nehmen dabei wenig Rücksicht auf SEINE Zeitplanung. Vor allem halten Sie sich nicht bestimmte Tage und Abende für ihn offen, ohne dass Sie eine konkrete Verabredung mit ihm haben.

Ebenso wie er es zuletzt tat, vergraben auch Sie sich jetzt in alle möglichen Dinge, die wichtiger sind als er. Sie steigen aus der „Verfügbarkeitsrolle“ aus, haben auf Knopfdruck und „einfach so“ spontan kaum noch Zeit.

Sie richten Ihre Energie in Ihr EIGENES LEBEN und in die Dinge, die Ihnen persönlich guttun und die Sie WEITER BRINGEN.

Was ihn betrifft: Sie steigen komplett aus dem Beziehungsmodus aus. Sie leben nur noch von Moment zu Moment, sehen ihn also nur noch, wenn Sie wirklich Lust dazu haben.

Sie vermeiden jegliche Monotonie und jeglichen Alltag mit ihm. Er hat keine oberste Priorität mehr und daher gibt es keinen gewöhnlichen Alltag mit ihm.

Sie treffen und sehen zu können, ist spätestens ab jetzt wieder etwas BESONDERES. Etwas, das es wert ist, darauf warten zu müssen, ein paar Umstände in Kauf zu nehmen und ein gewisses Maß an Bemühung dafür zu investieren.

Jedes Treffen mit Ihnen muss ab jetzt ein Highlight für ihn sein. WENN Sie Zeit mit ihm verbringen, dann nur noch qualitativ. Ihre Begegnungen sollten ab jetzt eher das Niveau eines ersten ganz natürlichen Kennenlernens haben, bei dem man ohne Zwang und ohne Verpflichtung eine schöne Zeit miteinander hat.

Sie zeigen sich weiterhin stets von Ihrer besten Seite. Sie sind nur noch leicht, entspannt, wohlmeinend und offenherzig. Nichts im Kontakt mit ihm ist noch

anstrengend oder belastend. Ihre Erwartungen an ihn sind ja jetzt komplett zurückgeschraubt.

Wir haben gesehen: Er darf jetzt auf keinen Fall mehr oberste Priorität in Ihrem momentanen Leben haben.

Sie stehen jetzt mit beiden Beinen mitten im Leben und sind mit vielen interessanten und wichtigen Dingen beschäftigt und ausgefüllt, die Ihre ganze Zeit und Aufmerksamkeit einnehmen.

Das bedeutet:

Außerhalb Ihrer tatsächlichen Treffen mit ihm haben Sie kaum noch Zeit und Muße, sich auszutauschen. Sie halten jetzt viel weniger Kontakt zu ihm, auf der anderen Seite gerade noch so viel, um in seinen Augen nicht völlig abzutauchen.

Sollten Sie in dieser Phase weiterhin präsent, häufig erreichbar und verfügbar sein, würde erst recht genau das verhängnisvolle Muster zwischen Ihnen verstärkt werden, welches bisher schon dazu führte, dass er sich entfernte.

Denn er weiß aktuell nicht, was er will. Er fühlt nur den starken Drang, so lange und oft es geht, OHNE Sie Zeit zu verbringen und so wenig wie möglich an Sie zu denken und sich den Kopf über Sie zu zerbrechen.

Seine emotionale Grundstruktur ist zurzeit:

Er will sie möglichst auf Knopfdruck ab und zu treffen können, wenn er gerade Lust dazu hat. Allein das bedeutet ihm einen wichtigen emotionalen Halt in seiner aktuellen Situation.

ZWISCHENDURCH jedoch will er sich ausschließlich mit seinem Leben beschäftigen und die Dinge tun, die IHN weiterbringen und erfüllen. Dazu gehört in den meisten Fällen in dieser Periode ebenfalls auch eine große Offenheit für andere Frauen.

Das Entscheidende ist aber dabei:

Er kann sich in dieser Weise nur dann selbst verwirklichen und sich von Ihnen weg entwickeln, wenn er sich SICHER sein kann, dass SIE ihm in der Zwischenzeit treu verfügbar und ergeben bleiben – und sich die ganze Zeit weiterhin für ihn bereit halten. Selbst dann, wenn er Sie wochenlang nicht sehen will und Sie nicht im Geringsten vermisst.

Er braucht Sie sozusagen weiterhin dringend als GEFÜHLTEN emotionalen und sexuellen Halt, um sich dann langsam aber sicher von Ihnen ABNABELN zu können.

Dies ist der Grund, warum er in dieser Zeit immer wieder phasenweise Nähe und vertrauten Austausch per SMS, Chat und Telefonaten sucht. Er will sichergehen, dass alles beim Alten ist und er Sie als „Reserve-Auffangbecken" nicht verliert – nur um mit diesem Gefühl der Sicherheit danach wieder tage- oder sogar wochenlang abzutauchen zu können.

Verstehen Sie mich nicht falsch:

Es gibt dieses unsichtbare Band zwischen Ihnen, welches Sie miteinander verbindet. Denn er hatte schon einmal für eine gewisse Zeit das ernsthafte Verlangen empfunden, mit Ihnen zusammen zu sein. Er hatte Sie, wenn auch für kurze Zeit, schon in sein Herz geschlossen. Er weiß dadurch schon, wie es sich anfühlt, sich mit Ihnen eine gemeinsame Zukunft zumindest ansatzweise vorstellen zu können.

Und dieses Gefühl war eine Zeit lang für ihn POSITIV verankert.

Doch wie wir gesehen haben, ist dieser Zustand SEHR zerbrechlich, solange der Mann nicht seinem natürlichen Rhythmus entsprechend immer wieder seine Rückzugsphasen bzw. Unverbindlichkeitsphasen durchlaufen kann, ohne dass die Frau Ihre Lebensfreude und Leichtigkeit verliert.

Solange Sie nicht schon eine über mehrere Jahre gewachsene, ausgeglichene und glückliche Beziehung mit ihm hatten, gibt es zwischen Ihnen kein Fundament, das eine einseitige Abhängigkeit und Bedürftigkeit tragen könnte.

Wenn Sie VORHER nicht oft genug bewiesen haben, dass Sie ihn immer wieder loslassen können, ohne Ihr eigenes Glück und Ihr Vertrauen zu verlieren, wird die langsam und zart wachsende Pflanze seiner Zuneigung und Verbundenheit sehr schnell wieder verschüttet.

Wenn Ihr Freund sich in dieser noch zarten Kennenlernphase von Ihnen distanziert, würde das unveränderte Um-ihn-kreisen, Mehr-wollen und Ihn-verzweifelt-brauchen zu seiner völligen Erkaltung führen.

Daher ist es so unglaublich wichtig, dass Sie GENAU JETZT dieses Muster unterbrechen und ihn komplett ZURÜCKSPIEGELN:

SIE müssen jetzt diejenige sein, die sich von IHM emotional entfernt und entliebt. SIE müssen jetzt gleichgültiger und unzuverlässiger werden – und dabei stets freundlich, vertröstend und liebevoll bleiben.

Nur so halten Sie das unsichtbare Band zwischen Ihnen langfristig weiter unter Spannung.

Alles, was ab jetzt in den nächsten Wochen und Monaten passiert, muss dazu führen, dass ER derjenige ist, der sich fragt, „was mit Ihnen los ist" und „ob er noch gut genug für Sie ist" – und auf keinen Fall umgekehrt.

Denn alles andere wäre ein völliger Widerspruch zu Ihrer vorher noch gezeigten attraktiven und souveränen Transformation. Alles andere würde Ihre eigenen hohen Ansprüche und Erwartungen verraten, die Sie ihm vorher noch vorlebten. Es würde ihn wieder tief blicken lassen in Ihre hilflose Abhängigkeit von ihm.

Jegliche selbstverständliche Nähe, Vertrautheit und Verbundenheit mit ihm, die Sie ihm in der Zeit zwischen Ihren Begegnungen schenken (selbst wenn diese viele Wochen auseinander liegen), ist also während Ihrer Transformationsphase ein absolutes Tabu.

Vermeiden Sie unbedingt in den Zeiten zwischen Ihren Treffen einen regelmäßigen und vertrauten Kontakt per SMS, Chat, Facebook oder Email. Lassen Sie sich genauso wenig auf längere Telefonate ein, in denen Sie wie selbstverständlich von Ihren alltäglichen Erlebnissen oder Ihrer Lebensgeschichte berichten.

Denn genau dadurch würden Sie ihm wieder zeigen, dass Sie ihm weiterhin stets treu und wartend ergeben sind. Seine emotionale Distanz festigt sich auf diese Weise mehr und mehr.

Genauso tabu ist es jetzt, ihm wie eine vertraute Kumpelfreundin ZWISCHEN IHREN BEGEGNUNGEN ihm viel Raum und Verständnis für seine Probleme und seinen Stress zu geben. Ebenso nicht für seine Gedanken und für sein Bedürfnis nach anregender Konversation. Sie haben im Moment keine Offenheit dafür, ihm längere Zeit zuzuhören.

Ersticken Sie längeren SMS-Austausch im Keim, würgen ihn immer als Erste freundlich ab. Seien Sie insbesondere abends per SMS oder Chat nur schwer erreichbar. Tauschen Sie bitte auf keinen Fall Gute-Nacht-Botschaften oder abendliche Vertraulichkeiten aus.

Ihr Verhalten bei Erklärungsnot

Wenn eine Frau beginnt, ihren Nr.1-Kandidaten wie hier beschrieben zu spiegeln, „entgleitet" sie ihm auf sehr attraktive Weise, da ihre Prioritäten sich verschoben haben.

Das, was Sie jetzt LEBEN, ist die genau passende Eins-zu-eins-Spiegelung SEINES inneren, widersprüchlichen Zustands. Doch nur so können Sie sich in das emotional freie und unbefangene weibliche Gegenüber zurückentwickeln, in welches er ursprünglich begann, sich zu verlieben.

Ihre Verwandlung geschieht in einer geschmeidigen und für ihn nicht durchschaubaren Art. Denn weder ziehen Sie sich verletzt und traurig von ihm zurück, noch wirkt Ihr Verhalten auf ihn manipulativ oder „Spielchen spielend".

Im Gegenteil: Sie wirken sehr positiv, denn Sie sind jetzt immer entspannter, unbeschwerter, freundlicher – nur haben sich Ihre Prioritäten etwas verschoben. Sie sind von anderen Bereichen Ihres Lebens deutlich stärker erfüllt als vorher.

In der Fallbegleitung konnte ich häufiger beobachten, dass ein derartiges Verhalten Fragen beim Mann aufwirft:

Die Wahrscheinlichkeit ist groß, dass er Sie bald darauf ansprechen wird, „was denn im Moment los ist mit Ihnen", „ob noch alles in Ordnung mit ihnen beiden ist" oder auch „ob er sich Sorgen machen muss". Manchmal reagiert er im ersten Moment auch leicht beleidigt oder trotzig. Das ist jedoch so gut wie immer lediglich seine allererste oberflächliche Reaktion, durch die Sie sich auf keinen Fall beirren lassen dürfen.

Sollte er Sie in irgendeiner Weise auf Ihr verändertes Verhalten ansprechen, bietet sich jetzt eine wunderbare Gelegenheit, ganz undramatisch und glaubwürdig Ihre gerade beginnende Verwandlung durchscheinen zu lassen, ohne ihn damit von sich zu stoßen.

Es ist wichtig, dass Sie bei Ihrer offiziellen Erklärung für Ihre Veränderung keine enttäuschte oder verletzte Grundhaltung durchklingen lassen.

Mit anderen Worten: Der offizielle Grund, warum Sie so handeln, steht in keiner DIREKTEN Verbindung mit ihm. Sie FLÜCHTEN also nicht vor ihm, etwa weil er Ihnen „nicht guttut" oder weil Sie „Abstand von ihm brauchen, da Sie enttäuscht von ihm sind".

Nein, es sind rein pragmatische Gründe, die Sie gerade innerlich treiben:

- Sie sind aktuell von anderen Dingen erfüllt.
- Es beschäftigen Sie gerade Angelegenheiten, die Ihre Zeit und Energie vereinnahmen.
- Sie entwickeln sich gerade spürbar weiter, wissen aber noch nicht, wohin.
- Sie erleben im Moment mehr Bereicherung und Spaß mit anderen Menschen, Interessen und Aktivitäten.
- Es erfüllt Sie aktuell nicht so sehr, viel Kontakt zu IHM zu haben.
- Sie mögen ihn, doch bereichert er gerade Ihr Leben nicht sehr. Daher haben Sie weniger Zeit und Lust, ihn zu sehen.
- Sie wollen weiter die Freundschaft zu ihm halten, doch ein regelmäßiger, häufiger Kontakt kann Ihnen im Moment nicht die Inspiration geben, die Sie brauchen.

Die neue Lebenslust und die neuen Prioritäten, die Sie antreiben, resultieren indirekt aus einer völlig natürlichen „Wegentwicklung" von ihm, weil ER zurzeit durch sein Verhalten Ihnen nicht das gibt, was Ihnen aber inzwischen andere Inspirationsquellen geben können.

Sie haben es auf keinen Fall nötig, darüber ein „klärendes Gespräch" zu führen.

Sie akzeptieren und BEFÜRWORTEN den aktuellen Schwebezustand mit Ihrem Partner VÖLLIG. Für Sie ist also alles gerade PERFEKT. Sie wollen es geradezu nicht anders.

Er wird den tieferen Zusammenhang in Zukunft von selbst SPÜREN. Erklären Sie ihm daher in keinem Fall Ihre tieferen Beweggründe, sondern verwenden Sie nur logische und praktische Gründe.

Im Folgenden ein paar Beispiele für solche pragmatischen Erklärungen Ihrer Transformation:

„Weißt du, ich genieße es gerade sehr, dass wir beide etwas so Lockeres miteinander haben."

„Es ist alles okay. Das hat nichts mit dir zu tun. Ich genieße alles gerade so wie es ist."

„Weißt du, ich finde es gerade total schön, dass wir beide etwas so Unkompliziertes miteinander haben – ich hoffe, dass du es genauso siehst."

„Ich genieße es gerade mit dir genauso wie es ist. Ich bin wirklich froh, dich zu kennen. Mehr kann ich dir im Moment nicht geben."

„Ich kann im Moment nicht anders. Ich bin einfach nur erfüllt von verschiedenen Dingen in meinem Leben."

„Ich fühle mich wohl bei dir, finde es aber gerade total schön, dass es so locker zwischen uns ist. Lass uns doch schauen, wie es sich weiterentwickelt, ohne irgendetwas erzwingen zu wollen."

„Alles okay. Im Moment kann ich nicht mehr geben, bin sehr von anderen Dingen inspiriert, die meine ganze Aufmerksamkeit einfordern."

„Ich mag dich wirklich total gern: ich glaube, ich brauche zurzeit einfach nur ein bisschen mehr Zeit für mich."

„Ich hab dich total gern, aber du bist in letzter Zeit ja nicht gerade der Prinz auf dem weißen Schimmel. Ich genieße das Ganze mit dir so locker wie es gerade ist. Mehr kann ich mir nicht vorstellen."

„Ich hab dich sehr gern. Alles ist okay. Bin zurzeit einfach von einigen neuen Dingen in Beschlag genommen."

„Alles ist gerade perfekt für mich, so wie es ist! Mir macht es immer wieder viel Spaß, dich zu sehen. Ich verändere mich einfach nur gerade etwas. Wir schauen einfach, wie es sich entwickelt."

„Ich brauche gerade einfach nur etwas mehr Zeit für mich."

Absolute Tabus im direkten Gespräch mit ihm

Um den wahrhaftigen Zustand zwischen Ihnen zu spiegeln, müssen Sie unter allen Umständen sämtliche selbstverständlichen Verhaltensweisen ausschließen, die in Wirklichkeit nur in eine feste und bewährte Beziehung gehören.

Achten Sie ab sofort darauf, in Ihrem Verhalten alle Gesten und Themen zu unterlassen, welche eine gewisse Art von Nähe und Vertraulichkeit zwischen Ihnen suggerieren. Jeder selbstverständliche persönliche Austausch, jede Regelmäßigkeit, Alltäglichkeit und Routine im Kontakt zwischen Ihnen sind ab sofort Tabu.

Bitte vermeiden Sie daher ab sofort in der gesamten Kommunikation mit ihm folgende Leidenschafts- und Verliebtheitskiller:

Ihre persönlichen Probleme und Ihr persönlicher Stress

Seien Sie bitte ab jetzt kein offenes Buch mehr für ihn – insbesondere, was Ihre persönlichen Schwierigkeiten und Ihr persönliches Leid oder Stress angeht.

Sie befinden sich längst in einer Transformation zu einer neuen, attraktiven, glücklichen Frau, die jetzt zielstrebig und entschlossen ihren Weg geht und keine „emotionalen Krücken" mehr in ihrem Leben zum Überleben braucht.

Alle Probleme und Sorgen, die Sie jetzt noch durchblicken lassen würden, wären nur weitere klare Signale für ihn, dass sich in Ihrem Leben nicht wirklich etwas zum Positiven verändert hat.

All das, womit Sie in Ihrem Leben jetzt IMMER NOCH nicht klarkommen (jegliche Ängste, Sorgen, Labilität, etc.) sind in SEINER Wahrnehmung nur die KEHRSEITE

EIN UND DERSELBEN MEDAILLE – nämlich die Kehrseite Ihrer bisherigen verzweifelten Abhängigkeit von IHM.

All diese Dinge sind in seiner Wahrnehmung jetzt sehr NEGATIV geankert.

Ihre Sorgen, Leiden, Ihren Stress und alle komplizierten, persönlichen Themen vertrauen Sie ab sofort NUR NOCH Ihren besten Freundinnen oder Ihrer Familie an!

Wenn Sie also wollen, dass er Sie als eine attraktive, emotional unabhängige Frau respektieren lernt, die mit ihrem Leben wunderbar selbst klarkommt und jetzt zielstrebig und erfolgreich ihre Ziele und Wünsche verfolgt – dann sollten Sie einige Themen vermeiden wie die Pest:

- Ihre momentane Therapie oder Ihre Selbsthilfegruppe.
- Alle spirituellen Themen und Erfahrungen wie Astrologie, Meditation, Yoga, Heilungssitzungen, religiöse Zirkel, Horoskope, Wahrsagerei, Licht- und Engelserfahrungen, Seelenverwandtschaft, Schicksalsglaube, usw.

Die Beschäftigung mit diesen Themen würde von ihm als Zeichen dafür wahrgenommen werden, dass Sie immer noch nicht glücklich, unabhängig und voller Selbstvertrauen Ihr Leben gestalten – und daher weiterhin darauf angewiesen sind, in „Ersatzrealitäten" zu flüchten.

Falls einer dieser Bereiche zu Ihren positiven Energiesäulen gehört:

Sehr gut!

Nur teilen Sie Ihre Erfahrungen nicht mit IHM.

Berufliche Probleme:

Erwähnen Sie nicht Ihre Schwierigkeiten mit KollegInnen oder Ihrem Chef.

Sprechen Sie nicht über die Unzufriedenheit in Ihrem Job, solange Sie nicht zielstrebig und entschlossen an einer Veränderung arbeiten.

Reden Sie nicht darüber, falls Sie zurzeit unter Ihrer gesamten beruflichen Situation leiden – oder falls Sie sich aktuell in einer Phase der Orientierungslosigkeit befinden und keine klaren Perspektiven und Ziele für Ihr berufliches Fortkommen haben.

Denn es gilt auch hier:

Alle Schwierigkeiten in Ihrer eigenen Lebensführung, die Sie JETZT immer noch haben, sind in seiner Wahrnehmung nur die Kehrseite Ihrer früheren Unentspanntheit und Verkrampftheit IHM GEGENÜBER.

Ihr generelles Sorgen ist bei ihm negativ verankert.

Es ist für ihn der eigentlich Grund dafür, dass Sie ebenfalls auch unter IHM leiden und sich Ihre Lebensfreude durch ihn beeinträchtigen ließen. Es ist seine unbewusste Erklärung dafür, dass Sie ihn aus derselben Labilität heraus so unangemessen schnell zu Ihrem Lebensmittelpunkt machten und mit ihm scheinbar eine innere Leere füllten.

Ihre Transformation wäre so insgesamt viel weniger glaubwürdig für ihn.

Vergangene Beziehungen und Expartner

Es wäre natürlich sehr kontraproduktiv, wenn Sie in irgendeiner Weise negative Erfahrungen mit vergangenen Partnern erwähnen:

Absoluter Abtörner:

Sie erwähnen irgendetwas von einem Expartner (Positives oder Negatives) aus einer Beziehung, die ER aber beendete. Es würde Sie in jedem Fall in ein schlechtes Licht stellen.

Ebenfalls kritisch:

Sie erwähnen die Gründe für die Trennung einer vergangenen Beziehung, die zwar Sie beendeten, Ihr früherer Partner jedoch derjenige war, der Ihnen zu wenig Liebe und Wertschätzung schenkte.

Einzig okay wäre, eine Beziehung zu erwähnen, aus der Sie sich trennten, wenn die Erwähnung der Trennungsgründe letztlich nur Ihre hohen Bewertungsmaßstäbe, Männern gegenüber durchblicken lässt:

Andeutungen wie:

„Er war mir zu faul"
„Er hat sein Leben einfach nicht in den Griff bekommen"
„Er war ein Muttersöhnchen"
„Er war nicht zielstrebig genug"
„Er konnte mir einfach zu wenig bieten"
„Er war mir nicht männlich genug"
„Er hat mir zu sehr aus der Hand gefressen"

sind also okay, weil es Ihre höheren Werte demonstriert.

Negatives Klagen und Jammern über das männliche Geschlecht

Auch dieser Punkt lässt tendenziell weibliche Bedürftigkeit und Schwäche durchblicken.

Sätze wie „Männer sind Arschlöcher“ oder „ Männer sind Schweine“ „Männer wollen alle doch nur das Eine“ kommen nicht gerade aus der Position eines hohen weiblichen Selbstwertgefühls und signalisieren eher eine weibliche Opferrolle und verletzte Hilflosigkeit.

Daneben: Fast jede Frau, die erfolgreich mit Männern ist und sich in Ihrer weiblichen Haut sehr wohlfühlt, kann auch wunderbar entspannt, liebevoll und souverän mit ALLEN Männern umgehen – und leidet vor allem nicht unter ihnen.

Andeutungen, dass Sie auf Partnersuche sind

Dies versteht sich eigentlich von selbst, doch erwähne ich es an dieser Stelle der Sicherheit wegen.

Jegliche Andeutungen, dass Sie in Ihrer aktuellen Lebensphase generell einen Partner suchen, vermeiden Sie bitte unbedingt.

Falls Sie sich z.B. in einer Singlebörse angemeldet haben sollten oder wenn Sie auf Singleveranstaltungen gehen (auf Singlepartys, -stammtische, -reisen, etc.), ist das zwar gut FÜR SIE als weitere Energiesäule.

Doch in SEINEM Kopf würden nur ein weiteres Mal die Alarmglocken läuten:

„Es war ja klar, sie ist so verzweifelt auf der Suche und will nur so schnell wie möglich unter die Haube kommen. Deswegen war Sie ja auch immer so unentspannt bei mir. Es ging ihr ja auch bei MIR immer nur um das Thema Beziehung."

In seinen Augen ist Ihre Suche nach einem neuen Partner nicht gerade ein attraktives Merkmal, da es kein Zeichen Ihrer neuen transformierten, weiblichen Attraktivität ist.

Nicht, dass Sie sich nicht mit anderen Männer treffen sollten. Ganz im Gegenteil: Wie wir gesehen haben, wäre dies für den Ausbau Ihrer emotionalen Stärkeposition und das Trainieren Ihrer weiblichen Kommunikationsfähigkeit SEHR klug.

Doch ERWÄHNEN Sie bitte nicht irgendwelche Aktivitäten, die Ihre aktive Partnersuche durchblicken lassen.

Etwas GANZ anderes ist es natürlich, wenn Sie sehr dezent und völlig beiläufig durchblicken lassen, dass es scheinbar andere Männer gibt, die sich FÜR SIE zu interessieren scheinen: Männer, die Ihre täglichen Wege kreuzen – dort wo Sie sich sowieso aufhalten.

Wenn dies dann noch offensichtlich Männer sind, die über männliche Attraktivitäts-Attribute verfügen (Erfolg, Selbstbewusstsein etc.) und dadurch indirekt IHREN weiblichen Wert in seinen Augen erhöhen – perfekt!

Doch dazu später mehr im Kapitel „Führungsphase".

Erwähnung von Krankheiten und medikamentösen Behandlungen

Dies ist nicht der richtige Zeitpunkt dafür.

Sie sind nicht in einer festen, tragfähigen Beziehung mit ihm. Im Gegenteil: Sie wollen erreichen, dass er wieder frei von jeglichem Gefühl von Verpflichtung, Mitleid und schlechtem Gewissen wird.

Wenn es Ihnen schlecht geht und Sie ihn damit konfrontieren, würden Sie diese Gefühle indirekt in ihm bewirken.

Sie dürfen nie vergessen:

Um von sich aus wieder den Wunsch verspüren zu können, verbindlicher mit Ihnen zusammen sein zu wollen, muss er im Kontakt mit Ihnen erst mal fühlen, dass er jederzeit gehen könnte, ohne dass es Sie „umhauen" würde.

Sie sind ja objektiv gesehen nicht wirklich zusammen.

Daher geht es erstmal nur noch um rein positive und leichte Themen.

Negatives Reden über andere Menschen

Genauso ungünstig wäre es, von Stress, Streit und Unzufriedenheit zu erzählen, die Sie persönlich mit Freunden, Verwandten und Bekannten haben.

Streitereien mit Ihren Eltern, einer Arbeitskollegin oder mit einer Freundin, die SIE PERSÖNLICH belasten und verletzen:

Bitte außen vor lassen.

Ihre „Beziehung“ zu ihm

Absolutes Tabu ist ebenfalls Ihre eigene Beziehung.

Sie sind – genauso wie er es bisher auch nicht war – nicht sonderlich daran interessiert, die bisherige Beziehung mit ihm zu analysieren und zu thematisieren.

Denn das ist im Moment einfach nur noch Vergangenheit und nicht so wichtig. Es gibt aktuell viele neue andere Dinge in Ihrem Leben, die spannender und erfüllender sind, als eine offizielle Beziehung zu ihm

Sie sind transformiert und jetzt unbeschwert. Sie machen sich keine Sorgen mehr um die Zukunft.

Sie genießen ganz einfach nur den Moment mit ihm – und genauso ohne ihn. Das was Sie mit ihm verbindet, ist der gemeinsame SPAß und die Inspiration im HIER UND JETZT.

MEHR NICHT.

Falls er beginnt, über die bisherigen Schwierigkeiten in der Beziehung zu reden und Sie danach zu befragen: Gehen Sie nicht darauf ein.

Falls er das Thema jedoch trotzdem sehr engagiert mit Ihnen besprechen möchte:

Gehen Sie nur maximal darauf ein, indem Sie ihm entspannt lächelnd zuhören und dann sagen:

„Lass uns doch nicht mehr über Probleme reden, ich will zurzeit keinen Stress mehr. Ich glaube ich verändere mich gerade ein wenig keine Ahnung,

wohin es führt ... Lass uns die Dinge einfach nehmen, wie Sie kommen und nichts mehr definieren, ich hoffe es ist für dich okay – ich habe den Kopf im Moment wirklich voller anderer Dinge"
– und dann wechseln Sie einfach das Thema.

Gefühlsäußerungen, die Sie ihm gegenüber machen

Genauso tabu sind in dieser Phase jegliche Bekundungen Ihrer Zuneigung.

Sie erwähnen bitte nicht, dass Sie sich Hoffnungen auf eine gemeinsame Zukunft haben.

Genauso wenig lassen Sie durchblicken, dass Sie ihn „lieben", „verliebt sind", ihn vermissen oder oft an ihn denken.

Auch nicht etwas wie: „Es war so schön, dich wiederzusehen" (mit verliebtem Blick).

Sie erwähnen solche Dinge auch DANN nicht, wenn er wieder verstärkt selbst derjenige ist, der versucht, bestimmte Knöpfe zu drücken oder anhänglicher und vertrauter wird als vorher:

Sätze von ihm wie:

„Du bist die Richtige für mich"
„Ich habe dich vermisst"
„Ich kann einfach nicht ohne dich sein"
„Du bist die Tollste"
„Ich habe die ganze Zeit an Dich gedacht"
„Du bist die perfekte Frau"

haben in dieser Phase absolut KEINE Bedeutung, solange er sich insgesamt nicht klar und deutlich erkennbar ganz neu in Sie verliebt hat – und solange er sich nicht insgesamt erkennbar ganz neu und ernsthaft um Sie bemüht.

Beachten Sie immer über einen LÄNGEREN Zeitraum, was er getan hat und ob sein Verhalten in den letzten Wochen wirklich widerspiegelte, was er jetzt gerade sagt.

Lassen Sie sich noch NICHT auf diese Gefühle ein – lassen Sie sich, insbesondere während der gesamten Transformationsphase, noch LANGE nicht fallen.

Geben Sie sich nicht diesen Gefühlen hin. Nehmen Sie es einfach gelassen – fühlen Sie sich geehrt und erwidern Sie freundlich und höflich:

„Das hast du lieb gesagt – ich fühle mich geschmeichelt – danke für das Kompliment."

Alltagsdetails und ausführliche Berichte über ihren Tagesablauf

Verschonen Sie ihn ab sofort mit ausgedehnten Einzelheiten Ihres Alltags. Berichten Sie nicht mehr über Dinge wie Ihre alltäglichen Erledigungen, Ihren Job, Ihre Familie, Ihre Kinder oder das, was einer Ihrer Freundinnen widerfahren ist.

Unterbinden Sie überhaupt Erzählungen von Dingen, bei denen er sich nicht sonderlich interessiert zeigt – nicht richtig zuhört – nicht interessiert nachhakt – nicht lacht – kein Feedback gibt – und dabei nicht von alleine ins Erzählen kommt.

Wenn ihn etwas interessiert, wird er selbst engagiert beginnen, von etwas zu erzählen, und er wird auch näher nachfragen bei dem, was Sie erzählen.

Ein verhaltenes Nicken, ein „mmh mmh“ oder „ach ja“ sind starke Signale dafür dafür, dass es ihn NICHT interessiert.

Verhalten Sie sich doch bitte nicht mehr so, als sei es selbstverständlich, für solche Dinge die Aufmerksamkeit von jemandem einzufordern, der nicht von sich aus ernsthaft mit Ihnen zusammen sein will. Tauschen Sie sich in diesen Dingen nicht aus mit jemandem, der objektiv gesehen keine Beziehung mit Ihnen hat. Der nicht weiß, was er von Ihnen will.

Denn solche Gesprächsinhalte und Alltagsthemen sind maximal tragbar in einer Phase, in der BEIDE gleich verliebt sind oder in einer Phase, in der BEIDE gleich glücklich und engagiert in einer längeren Beziehung leben – oder in einer Phase, in der SIE SELBST von Anfang an die Angebetete sind.

Ansonsten suggeriert ihm dieses Verhalten:

„Sie verhält sich so, als wenn wir eine glückliche Beziehung führen und eine gemeinsame Zukunft haben und ich ihr engster Vertrauter bin.“

Damit fühlt er sich jedoch unwohl und viel zu sehr eingefangen und eingesperrt. Gleichzeitig nervt es ihn, dass Sie nicht genug Einfühlungsvermögen haben, um zu erkennen, dass es ihn gar nicht interessiert.

Halten Sie die Dinge kurz, zu denen er scheinbar keinen Bezug und nichts zu sagen hat. Halten Sie sich zurück mit Themen, zu denen er nichts beisteuert.

Vermeiden Sie auch, ihm klagend Begebenheiten Ihres Alltags zu berichten, über die Sie sich aufgeregt oder die Sie verletzt haben:

Der unfreundliche Sachbearbeiter am Bankschalter, der Streit am Telefon mit Ihrer Mutter oder Ihrer Schwester. Das Kaputtgehen Ihrer gerade neu gekauften Schuhe und Ihre wütende Reklamation. Die Inkompetenz Ihres Hausarztes. Der misslungene Friseurbesuch. Das selbstmitleidige Klagen über Ihre eigene Unsportlichkeit bzw. mangelnde Fitness und die Unzuverlässigkeit der Menschheit im Ganzen.

Kurz:

Vermeiden Sie alles, was den Eindruck untermauern könnte, Sie seien pessimistisch, dünnhäutig und immer wieder emotional sehr schnell aus dem Konzept zu bringen von den kleinsten alltäglichen Geschehnissen.

Es wäre nicht gerade ein Signal dafür, dass Sie unbeschwerter geworden sind und jetzt viel erfüllter von positiven Dingen in Ihrem Leben sind.

Wichtige Gebote für den Kontakt via SMS/Mail/Chat/Telefon

Medien wie Handy, PC und Telefon spielen eine sehr wichtige Rolle in Ihrem Repertoire, um im Prozess der Wiederanbindung Stück für Stück die große Schieflage zwischen Ihnen beiden auszugleichen und im Kontakt zu ihm eine immer souveräner werdende Stärkeposition einzunehmen.

Kontakte per SMS oder Mails sind generell immer ein sehr zweischneidiges Schwert:

Wenn der SMS- oder Mail-Verkehr den Kontakt zwischen Ihnen mitbestimmt, stehen die Nachrichten mit ihrer Häufigkeit, Länge und ihrem Emotionsgehalt sehr stark für das, was sich offensichtlich insgesamt hinter Ihrem tatsächlichen Kontaktwunsch verbirgt.

Denn im Vergleich zu einer realen Begegnung haben schriftliche Gefühlsbotschaften immer gleich einen sehr OFFIZIELLEN Charakter. Sie bringen immer gleich schwarz auf weiß zum Ausdruck, was jemand offensichtlich TATSÄCHLICH fühlt und wie ernst oder wenig ernst es ihm anscheinend WIRKLICH ist.

Bisher haben Sie sehr wahrscheinlich SMS als Mittel benutzt, um Nähe zu schaffen, Ihre Ernsthaftigkeit zu untermauern und manchmal auch, um Gewissheit zu erlangen.

Das ist natürlich fatal, solange ein Mann Ihnen nicht SEINERSEITS regelmäßig solche SMS-Signale schickt. Er WÜRDE es nämlich tun, wenn es ihm ERNST mit Ihnen wäre. Und selbst DANN wären übermäßig ernsthafte Gefühlsbotschaften per SMS oder Mail noch zu verfrüht.

Wenn Sie jedoch schon JETZT Ihre Emotionen in nur wenige SMS und Mails legen, OBWOHL er aufgrund der letzten REALEN BEGEGNUNG sowieso keinen Zweifel daran hat, dass Sie ihn wirklich mögen, demonstrieren und verraten Sie Ihren Wunsch nach einer Partnerschaft mit ihm zu einem völlig falschen Zeitpunkt.

Ihre Eindeutigkeit raubt Ihnen dann den letzten Zauber, den ER aber gebraucht hätte, um Sie irgendwann wieder vermissen zu können.

Denn nur, wenn er ab einem bestimmten Zeitpunkt an wieder beginnt, sich mehr nach Ihnen zu sehnen, fängt er damit an, an Ihre gemeinsamen letzten Begegnungen zu denken. ERST DANN speichert er diese positiv gefärbt in seiner Gefühlswelt ab.

Alles, was Sie jedoch VORHER in SMS, Mails, aber auch in Telefonaten an Verbindlichkeit und Ernsthaftigkeit signalisieren, wird es ihm viel schwerer machen, ÜBERHAUPT noch seine zart aufkeimenden Gefühle wieder wahrnehmen zu können.

Selbst dann, wenn er diese Gefühle während der letzten Begegnungen noch hatte.

Im Gegenteil:

Sie werden schnell wieder VERSCHÜTTET.

Es ist manchmal wirklich fatal, wie unglaublich sensibel wir Männer in dieser Angelegenheit ticken:

Sie könnten ihm vielleicht spontan, einfach nur aus einer Laune heraus ein Gefühl übermitteln, das für Sie selbst erst mal nur in dem Moment spürbar war und Gültigkeit hatte.

FÜR IHN jedoch kommt es möglicherweise rüber wie „in Stein gemeißelt" und prägt sofort sein weiteres Bild von Ihnen.

Ein Beispiel dafür:

Sie hatten ein sehr schönes Wochenende miteinander verbracht. Es fühlte sich diesmal alles wieder sehr ehrlich und vertraut mit ihm an.

Am nächsten Tag schicken Sie ihm aus einem spontanen Gefühl heraus eine SMS: „Es war sehr schön mit dir am Wochenende, ich habe mich sehr wohl bei dir gefühlt."

Wenn Sie dann recht verwirrt sind, warum er schon 3 Tage auf diese SMS nicht mehr reagierte, treibt es Sie sehr wahrscheinlich dazu, eine weitere SMS zu schreiben, um nachzuhaken, ob es ihm gut geht, ob er gerade Stress hatte oder auch, dass Sie ein wenig verwundert seien, dass so wenig von ihm kommt.

Wenn Sie völlig die Kontrolle über sich verlieren, schreiben Sie ihm vielleicht sogar so etwas wie „Es enttäuscht mich ein wenig, dass du dich so zurückziehst" oder „Was ist denn los?"

Vielleicht zerstören Sie gleich alles mit einem „Ich vermisse dich" oder einem „Ich denke an dich. Gute Nacht. Kuss"

Wenn Sie nicht erst eine Woche, sondern schon ein paar Monate befreundet sind, reagiert er darauf sehr wahrscheinlich mit einer zurechtgelegten, höflichen Erklärung:

„Tut mir leid, ich bin gerade völlig im Stress. Ich muss gerade unbedingt meine familiäre/berufliche Situation klären, das hat nichts mit dir zu tun. Ich melde mich bald wieder. Viele Grüße."

Wenn Sie dann am Boden zerstört sind, neigen Sie möglicherweise dazu, von da an nur noch die unweigerliche Abwärtsspirale voranzutreiben, indem sie zu einer der beiden folgenden Reaktionen neigen:

1. Sie ziehen sich daraufhin selbst erstmal für gewisse Zeit enttäuscht zurück.
2. WENN er sich dann mal wieder überraschend bei Ihnen meldet, brechen sofort alle Dämme bei Ihnen und Sie haben gleich wieder Zeit für ihn, verabreden sich mit ihm gleich für das nächste Wochenende und präsentieren ihm dort erwartungsgemäß, wie ernst es Ihnen mit ihm ist (durch Sex, durch Ihre Worte, durch Ihre Ausstrahlung etc.). Und am Ende entlassen Sie ihn erneut mit dem für ihn nicht zu ignorierenden Gefühl, dass Sie scheinbar immer noch hoffen, dass daraus etwas Ernsteres wird und machen für ihn den unübersehbaren Eindruck, dass Sie sich genau DESHALB so über diese Begegnung freuten (diesmal sind Sie allenfalls nur mit Ihren SMS-Wortlauten etwas vorsichtiger).

Ein wirklich sehr fataler Fehler.

Ab jetzt ist es höchst unwahrscheinlich, dass daraus eine Beziehung wird, sollten Sie nicht plötzlich noch von einer höheren Einsicht in Ihr eigenes Verhalten erleuchtet werden, die Ihnen wieder die nötige innere Kraft gibt, Ihr ganzes Verhalten im direkten Kontakt zu ihm KOMPLETT zu verändern.

Und das alles nur wegen einer SMS, die Sie ihm anfangs schickten.

Eine SMS, die in einer festen Beziehung völlig harmlos und sogar sehr schön gewesen wäre, doch welche für einen Mann GIFT ist, wenn er sich selbst nicht von ganzem Herzen mit Ihnen verbunden FÜHLT.

Gift also, wenn er sich aktuell in Phase 2, der Unverbindlichkeitsphase, befindet.

Doch zurück zu dem Beispiel: Wie hätte denn ein vorteilhafterer SMS-Kontakt aussehen können?

Wir spulen den Film zurück:

Ihr Wochenende war schön, es war alles sehr vertraut, Sie haben viel gelacht und es hat sich alles sehr ehrlich angefühlt.

Einen Tag später wundern Sie sich ein wenig, dass von ihm nichts kommt. Sie halten sich unter Kontrolle und unterdrücken den Impuls, ihm eine nette SMS zu schreiben.

In den nächsten Tagen sind Sie immer irritierter darüber, dass von ihm noch kein Zeichen kommt.

Am Donnerstag besinnen Sie sich und sagen zu sich selbst:

„Dann habe ich mich wohl doch erstmal getäuscht und er ist noch gar nicht soweit, wie ich dachte. Das tut weh. Das Wochenende war aber EINDEUTIG auch für IHN sehr schön und sehr intensiv. Das habe ich ohne Zweifel registriert. Er hat ja sogar gesagt, dass er sehr glücklich ist, mich kennen gelernt zu haben und dass er im Sommer mit mir in Urlaub fahren möchte. Dieses Gefühl wird er sicher erstmal nicht vergessen – und ich weiß genau, dass er, wenn er wieder innerlich soweit ist, sich erneut bei mir melden wird und mich sehen möchte. Ich denke mal, dass er sich aber noch längst nicht sicher ist, was er will. Ich lass ihm jetzt diese Freiheit, die er wirklich braucht. Und vor allem gebe ich ihm ab jetzt die von ihm so dringend benötigte UNGEWISSHEIT darüber, was ICH SELBST denn überhaupt will und bleibe dabei total freundlich."

Ansonsten würde es viel zu viel Stress für ihn bedeuten, wenn ich ihm weiterhin die 100%ige Gewissheit geben würde, dass es mir ernst mit ihm ist. Das weiß er sehr wahrscheinlich ja sowieso schon, so verliebt und hingegeben ich am Wochenende war. Er ist sich aber selbst unsicher und hat daher jetzt Angst, dass er mich in meinem starken Bindungswunsch enttäuschen könnte. Ich werde mir daher eine coole SMS überlegen, die ich ihm morgen schreibe, um ihm zu zeigen, dass für mich alles absolut okay ist, so wie es ist."

Am Freitag schreiben Sie ihm:

„Hey, hoffe alles klar bei dir! Bin zur Zeit leider etwas eingespannt, sorry...lass uns aber gern übernächste Woche spontan mal wieder kurzschließen und was Lustiges zusammen machen, hat mir Spaß gemacht mit dir : -) Meld mich dann wieder, pass auf dich auf! Bis dahin, Maria."

Am Freitag am frühen Abend kommt eine SMS von ihm:

„Hi, ich hatte auch viel zu tun... Ja, das Wochenende war wirklich cool. Wie geht es dir? Ja, gern mal wieder treffen! Du hast dieses Wochenende keine Zeit? Gruß, Peter."

Erst am Samstagvormittag antworten Sie:

„Oooh, ist diesmal wirklich äußerst ungünstig ... Sorry!! Also, genieß das Wochenende und lass es krachen : -) Wir hören, Maria."

Am Samstagmittag kommt dann ein Anruf von ihm, den Sie nicht entgegennehmen.

Ein zweiter Anruf sowie eine zweite SMS von ihm am Nachmittag („Hi, würde gern mal mit dir sprechen, Peter") gehen bei Ihnen ebenfalls ins Leere:

Am Sonntagabend schreiben Sie zurück:

„Hey, kein Problem, ich meld mich morgen mal."

Am Montag melden Sie sich natürlich NICHT, sondern rufen ihn erst Dienstag am frühen Abend zurück:

Der Rahmen dieses Telefongesprächs:

- sehr kurz gehalten.
- sehr freundlich und höflich.
- leicht entschuldigend, dass Sie gerade so wenig Zeit für ihn haben.
- Auf Fragen wie etwa „Was ist los? Ist irgendwas passiert? Was hast du am Wochenende gemacht? Wieso hast du nicht geantwortet? gehen Sie nicht

ein, sondern halten sich vage: „Ach, muss ich dir mal erzählen, wenn wir uns demnächst mal wieder sehen."

- Sie signalisieren Interesse an einem Wiedersehen in heiterem, fast begeisterten Tonfall: „Ja, das hat mir Spaß gemacht, müssen wir unbedingt bald mal wiederholen!"
- Auf seine Frage, ob Sie am folgenden Wochenende Zeit haben: „Wahrscheinlich nicht, wenn, dann Sonntag, ich melde mich aber noch mal, okay?"
- Als Erste zügig das Gespräch beendend, liebevoll und heiter: „Du, ich muss dich leider wieder abwürgen, ich hab gleich noch eine Verabredung. Muss jetzt weiter. Vielen Dank für deinen Anruf, hab mich gefreut. Eine schöne Woche!"

Was haben Sie durch diesen SMS-Verkehr und das Telefonat erreicht?

Auf seinen mehrtägigen Rückzug hin, nach dem Wochenende, haben Sie sofort dafür gesorgt, dass das Band sich zwischen Ihnen wieder strafft. Es lag eindeutig eine große Schieflage vor, da er noch lange nicht in der Bindungsphase ist und deshalb in dieser Periode nur jedes Mal wieder auf starken Abstand gehen kann, sobald er sieht, dass Sie scheinbar schon in der Bindungsphase sind.

Was Sie hier durch ein paar SMS und ein Telefonat getan haben, ist, dass Sie ihm lediglich seinen eigenen emotionalen Zustand durch Ihr Verhalten ZURÜCKGESPIEGELT haben.

Sein Fluchtimpuls „Bloß keinen Stress, jetzt will sie bestimmt gleich eine feste Beziehung" ,ist dadurch wieder aufgelöst worden.

Jetzt kann er ungestört und ganz natürlich, seinem Rhythmus entsprechend wieder weiter seine aktuelle Unverbindlichkeitsphase durchlaufen, da er nicht mehr unter dem Druck steht, sich für irgendetwas entscheiden und sich verpflichten zu müssen – an einem für ihn völlig verfrühten Zeitpunkt.

Ab sofort sollte Ihr gesamtes Verhalten via SMS, Mail, Chat und Telefon von folgendem Gebot bestimmt sein:

Drehen Sie den Spieß um und reflektieren Sie sein Abgelenktsein durch ihr eigenes Abgelenktsein zurück. Spiegeln Sie seine Gleichgültigkeit wider durch Ihr höflich-beschwichtigendes Vereinnahmtsein von ANDEREN Dingen.

Seien Sie dabei unbedingt nett und freundlich und wählen Sie selbst Zeitabstände, die Sie als angemessenen Ausgleich für sein „schlechtes Benehmen" empfinden.

Sie brauchen keine Angst zu haben, dass er sich deshalb noch weiter von Ihnen entfernt. Selbst dann nicht, wenn er sich gar nicht „schlecht benommen" hat, sondern objektiv für ihn alles in Ordnung war.

Denn in JEDEM FALL halten Sie damit die dringend notwendige Spannung aufrecht, damit es möglich werden kann, dass er Ihnen irgendwann ergeben ist und er innerlich bereit ist, sich ganz neu für Sie zu entscheiden.

Nutzen Sie daher in der jetzigen Phase Ihrer unverbindlichen Beziehung die Kommunikation via SMS, Mails, Chats und Telefonaten auf keinen Fall mehr, um NÄHE und VERBINDUNG herzustellen, sondern nur, um für die nötige Spannung zu sorgen.

Erst dann sorgen Sie nämlich ÜBERHAUPT dafür, dass er sich Ihnen wieder NÄHER fühlen kann, weil Sie ihm damit die Chance geben, dass er Ihre Nähe aus den letzten Realbegegnungen neu zu vermissen beginnt.

Wenn Sie eine Fernbeziehung führen und sich sehr wenig real sehen können, gehen Sie GENAUSO vor und belohnen Ihn erst dann wieder mit einem längeren Telefonat, wenn Sie Ihrem Gefühl nach seinen Rückzug auf diese Weise angemessen gespiegelt haben.

Wenn Sie es richtig machen, können Sie diese Möglichkeiten als ein starkes Mittel nutzen, um zwischen Ihren REALEN Begegnungen (um die es einzig nur geht) in größeren Abständen stets sein Interesse und seine Neugierde aufrechterhalten.

Sie können auf diese Weise völlig gelassen die Zeit bis zum nächsten Treff überbrücken.

In Ihrer speziellen Situation wollen wir, dass Ihre SMS, Mails, Chats und auch Telefonate glaubwürdig Ihre Transformation zum Ausdruck bringen.

- Sie sind voller Energie, erfüllt und beschäftigt mit anderen Dingen, daher haben Sie wenig Zeit dafür, regelmäßigen und intensiven Kontakt per SMS oder per Telefonate zu pflegen.
- Sie begegnen ihm weiter sehr freundlich, wohlgesonnen und lieb – jedoch mehr oder weniger ENT-LIEBT (je nach aktuellem Unverbindlichkeitsgrad Ihres Freundes).

Zusammengefasst hier die wichtigsten Regeln für den Kontakt via SMS, Mail, Chat und Telefon:

Ihre Energie:

- Sehr freundlich, heiter und selbstsicher.
- Nicht EMOTIONAL.
- Niemals verletzt und enttäuscht klingen.
- KEINE Nähe herstellend.
- Beschäftigt und erfüllt mit ANDEREN Dingen, daher wenig Zeit dafür.
- Wenig BEMÜHT.
- Lieb-entschuldigend bei energischem Nachfragen seinerseits.

Ihre Kommunikation:

- Kurz, wenig Zeit dafür, da Sie meistens „zwischen Tür und Angel" sind.
- In dieser Phase: SMS/Telefonate immer als Erste beenden.
- Manchmal Unregelmäßigkeiten einbauen (Heiß-Kalt-Prinzip) Beispiel: Das eine Mal relativ schnell auf eine SMS antworten, die anderen beiden Male sehr lange brauchen. Einmal antworten, das andere Mal gar nicht antworten.
- Oder: Einmal heiter und erfreut zurückrufen und die nächsten beiden Anrufe von ihm kurz angebunden abwürgen.
- Deutlich weniger investieren als er und zeitversetzt antworten auf SMS: Je länger er vorher nichts von sich hören ließ, desto länger braucht Ihre Antwort – Mindestens aber 2–8 Stunden.
- Meistens nicht sofort ans Telefon gehen. Lieber später zurückrufen.
- Eine Antwort von Ihnen hat nur den Sinn eines freundlichen Zeichens von Ihnen.
- Kein Einlassen auf weiteres Hin-und-her-Schreiben oder längeres Telefonat Kein weiteres Beantworten von Folgefragen („Wie geht es dir?", „Was machst du?" usw.).
- Ihn mit längeren Telefonaten nur dann belohnen, wenn er in letzter Zeit wieder sehr bemüht ist, jedoch ein weiteres Treff noch nicht in Sicht ist, z.B. bei einer Fernbeziehung.
- Antworten Sie generell später, weniger und kürzer, als Ihr starkes Gefühl Sie dazu antreiben würde. Es ist dann nie ein Fehler, sondern IMMER richtig. Überspannen Sie den Bogen lieber einmal ZUVIEL. Da Sie stets freundlich und beschwichtigend bleiben, können Sie ALLES auch wiedergutmachen.

Bedenken Sie bitte:

SMS/Mails/Chats und Telefonate dürfen außerhalb einer festen und innigen Beziehung nur oberflächliche Überbrückungskontakte sein.

In der Transformationsphase geht es dabei immer nur um die oberflächliche Überbrückung bis zum nächsten Treffen. Und zwischen Ihren nächsten Treffen geht es dann ebenfalls wieder immer nur um die lockere und zwanglose Überbrückung bis zum nächsten Mal. Und zwar solange, bis er beginnt, ab einem bestimmten Punkt VON GANZ ALLEIN wieder ganz offensichtlich und von ganzem Herzen mehr zu wollen.

Es geht Ihnen also einzig und allein nur darum, ihm Schritt für Schritt wieder die Möglichkeit zu geben, sich immer stärker an Sie gebunden zu fühlen.

Seien Sie daher ganz entspannt und locker und denken Sie in viel längeren Zeitkategorien, als Ihr Gefühl es Ihnen sagt. Denn die Zeit arbeitet auf diese Weise immer für Sie.

Falls er sich längere Zeit nicht mehr meldete

Falls Sie in der komplizierten Situation sind, dass er sich schon längere Zeit nicht mehr bei Ihnen meldete oder er vielleicht sogar bewusst den Kontakt zu Ihnen abgebrochen hat:

Es gelten dann GANZ GENAU dieselben Regeln und Schritte des gesamten, hier beschriebenen Wiedergewinnungsprozesses.

Der einzige Unterschied:

Sie müssen es zunächst nur schaffen, dass er sich wieder bei Ihnen meldet bzw. zurückmeldet und der Kontakt an der Stelle wieder aufgenommen wird, wo er zuletzt endete.

Mit der großen Abweichung, dass Sie ab jetzt eine völlig entspannt und locker gewordene Persönlichkeit zeigen, die inzwischen längst wieder von anderen Dingen beschwingt ist und ihn dabei inzwischen leicht vergessen hat.

Eine Person, die ihm völlig unbelastet und spontan entgegentritt:

Für Sie ist alles perfekt, wie es gerade ist.

Wenn der letzte Kontakt schon etwas länger her ist, können sie ihm eine Initiativ-SMS/-Mail schreiben oder ein Initiativ-Anruf bei ihm machen.

Beispiele:

Witzige Übertreibungen:

„Hi Peter, hoffe, du hast endlich ein Sixpack vom Fußball gucken bekommen :-) Wollte nur Hi sagen, hatte die letzte Zeit etwas viel um die Ohren. Lass uns gern die nächsten Wochen mal wieder kurzschließen und spontan ein Bierchen trinken, würde mich freuen! Pass auf dich auf. Maria."

„Hi Peter, hoffe du bist nicht ins Koma gefallen vor lauter Stress/bist nicht von deinen Bücherbergen erschlagen worden/bist noch nicht wahnsinnig geworden vor lauter Arbeit/etc. :-) Hoffe, du kommst gut voran! Viel Erfolg und sonnige Grüße, Maria."

„Hallo du Trainingsmaschine/Arbeitstier/Überflieger/Kamikazefahrer/ Player/ Weltverbesserer/Held/Perfektionist/Pantoffelheld/etc. hoffe, dir geht es gut! Könnte zurzeit Bäume ausreißen! Lass uns die nächsten Wochen mal wieder was trinken gehen, ich würde mich freuen! Komm gut voran. Grüße, Maria."

Hi Peter, hoffe, du hast endlich den Weltrekord im Segelfliegen/PC-Spielen/ Joggen/etc./gebrochen :-) Kann mich aber auch selbst gerade nicht beklagen, lass uns gern bald mal wieder quatschen, z.B. bei einem Bier, würde mich freuen! Viel Erfolg und Gruß, Maria.“

Lust, ihn mal wieder zu sehen:

„Hab vorhin an dich gedacht, haben lange nicht mehr gequatscht! Hoffe aber, alles klar bei dir! Wir sollten unbedingt bald mal wieder entspannt was trinken gehen! Sonnige Grüße, Maria.“

„Hallöchen, hoffe alles klar bei dir! Hab demnächst mal wieder Lust auf eine entspannte Unternehmung mit dir! Komm gut voran und lass dich nicht unterkriegen. Herzliche Grüße, Maria.“

„Hey, wie geht‘s? War viel los die letzten Wochen, würde mich freuen, dich demnächst mal wiederzusehen! Bist du dabei? Lass uns spontan noch mal kurz- schließen! Komm nicht unter die Räder : -) Viele Grüße, Maria.“

„Hi, hoffe, alles klar bei dir! War die letzten Wochen ziemlich vereinnahmt. Hab dich aber nicht vergessen :-) Ich hab total Lust, dich mal wieder-zusehen, hab z.B. nächste Woche wieder mehr Luft.
Viel Spaß und Erfolg! Maria.“

Ich musste vor Kurzem an dich denken, weil ...:

„Hi! Musste gestern an dich denken, als ich mit jemanden über (z.B. ein für ihn vertrautes Thema/Ort/Buch/Film/Schauspieler/Ort/Musik/etc., oder eines seiner Hobbys/Interessen/Leidenschaften/etc.) redete. Hoffe, bei Dir ist alles perfekt! Warme Grüße, pass auf dich auf! Maria.“

„Hi! Total witzig, hab gestern genau den gleichen Hund/das gleiche Auto etc wie deiner/deines gesehen und musste dabei an dich denken! Sorry für die Funkstille, ging die Wochen Schlag auf Schlag bei mir, hab dich aber nicht vergessen :-) Hab richtig Lust auf eine gepflegte, heitere Konversation mit dir demnächst mal wieder. Lass es dir gut gehen! Sonnige Grüße, Maria.“

„Hallöchen! Bin heute bei (z.B. ein damals gemeinsam besuchtes Restaurant /Cafe/einen bestimmten Ort/Platz/Ort in der Natur/etc.) vorbeigekommen und musste dabei an dich denken. Wie schnell die Zeit gerade vergeht, es passiert so viel, aber wir müssen unbedingt demnächst mal wieder quatschen! Hoffe alles super bei Dir! Maria.“

„Hey! Mein Gott, ich wusste ja gar nicht, dass Fußballspielen/Surfen /Tauchen/Motorradfahren/ein bestimmtes PC-Spiel/ein bestimmtes Smartphone/Drachen steigen lassen etc. sooo geil ist. Du hattest Recht :-) Musste dabei an dich denken gestern. Lass es dir gut gehen, Maria.“

Auf einer Veranstaltung treffen:

„Hey, demnächst spielt die Band/ist irgendeine Veranstaltung etc. ich hoffe, wir können da ein entspanntes Bierchen/einen Wein dort trinken/kurz anstoßen etc. Sonnige Grüße Maria.“

„Hi, demnächst ist das Straßenfest/Schützenfest/Hochzeit/ Geburtstagsfeier/etc. Würde mich freuen, dir da über den Weg zu laufen und ein paar freundliche Worte zu wechseln. Viel Erfolg, lass dich nicht unterkriegen, Maria.“

Beachten Sie bei Ihrer Initiativ-SMS/Mail/Anruf:

- Wählen Sie am besten einen Wortlaut und Stil, der Ihrem eigenen entspricht und in seinen Augen nicht als „Spiel" rüberkommt.

Machen Sie den Grund Ihres Meldens möglichst NACHVOLLZIEHBAR für ihn:

Sie haben mal wieder LUST, ihn zu sehen, Sie haben aus einem bestimmt Grund an ihn gedacht, Sie wollten einfach Hallo sagen, weil Sie sich in letzter Zeit kaum melden konnten, Sie wollten sich entschuldigen dafür, dass Sie zuletzt so unentspannt waren (falls er sich wegen Ihnen zuletzt unter Druck gesetzt oder gestresst gefühlt hat), Sie sind neugierig, wie es ihm geht ...

Denken Sie sich am besten Ihre eigene passende Initiativ-Meldung aus:

- Erwecken Sie in Ihrer Botschaft dringend den Eindruck, dass für Sie alles gerade SEHR in Ordnung ist, wie es ist.
- Falls Sie einen Initiativ-Anruf wählen, formulieren Sie schon VOR Ihrem Anruf Ihre Botschaft als SMS, die Sie ihm gleich hinterherschicken, FALLS er nicht rangeht (eine Minute danach) sodass gleich sichergestellt ist, warum Sie nur kurz anrufen wollten.

Es geht bei der Initiativ-Botschaft im Wesentlichen darum, dass Sie durch Ihr erstes lockeres, unverfängliches Signal sein inneres Hindernis, welches ihn zurzeit noch bremst, „aufweichen".

Denn selbst für den Fall, dass er darauf zunächst ein paar Wochen nicht antwortet:

Er wird es viel leichter haben, sich wieder von selbst bei Ihnen zu melden, wenn er das nächste Mal diesen Impuls verspürt. Ebenso wird die Wahrscheinlichkeit jetzt viel höher, dass er bei einer (deutlich späteren) ZWEITEN Initiativ-Botschaft von Ihrer Seite dann plötzlich sofort antwortet.

Meiner Erfahrung nach verspüren Männer diesen „Sich-bei-ihr-melden-Impuls" nämlich immer wieder mal zwischendurch, gehen ihm aber erst mal NICHT mehr nach, falls die letzten Begegnungen mit ihr zu viel „Stress", „Druck" oder irgendeine Art von „schlechtem Gewissen" in ihm auslösten.

Es ist wirklich SEHR typisch für die allermeisten Männer, dass Sie sich dann viel lieber auf unbestimmte Zeit nicht mehr melden, als dass sie diesem immer wieder mal kurz aufflackernden Impuls nachgeben.

Ein weiterer ganz wichtiger Grund für viele Männer, sich bei einer Frau ab einem bestimmten Punkt von sich aus nicht mehr zu melden, ist sein schlechtes Gewissen allein wegen der Tatsache, DASS er sich nach der letzten Begegnung schon mehrere Wochen nicht mehr meldete.

Er geht also fest davon aus, dass er die Frau damit in irgendeiner Weise enttäuscht hat. Wenn nämlich schon längere Zeit kein Zeichen mehr von IHR kommt, ist das der Beweis für ihn, dass sie mit seiner aktuellen Unverbindlichkeit überhaupt nicht klar kommt und sich davor offenbar schützen muss, indem sie dem Kontakt aus dem Weg geht.

ALLEIN DAS ist für ihn ein unüberwindbares Hindernis, sich selbst wieder bei ihr zu melden:

Der positive Impuls, sich bei Ihnen melden zu wollen, wird durch den negativen, viel STÄRKEREN Impuls („Sie ist einfach nicht locker und unbeschwert mit der ganzen Situation zwischen uns und ein weiterer Kontakt bedeutet für sie nur wieder neue Verletztheit und Unglücklichsein") VÖLLIG ausgebremst.

Hier das weitere Vorgehen nach Ihrer Initiativ-SMS/Mail bzw. Ihrem Initiativ-Anruf:

1. Falls er sich zurückmeldet: Antworten Sie nicht zu schnell: je mehr Zeit er sich mit seiner Antwort ließ, desto länger lassen Sie sich auch Zeit mit Ihrer Antwort. Je unkonkreter er auf Sie eingeht, desto unkonkreter antworten auch Sie.

Beispiel:

Seine Antwort kommt eine Woche später:

„Danke, mir geht's gut so weit. Ja, wir können uns gern demnächst mal treffen. Ich hab nächste Woche wohl Zeit. Lass uns am besten dann spontan noch mal kurzschließen. Wie geht's dir so? Viele Grüße, Peter."

oder

„Hallo Maria, wir können uns ja demnächst mal wieder treffen. Wie geht's dir so? Gruß, Peter."

Ihre Reaktion:

Lassen Sie sich mit Ihrer Antwort ebenfalls erst mal mindestens eine Woche Zeit. Antworten Sie dabei NICHT auf seine Frage, wie es Ihnen geht. Antworten Sie GENERELL nicht mehr auf belanglose Fragen.

Stellen Sie auch unbedingt SELBST keine weitere persönliche Frage (z.B. „Wie geht es dir?")

Warum dieses Vorgehen?

Seine Antwort kommt spät und ist nicht sehr konkret und wenig bemüht.

Sie wollen möglichst sichergehen:

- dass er den unverbindlichen und gutgelaunten Grundton Ihrer letzten Botschaft erstmal sacken lassen kann. Vielleicht hat er nur aus reiner Höflichkeit geantwortet, um „Bereitschaft“ zu heucheln, hat aber noch ganz und gar nicht vor, sich bald mit Ihnen zu treffen.
- dass er die Chance bekommt, noch etwas mehr zu investieren und Ihnen vielleicht mit einer zweiten SMS zuvorzukommen.
- dass ab sofort Ihre scheinbar neue Entspanntheit durch ein ebenfalls neues VERHALTEN konsequent UNTERMAUERT wird.
- dass er merkt, dass Sie keine Zeit mehr haben für das Hin-und-Her-Schreiben von SMS, und daher auch keinen Kopf dafür haben, persönliche Fragen von ihm zu beantworten. Dies wäre nämlich ein starkes Zeichen dafür, dass Sie UNVERÄNDERT sind, dass Sie also auf seinen Knopfdruck hin sofort wieder Nähe zu ihm suchen. Das verhängnisvolle Zeichen dafür, dass Sie also DOCH wie gewohnt alles andere für ihn hinten an stellen und noch unverändert auf ihn fixiert sind.

Antworten Sie ihm also (ohne Beantwortung von Fragen und ohne selbst weitere Fragen zu stellen) nach einer Woche – oder auch nach zwei, für den Fall, dass er Ihnen nicht zuvorkommt – ebenfalls nicht sonderlich bemüht so etwas wie:

„Hi! Ja klar, können wir machen. Lass uns übernächste Woche Di. oder Do. mal treffen, könnte da jeweils am Nachmittag auf einen kleinen Kaffee.“

Wenn er daraufhin absagt oder Sie weiter hinhält, schreiben Sie ihm etwas wie:

„Nicht schlimm, versuch es einfach nächstes Mal, vielleicht passt es da, sonnige Grüße!“

Wenn er absagt und Ihnen dabei einen konkreten Grund nennt, wie zum Beispiel:

„Ich schaff es in der Woche nicht, hab da zu viel Stress/Projekte/ Erledigungen/etc.“

Dann antworten Sie ihm in etwa:

„Das wird schon! Mach dich nicht verrückt. Drück Dir die Daumen!“

Falls er aber mindestens 2 Wochen nicht auf Ihren konkreten Vorschlag antwortet, springen Sie zum Kapitel 5: „Trennung – er hat Schluss gemacht“.

Sex in der Transformationsphase

Der Umgang mit dem Thema Sex spielt im gesamten Rückgewinnungsprozess eines Mannes, der sich vorher emotional entfernt hat, eine wichtige Rolle.

Meine Beobachtungen haben mich ganz entschieden zu der Überzeugung gebracht, dass Sie sich für die gesamte Zeit der Transformationsphase im Kontakt zu Ihrem Mr. Right in Bezug auf Sex komplett zurückhalten sollten.

Ganz im Gegensatz zu den anfänglichen und späteren Phasen in einer Partnerschaft, in denen beide Partner stets gleich stark verliebt und bemüht sind, wirkt Sex dagegen in einer Phase, in der ein Mann inzwischen emotional erkaltet und entliebt ist, als eine zusätzliche Verfestigung seiner emotionalen Distanzierung.

Denn solange das starke Ungleichgewicht „Sie liebt ihn und braucht ihn als Partner – er jedoch ist nicht verliebt in sie und weiß nicht, was er will“ weiter besteht, ist die gewohnte Aussicht des Mannes, ohne großen Aufwand Sex mit der Frau haben zu können, eine starke „Verliebtheitsbremse“.

Warum?

Sex mit der Frau in dieser Phase wirkt für ihn psychologisch gesehen wie eine permanente Belohnung seiner gefühlten Gleichgültigkeit für die Frau:

Denn sein beruhigendes Wissen, mit der Frau schlafen zu können, FALLS er es nur darauf anlegen würde, wirkt in einer Zeit, in der er längst sein tieferes, zartes Gefühl für sie verloren hat, wie ein dichter Nebel, der seine Anziehungskraft für die Frau bis zur Unfühlbarkeit verdeckt und in Unkenntlichkeit „verschwimmen“ lässt.

Allein die bloße Aussicht, dass die Frau für dieses Bedürfnis weiterhin verfügbar ist und gern mit ihm Sex hat, OBWOHL sie inzwischen für ihn ganz offensichtlich an persönlicher Bedeutung stark verloren hat, lässt tiefer liegende Gefühle nicht mehr an die Oberfläche kommen.

Ganz gleich, wie viel Sex tatsächlich noch stattfindet und ganz egal, wie viel Lust er selbst noch empfinden mag:

Die weiterhin unveränderte sexuelle Verfügbarkeit der Frau auf seinen „möglichen Knopfdruck hin“ ist für einen Mann, der sich von einer Frau entliebt hat, das größte Hindernis, sich mit ihr wieder verbunden fühlen zu können.

Das Belohnungszentrum in seinem Gehirn wird sozusagen durch das Verhalten der Frau in diesem Punkt permanent komplett gesättigt.

Solange die Frau ihm dieses Verbindungselement weiter kontinuierlich „anbietet", festigt sie die Schieflage zwischen den beiden.

Alle anderen zarten Details, individuellen Eigenarten und kleinen Gesten im Wesen der Frau, die ursprünglich eine viel höhere Wertigkeit hatten, verblassen irgendwann völlig in den Augen des Mannes.

Die Beziehung zur Frau verkommt komplett zu einem reinen Reserve-Auffangnetz für einsame und labile Momente im Leben des Mannes. Die Bindung hat dann nur noch den Zweck, als angenehmes „Fluchtsystem" solange bequem zu funktionieren, bis er endlich die Kraft hat, den Absprung von ihr zu schaffen.

Was bedeutet diese Psychodynamik eines entliebten Mannes für die Transformationsphase?

„Mit Ihnen zu schlafen" ist bei ihm ganz fest verankert als Ausdruck Ihres eigenen starken Bindungswunsches. Es ist für ihn das Zeichen Ihrer Ergebenheit sowie Ihres Wunsches, sich auf diese Weise mit ihm zu verbinden, obwohl er Sie ganz offensichtlich längst nicht mehr als zukünftige Lebenspartnerin auf dem Plan hat.

Wenn Sie also während der Transformationsphase weiterhin wie gewohnt Sex mit ihm hätten, würde Ihre gesamte souveräne Verwandlung, die starke Verschiebung Ihrer Prioritäten und Ihr entspannter Ausstieg aus dem Beziehungsmodus nur wenig glaubwürdig erscheinen.

Er würde es Ihnen nämlich nicht abnehmen können, dass Sex mit ihm so plötzlich für Sie NICHT mehr Ausdruck Ihrer Liebe ist, sondern von heute auf morgen für Sie angeblich nur noch reinen Spaß ohne weitere Absicht bedeutet.

Dieses Verhalten stände also im Widerspruch zu Ihrem sonstigen „Entliebungs-programm“.

Und genau diese INKONGRUENZ in Ihrem Verhalten würde er als altvertraute Bedürftigkeit und gewohnte Ergebenheit registrieren.

Sie haben es hier mit einem Mann zu tun, der Ihnen gegenüber einen großen Nachholbedarf an der Entwicklung von zarten, tieferen Gefühlen hat.

Diese können jedoch nur entstehen, wenn Sie ihn in den kommenden Wochen und Monaten durch Ihr Verhalten dazu „erziehen“, dass sein inneres Getriebensein auf die GESAMTE Attraktivität Ihrer weiblichen Persönlichkeit gelenkt wird.

Es ist sehr wichtig, dass er jetzt all die Zeit von Ihnen bekommt, die er braucht, um sich in Sie „nachzuverlieben“. Beginnen Sie deshalb nun damit, ihn komplett loszulassen und setzen Sie dafür SEINEN Verliebtheitsrhythmus frei. Dieser folgt einem völlig anderen natürlichen Zeitplan, als es Ihr eigener Rhythmus tut.

Kultivieren Sie Ihren unermesslichen Wert für ihn, indem Sie ihn so kompromisslos und lange spiegeln, wie es nur möglich ist. So lange, bis er das ganze Gefühlsspektrum durchleben kann, das einen Mann dazu bringt, auf einer tieferen Ebene zu spüren, dass er nicht mehr ohne Sie sein will.

Dieser gesamte in diesem Buch beschriebene Prozess verfolgt das eine Ziel, dass Sie sich Schritt für Schritt wieder zurückverwandeln in die Frau, die genau dieses Gefühl ursprünglich in ihm auslöste, und wenn es auch nur leicht flackernd für ihn wahrnehmbar war in seiner Gefühlswelt.

Und dass Sie dann dort weitermachen, wo Sie damals verhängnisvollerweise aufhörten.

Er muss jetzt langsam und allmählich aktiv von Ihnen wieder daran gewöhnt werden, sich zu dem verliebten Mann zu entwickeln, der allein schon Ihre bloße Anwesenheit als kostbare und aufregende Bereicherung empfindet.

In den kommenden Monaten sollte Ihr Freund von Ihnen auf eine emotionale Achterbahn geschickt werden, die sein Herz schon allein dann höher schlagen lässt, wenn er nur an sie DENKT.

Am Ende dieser abenteuerlichen Rückreise sollte sein Herz wieder mit Freude und sein Bauch mit Kribbeln erfüllt sein, wenn er allein nur ein paar Stunden mit Ihnen spazieren geht. Erfüllt von dem Genuss, Sie zu betrachten und Sie zu bewundern. Innerlich bewegt davon, mit Ihnen zu sprechen und einfach nur Zeit mit Ihnen zu verbringen.

Liebe Leserin,

spiegeln Sie ihn in der kommenden Zeit geduldig und konsequent „zu Ende", und zwar solange, bis das Band, das zwischen Ihnen besteht, ihn von ganz allein so unerträglich stark in Ihre Richtung zieht, dass er derjenige ist, der dann fühlen wird, was SIE bisher fühlten:

- Er erlebt mit Haut und Haar, wie es ist, Sie schmerzlich zu vermissen.
- Er fragt sich, ob er gut genug FÜR SIE ist.
- Er macht sich Gedanken darüber, warum Sie manchmal heiß, aber dann wieder eiskalt sind.
- Er fühlt die Zweifel und die Angst, dass er Ihnen vielleicht nicht „reicht".
- Er phantasiert sehnsuchtsvoll über eine gemeinsame Zukunft mit Ihnen.
- Er bringt all seine Kreativität und Energie auf, die nächsten Begegnungen mit Ihnen zu planen, in der Hoffnung, dass er Ihnen dadurch noch mehr gefällt.

Ihre Verwandlung hat nur diesen einen Zweck:

Dass er die Gelegenheit bekommt, genau diese Gefühle Ihnen gegenüber zu durchleben, denn er BRAUCHT diese Gefühle, um wieder dort weitermachen zu können, wo er längst aufhörte:

Sie als Frau von ganzem Herzen und langfristig an sich binden zu wollen.

Schaffen Sie wieder ganz klare Verhältnisse zwischen Ihnen. Der Verzicht auf Sex in der Transformationsphase ist dafür ein ganz wichtiger Bestandteil.

Sie werden dadurch wahrscheinlich von ihm in Erklärungsnot gebracht. Dies ist in der Regel kein Problem. Bremsen Sie ihn ganz liebevoll und entschieden aus und nennen Sie ihm ruhig und beherrscht erneut nur rein „pragmatische" Beweggründe.

Ihr „Zurzeit-nicht-mit-ihm-schlafen-wollen" ist offiziell also NICHT der Ausdruck Ihrer Enttäuschung über ihn, sondern wieder nur ganz undramatisch eine natürliche Folge Ihrer momentanen Entgleitung von ihm. Ein natürliches inneres Hintreiben zu Dingen, die Sie noch mehr erfüllen und bereichern.

Dieser innere Zustand in Ihnen bewirkt im Augenblick, dass sein gewöhnliches Verhalten Sie im Moment nicht mehr so inspirieren KANN.

Ein paar Begründungs-Beispiele für Ihre „fehlende Sexlust":

„Mir ist zurzeit irgendwie nicht danach. Ich weiß auch nicht, wieso. Hat bestimmt nichts mit dir zu tun."

„Das gibt mir gerade nicht so viel. Ich brauch mal eine kleine Pause. Das wird sich bestimmt wieder ändern."

„Das erfüllt mich im Moment nicht so. Keine Ahnung wieso, vielleicht fehlt mir in letzter Zeit etwas mehr Kreativität und Abwechslung."

oder etwas provokanter:

„Ich hab heute schon allein meinen Spaß gehabt."

Folgen Sie insgesamt bei Ihren Begründungen der Logik der Beispiele aus dem Abschnitt „Verhalten bei Erklärungsnot."

Notfall-Energiesäule: Die kleine Kontaktpause

Bei mehreren Klientinnen, die ich in der Vergangenheit begleitete, habe ich die Erfahrung gemacht, dass es eine gewisse Zeit braucht, sich selbst wirklich konsequent neue und Kraft gebende Energiesäulen aufzubauen, welche dann einen emotionalen Puffer verschaffen, um sich innerlich lockerer und freier im direkten Kontakt zu ihm zu fühlen.

Wenn zu Beginn des Rückeroberungsprozesses trotzdem die ersten Transformationsübungen gemacht werden und Schritt für Schritt die notwendige souveräne Verhaltensrolle im Kontakt zu ihm verinnerlicht und ausprobiert wird, kommt es zwar häufig schon zu den ersten kleinen Erfolgen.

Doch insbesondere in der Transformationsphase kann es immer wieder viel Kraft kosten, konsequent die neue weibliche Stärkeposition aufrechtzuerhalten.

Das gilt insbesondere für solche Fälle, in denen eine Frau schon längere Zeit, teils viele Jahre, unter einer krisenhaften Beziehung leidet.

In vielen Fällen hat die Frau sich dann schon seit Längerem sehr viel von ihm gefallen lassen, mit anderen Worten: Sie hat die völlig aussichtslose Konstellation „Der

Mann ist der kostbare Edelstein. Die Frau ist die liebe, duldsame Person, die sich stets nach viel mehr von ihm sehnt und sich für ihn aufbewahrt“ mehr und mehr als ihre eigene subjektive Wahrheit emotional stark verinnerlicht.

Ich beobachte immer wieder, dass in diesen sehr verfestigten und ungleichen Konstellationen die Gefahr groß ist, „Fehler“ zu machen und zu schnell wieder zurück in das alte Verhaltensmuster (als die stets willige und wartende „weibliche Bewerberin“) zu fallen.

Wenn der Mann, beispielsweise als Reaktion auf das neue attraktive Verhalten etwas neugieriger wird und in seinem Verhalten und seinen Worten jetzt wieder mehr Gefühl und Zuneigung durchklingen lässt, dann ist die Versuchung für diese Frauen groß, diese ganz neu aufgebaute und noch sehr zerbrechliche Spannung gleich wieder aufzulösen:

Die Gefühle der Frau sind dann bei jedem kleinen Hoffnungsschimmer so mächtig, dass die Dämme sehr schnell brechen können.

Da sie hofft, dass dieses ungewohnt zärtliche, liebevolle Verhalten des Mannes bedeuten könnte, dass er sie auf einmal wieder so liebt wie ganz am Anfang, trägt sie ihr Herz ganz plötzlich wieder auf der Zunge – nur um zu erleben, dass er sich danach ganz überraschend wieder eiskalt von ihr zurückzieht.

Ich habe nicht wenige Male in Beratungsprozessen erlebt, dass in Zuständen von ruheloser Ungewissheit und starker Sehnsucht die Gefahr sehr groß sein kann, die Kontrolle über sich zu verlieren und ihm beispielsweise nach einem sehr schönen Wochenende gleich am nächsten Tag aus heiterem Himmel eine SMS zu schicken.

„Du bedeutest mir sehr viel.“

„Es war sehr schön gestern. Denke an dich.“

oder

„Ich bin sehr froh, dass es zwischen uns wieder besser läuft."

Noch verhängnisvoller sind Botschaften wie:

„Ich vermisse Dich."

„Es fühlt sich im Moment alles sehr ehrlich an und ich hoffe sehr, dass es wieder einen Weg für uns geben wird."

Möglicherweise haben Sie plötzlich auch einfach nur wieder mehr Zeit oder sind auf einmal wieder schneller abrufbar für ihn.

Woraufhin der Mann sich von Ihnen erst mal wieder sehr stark zurückziehen MUSS.

Er befindet sich ja immer noch mitten in Phase 2, das heißt in einem Zustand, in dem die zart keimende Pflanze seiner Zuneigung für Sie zunächst erst mal immer wieder verschüttet wird, sobald er wieder mit Ihrem altvertrauten starken Beziehungswunsch konfrontiert wird.

Meine überwiegende Beobachtung ist, dass in fast allen Fällen der Wiederanbindung eines Mannes genau diese emotionalen Offenbarungen dazu führen, dass der Mann sich anschließend wieder deutlich stärker zurückzieht und wieder viel gleichgültiger wird.

Es gibt eine **Faustregel** dafür, ob solche intensiven Gefühlsäußerungen inzwischen schon wieder angemessen sind oder noch viel zu verfrüht sind:

Halten Sie Rückschau auf die vergangenen Wochen und beantworten Sie sich ehrlich:

- Hat Ihr Freund sich während der letzten Wochen ohne Unterbrechungen sehr konstant und viel stärker als sonst wieder um Sie bemüht?
- Hat er Ihnen von sich aus häufiger wieder kleine verliebte Botschaften geschickt?
- Hat er Ihnen glaubwürdig und sehr deutlich signalisiert, dass er ernsthaft und unbedingt mit Ihnen zusammen sein will – dass er Sie ständig vermisst – dass Sie unübersehbar die Einzige für ihn sind?

Nur wenn Sie diese Fragen ehrlich mit JA beantworten können, ist zu vermuten, dass er allmählich aus seinem bisherigen extremen „Vorsichtsmodus" herauskommt und gerade dabei ist, wieder ernsthaftere Gefühle für Sie zu entwickeln.

Doch ist dies immer ein fortschreitender PROZESS, den er nach seinem natürlichen Tempo bis zu Ende durchlaufen muss. Solange er nicht ganz klar durchblicken lässt, dass er von ganzem Herzen mit Ihnen zusammen sein will, befindet er sich immer noch in der Unverbindlichkeitsphase. Mit anderen Worten: Er ist sich dann noch lange nicht sicher, was er will.

In jedem Fall sind Ihre ernsthafteren Gefühlsäußerungen seinem aktuellen Unverbindlichkeitszustand NICHT angemessen. Es ist immer noch viel zu früh, ihm alt bekannte Sicherheit zu bieten und einen ernsthaften Beziehungswunsch zum Ausdruck zu bringen.

Halten Sie die langsam auflodernde, wach werdende Flamme seines Begehrens also unbedingt noch länger weiter am Leben, indem Sie ganz konsequent NICHT in den Beziehungsmodus fallen.

Lassen Sie generell in dieser Phase die Finger von solchen emotionalen Offenbarungen. Sie können sich dadurch viel kaputt machen von dem, was Sie sich bis hierher aufgebaut haben.

Seien Sie sich also gewiss: Verbessern werden Sie die Lage damit auf keinen Fall. Denn Ihr transparenter Beziehungswunsch wird NIEMALS das sein, was ihn dazu bringt, wieder mehr zu wollen.

Liebe Leserin,

Ich will Ihnen nichts vormachen:

Es kann die Situation kommen, in der Sie es zwar einerseits schon schafften, sich teilweise zu einem attraktiv-transformierten Verhalten ihm gegenüber hochzupushen. Doch merken Sie vielleicht, dass Ihnen das insbesondere zu Beginn Ihrer Transformation noch sehr schwerfällt und Ihnen die letzte Kraft raubt.

Wenn in allem, was Sie tun, Ihre Angst ihn zu verlieren noch sehr übermächtig ist und Sie beinahe am Verzweifeln sind, dann rate ich Folgendes:

Bauen Sie sich eine neue, für Sie sofort verfügbare Energiesäule auf.

Leiten Sie einfach eine kürzere Kontaktpause ein, um neue Energie und Kraft FÜR SICH SELBST zu gewinnen.

Wichtig: Initiieren Sie diese Phase AUS EINER POSITION DER STÄRKE und nicht der Schwäche heraus, damit die Zeit in Ruhe FÜR SIE arbeiten kann – und nicht gegen Sie.

Achten Sie VOR Ihrer kleinen Kontaktpause deshalb unbedingt darauf, dass Sie bei der letzten Verabredung mit Ihrem Freund eine überwiegend schöne Zeit hatten und er Sie dabei ungewöhnlich positiv und unbeschwert erlebt hat:

Das heißt, Sie haben sich angeregt und gut gelaunt unterhalten und SELBST offensichtlich Spaß gehabt.

Sie haben KEINERLEI Beziehungsattitüden durchklingen lassen und auch keine Spur von Verletztheit, Vorwürfen oder Besorgtheit gezeigt.

Sie haben sich schon ein wenig in Ihrer neuen Einstellung geübt: „Alles ist gerade okay, so wie es ist – Ich genieße nur den Moment mit dir – andere Dinge beschäftigen mich innerlich gerade etwas mehr."

Sie haben das Treffen möglichst als Erste beendet und keine altbekannten emotionalen Offenbarungen gemacht – ebenso keine Anspielungen auf ein hoffentlich baldiges Wiedersehen.

Leiten Sie JETZT, um weitere Energie zu tanken und notwendige Kraft zu gewinnen, Ihre ganz eigene, kurze Kontaktpause ein (per Telefon oder notfalls per SMS).

Sie verhindern damit, dass Sie selbst zu stark darunter leiden werden, wenn er sich trotzdem wieder mal viel zu lange nicht bei Ihnen melden wird – oder dass Sie erleben, wie er sich ein paar Tage später plötzlich wieder extrem desinteressiert und kalt gibt.

Ihre Begründung für Ihren „Rückzug" sollte im Wesentlichen unkompliziert und pragmatisch sein. Lassen Sie also nicht durchklingen, dass er Ihnen zurzeit „nicht gut tut" und Sie deshalb „Abstand" von ihm brauchen.

Führen Sie stattdessen praktische Gründe an und deuten Sie auch gern Ihre aktuelle, „allgemeine Veränderung“ an.

Beispiele:

„Hi, habe mich über deine Nachricht gefreut. Bin die kommenden Tage etwas stark vereinnahmt und habe daher gerade nicht ganz so viel Zeit. Ich melde mich auf jeden Fall wieder bei dir, wenn ich etwas mehr Luft habe.“

„Ich brauche gerade viel Zeit für ein paar andere Dinge, die mich beschäftigen. Lass uns mal eine kurze Pause einlegen, ich melde mich in ca. einer Woche wieder bei dir!“

„Hi, schön von dir zu hören :-) Ich finde die nächste Woche wohl etwas weniger Zeit für uns. Im Moment stehen bei mir ein paar Veränderungen an. Freu mich aber, dich wiederzusehen. Meld mich bei dir!“

„Vielen Dank für den wundervollen Tag, das hat wieder richtig Spaß gemacht mit Dir :-) Bin nur im Moment ziemlich stark mit etwas beschäftigt, das mich gerade sehr in Anspruch nimmt. Ich schaffe es daher wohl in der kommenden Woche nicht, mich bei dir zu melden. Ich freue mich aber, dich demnächst mal wiederzusehen! Also bis bald!“

„Das war ein schöner Tag, hab viel Spaß gehabt mit dir. Leider hab ich im Moment ziemlich viel um die Ohren und ich bin gerade von einigen Dingen sehr in Anspruch genommen. Ich werde daher für ca. eine Woche wohl keine Zeit für dich finden. Ich melde mich aber wieder, wenn ich etwas mehr Luft habe! Viel Spaß und bis bald!“

„Hi, danke für deine Nachricht! Hab gerade nicht sooo viel Zeit zum Simsen. Es ist alles okay, ich melde mich in ca. einer Woche. Viele Grüße!"

„Hey, hoffe dir geht's gut! Hab die Woche etwas wenig Zeit. Bin gerade voller Lebenslust und gönne mir mal eine kleine Pause von dir :-)
Es wird dir sicher auch guttun, dich mehr auf deine Interessen und Ziele zu konzentrieren."

„Es hat wieder viel Spaß gemacht mit dir! War super gestern/vorgestern :-)
Nur zurzeit passiert gerade beruflich und privat einiges Neues, das mich zeitlich sehr in Beschlag nimmt. Ich wollte Dir nur schon mal vorsichtshalber sagen, dass ich wohl für ca. eine Woche weniger Zeit habe für dich und mich daher weniger melden kann. Hat also gar nichts mit dir zu tun.
Ich freue mich auf ein Wiedersehen. Bis bald und viel Glück/Spaß bei deiner Präsentation/deinem Meeting/deinen Recherchen/dem Fernsehkauf/Fußballspiel/Besuch deiner Eltern etc."

Gönnen Sie sich einfach diese Pause und stehen Sie dazu. Sehen Sie es außerdem wie eine Art Kraftprobe, mit der Sie Ihre emotionale Unabhängigkeit und Stärke festigen.

Beweisen Sie sich damit selbst, dass Sie ihm gegenüber immer noch die Fähigkeit besitzen, etwas entschieden durchzuziehen, was IHNEN gut tut, ohne sich in Ihrem Handeln von der Angst leiten zu lassen, dass er Sie vergisst oder dass er sich einer anderen zuwenden wird.

Denn Ihr Agieren aus dem starken Angstimpuls heraus, ihn nicht verlieren zu wollen und aus dem inneren Drang heraus, mehr Gewissheit von ihm zu bekommen (indem Sie verzweifelt Nähe herstellten), war paradoxerweise in der Vergangenheit der wesentliche Grund dafür, dass er sich von Ihnen weiter entfernen musste.

Vertrauen Sie stattdessen wieder auf das bestehende Band zwischen Ihnen und lassen Sie IHN los.

Nur indem SIE SELBST den ursprünglichen, natürlichen Raum zwischen Ihnen wiederherstellen, kann er damit beginnen, erneut von SICH AUS gedanklich und emotional aktiv zu werden und diesen Raum mehr und mehr zu FÜLLEN.

Nur dieser innere natürliche Prozess in seiner Gefühlswelt BINDET ihn an Sie.

Finden Sie selbst die passende Variante, je nach Grad der Verbindlichkeit Ihres aktuellen Beziehungsstatus:

Je unverbindlicher er sich in den zurückliegenden Wochen gegeben hat, desto weniger geschmeidig und rechtfertigend braucht Ihre offizielle Erklärung zu sein.

Sie muss einfach nur glaubwürdig klingen.

Außerdem wichtig:

Bei anschließenden Bombardierungen von seiner Seite mit irgendwelchen Vorwürfen, Aufforderungen zur Erklärung oder trotzigen Kommentaren:

Bleiben Sie auf jeden Fall sehr freundlich-liebevoll, aber gleichzeitig BESTIMMT bei Ihrem Vorhaben. Kürzen Sie im Notfall die Abstandsphase auf eine Woche.

Solche kleinen Kontaktpausen sind, falls Sie benötigt werden, eine Art Vorstufe zu dem wichtigen natürlichen „Heiß-Kalt-Prinzip" in Ihrem Verhalten während der Führungsphase, welches zu einem Bestandteil Ihres weiblichen Repertoires werden.

Kapitel 3: Die Führungsphase

Wenn Sie bis hierher alle Schritte entschlossen durchgeführt haben, sind Sie ihm inzwischen ein ganzes Stück weit „entglitten", ohne sich jedoch wirklich von ihm abgewendet zu haben.

Im Gegenteil:

Eine erfolgreich durchlaufene Transformationsphase hat dann dazu geführt, dass er sich wieder viel mehr um Sie bemüht, als es vor einiger Zeit der Fall war.

Machen Sie sich an dieser Stelle bitte noch einmal klar:

Bis vor Kurzem befand er sich in dem inneren Modus „Ich hab sie sicher und bin ihr absoluter Mittelpunkt. Ich will aber keine Zukunft mit ihr. Ich hab sie nur menschlich gern und will sie nicht noch mehr verletzen."

Erst wenn Sie in der Transformationsphase dieses verhängnisvolle Bild, das er von Ihnen hatte, über eine längere Phase hinweg in DIREKTEM KONTAKT zu ihm revidiert haben, haben Sie eine Chance.

Genau an diesem entscheidenden Punkt stehen Sie jetzt.

Denn solange Sie nicht Ihre Transformation im ersten Schritt gemeistert haben, würden alle Ihre Worte, Handlungen und Reaktionen seiner persönlichen Wahrnehmung nach weiterhin aus immer derselben Position von SCHWÄCHE und ABHÄNGIGKEIT kommen. Alles, was Sie aus dieser Haltung heraus täten, wäre weiterhin ohne Aussicht auf Erfolg.

Hier ein häufig vorkommendes Beispiel dafür:

Um aktiv etwas bei ihm zu bewirken, machten viele der von mir betreuten Frauen in Ihrer Vergangenheit den eklatanten Fehler, sich ab einem bestimmten Zeitpunkt bei ihm ganz abrupt nicht mehr zu melden – und zwar OHNE eine vorher SICHTBARE VERÄNDERUNG ihres Verhaltens.

Weder gingen Sie ans Telefon (selbst nach 4, 5 Versuchen nicht), noch beantworteten Sie seine SMS.

Jeder Mann kann an dieser Stelle sicher bestätigen:

Dieses Verhalten führt sehr wahrscheinlich dazu, dass er sich nicht mehr bei ihr melden KANN, weil es ihm ein weiteres Mal drastisch vor Augen führt, WIE VERLETZT sie wegen ihm wirklich ist.

Denn SEINE Wahrnehmung dabei ist:

„Sie leidet unter mir scheinbar so sehr, dass Sie nicht mehr die Kraft hat, weiterhin zu mir Kontakt zu haben. Sie muss sich vor mir schützen und braucht größeren Abstand von mir. Sie wäre jetzt wohl nur noch bereit, wieder ans Telefon zu gehen und sich mit mir zu treffen, wenn ich ab jetzt viel stärker als bisher um sie kämpfe, mich bemühe und ernsthaftere Gefühle zeige. Das kann ich aber nicht ... Außerdem würde ich ihr damit wieder nur neue Hoffnung machen und Sie wäre danach WIEDER verletzt – dafür hab ich sie viel zu lieb. Ich lasse sie jetzt einfach in Ruhe."

Wenn eine Frau aus starker Verletztheit heraus den Kontakt zu einem Mann abbricht, der sich in seiner Rückzugsphase befindet, spürt ein Mann das immer – es ist für ihn der letzte Beweis ihrer Unterlegenheit und Abhängigkeit von ihm.

Meistens lässt er Sie dann in Ruhe.

Selbst wenn er sich nach mehreren Wochen wieder mit einem positiven Gefühl und einer Sehnsucht an Sie erinnert und den Impuls verspürt, sich zu melden:

Er tut es meistens aus zwei Gründen TROTZDEM nicht:

1. Er hat zu große Angst davor, erneut Stress zu erleben – der letzte Eindruck, den er von ihr gespeichert hat, ist einfach zu negativ besetzt.
2. Inzwischen hat er ein schlechtes Gewissen ihr gegenüber, dass er es nach den letzten paar Anrufversuchen anschließend nicht mehr weiter versuchte, den Kontakt zu ihr herzustellen.

ER WEIß JA GANZ GENAU, dass sie von ihm in Wirklichkeit nur eine „Ganz-oder-gar-nicht-Entscheidung" einforderte und deutlich mehr Investition von ihm sehen wollte. Trotz seiner mehrmaligen Kontaktversuche fühlt es sich nach einiger Zeit für ihn so an, als wenn ER sich nicht mehr bei ihr meldete und sie damit enttäuscht hat.

Sie erinnern sich:

Das schlechte Gewissen, eine Frau durch sein Verhalten zu verletzen, ist einer der mächtigsten Blockaden eines Mannes, auf sie zuzugehen.

Meine überwiegende Erfahrung ist:

Wenn eine Frau in einer Beziehung dem starken Rückzugsverhalten eines Mannes in Phase 2 nicht gewachsen ist, wird Sie auch in Zukunft immer wieder neu an dieser Phase scheitern. Bis sie irgendwann gezwungen ist, einen größeren Kompromiss zu machen.

Sie kann ihr eigenes verhängnisvolles Verhalten nicht durchschauen und daher auch nicht verändern.

Sie trifft dann häufig irgendwann eine Vernunftentscheidung und geht eine Beziehung zu einem Mann ein, mit dem sie sich zwar gut versteht, der jedoch ihr Herz nicht wirklich höher schlagen lässt.

Sie akzeptiert damit vollständig ihren eigenen Glaubenssatz: „Ich bin nicht gut genug, einen Mann zu halten, der mir wirklich gefällt und mein Herz höher schlagen lässt." Diese innere Überzeugung hat nichts mit der Realität zu tun.

Kommen wir also zurück zur Führungsphase in der Rückeroberung seines Herzens:

Er befindet sich emotional zwar noch lange nicht in der Bindungsphase, doch gibt es ein paar wesentliche Merkmale in Ihrem gemeinsamen Kontakt, die Ihnen zeigen, dass Sie jetzt ein ganzes Stück vorangekommen sind:

Um ein Gefühl dafür zu bekommen, ob Sie sich mittlerweile in der Führungsphase befinden, überprüfen Sie bitte, ob Sie die folgenden Punkte bejahen können:

- Er investiert ganz offensichtlich wieder viel mehr Energie, Aufmerksamkeit und Zeit in Sie.
- Sie haben ihm inzwischen durch Ihr Verhalten konsequent den glaubhaften Eindruck vermittelt, dass Ihre Prioritäten sich geändert haben: Sie mögen ihn und Sie fühlen sich noch mit ihm verbunden, doch scheint es Ihnen dabei offensichtlich NICHT mehr darum zu gehen, mit ihm zusammen zu sein.
- Sie fühlen sich viel stärker, denn Sie merken, dass SIE jetzt diejenige sind, die das Geschehen bestimmt und das eigene Verhalten unter Kontrolle hat.

- Sie fühlen sich ihm gegenüber nicht mehr machtlos, denn Sie sind nicht mehr hilflos seinen wechselnden Launen und Gefühlen ausgeliefert. Die Angst, ihn zu verlieren, ist nicht mehr die Grundlage Ihres täglichen Handelns und Denkens. Im Gegenteil: Sie wissen jetzt, dass Sie auf dem richtigen Weg sind. Das gibt Ihnen die Kraft, voll entschlossen Ihren Plan durchzuziehen.
- Ihr transformiertes Verhalten in den letzten Wochen hat dazu geführt, dass er jetzt derjenige ist, der sich mehr bemüht. Die Rollen zwischen Ihnen haben sich wieder zurecht gerückt. Aus seiner Sicht wollen Sie weniger von ihm, als er von Ihnen.
- Sie haben mehrmals ganz klar und deutlich erlebt, dass Ihre neue Unbeschwertheit und Unabhängigkeit dazu führte, dass er wieder viel liebevoller, aufmerksamer und bemühter war.
- Er fügt sich in letzter Zeit immer mehr dem neuen Rahmen, dem Sie ihm seit Wochen durch Ihre neue Leichtigkeit und Ihren stark verschobenen Prioritäten – freundlich aber bestimmt – setzen. Er hat sichtbar akzeptiert, dass SIE jetzt wieder diejenige sind, die bestimmt, wie es weitergeht.
- Sie sind schon längere Zeit nicht mehr „umgekippt" in schwachen und sehnsuchtsvollen Momenten. Sie konnten sich in diesen Augenblicken beherrschen und sind nicht zurück in Ihr altes Bedürftigkeitsmuster zurückgefallen: Sie handeln also NICHT mehr aus dem Zwang, ihm stets Nähe und Verbindlichkeit beweisen zu müssen. Sie kämpfen nicht mehr. Sie agieren nicht mehr aus dem Gefühl von Verzweiflung heraus. Die aktuelle Ungewissheit mit ihm halten Sie inzwischen ganz gut aus.

Zusammengefasst heißt das also: Das eigentliche Spiel BEGINNT erst ab dem Zeitpunkt, wenn folgende Merkmale sichtbar sind:

A. Der Eindruck, dass Sie ihn verzweifelt haben wollen, hat sich in seinen Augen aufgelöst und er ist mehr und mehr überzeugt von Ihrer Transformation.

B. Sie haben durch Ihr Verhalten bewiesen, dass SIE diejenige sind, die entscheidet, wie es weitergeht. SIE sind also diejenige, die in letzter Zeit mit Leichtigkeit und sanfter Bestimmtheit vorgibt, was, wie und wann passiert.

C. Er beweist durch sein Verhalten, dass er innerlich EINVERSTANDEN ist mit dieser Zurechtrückung der Rollenverteilung „männlicher Bewerber“ (er) – „weiblicher Schatz“ (Sie). Er bringt das zum Ausdruck, indem er deutlich mehr Bemühungen als vorher zeigt, mit Ihnen Kontakt haben zu wollen und Zeit zu verbringen. Er erscheint also deutlich emotional getriebener.

Dies ist der alles entscheidende Augenblick:

Von dem Moment an, wo Sie wieder ein paar Mal erreichten, dass SIE diejenige sind, die bestimmt, was passiert, dürfen Sie NICHT mehr umkippen. Ab jetzt müssen Sie fast alles anders machen als vorher.

Handeln Sie ab jetzt ausschließlich nur noch nach Ihrem wahren weiblichen Wert. Ihre Grundhaltung ist:

Sie sind eine geheimnisvolle Göttin mit unendlich vielen Facetten und einem unendlichen Wert. Erst wenn diese Kostbarkeit von einem Mann mit Würde und Achtung respektiert und ERKANNT wird, geben Sie sich ihm hin – und dies auch nur so lange ,wie er Ihnen gleichbleibende Liebe und Wertschätzung gibt.

Erst DANN würden Sie überhaupt damit beginnen, in den Beziehungsmodus zu schalten. Denn Sie wollen keine Beziehung zu jemandem, der nur nicht allein sein möchte und ansonsten nicht weiß, was er will. Sie wissen genau, was Sie von einem Mann wollen und was nicht.

Bedenken Sie:

Auch wenn Ihr aktueller Kandidat sich mittlerweile wieder viel mehr um Sie bemüht, ist er jedoch noch NICHT im Beziehungsmodus. Denn ganz gleich, wie leidenschaftlich er ist, wie anhänglich und verbunden er sich in letzter Zeit in bestimmten Momenten gibt oder wie vertraut und ehrlich sich manchmal alles mit ihm anfühlt:

Er ist immer noch nicht in einer ernsthaften Bindungsphase, sondern lediglich hin- und hergerissen zwischen der alten Gleichgültigkeit und seinem neu aufflackernden Trieb, Sie wieder um jeden Preis „sicher" haben zu wollen.

Sie dürfen daher erst recht nicht im Beziehungsmodus sein und seine wartende Bewerberin spielen. So, wie er momentan lebt und sich verhält, ist er nicht das, was Sie in diesem kurzen, wertvollen Leben für Ihr zukünftiges Glück wollen.

Daher fällt es Ihnen auch nicht schwer, ihm so zu begegnen, wie er es von Ihnen aktuell braucht: mit Unverbindlichkeit, Unbeschwertheit, Unberechenbarkeit, Inspiration, gemeinsamem Spaß und als Herausforderung. Alles nur im Hier und Jetzt und ohne den Beziehungsrahmen – immer gut gelaunt. Eine Frau, die ihren Lebensmittelpunkt und ihre Lebensfreude hauptsächlich WOANDERS und nicht bei ihm hat.

Genau dadurch beweisen Sie ihm eine Stärke, welche die meisten Frauen an Ihrer Stelle nicht hätten:

Sie haben es ist NICHT verzweifelt nötig, ein Ultimatum einzufordern. Sie brauchen ihn NICHT mit einer Alles-oder-nichts-Entscheidung unter Druck zu setzen, nur um Ihre bisherige Schwäche, Ihre Bedürftigkeit und Ihre Untergebenheit zu besiegeln – oder um dann mit letzter Kraft den Kontakt zu ihm ganz abzubrechen, damit Sie nicht noch mehr unter ihm zugrundezugehen.
Dies würden 90 % aller Frauen an Ihrer Stelle aus Unwissenheit tun.

Sie jedoch machen es hoffentlich richtig:

Sie verwandeln sich wie von Zauberhand direkt vor seinen Augen – Sie gewinnen sich Schritt für Schritt selbst wieder zurück und beweisen ihm eine weibliche Stärke, die er Ihnen nicht mehr zutraute – und können sich dadurch ihm gegenüber wieder so geben, wie er es von Anfang an von Ihnen brauchte – BEVOR er sich emotional entfernte.

Denn nur durch Ihre EIGENE WEITERENTWICKLUNG können Sie die nächste Stufe einer sich entfaltenden Beziehung erfolgreich meistern.

Sie geben ihm dadurch die Möglichkeit, Sie wieder mehr und mehr zu bewundern und zu respektieren.

In den kommenden Abschnitten zeige ich Ihnen alle entscheidenden Schritte und Prinzipien, die Sie befolgen müssen, damit Sie die Zügel, die Sie inzwischen wieder in Ihrer Hand haben, in Zukunft auch so fest ziehen können, dass er sich wieder langsam aber sicher emotional an Sie bindet.

Kommen wir zunächst zu dem ersten, wichtigen Grundprinzip der Führungsphase, welches Schritt für Schritt dazu führt, dass in ihm das tiefere Gefühl des „An-Sie-Gebundenseins“ erblüht.

Das Prinzip der männlichen Kumpelrolle – die aktive Vermenschlichung seiner Person durch gezielten Umgang

Erinnern Sie sich an das Bild der „energieraubenden Freundin“? Machen Sie sich noch einmal klar, wie Sie sich in der beschriebenen Situation gefühlt haben. Ein paar mögliche Befindlichkeiten können Ihnen hierbei eine Stütze sein:

- Sie haben sich nicht mehr wohl und bereichert gefühlt.
- Sie haben mindestens ein leichtes Beklemmungsgefühl gehabt.
- Sie sind öfters innerlich ausgelaugt und leer aus diesen Begegnungen herausgegangen.
- Sie hatten häufiger ein schlechtes Gewissen, da Sie ihr nicht wirklich genügten.
- Sie haben sich nicht wohl in ihrer Nähe gefühlt.
- Sie haben gegeben, was Sie konnten und dennoch war es lange nicht genug.
- Statt Spaß, Inspiration, Heiterkeit und Interesse an IHREN Themen haben Sie sich gefangen gefühlt in einem Gefängnis aus freundschaftlichen Verpflichtungen und evtl. dem Bedürfnis nach Geselligkeit.

Überlegen Sie bitte auch:

Warum waren Sie ÜBERHAUPT bereit, in dieser Lebenssituation einen derartigen Kompromiss zu machen in der Auswahl Ihrer Kontakte?

War diese Bekannte für Sie SELBST mehr oder weniger nur eine vorübergehende Notlösung, da Sie in dieser Zeit vielleicht mit zu wenig anderen inspirierenden Kontakten gesegnet waren?

Haben Sie Ihre Bekannte vielleicht auch FÜR SICH SELBST missbraucht, um Ihre eigene emotionale Durstrecke in der damaligen Lebensphase zu KOMPENSIEREN?

Überlegen Sie weiter:

Was hätte diese Bekannte tun müssen, damit SIE sich wohl in Ihrer Anwesenheit wohlgefühlt hätten?
Was hätte sich in ihrem gesamten Verhalten verändern müssen, damit Sie begonnen

hätten, den Kontakt zu ihr nicht mehr einfach nur „wohl oder übel“ über sich ergehen zu lassen, sondern dass Sie aus freien Stücken ihre Nähe gesucht hätten, weil ihre Bekannte Sie aufbaut, inspiriert, motiviert und Sie sich einfach nur wohlfühlen in ihrer Nähe?

Hier ein paar Anregungen dafür:

- Hätte Ihre Bekannte manchmal selbstreflektierter und selbstkritischer sein müssen?
- Wäre es schön gewesen, wenn Ihre Bekannte Ihren „Egoismus” irgendwann selbst durchschaut und Ihnen gegenüber vielleicht sogar zugegeben hätte, dass es ihr leid tut?
- Sie hätte vielleicht in einer ganz neuen, sensiblen und interessierten Form auf IHRE BEDÜRFNISSE eingehen sollen?
- Ihre Bekannte müsste Ihnen vielleicht das Gefühl geben, dass sie jetzt AKTIV und voller Entschlossenheit ihren eigenen Weg geht und sich ihre Wünsche und Ziele unabhängig von Ihnen erfüllt.
- Das Gefühl hätte in Ihnen wachsen müssen, dass Sie in verschiedenen Dingen ähnlich denken, empfinden und einander nachvollziehen können.
- Sie müssten spüren, dass Sie eine gemeinsame Verbindung haben und Aktivitäten und Interessen teilen, die Ihnen BEIDEN Spaß machen.
- Sie müssten erleben, dass manchmal eine längere Zeit der Funkstille nicht nur von Ihnen, sondern ebenfalls von Ihrer Bekannten ausgeht – aufgrund Ihres ausgefüllten Lebens.
- Nach einer von IHNEN ausgehenden Funkstille müsste jeder spontane neue Kontakt zu ihr immer nur positiv, aufbauend, inspirierend, erfreut und gut gelaunt verlaufen ohne vorwurfsvolle Anspielungen darauf, dass Sie sich längere Zeit nicht gemeldet haben.

Wenn diese Veränderungen passiert wären, hätte Ihre Bekanntschaft möglicherweise eine Chance, die nächste Stufe zu erreichen: Die Stufe der Ausgeglichenheit und Bereicherung Ihrer GEMEINSAMEN Kontaktbedürfnisse.

Das wäre wohl die Voraussetzung dafür, dass irgendwann die dritte Stufe, eine Art echte Freundschaft entsteht, die von IHNEN als ehemals „energetisch ausgeraubte" Frau ebenso gewollt und gewünscht ist.

Kommen wir zurück zur Ihrer komplizierten Verbindung mit Ihrem aktuellen Freund.

Erinnern Sie sich?

Ihr Freund befindet sich momentan in der Unverbindlichkeitsphase (also in Phase 2 der emotionalen Bindungsleiter des Mannes).

Diese Phase durchläuft JEDER Mann mehr oder weniger stark ausgeprägt im Laufe einer intensiven und intimen Kennenlernperiode mit einer Frau, BEVOR sein Inneres für die Phase 3 auch nur ansatzweise bereit sein kann, von ganzem Herzen eine feste Bindung zu wollen.

Im Rahmen meiner Beratungstätigkeit erlebe ich bei meinen Klientinnen außergewöhnlich häufig, dass sie die Phase 1 – die Anziehungsphase des Mannes – sehr schnell überspringen wollen und das Geschehen am liebsten sofort und direkt zur Stufe 3 – der Bindungsphase – ungeduldig vorantreiben möchten.

Wie wir gesehen haben, bewirkt dieses Verhalten der Frau, dass ein Mann in diesem Fall emotional gezwungen ist, sehr schnell in die Unverbindlichkeitsphase (Phase 2) zu flüchten.

Wenn die Frau zu schnell und zu intensiv in den Beziehungsmodus fällt, führt das unweigerlich zu einem Problem:

Die zerbrechlichen und zart keimenden Gefühle der Anziehung und oberflächlichen Verliebtheit, die ein Mann in der Anziehungsphase erlebt, werden dadurch unnatürlich STARK VERSCHÜTTET.

Die Spannung wird also VIEL ZU SCHNELL aufgelöst:

Das BAND, welches den Mann in diesen Fällen an die Frau bindet, ist außerordentlich LOCKER.

Umgekehrt besteht ein angespanntes, starkes Band, das einen Mann rückblickend auch noch nach 2 Jahren intensiv, glücklich und GLEICHBLEIBEND hingebungsvoll an eine Frau bindet, aus den vielen kleinen und größeren Energie-Investitionen, die er für die Frau ERLEIDEN und aufbringen musste, damit er es schaffen konnte, Sie ernsthaft und dauerhaft an sich zu binden.

Dieses Band ist in Ihrem Fall – wie in fast allen Fällen meiner Klientinnen – sehr wahrscheinlich außerordentlich schwach und locker geworden.

Entsprechend ist die Unverbindlichkeitsphase Ihres Freundes außerordentlich STARK und VERFESTIGT.

Was bedeutet das also für unser weiteres Vorgehen?

Ganz einfach:

Sie sind einen Weg gegangen, der jedoch erst deutlich später für Sie vorgesehen war – nämlich erst ab dem Zeitpunkt, wenn ER begonnen hätte, diesen Weg zu beschreiten.

Sie befinden sich aktuell also objektiv auf einem IRRWEG in Ihrer Beziehung zu ihm.

Sie müssen diesen Weg so schnell und entschlossen wie möglich wieder verlassen, um wieder auf den Weg kommen zu können, auf dem ER zurzeit wandelt.

Um wieder mit seinem Schrittrhythmus gleichzuziehen und damit in seine Nähe zu kommen, brauchen Sie eine recht krasse Wandlung in Ihrer gesamten inneren Grundeinstellung ihm gegenüber.

Sie müssen seine Rolle, die er in Ihrem Leben spielt, komplett auswechseln:

Sie müssen Ihn in die MÄNNLICHE KUMPELROLLE schieben.

Nur so können Sie ihm in der aktuellen Phase seines Zustands genau das geben, was er von Ihnen braucht – und was er momentan an Ihnen vermisst.

Die verhängnisvolle Schieflage zwischen Ihnen ist bisher dadurch entstanden, dass er Sie immer konsequenter in die WEIBLICHE KUMPELROLLE schob:

Er hörte irgendwann damit auf, Sie als bewundernswerte Königin zu behandeln, für die er Sie anfangs hielt. Für die er seine ganze Energie, seine Gedanken und Kreativität aufbrachte, um ihr zu gefallen und sie glücklich zu machen. Sein aufgeregtes Frohsein darüber, von Ihnen scheinbar als „wert genug" geachtet zu werden, um ihn näher kennenlernen zu wollen, bekam einen riesengroßen Dämpfer an einem völlig verfrühten Zeitpunkt.

Dieser große Knick nach „unten“ kam sehr wahrscheinlich an einem Punkt, an dem Sie völlig überstürzt eine Stufe höher gesprungen sind: Hinein in den ernsthaften Bindungsmodus.

So konnte er nicht anders, als Sie fortan in die Rolle des lockeren „weiblichen Kumpels“ zu schieben, mit dem er jedoch weiterhin immer genau dann, wenn ihm gerade danach ist, ganz spontan seinen latenten Mangel ausgleichen konnte, der für den Großteil aller Männer typisch ist:

Solange, bis er seine Traumfrau trifft, will er um jeden Preis als Mann nicht einsam sein. Wenn er also auch nur irgendwie die Gelegenheit dazu bekommt, wird er nicht darauf verzichten wollen, auch weiterhin jederzeit seinen sexuellen Hafen bei einer Frau anzusteuern, die ihm emotionalen Halt und Unterstützung gibt.

Da jedoch so gut wie kein Mann den Mut hätte, Ihnen das ganz offen und ehrlich zu sagen, kann er Sie nur ganz locker und unverbindlich als weiblicher Kumpel behandeln. Er denkt, dass er Ihnen damit nur so wenig Hoffnung wie irgend möglich macht, da er Ihnen seinem Empfinden nach klar und deutlich KEINEN verbindlichen und festen Beziehungswunsch vorgaukelt.

Er verhält sich also in seinen eigenen Augen NICHT wie jemand, der Ihnen ernsthafte Hoffnung macht. Indem Sie dieses Spiel jedoch nun noch weiter „mitspielen“, akzeptieren Sie unausgesprochen den von ihm gesetzten, lockeren „weiblichen Kumpel“-Rahmen.

Die Folge: Den sexuellen und emotionalen Hafen, den Sie ihm bieten, kann er daher noch eine ganze Weile (in vielen Fällen JAHRELANG) vor seinem eigenen Gewissen moralisch vertreten.

Soweit zu seiner inneren Wahrnehmung in der Vergangenheit.

In der Führungsphase sind jetzt SIE diejenige, die einen moralisch einwandfreien Rahmen braucht, um die ganze Mischung aus freundschaftlich-vertrauten Gesten, ebenso wie auch Ihre weiblich-zugewandten Emotionen, gleichzeitig auszuleben.

Sie brauchen einen Rahmen, in dem SIE jetzt diejenige sind, die nach Lust und Laune aktiv und engagiert intensive Momente mit ihm lebt – und in dem Sie aber auch diejenige sind, die an anderer Stelle wiederum kein Bedürfnis nach Nähe zeigt, da andere Dinge in dieser Phase viel mehr Priorität haben als er.

Sie benötigen den Rahmen des MÄNNLICHEN KUMPELS, um seinen aktuell immer noch unverbindlichen inneren Gefühlszustand adäquat zu spiegeln. Auf diese Weise setzen Sie noch VERSTÄRKTER seinen inneren Rhythmus frei, nach dem er sich neu in Sie verlieben kann.

Es ist dieses weitere WACHSEN seiner inneren Verbindlichkeit, welches Sie ganz aktiv forcieren und provozieren müssen. Wenn Sie aus einer transformierten Position der Stärke den richtigen Rahmen setzen, durchbrechen Sie damit im Laufe der Zeit seine inneren Schutzwälle. Sie verschaffen sich dadurch immer mehr Respekt und „Macht über ihn", um ihn immer stärker an sich BINDEN zu können.

Häufig ist es so, dass in einer offiziellen Freundschaft zwischen Mann und Frau die Frau diejenige ist, die sich selbstbewusster und eigensinniger verhält. Der Mann ist in dieser Konstellation häufig jemand, der sich mit ihr mindestens „mehr" VORSTELLEN kann und sich im Wesentlichen durch diese weibliche Anziehungskraft getrieben fühlt, überhaupt den Kontakt zu pflegen. Aus fehlendem männlichen Selbstvertrauen versucht er jedoch, sich auf verschiedenen nicht-sexuellen Ebenen mit ihr zu verbinden und sich unabkömmlich zu machen.

Er sieht keine andere Chance, ihr sonst irgendwie näher zu kommen, als ihr lieber, guter Kumpel zu sein, mit dem sie immer nur dann Kontakt hat, wenn sie gerade Lust dazu hat. Wenn sie also gerade zufällig seine Gesellschaft oder auch seine Hilfe gut gebrauchen kann.

Sie empfindet wenig für ihn als Mann. Als Mensch jedoch ist er für sie wertvoll und etwas „ganz Besonderes".

Er jedoch würde mit ihr sofort etwas anfangen, wenn er nur die Möglichkeit und das männliche Selbstbewusstsein hätte.

Genau DIESE häufige Art von männlicher Kumpelrolle sollen Sie sich vorstellen:

Bisher waren Sie längst seine verzweifelte Anhängerin geworden, die sich von ihm – lieb und gefügig – in die WEIBLICHE KUMPELROLLE drängen ließ – nur in der Hoffnung, dass er Sie durch die Nähe und Gefühle, die Sie ohne Unterbrechung geben, irgendwann doch als seine Traumfrau erkennt.

Doch müssen Sie es UMGEKEHRT machen:

Sie schlüpfen ab sofort komplett heraus aus der Rolle seines weiblichen Kumpels, mit dem er gelegentlich spontan Sex haben und emotional auftanken kann.

Dafür ist ER von nun an Ihr männlicher Kumpel.

Dies ist eine ungemein attraktive Konstellation für den Mann, da die Frau in diesem von ihr selbst klar abgesteckten Rahmen permanent fast sämtliche Facetten Ihres weiblichen Selbst ganz selbstbewusst und frei auslebt.

Hier ein paar typische Merkmale der häufig vorkommenden Freundschaften zwischen „männlichem Kumpel“ und „umworbener Frau“:

- Sie gibt ihm zu verstehen, dass er nicht ihr Typ ist und grenzt sich von ihm liebevoll ab.
- Sie haben ausgelassen Spaß miteinander, können zusammen viel lachen und unternehmen interessante Dinge.
- Sie kommt ihm so nahe, wie kaum eine andere Frau: Sie ist sehr direkt und persönlich zu ihm, sagt was Sie denkt, lobt seine Stärken, zieht ihn liebevoll mit seinen Schwächen auf. Er hat das Gefühl, von ihr gesehen und verstanden zu werden.
- Sehr häufig gibt die Frau Ihrem männlichen Kumpel sehr wichtiges Feedback zu bedeutenden Dingen in seinem Leben.
- Sie kuschelt mit ihm, berührt ihn, ist sehr sanft und liebevoll mit ihm – und ihm ist klar, dass es für sie nur freundschaftlich ist. Sie hat kein ernsthaftes Interesse.
- Sie flirtet vor seinen Augen mit anderen Männern, kokettiert mit ihnen, spielt mit ihrer Weiblichkeit, lässt ihrer Faszination freien Lauf. Alles in seinem Beisein. Sie sind ja nur Freunde.
- Manchmal flirtet und kokettiert sie auch mit IHM, wenn Sie gerade Lust dazu hat.
- Sie hat nur unregelmäßig Zeit, da sie zwischendurch immer wieder „mit anderen Dingen“ beschäftigt ist.

Es kommt sehr selten vor, dass der männliche Kumpel sich von der Frau abwendet und den Kontakt abbricht. Im Gegenteil: Sie gibt ihm SEHR viel und er fühlt sich SEHR wohl in ihrer Nähe. Er will viel lieber einfach mit ihr befreundet sein, als gar keinen Kontakt zu ihr zu haben.

Ein männlicher Kumpel bekommt sehr viel von dem, was ein Mann sich von einer Frau wünscht und was er braucht.

Er bekommt von einer Frau all den unverbindlichen Spaß, all die Unbeschwertheit und Zwanglosigkeit, mit der er sich so wohlfühlt.

Er bekommt weibliche Anerkennung, freundschaftliche Nähe und Vertrautheit von einer selbstbewussten und lebensfrohen Frau, die kein Interesse an einer Beziehung mit ihm hat und immer dann, wenn es nötig ist, dem Mann unmissverständlich klarmacht, dass es für „mehr" bei ihr leider nicht reicht.

Innerhalb dieses klar abgesteckten offiziellen Rahmens schaltet und waltet sie jedoch, wie es ihr gerade in den Sinn kommt:

Sie überschreitet immer wieder mal die offiziellen Grenzen (z.B. durch Berührungen, Flirts, bewundernde Anerkennung, spontane Gefühlsäußerungen, sehr intensive, vertraute Gespräche etc.) und gibt ihm durch diese wenigen Belohnungen ausreichend Stoff, um seine Hoffnung auf „mehr" zu nähren.

Das macht sie – ohne dass sie es auch nur im Geringsten darauf anlegt – zu einem sehr herausfordernden und sehr inspirierenden Gegenüber.

Dadurch, dass der Beziehungsrahmen von ihr komplett abgelehnt wird, sie ihm jedoch trotzdem sehr viele Facetten Ihrer attraktiven Persönlichkeit zeigt und auslebt, passieren oft zwei wesentliche Dinge in dieser Konstellation:

1. Wegen des fehlenden Beziehungsrahmens baut der Mann seine Schutzmechanismen um seine Gefühlswelt herum ab und ist sehr empfänglich für die Nähe der Frau. Er fühlt sich immer wohl bei ihr.

2. Alles, was er von ihr an Nähe und Zuwendung bekommt, resultiert aus einer Position der Stärke und Unabhängigkeit: In den Augen des Mannes bekommt die weibliche Sympathie dadurch einen sehr hohen Wert, da sie AUS FREIER ENTSCHEIDUNG und ohne Hintergedanken kommt. Mit anderen Worten: Die Wertschätzung, Liebe und Anerkennung sind nicht der Ausdruck ihres Beziehungswunsches, sondern ihrer ehrlichen Zuneigung für diesen speziellen Mann.

Sie wählt sozusagen seine Gaben aus einer Freiheit und Stärke heraus, da sie die Eigenschaften gerade dieses Mannes als eine Bereicherung FÜR SICH braucht.

Das macht die Zuneigung dieser Frau im Empfinden des Mannes extrem wertvoll. Er fühlt sich mit dieser Frau dadurch stark VERBUNDEN.

Es geht also nicht darum, ihm ab sofort als geschlechtsloses Wesen zu begegnen und auch nicht darum, dass Sie sich als Frau unweiblich verhalten sollten.

Nur der OFFIZIELLE RAHMEN, den Sie ihm gegenüber durch Ihr gesamtes Verhalten klar und deutlich stecken, spielt hier eine Rolle.

INOFFIZIELL können Sie sich dann SEHR VIEL erlauben und sich sehr subtil verführerisch verhalten.

„Er ist ja nur ein Kumpel."

Außerdem holen Sie sich selbst bei Ihrem männlichen Kumpel eine ganze Portion weibliches Selbstwertgefühl und füttern Ihr weibliches Ego: Immerhin ist er nicht nur Ihr Kumpel, sondern auch Ihr stiller Verehrer.

Die Kumpelrolle ist genau das, was er bisher mit IHNEN machte: Denn bisher waren SIE als Frau nicht attraktiv und anziehend genug gewesen, um für Sie mehr empfinden zu können. Zumindest nicht mehr, als für einen WEIBLICHEN KUMPEL.

Genauso wie es Ihnen in der bisherigen Konstellation so gut wie unmöglich war, NICHT permanent „mehr" von ihm zu wollen, wird es für ihn als Mann irgendwann kaum möglich, sich NICHT in Sie zu verlieben.

Warum?

Sie geben ihm mehr, als jede andere Frau in seinem Leben es jemals tun wird. Gleichzeitig „reicht" er Ihnen scheinbar nicht als Mann. Das leben Sie ihm eindringlich vor durch Ihr wenig kalkulierbares und immer wieder unverbindliches Verhalten. DAS ist eine Mischung, die auf tiefster Ebene seine Männlichkeit herausfordert – und Sie als Frau gleichzeitig unendlich attraktiv für ihn macht.

Er hat bisher SIE in die KUMPEL-SCHUBLADE gesteckt und damit ganz gehörig sein männliches Ego aufpoliert.

Um diesen Fehler wiedergutzumachen, sollten Sie unbedingt dieses Verhalten SPIEGELN – und in Ihrem weiblichen WERT aufsteigen. Dadurch geben Sie ihm die Möglichkeit, an sich selbst zu spüren, was Sie als sein weiblicher Kumpel vorher noch selbst schmerzlich fühlten.

Es ist also sehr wichtig, dass Sie die Rollen zwischen Ihnen wieder richtig verteilen:

Kommen Sie selbst dringend heraus aus der Schiene des weiblichen Kumpels und schieben Sie dafür ihn – sanft, aber bestimmt – in die männliche Kumpelrolle.

Die Vermenschlichung Ihrer Gefühle für ihn als männlicher Kumpel

Ein wirklich wichtiger Schritt ist, wie wir gesehen haben, dass Sie Ihre starken Gefühle für ihn auf keinen Fall mehr wie in einem Herz aus Glas transparent vor sich her tragen und ihm mit jeder Faser Ihres Seins signalisieren, dass Sie ihn sofort wieder in Ihre Arme schließen würden.

Auf der anderen Seite, das haben Sie ebenfalls schon mitbekommen, dürfen Sie jedoch auch nicht in das andere Extrem fallen und nur noch kühl, reserviert, verschlossen und kaum noch erreichbar sein.

Das wäre in seinen Augen ein starkes Zeichen Ihrer Schwäche und Abhängigkeit und würde genau das Bild festigen, das er sowieso schon von Ihnen hatte:

1. Sie fühlen sich scheinbar dermaßen verletzt und wütend, dass Sie keine Lust mehr haben, den Kontakt auf die bisherige lockere und unverbindliche Weise fortzuführen. Sie kapitulieren sozusagen und wählen den für sie leichteren Weg: Die Flucht vor ihm und die Flucht in die innere Verhärtung ihm gegenüber als Selbstschutz.
2. Sie sind scheinbar nicht in der Lage, mit seinem Rückzugsverhalten umzugehen, sondern brauchen die Gewissheit von ihm, dass er es ernst meint – und dass er eine Beziehung mit Ihnen wirklich will. Erst DANN können Sie wieder unbeschwert sein, lachen und heiter mit ihm sein – und erst dann beginnen Sie, sich wieder verstärkt um sich selbst zu kümmern und können riskieren, nicht stets abrufbar für ihn zu sein.

Das wäre zum Scheitern verurteilt.

Machen Sie daher nicht den Fehler, ZU cool zu werden. Er würde ziemlich sicher die Schwäche dahinter riechen.

Sie wollen eine Position der Stärke einnehmen und ihm WEIBLICH-SOUVERÄN begegnen – und ihn damit ENTWAFFNEN.

Dazu gehört, dass Sie ihm weiter ganz bestimmte Gefühle zeigen – sie jedoch ganz anders BENENNEN, als er es gewohnt ist.

Ein wunderbares Mittel, um Ihre eigenen Gefühle weiterhin „fließen" zu lassen und dabei trotzdem Ihre Position der Stärke und Unabhängigkeit zu FESTIGEN, ist die Betonung seiner positiven MENSCHLICHEN EIGENSCHAFTEN (im Gegensatz zu seinen männlichen Eigenschaften).

Sie sagen frei heraus, wenn Ihnen etwas an ihm gefällt, wenn Sie sich wohlfühlen – oder wenn Sie einfach nur eine bestimmte menschliche Eigenschaft an ihm beobachten. Sie machen Ihm also direkte Komplimente auf der männlichen Kumpelbasis und drücken damit auf attraktive Weise ganz wichtige Knöpfe bei ihm:

Sie liefern ihm den Grund, warum Sie in WIRKLICHKEIT gern Kontakt zu ihm haben und was Sie von ihm wollen.

Auf der EINEN SEITE sieht er an Ihnen: Sie sind transformiert – emotional unabhängig und unbeschwert. Sind wechselhafter (heiß-kalt) und unberechenbarer. Sie brauchen ihn nicht mehr für eine Partnerschaft.

Auf der ANDEREN SEITE sieht er: Sie genießen nur noch das Hier und Jetzt mit ihm, jedoch ohne Beziehungsattitüden. Sie fühlen sich einfach nur wohl mit ihm. Er scheint Ihnen jedoch nicht mehr wichtig zu sein als potenzieller Partner.

Indem Sie aber damit beginnen, ihm zu vermitteln, welche Eigenschaften und Qualitäten Sie an ihm mögen und welche menschlichen Züge Sie an ihm beobachten, sagen Sie ihm damit auch gleichzeitig, WARUM Sie gern (manchmal) Zeit mit ihm verbringen und WARUM Sie sich so wohlfühlen mit ihm.

Für jeden Mann ist es sehr attraktiv, von einer Frau zu hören, WAS Sie an ihm schätzt und WARUM sie gern mit ihm zusammen ist, welche konkreten GRÜNDE es also gibt.

Er hat das starke Bedürfnis, zu wissen, warum eine Frau AUSGERECHNET IHN gern hat.

Deshalb ist es umgekehrt, wie wir gesehen haben, für einen Mann sehr abtörnend zu erleben, dass eine Frau zu schnell eine ernsthafte Beziehung wünscht – nur weil er vielleicht in den ersten Wochen so enthusiastisch und stürmisch war – OHNE ihn jedoch näher kennengelernt zu haben.

Solange ein Mann noch nicht völlig ohne Zweifel und ganz unübersehbar in die Frau verliebt ist und sich nicht sehr ehrgeizig um sie bemüht, führt ihre ausgestrahlte Beziehungsbereitschaft dazu, dass eine Frau innerhalb kürzester Zeit Ihren Reiz für ihn verliert.

Es ist dann für ihn so, als wenn er sich zu Beginn völlig in ihr getäuscht hätte:

Sie ist also in Wirklichkeit doch nicht die emotional starke, unbeschwerte, glückliche Frau, die mit ihm den natürlichen Prozess des Kennenlernens genießen kann und unverbindlich, ohne etwas erzwingen zu wollen, Spaß und Ausgelassenheit erleben kann – und dabei auf ganz natürliche Weise mit ihm zusammenwächst, oder eben auch nicht.

Völlig unerwartet für ihn entwickelte sie sich vor seinen Augen zu einer Person, die generell und so schnell wie nur möglich eine Beziehung haben will. Das, was sich für die Frau anfangs halbwegs gut anfühlt, ohne den Mann wirklich zu kennen, lässt bei ihr also sofort alle weiteren Dämme brechen.

Die überbordende Sehnsucht in ihr, ihrem „Seelenpartner" begegnet zu sein, wertet ihn in ihren Augen plötzlich ins Unermessliche auf. Die ursprünglich anspruchsvolle und bewundernswerte Frau verwandelt sich zu einer wahllos bindungswilligen Person, die plötzlich und viel zu früh damit aufgehört hat, um sich werben zu lassen.

Er findet sich auf einmal in einer völlig verkehrten Welt wieder: SIE ist diejenige, die jetzt darum kämpft, einen ganz offensichtlich noch nicht bindungsbereiten Mann VON SICH zu überzeugen.

Das beschreibt in etwa, wie Männer unbewusst diese Veränderung in der Ausstrahlung einer Frau empfinden.

Fast jeder Mann fürchtet an dieser Stelle, dass dahinter eine Verzweiflung steckt – oder anders formuliert: Eine pessimistische, von Hoffnungslosigkeit geprägte Lebenseinstellung, die sie jetzt mit ihm kompensiert.

Sein Gefühl dabei: Es geht ihr gar nicht um IHN mit seinen ganzen Eigenschaften, Fähigkeiten und bereichernden Merkmalen, sondern nur um das verzweifelte „Projekt Beziehung" an sich.

Genau das macht Sie als Frau auf einmal schwach und bedürftig in seinen Augen. Sie haben Ihr wahres Ich gezeigt, welches er anfangs nicht vermutete.

Hier nun das komplette Gegenprogramm, welches einen Mann langsam, aber sicher immer mehr verzaubert, entwaffnet und irgendwann völlig wehrlos Ihnen gegenüber macht, da es seinem inneren Verliebtheitsrhythmus und seinen tiefsten Bedürfnissen entspricht:

Jeden Mann erfüllt es mit Befriedigung, von einer Frau bestätigt zu bekommen, womit genau SPEZIELL ER sich eigentlich die Sympathie einer Frau VERDIENT hat.

Die Hervorhebung seiner unterschiedlichsten Eigenschaften und Fähigkeiten befriedigt genau dieses Bedürfnis – und stärkt gleichzeitig Ihre eigene Position als anspruchsvolle und WÄHLERISCHE Frau.

Menschliche Eigenschaften als das Besondere, das Sie bei einem männlichen Kumpel hervorheben würden, sind zum Beispiel:

- Großzügigkeit
- Hilfsbereitschaft
- Treue
- Mitgefühl
- Sensibilität
- Intelligenz
- Zuverlässigkeit/Pflichtbewusstsein
- Zuhören können
- Humor
- Ehrlichkeit
- Warmherzigkeit
- Fürsorglichkeit
- Ordnungsliebe
- Geschmack
- Höflichkeit/Umgangsformen
- Sparsamkeit
- Spontaneität

- Unterhaltsamkeit
- Kontaktfreudigkeit
- Menschenkenntnis
- Soziale Kompetenzen
- Ausdrucksfähigkeit
- Emotionale Intelligenz

Indem Sie nun gezielt und spontan immer wieder mal sagen, was Sie an ihm schätzen, liefern Sie ihm den Grund, warum Sie den Kontakt zu ihm genießen und warum Sie ihn momentan in Ihrem Leben brauchen – und das, obwohl Ihnen eine ausschließliche Beziehung mit ihm gar nicht mehr so wichtig zu sein scheint.

Diese gezielten Wertschätzungen und Würdigungen wirken auf ihn wie sehr angenehme kleine Belohnungen für das, was er durch seine bloße Anwesenheit für Sie IST und für das, was er für Sie konkret TUT.

Schaffen Sie also NEBEN Ihren ausgelassenen und inspirierenden Begegnungen ebenso auch Situationen, in denen er für Sie etwas TUT.

Dafür lassen Sie sich, wie es im Kontakt zu einem männlichen Kumpel üblich ist, immer wieder mal ganz konkret bei bestimmten Dingen Ihres Lebens helfen:

Fragen sie ihn nach seinem Rat, lassen Sie sich etwas Wichtiges erklären. Bitten Sie ihn darum, Ihnen etwas Bestimmtes zu besorgen, bei dem Sie sich wenig auskennen. Spannen Sie ihn ein für eine bestimmte Recherche, für eine wichtige Expertenmeinung oder dafür, etwas bei Ihnen zu reparieren bzw. zu installieren.

Gehen Sie dabei aber noch viel weiter, bis an die Grenzen Ihrer „weiblichen Zer - brechlichkeit“: Lassen Sie sich von ihm „wärmen“, „festhalten“, „führen“, „beschützen“ und „Orientierung“ geben.

Achten Sie dann darauf, ihn anschließend zu belohnen, indem Sie Ihr persönliches Gefühl, welches durch sein Verhalten bei Ihnen bewirkt wird, BENENNEN. Übertreiben Sie es möglichst ein wenig. Würdigen Sie dabei auch eine ganz spezielle Eigenschaft von ihm oder auch einen ganz bestimmten Wesenszug, der Ihnen durch dieses Erlebnis bewusster wurde.

Gehen Sie unbedingt sicher, dass Sie mit dieser ganz aktiven Vermenschlichung vom Beziehungskandidaten zum Kumpel wirklich erst in der Führungsphase beginnen: Denn solange er Ihnen Ihre Transformation noch nicht glaubhaft abgekauft hat, besteht die Gefahr, dass er dieses persönliche Feedback noch als Ausdruck Ihres Versuchs wertet, ihm damit nur gefallen zu wollen.

Im Folgenden ein paar Beispiele:

„Ich liebe deinen Humor – Es macht immer wieder Spaß mit dir."

„Weiß du, mir fällt auf, dass du eine sehr, sehr sensible Seite an dir hast. Das finde ich wirklich wunderbar."

„Du bist so hilfsbereit, du bist wirklich ein toller Mensch."

„Ich liebe dein Verständnis für Zusammenhänge."

„Weißt du was ich an dir mag: Du bist ein sehr kluger Mensch und gehst den Dingen auf den Grund."

„Mir gefällt, wie du die Dinge siehst."

„Du hast ein sehr großes Herz – das findet man selten heutzutage."

„Ich bewundere, wie gewissenhaft du mit deiner Familie umgehst – das ist etwas ganz besonderes."

„Du bist ein extrem guter Zuhörer – das macht dich sympathisch".

Weitere passende Antworten auf etwas, das Sie positiv an ihm bemerken, könnten sein:

„Danke für deine Hilfe – ich finde es immer wieder beeindruckend, wie sehr man sich auf dich verlassen kann – du bist wirklich ein sehr wertvoller Mensch."

„Ach du bist immer so fürsorglich – lass dich dafür umarmen, mein Kuschelbär."

„Das war ein sehr schöner Abend, ich habe mich köstlich amüsiert. Du bist wirklich ein guter Unterhalter!"

„Vielen Dank für den schönen Abend, ich habe mich sehr wohlgefühlt. Deine ehrliche und liebe Art ist für mich immer wieder etwas Besonderes."

„Es macht richtig Spaß mit dir. Ich glaube, ich habe dich dafür bisher viel zu wenig gewürdigt ..."

„Ich fühle mich in letzter Zeit wieder so wohl bei dir. Du hast so viele gute Eigenschaften. Du bist so lieb, so sensibel, aber auch so hilfsbereit, intelligent und zuverlässig – Es ist schön, mit dir befreundet zu sein."

„Das freut mich. Unglaublich lieb von dir. Bis bald." (Ihre Antwort auf seine SMS: „Ich denke an dich, du bist ein ganz besonderer Mensch").

„Danke, das ist so lieb von dir, dass du das sagst.“
(Ihre Antwort auf seine SMS: „Es war ein toller Tag gestern mit dir. Du bist für mich etwas ganz Besonderes“).

Es ist also wichtig, dass Sie durchblicken lassen, WARUM Sie sich in seiner Nähe wohlfühlen, warum Sie sich manchmal gern mit ihm treffen und Zeit mit ihm verbringen.

Sagen Sie ihm also immer wieder mal, was genau Sie an ihm inspiriert und bereichert.

Die Fähigkeit, einem Mann selbstbewusst und direkt zu sagen, was Sie an ihm mögen und warum Sie sich bei ihm wohlfühlen, lässt Sie in seinen Augen stark und attraktiv erscheinen.

Das Attraktive daran ist in der aktuellen Phase der Rückeroberung:

Da es überwiegend allgemein MENSCHLICHE WERTE sind (und nicht überwiegend männlich-attraktive Attribute), welche Sie betonen, drehen Sie im Vergleich zu früher nur noch weiter den Spieß um und gewinnen immer mehr Macht und Kontrolle über die ganze Situation:

Denn Sie haben den Mut, ihm frei heraus und direkt zu sagen, was Ihnen an ihm wichtig ist, wofür Sie ihn mögen und wieso Sie sich in seiner Nähe wohlfühlen. Doch gleichzeitig stellen Sie ganz subtil genau die Eigenschaften heraus, die ihn zwar als Freund und Kumpel aufwerten, jedoch seine Attraktivität, die er ALS MANN auf Sie ausübt, mittlerweile als scheinbar unwichtig erscheinen lassen.

Mit anderen Worten:

Sie verbinden sich mit ihm und sorgen dafür, dass er sich in Ihrer Nähe wohlfühlt, doch gleichzeitig wecken Sie ganz subtil seinen Jagdtrieb, da er genau spürt, dass er sich wieder viel mehr um Sie bemühen müsste, um auch als männlicher Kandidat von Ihnen in Betracht gezogen zu werden.

Dies ist ein sehr wichtiger Schachzug, um glaubhaft Ihre erloschene Attraktivität wieder aufzubauen. Um ihre Transformation zu untermauern.

Bedenken Sie bei allen Bemühungen bitte:

Sie sind aufgrund Ihrer gemeinsamen Vergangenheit immer noch im Rückstand. Sie beginnen also insgesamt nicht bei Null sondern im Minus. Sie müssen vergangene Fehler wieder gutmachen, um ihm die Chance zu geben, DAS nachholen zu können, was er aufgrund Ihres vergangenen Verhaltens verpasste:

Das natürliche Durchlaufen der notwenigen Phasen, um sich nach seinem inneren Rhythmus auf einer tiefen emotionalen Ebene an Sie binden zu können.

Ganz nebenbei machen Sie sich mit der ehrlichen Wertschätzung seiner menschlichen Eigenschaften mehr und mehr unabkömmlich, da es etwas ganz besonderes für ihn ist, so ehrlich und authentisch von einer Frau gelobt zu werden.

Glaubhaft und dezent rübergebracht, stellt es subtil Vertrautheit und Verbundenheit her.

Sie signalisieren ihm Ihre WERTE und ANSPRÜCHE und bringen damit indirekt folgende Dinge zum Ausdruck:

- dass er ein paar Ihrer Werte erfüllt und Sie sich daher bereichert von ihm fühlen. Das ist der Grund, warum Sie gern immer wieder mal Kontakt zu ihm haben.
- dass Sie nicht verzweifelt und wahllos mit jemandem in eine Beziehung stürzen würden, wenn er Ihre Werte nicht erfüllt.

- dass ER Sie in jedem Fall NOCH viel mehr überzeugen müsste, um eine reelle Chance bei Ihnen zu haben, denn obwohl Sie ihm zeigen, was Sie an ihm mögen, sind Sie offensichtlich nicht an einer festen Beziehung mit ihm interessiert.
- dass Sie ihn „ersetzen" könnten, wenn Ihre hohen Erwartungen an einen Mann NICHT erfüllt werden.

Holen Sie also in der Führungsphase unbedingt nach, was Sie in der Vergangenheit bei ihm verpasst haben.

Vermenschlichen Sie ihn und machen Sie ihm deutlich, was er Ihnen als Mensch zu geben hat und womit er Sie bereichert. Seien SIE jetzt diejenige, die definiert, was Sie alles an ihm mögen und was nicht.

Erinnern Sie sich?

Das Gefühl, dass Ihre Zuneigung nicht selbstverständlich ist, sondern abhängig von dem, was er für Sie „leistet", entspricht genau dem, was er bei einer Frau braucht.

Mit der Vermenschlichung seiner Person fördern Sie genau diesen Prozess. Sie geben ihm, psychologisch gesehen, völlig nachvollziehbare Gründe für Ihre Zuneigung ihm gegenüber.

Er muss in dieser Phase dringend das Gefühl haben können, dass Ihre Zuneigung VERÄNDERBAR ist. Er muss wissen, dass es wesentlich seine Bemühungen, seine Kreativität und seine Anstrengungen sind, die dazu führen könnten, dass er Ihnen NOCH mehr gefällt – oder eben auch NICHT.

Für seinen Verliebtheitsprozess ist entscheidend, dass er an Ihnen ganz genau spürt, möglicherweise nicht gut genug für Sie zu sein, wenn er bestimmte Werte und Vorstellungen Ihrerseits nicht ausreichend gut erfüllt.

Sie gewinnen auf diese Weise die Oberhand und die Kontrolle über das, was weiterhin passiert, da Sie damit auf sehr subtile Weise sein Innerstes berühren, ohne scheinbar selbst eine Beziehung mit ihm zu wollen.

Das Heiß-Kalt-Prinzip: Das Urprinzip natürlicher Weiblichkeit, um männliche Verbindlichkeit wachsen zu lassen

Das weibliche Heiß-Kalt-Verhalten ist das zweite ganz wichtige Grundprinzip, welches die Voraussetzung dafür ist, dass ein gleichgültiger und desinteressierter Mann seinen natürlichen, emotionalen Prozess durchlaufen kann, um irgendwann VON GANZ ALLEINE zu spüren, dass er nicht mehr ohne diese Frau sein will.

Dieses Prinzip setzt die notwendige Dynamik in Gang, die bewirkt, dass in einem unverbindlichen und unentschlossenen Mann ein wirklich ernsthaftes und langfristiges Verlangen nach einer Frau entwickelt werden kann.

Es ist der wesentliche psychologische Mechanismus, der dazu führt, dass ein Mann – ohne darüber nachzudenken – sämtliche Schutzmechanismen irgendwann komplett über Bord wirft und sich von ganzem Herzen an eine bestimmte Frau binden will.

Wenn eine Frau dieses weibliche Urprinzip lebt, spielen all die Hindernisse und Vorsichtsmaßnahmen keine Rolle mehr, die sonst im Normalfall einen Mann schon nach kurzer Zeit völlig emotional blockieren und bremsen.

Insbesondere zu Beginn einer Beziehung, wenn er sich nach einer kürzeren enthusiastischen Periode einer bindungsbereiten Frau gegenübersieht, die zunächst mit seiner natürlichen Rückzugsphase nicht klarkommt, ist das Ausleben dieser weiblichen Eigenschaft der stärkste Garant dafür, dass er nicht allzu lange in seiner Distanz bleibt.

Fehlt dieser Aspekt in einer unausgeglichenen Anfangsphase (sie braucht ihn tendenziell mehr als er sie), ist ein Mann nicht in der Lage, sich emotional langfristig an eine Frau zu binden. Ganz gleich, wie ernsthaft und wie intensiv das anfängliche Interesse des Mannes an der Frau auch gewesen ist.

Er beginnt nach einer gewissen Zeit, sich schlagartig desinteressierter und gleichgültiger zu verhalten. Häufig passiert das für die Frau sehr überraschend und schmerzhaft – und es ist für sie kaum nachvollziehbar.

Ich beobachte sehr häufig, dass auf Seiten des Mannes diese erste, sehr starke und plötzliche emotionale Erkaltung nach ca. 2–4 Monaten in einer Beziehung einsetzt.

Dies passiert regelmäßig immer dann, wenn eine Frau es bis zu diesem Zeitpunkt VERPASST hat, die Spannung von Beginn an so aufrechtzuerhalten, dass Sie sich SELBST immer wieder konsequent auf überraschende und undurchschaubare Weise entzieht, dass sie sich also nicht im Geringsten selbst vernachlässigt und sich immer weiter ihren eigenen Energiesäulen als allererste Priorität in ihrem Leben widmet.

Der Heiß-Kalt-Effekt ist ein wesentlicher und unverzichtbarer Aspekt, der verhindert, dass ein anfangs begeisterter und interessierter Mann sich irgendwann wieder emotional entfernt.

Im Folgenden möchte ich Ihnen veranschaulichen, dass das weibliche Heiß-Kalt-Verhalten viel weniger ein unauthentisches, manipulatives Werkzeug ist, sondern ein wichtiges Urprinzip menschlicher Bindungen.

Wir haben bisher schon gesehen, dass es einen ganz bestimmen Punkt in Ihrer vergangenen Beziehung gab: Es gab einen verhängnisvollen Zeitpunkt, ab dem Sie ihm signalisierten, dass er Sie sicher hatte, obwohl er SELBST liebloser und unaufmerksamer wurde.

Dieser entscheidende Moment, nämlich der Punkt, ab dem das Machtgefälle zu SEINEN Gunsten ausfiel und sich seitdem nie wieder änderte, kann in den ersten Stunden oder während der ersten Tage Ihrer Begegnung passiert sein, so dass es Ihnen daher vielleicht gar nicht mehr bewusst ist.

Es könnte aber auch erst nach Monaten, in einigen Fällen auch nach wenigen Jahren, passiert sein. In diesem Fall können Sie wohl rückblickend den Punkt Ihrer eigenen und seiner Veränderung, wenn Sie es genau analysieren, konkreter festmachen.

Egal, WANN dieser Punkt einsetzte – es spielt hier nur eine Rolle, was ab dem Moment im Gefühlsleben eines Mannes IMMER passiert:

Seit dem Moment, wo Sie damit aufgehört haben, für ihn ein herausforderndes Gegenüber mit hohen Erwartungen an sein Verhalten zu sein, hat seine Anziehung für Sie einen Dämpfer bekommen und das Gefühl, sich bei Ihnen mehr erlauben zu können, ohne Sie jedoch dabei zu verlieren, wurde für ihn immer selbstverständlicher.

Er konnte seitdem nicht mehr die ganz natürlichen unangenehmen Konsequenzen seiner Rückzüge spüren, die ihn sonst weiter mit seiner ganzen inneren Energie auf

SIE fokussiert hätten. Ab diesem Punkt war er gezwungen, seine Lebenslust wieder an allen erdenklichen Stellen außerhalb von Ihnen zu stillen, da er von Ihnen ja nichts anderes als gleichbleibende Hingabe bekam.

Von außen betrachtet erschien sein Verhalten ab dem Moment wechselhaft, unberechenbar und widersprüchlich. In Wirklichkeit war er jedoch völlig eins mit sich: Durch das starke Kippen der Ausgeglichenheit zwischen Ihnen wurden seine vorher noch brennenden Bemühungen und Zärtlichkeiten plötzlich „antriebslos". Denn sein starker Enthusiasmus für Sie ist VOR dem Einsetzen seiner Bindungsphase (Phase 3) stets nur von dem Gefühl gespeist, dass für Sie immer noch mehr oder weniger alles offen ist und dass Sie notfalls jederzeit auch ohne ihn glücklich weiterleben könnten.

Obwohl diese Unverbindlichkeit SEINEM emotionalen Zustand entsprochen hätte, haben Sie ihm diesen Spiegel viel zu früh auf einmal entzogen. Dadurch war er ab diesem Moment komplett seinen eigenen wechselnden Launen und Stimmungen ausgeliefert, die automatisch den inneren Raum füllen, sobald ein Mensch das Interesse an einem anderen Menschen wieder verloren hat, da er noch nicht auf einer tieferen Ebene verliebt war.

Die Konsequenz:

Bisher konnte ER bei Ihnen permanent ein Heiß-Kalt-Verhalten an den Tag legen, da Sie zu verfügbar waren:

An einem Tag ist die Zeit mit ihm wunderschön, voller Nähe, Vertrautheit und Zärtlichkeit. Am nächsten Tag verhält er sich plötzlich, als ob Sie in seinem Leben gar nicht vorkommen und er in keinster Weise an einer Beziehung mit Ihnen interessiert ist.

Das hat SIE abhängiger gemacht und Ihre Verlustängste geschürt. Sie haben ihn sozusagen durch die fehlende Spiegelung seines schlechten Benehmens, wie ein kleines, verwöhntes Kind in seinem Verhalten belohnt und unterstützt, anstatt ihn mit einem lockeren und souveränen Aufmerksamkeitsentzug zu „bestrafen".

In jedem Fall gilt aber:

Sein Heiß-Kalt-Verhalten wurde für ihn seitdem völlig normal:

Wenn ein Mann nicht wirklich verliebt ist und die Frau ihm sich TROTZDEM gleich bleibend und offensichtlich beziehungswillig hingibt, dann ist es für ihn die natürlichste Sache der Welt, nur noch gelegentlich Leidenschaft und Liebe zu empfinden – er KANN dann nicht mehr verliebt sein.

Die restliche Zeit jedoch investiert er keinen Gedanken mehr an die Frau. Selbst dann nicht, wenn der Rahmen eine Beziehung ist. Er beginnt, sich ein Fluchtsystem aufzubauen, in dem er sich so viel und intensiv wie möglich mit ANDEREN Dingen beschäftigt. Seine Zeit, seine Gedanken und seine Zukunftspläne spielen sich komplett AUßERHALB der Beziehung ab. Er braucht Sie aber weiterhin als emotionale Sicherheit und menschliche Bindung solange, bis er sich stark und selbstbewusst genug fühlt, den Absprung von Ihnen zu schaffen. In fast allen Fällen braucht er dazu eine andere Frau als Auslöser.

Aus unzähligen Coachings und Beratungen weiß ich, dass viele Männer auf diese Weise nicht nur 4 oder 5 Jahre, sondern sogar bis zu 15 Jahren mit einer Frau offiziell zusammen sein können, und das, obwohl teilweise schon nach wenigen Monaten für sie innerlich feststand, dass sie mit dieser Frau auf keinen Fall alt werden wollen.

Liebe Leserin,

wenn Sie damit aufhören, Ihren Mann auf weiblich-herausfordernde und klug-erwartungsvolle Weise zu mehr Verbindlichkeit und Verliebtheit zu „erziehen", kann die Spannung aus gegenseitiger Anziehung zwischen Ihnen beiden nicht aufrechterhalten werden.

Genau diese Spannung BRAUCHT er aber, um mehr FÜHLEN zu können und sich tiefer und ernsthafter an eine Frau zu BINDEN.

Ich möchte einen Vergleich mit einer Ihnen vielleicht vertrauten Situation anstellen, um es Ihnen verständlich zu machen, wie Männer in Beziehungen wirklich fühlen und denken.
Denn wenn Sie in diesem Punkt wirklich verstehen, wie wir ticken, KÖNNEN Sie in Zukunft nichts mehr falsch machen:

Wenn eine Frau uns keine Grenzen mehr setzt, obwohl wir uns fortlaufend unverbindlich und gleichgültig ihr gegenüber verhalten, kann unser Gefühlsleben in etwa verglichen werden mit IHREN Gefühlen, die Sie einem guten Kumpel oder guten Bekannten gegenüber haben:

Ich möchte deshalb, dass Sie an dieser Stelle eine kleine Übung mit mir machen:

Stellen Sie sich einen männlichen Kumpel vor, mit dem Sie gut befreundet sind und dem gegenüber Sie fast nur freundschaftliche Gefühle haben. Stellen Sie sich auch dann diesen Kumpel vor, wenn Sie aktuell keinen haben, denn es geht nur um die Veranschaulichung des Ungleichgewichts.

Halten Sie sich nun diesen männlichen Freund vor Augen, von dem Sie genau spüren, dass Sie als Frau die Zügel in der Hand halten, mit anderen Worten:
Er will mehr von Ihnen. Er würde sich sofort auf mehr einlassen, wenn Sie es nur zulassen würden. Er macht sich Hoffnungen, Ihnen irgendwann doch näher zu kommen. Er ist daher immer gleichbleibend abrufbar, lieb und hilfsbereit:

- Er spielt den Helfer, wenn Sie Hilfe benötigen – repariert Ihnen etwas im Haushalt – installiert Ihnen den PC - hilft Ihnen beim Umzug, besorgt Ihnen etwas Technisches, von dem er mehr Ahnung hat als Sie.
- Er spielt den Retter, wenn Sie Probleme haben – hört Ihnen immer zu, wenn Sie jemanden zum Reden brauchen – hat ein offenes Ohr, wenn Sie Liebeskummer haben.
- Er spielt den Unterhalter, wenn Sie Geselligkeit brauchen – geht mit Ihnen aus, wenn Sie Langeweile haben – schaut mit Ihnen eine DVD, wenn Sie sich einsam fühlen.

Sie wissen und fühlen hundertprozentig, dass es diesem männlichen Freund in Wirklichkeit um MEHR geht – und Sie spüren, dass er mit seiner freundschaftlichen Treue versucht, sich über Umwege mit Ihnen zu verbinden, um sich selbst damit bei Ihnen unabkömmlich zu machen und Sie an ihn zu gewöhnen.

Daher möchten Sie ihm keine Hoffnungen machen und setzen ihm an den richtigen Stellen Grenzen, sagen ihm, dass Sie keine Beziehung wollen. Zeitweise haben Sie auch ganz offen jemand anders.

Doch investiert er immer weiter und weiter in Sie, da er insgesamt schon einige wenige Male erlebt hat, dass Sie sehr nett zu ihm waren. Und dass Sie ihm hier und da Vertrautheit und Nähe schenkten (evtl. haben Sie sogar Zärtlichkeiten ausgetauscht).

Diese paar Momente in Ihrer Freundschaft reichten aus, um auf eine gemeinsame Zukunft mit Ihnen zu hoffen.
Er wartet beständig die ganze Zeit darauf, dass Sie sich an Ihre wahren Gefühle für ihn wieder erinnern, die er damals meinte, genau registriert zu haben – und deshalb gibt er Ihnen kontinuierlich, was Sie wollen. Deshalb steht er Ihnen stets zur Verfügung.

Erkennen Sie das Muster?

ER investiert unaufhörlich in Sie und versucht, mit seiner gleichbleibenden und anspruchslosen Hingabe, in Ihnen genau die Gefühle zu erzeugen, die er selbst hat.

SIE jedoch brauchen ihn nur zum emotionalen Überleben und für Ihre Geselligkeitsbedürfnisse. Und dafür, sich gelegentlich als begehrte Frau fühlen zu können.

Sie fühlen das Ungleichgewicht und müssen sich daher so gut es geht, von ihm immer wieder abgrenzen, um ihm keine weitere Hoffnung zu machen.

Manchmal, wenn es Ihnen schlecht geht, verdrängen Sie dieses Wissen und verbringen mit ihm eine schöne Zeit. Offenherzig, ehrlich, sehr vertraut – und gelegentlich zärtlich.

Er kann nicht anders, als sich weiterhin Hoffnung zu machen, da er sich an den wenigen „Heiß-Momenten“ (Belohnungen) festhält, die Sie ihm schon gaben. Nur DIESE speichert er wie ein Elefant.

Den ganzen „Rest“ erleidet er wartend-verkrampft-lieb-unterwürfig-erduldend.

Für SIE fühlt es sich leicht komisch an. Sie fühlen NICHTS außer Freundschaft. Sie spüren instinktiv, dass er durch seine ganze Ausstrahlung und durch sein Verhalten

Ihre eigenen Erwartungen an einen Mann niemals erfüllen kann:

Sie KÖNNEN keine Verliebtheit für ihn fühlen, da er in seiner stillschweigenden Bewunderung für Sie den „Kumpelrahmen" steckt: Sie stehen auf dem Podest und er steht UNTER Ihnen in der Bewerberposition.

Um es noch deutlicher zum Ausdruck zu bringen:

ER belohnt Sie permanent für genau DAS Verhalten, das ihn in Wirklichkeit verletzt:

Er UNTERSTÜTZT Ihre Gleichgültigkeit ihm gegenüber – und dass Sie lediglich mit ihm befreundet sein wollen. Er festigt Ihre fehlende Liebe und Zärtlichkeit.

Sie KÖNNEN daher nicht anders, als sich in seinen Augen heiß und kalt zu verhalten. Sie handeln einfach nur danach, wie Sie gerade FÜHLEN und denken sich überhaupt nichts dabei.

Gleichzeitig beginnt er jedoch immer mehr damit, aus dieser quälenden Unwissenheit heraus seine männlich-selbstbewussten Qualitäten Ihnen gegenüber zu unterdrücken:

- Seine Dominanz und seine Führungsqualitäten.
- Seine Erwartungen an eine Frau und sein konsequentes Verhalten, wenn diese nicht erfüllt werden.
- Seine direkte und selbstbewusste Art, Ihnen zu sagen, was er an Ihnen mag – und was nicht.
- Seine Fähigkeit, Ihnen in lockerer und spielerischer Art ganz direkt zu zeigen, was er von Ihnen will – und was nicht. Und sich dabei noch wohlzufühlen.
- Seine Fähigkeit, mit Ihnen zu flirten und Sie frech und leicht dreist aufzuziehen.
- Seine Leidenschaft und seine Ziele, für die er lebt - und die ihm WICHTIGER

sind als Sie. Stattdessen spüren Sie, dass Sie sein Mittelpunkt sind.

- Seine Fähigkeit, Ihnen Grenzen zu setzen – Ihnen den Kopf zu waschen – Sie für schlechtes Verhalten zu „sanktionieren" und Ihnen die kalte Schulter zu zeigen.

Er himmelt Sie in einer eher bedürftigen Form an, obwohl Sie offensichtlich wenig Interesse haben. In diesem totalen Ungleichgewicht kann diese Konstellation einfach nicht zu einer leidenschaftlichen Beziehung führen, selbst wenn es am Anfang Ihres Kennenlernens noch ein paar Momente gab, wo Sie dachten, er könne evtl. „Potenzial" haben.

Wie wirkt nun Ihr ganz natürliches Verhalten auf Ihren männlichen Kumpel?

Aus SEINER SICHT verhalten Sie sich HEIß und KALT. Unberechenbar. Launisch und eigenwillig. Abwechselnd warmherzig-offen und unterkühlt-desinteressiert.

SIE SELBST jedoch verhalten sich in Wirklichkeit einfach nur so, wie Sie tatsächlich fühlen:

In den meisten Fällen setzt an dieser Stelle ein ganz bestimmtes psychologisches Phänomen ein, dessen Opfer der Mann wird – das Prinzip der unberechenbaren Belohnung:

Im Bereich Liebe und Partnerschaft wird dieses Prinzip immer dort wirksam, wo der eine mehr vom anderen will als umgekehrt.

Derjenige, der weniger will, verhält sich, ohne dass er es selbst bewusst steuert, AUTOMATISCH nach dem Prinzip der Unberechenbarkeit bzw. der Belohnung durch das Zufallsprinzip:

Die extreme emotionale Bindungskraft dieses Prinzips wurde längst hunderte Male in Laborversuchen untermauert:
Einem Versuchstier beispielsweise, das im Rahmen eines Versuches anfänglich immer dann gefüttert wurde, nachdem es einen bestimmten Hebel bewegt hat, wird ab einem bestimmten Zeitpunkt die Belohnungen plötzlich immer mehr vorenthalten:

Die Abstände zwischen den ersehnten Belohnungen werden größer und verlaufen völlig unberechenbar – in kleinen Schritten, um das Versuchstier nicht zu entmutigen und zum Aufgeben zu bewegen.

Das Ergebnis:

Das Tier wird nun damit beginnen, den Hebel auch dann weiter zu betätigen, wenn es NICHT belohnt wird. Selbst dann, wenn die Abstände immer größer werden und die Belohnungen nur noch selten kommen.

Der Grund:

Durch die sanfte Herabsetzung der Belohnungsfrequenz und die Unregelmäßigkeit erlebt das Versuchstier die stets größer werdenden Durststrecken nicht als einen Beweis der Realität (=„Meine Mühe lohnt sich immer weniger, also höre ich damit auf, meine Energie zu verschwenden“).

Es wird in dieser Weise darauf konditioniert, immer weiter an den wenigen vergangenen Momenten festzuhalten, in denen seine Energie-Investitionen noch zur ersehnten Wunschbefriedigung geführt hatten.

Die Hoffnung, dass das eigene Bemühen irgendwann wieder zu dem alten, ersehnten Zustand führt, wird auf eine so tückische Weise manipuliert, dass das Tier irgendwann die traurige Realität nicht mehr sehen kann, sondern komplett in seinem eigenen Film lebt:

Auf diese einfache Weise wurde dem Versuchstier die irrsinnige Fehlüberzeugung implementiert, ein längst sinnlos gewordenes Verhalten immer weiter und weiter aufrechterhalten zu müssen – stets im Glauben daran, dass alles irgendwann wieder wird, wie „früher".

Das psychologische Gesetz der „positiven Bestärkung" ist so dermaßen mächtig und wirkungsvoll, dass uns kaum bewusst ist, wie stark wir Menschen ebenfalls davon beeinflusst sind:

Es wirkt überall dort, wo wir Menschen von etwas abhängig werden – also weiter und weiter unsere ganze Energie in eine Sache investieren – nur aufgrund ein paar anfänglich beglückender und befreiender Momente, selbst wenn diese Sache uns überwiegend und dauerhaft unglücklich machen würde.

Nicht nur überall, wo es offensichtlich ist, also dort, wo Menschen von einer Droge wie Alkohol oder Glücksspiel abhängig werden, wirkt dieses Prinzip. Auch in anderen, nicht so unübersehbaren Fällen ist das Prinzip in abgeschwächter Form fast universal am Werk – mal mehr und mal weniger destruktiv:

Im Bereich der menschlichen Beziehungen – und insbesondere im Bereich Liebe und Partnerschaft.

Für unsere Zwecke betrachten wir jedoch nicht die pathologische, also die destruktiv-abhängig machende Form des Heiß-Kalt-Effekts, sondern wir schauen uns stattdessen die NATÜRLICHE und harmlose Form dieses Prinzips an, das in unseren menschlichen Beziehungen permanent begleitender Bestandteil ist.

Für uns Menschen ist es völlig natürlich und normal, dass jemand, mit dem wir einfach nur befreundet sind und von dem wir uns mehr als DAS auch nicht erhoffen, lange nicht die oberste Priorität in unserem Leben hat. Je nachdem, wie es uns gerade geht und was uns gerade beschäftigt, sind die meiste Zeit ANDERE Dinge gerade wichtiger für uns, als dieser gute, lockere Bekannte:

Wir haben unsere beruflichen Verpflichtungen, unsere Hobbys, unsere Interessen, unser soziales Gefüge, unsere aktuellen persönlichen Herausforderungen und vieles andere.

Wir sind stets von verschiedenen Dingen innerlich erfüllt, vereinnahmt und beseelt, die „wichtiger" sind als unser Bekannter.

Und dieser ganz natürliche Prozess ist WECHSELHAFT und UNBERECHENBAR.

Obwohl Sie ihm also immer liebevoll und wohlgesonnen gegenüber eingestellt sind, nehmen Sie doch immer nur dann Kontakt zu ihm auf, wenn Sie wirklich das Bedürfnis danach haben, es Ihnen also gerade in den Sinn kommt. Umgekehrt reagieren Sie immer nur dann erfreut und enthusiastisch über ein Zeichen von ihm, wenn es in Ihre momentane Stimmung hineinpasst, in der Sie offen für ihn sind.

Ein männlicher Kumpel, in den Sie NICHT verliebt sind, hat also immer nur den Stand eines Lückenbüßers in Ihrem Leben.

Das ist die offizielle Win-win-Situation zwischen Ihnen. Mehr können Sie ihm nicht geben. In vielen Fällen WILL ein männlicher Bekannter auch nicht mehr, als Sie anzubieten haben. In dem Fall würde er die Bekanntschaft zu Ihnen genauso bereichernd empfinden, wie Sie das ja auch tun.

Nur dann, wenn ein lockerer männlicher Kumpel MEHR von Ihnen will, reicht ihm das in dem Moment nicht mehr aus. Er würde beginnen, Ihr völlig natürliches Verhalten auf einmal nicht mehr als natürlich, sondern als „heiß und kalt" wahrzunehmen. Denn nur, wenn er den starken Wunsch nach „mehr" mit Ihnen hat, wird er plötzlich seinem ganz persönlichen emotionalen Wechselbad aus „Sehnsucht", „zwanghaftem Deuten Ihrer Gesten" und „Hoffnung" ausgesetzt sein.

Wie setzen Sie Ihr weiblich-intuitives „Heiß-Kalt"-Verhalten in der Führungsphase ein?

Erkennen Sie sich in dem oben beschriebenen Muster wieder?

Ebenso, wie SIE gegenüber Ihrem Kumpel aufgrund seines äußerst ungünstigen strategischen Verhaltens (Sie oben – er unter Ihnen) nichts weiter als Freundschaft fühlen können, so konnte auch Ihr jetziger Geliebter Ihnen gegenüber nicht viel mehr als Mitgefühl und Mitmenschlichkeit empfinden.

Der einzige Unterschied ist nur:

1. Er ist als Mann völlig unfähig, Ihnen ehrlich und direkt zu sagen, was er von Ihnen will – und was nicht, weil er Angst hat, Sie damit zu verletzen und damit verlieren zu können.
2. Weil er ein extrem schwaches männliches Selbstwertgefühl hat und als Mann nicht allein sein kann, braucht er Sie zum Überleben: Um sich begehrt zu fühlen und Sex haben zu können.

Die Folge seiner Unehrlichkeit:

Sein Heiß-Kalt-Verhalten ist noch extremer als Ihr eigenes dem guten Kumpel aus dem obigen Beispiel gegenüber:
Während Sie Ihrem guten Freund ehrlich Grenzen setzen und direkt sagen, dass Sie nicht mit ihm zusammensein wollen, ließ Ihr Geliebter Sie aus Feigheit bis zuletzt vermutlich im Glauben, dass Sie beide eine Art verbindliche Beziehung haben.

Um Ihnen aber keine große Hoffnung zu machen, lässt er Sie nur INDIREKT, also im Wesentlichen durch sein nonverbales Verhalten stets spüren, dass Sie in Wirklichkeit keine Beziehung haben.

Nur so konnte er das Ganze noch moralisch vor sich selbst vertreten.

Denn würde er Ihnen sogar noch vorgaukeln, dass er Sie liebt und sich stets zärtlich und liebevoll um Sie bemühen, würde das schlechte Gewissen, Sie bewusst zu verletzen, nur um der Einsamkeit zu entgehen, schlicht UNERTRÄGLICH für ihn sein.

Verstehen Sie jetzt besser, warum Ihr Freund nicht anders kann, als sich heiß und kalt zu verhalten?

Durch Ihre gleich bleibende, hingebungsvolle Ausstrahlung und durch Ihre Verfügbarkeit MUSS er sich heiß und kalt verhalten, damit er nicht noch mehr Ihr Lebensmittelpunkt ist, als er es sowieso schon ist.

Hätten Sie ihm jedoch von Beginn an seine ersten „Kalt-Attacken" sofort mit einem souveränen und sorglosen „Interessenverlust" widergespiegelt und hätten Sie sich stets analog zu seiner Unverbindlichkeit, Ihren Spaß und Ihre Lebensfreude WOANDERS geholt, hätte er niemals dieses Verhalten an den Tag gelegt.

Wären SIE diejenige gewesen, die sich aufgrund Ihrer Unabhängigkeit, Lockerheit und Unverbindlichkeit automatisch immer wieder ein wenig „Heiß-Kalt“ verhalten hätte, wäre in diesem Fall er derjenige gewesen, der sich gleichbleibend zugeneigt und verbindlich gegeben hätte.

Er hätte gar kein Bedürfnis danach gehabt, sich von Ihnen zu distanzieren, da er 1. die Freiheit verspürt hätte, so zu handeln wie er Lust hat ohne Sie dabei verletzen zu können und 2. ihn der innere Drang getrieben hätte, sich viel mehr um Sie zu bemühen und zu kämpfen, da für ihn stets genau zu spüren gewesen wäre, dass er Sie noch lange nicht sicher hat.

Durch dieses Heiß-Kalt-Verhalten wäre er gezwungen gewesen, Sie zu vermissen – über Sie nachzudenken – schmerzhaft zu spüren, was Sie ihm bedeuten – sich Ihres hohen weiblichen Wertes bewusst zu werden.

Liebe Leserin,

jetzt, da Sie nach der Führungsphase die Zügel wieder in der Hand haben, er sich also wieder immer mehr nach Ihnen richtet, ist es nötig, dass Sie diese wichtige Aufgabe nachholen, um die Verbindlichkeit in ihm zu provozieren, die er für einen ernsthaften Bindungswunsch benötigt.

Während seiner Unentschlossenheitsphase (Phase 2) ist der Heiß-Kalt-Effekt einer der ganz großen Antriebsmotoren eines Mannes, sich von ganzem Herzen auf eine bestimmte Frau festzulegen (Phase 3) und das sichere Gefühl zu bekommen: „DIESE und KEINE ANDERE will ich haben“.

Wenn eine selbstbewusste Frau wirklich weiß, was sie will und was nicht, ist ein fein abgestimmtes Heiß-Kalt-Verhalten in Phase 1 und 2 der Kennenlernperiode DAS intuitive Werkzeug ihres femininen Repertoires, um den hohen attraktiven Wert stets so aufrechtzuerhalten, wie es genau ihrer tieferen Wahrnehmung der weiblichen Würde entspricht.

Mit anderen Worten:

Eine Frau kann inzwischen noch so viel Innigkeit und Vertrautheit mit dem Mann ihrer Träume erlebt haben: Sie spürt jedoch IMMER – wenn sie ihren eigenen tiefsten Erwartungen treu ist – ob dieser Mann auch wirklich von ganzem Herzen innerlich bereit ist für eine verbindliche Beziehung. Ob er also wirklich SIE und KEINE ANDERE mehr will oder ob irgendetwas in seinen Gefühlen, die er für sie hat, noch zu unklar ist. Zu unverbindlich, zu unentschlossen.

Eine Frau spürt immer, ob „irgendetwas nicht stimmt".

Viele Interviews, die ich mit Frauen zu diesem Thema führte, bestätigten mir diese Wahrheit.

Das sanft und klug eingesetzte Heiß-Kalt-Verhalten ist eine sehr UR-weibliche und absolut notwendige Methode, um einen Mann, der über längere Zeit noch einen Tick zu unverbindlich ist, zu mehr Verbindlichkeit zu „läutern" – und damit auf eine sehr souveräne Weise den Wunsch zu wecken, eine Beziehung mit ihr zu wollen.

Die Frau weiß genau, wann es mal wieder Zeit ist, dem Mann die Chance zu geben, zu SPÜREN, was er WIRKLICH von ihr als Frau will und welche BEDEUTUNG sie für sein Leben hat:

Dies geht nicht aus der Bedürftigkeit und der Verzweiflung heraus, sondern nur aus einer Position der Stärke und der Führung – wenn die Frau also schon eine gewisse Macht und Kontrolle über den Mann hat.

Für unsere Rückeroberungsphase bedeutet das:

Sie können dieses Verhalten erst dann einsetzen, wenn Sie die Zügel schon in der Hand haben – er also wieder viel stärker investiert und sich um Sie bemüht. Während Sie nun selbst durch Ihre jetzt attraktiv-transformierte Weiblichkeit, das ganze Geschehen bestimmen – im Gegensatz zu vorher, als ER noch alles im Griff hatte.

Da Sie zurzeit keine feste Partnerschaft mit ihm haben, bleibt Ihnen nur die Wahl, ihn auf kluge Art und Weise immer mehr in die männliche Kumpelrolle hineinzuerziehen.

Sie MÜSSEN in gewissem Maße ein wechselhaftes und unberechenbares Verhalten an den Tag legen, da Sie damit beweisen, dass der offiziell lockere und unverbindliche Rahmen Ihr EIGENER WUNSCH ist. Auch dann, wenn es nicht Ihrer wahren Empfindung entspricht.

Alles andere würde Ihre wahren Absichten aufgrund Ihrer Vorbelastung (Sie als die Ergebene – er als der kostbare Edelstein) beinahe schon wieder verraten. Ihre Transformation wäre nicht kongruent für ihn.

In der Führungsphase ist ein immer wieder mal überraschendes Kalt-Verhalten sowie ein ebenso unvorhergesehenes Heiß-Verhalten für ihn die größte Veranschaulichung Ihrer attraktiven Metamorphose.

Denn Sie werden dadurch zu einer Frau, die er zwar als immer wieder als sehr wohltuend und inspirierend wahrnimmt, jedoch genauso muss er auch immer wieder gegen seinen Willen auf Sie verzichten und dabei erleben, dass es viele Dinge gibt, die mehr Priorität in Ihrem Leben haben, als er.

Wenn ein Mann sich ernsthaft in eine Frau verliebt, basiert dieser innere Vorgang also nicht nur auf seinen positiven Gefühlen wie z.B. seiner Begeisterung und seinem Wohlfühlen in Ihrer Nähe.

Erst wenn diese Gefühle aus der Distanz heraus immer wieder zwischenzeitlich geläutert werden durch emotional schmerzhafte Prozesse wie „enttäuscht sein", „sich abgelehnt fühlen", „sich von ihr verletzt vor den Kopf gestoßen fühlen", „nervöses Hoffen und Bangen", „die Angst, nicht gut genug für sie zu sein" oder „die nagende Ungewissheit, was nun wird", kann aus einem unentschlossenen Mann jemand werden, der am eigenen Leib erlebt hat, dass er sie nie wieder verlieren will.

Das, was vorher für ihn scheinbar immer ganz normal und stets voraussagbar war, ändert sich jetzt in kleinen Schritten. Ihre bisher stets gleichmäßig zu Verfügung gestellten Belohnungen für seine halbherzigen Bemühungen bekommen jetzt einen Bruch.

Um sich von einem halbherzigen zu einem leidenschaftlich bemühten Mann entwickeln zu können, muss er jetzt zwischendurch immer wieder erleben, dass seine gleichbleibend halbherzigen Bemühungen auch manchmal NICHT mehr belohnt werden. Das Gefühl muss in ihm entstehen, dass das „Bisherige" scheinbar nicht mehr ausreicht, ohne jedoch genau zu verstehen, wieso.

Diese Dynamik ist in Ihrem Fall der wesentliche Motor dafür, dass seine gesamte Energie immer mehr auf Sie ausgerichtet werden kann (indem er an Sie denken muss, Ihr Verhalten deuten will, sich zurückgesetzt fühlt, Sie vermisst usw.).

Beginnen Sie (wie in dem beschriebenen Experiment) mit harmloseren und kleineren Belohnungsentzügen und heben Sie die Intensität und die Dauer der Entzüge erst dann wieder um eine kleine Stufe an, wenn er bewiesen hat, dass er sich mit Ihren kleinen Veränderungen innerlich einverstanden zeigt.

Diese spezielle Wahrnehmung Ihrer Person ist das, was ihn wieder neu in Sie verliebt machen kann. Denn in dieser Phase, in der Sie sowieso schon diejenige sind, die bestimmt, was passiert und was nicht, wird er von Ihnen langsam, aber sicher liebevoll und nicht durchschaubar dazu „gezwungen", NOCH verbindlicher zu werden:

Solange er zwar nur von Ihnen begeistert ist, sich aber lange noch nicht klar und deutlich BINDEN will, erschaffen Sie immer wieder ein Vakuum, welches er mit NOCH mehr Neugier, Grübeln, Verstehen wollen, Vermissen, gedanklichem Fixiertsein und emotionalen Getriebensein füllen muss.

Dies wird er solange tun, bis er durch diesen Prozess der inneren EIGENAKTIVITÄT wieder spüren kann, was er ganz zu Beginn für einen kurzen Moment schon für Sie fühlte:

Dass er Sie ernsthaft BRAUCHT.

In dieser Phase, in der er einerseits zwar schon wieder neugierig geworden und interessiert ist, jedoch andererseits noch lange nicht den ernsthaften Wunsch einer Beziehung mit Ihnen spürt, müssen Sie also bis in letzter Konsequenz immer wieder in den „Er-ist-mein-männlicher-Kumpel"-Modus gehen.

Mit der ganz natürlichen und normalen Folge, dass seine Priorität in Ihrem Leben immer wieder WECHSELHAFT steigt und fällt, völlig abhängig von Ihren momentanen Stimmungen und Ihren aktuellen Lebensumständen.

Seien Sie also konsequent und leben Sie ihm gegenüber ALLE Facetten einer Frau aus, die nur locker mit einem Mann befreundet ist:

- Manchmal sind Sie gut gelaunt, manchmal schlecht drauf und genervt.

- Manchmal flirten und lachen Sie mit ihm. Doch manchmal waschen Sie ihm den Kopf.
- Manchmal haben Sie sehr spontan Zeit und Lust, ihn zu sehen – doch manchmal melden Sie sich wochenlang nicht bei ihm und sagen Termine ab, ohne im Traum zu befürchten, dass er sich deshalb von Ihnen zurückziehen würde.
- Manchmal sind Sie engagiert und sehr gesprächig. Doch manchmal erscheinen Sie einfach nur kurz angebunden und haben kein Bedürfnis, ihn zu sehen, je nachdem was Sie SONST gerade innerlich beschäftigt.
- Manchmal erleben Sie einen intensiven, wunderschönen und sehr inspirierenden Tag mit ihm, nur um anschließend ganz unverändert wieder zurück in Ihr eigenes erfülltes und beschäftigtes Leben abzutauchen und sich daher erstmal tage- oder wochenlang nicht bei ihm zu melden.
- Manchmal sind Sie in seiner Anwesenheit völlig präsent und „mit Haut und Haaren" bei ihm: Sie interessieren sich für ihn, haken nach, schenken ihm Bewunderung und Wertschätzung, loben seine Fähigkeiten und Eigenschaften, stellen neugierige und kluge Fragen. Doch manchmal sind Sie innerlich abwesend, emotional unterkühlt, leicht genervt von ihm und mit anderen Dingen gedanklich beschäftigt. Er inspiriert Sie im Augenblick einfach nicht. Er bereichert Sie nicht. Sie verabschieden sich daher vorzeitig und verlassen das Treffen.
- Manchmal sind Sie sehr zutraulich: Sie berühren ihn, haken sich bei ihm ein oder lehnen Ihren Kopf an seine Schulter. Ein anderes Mal wiederum wirken Sie sachlich, rational und körperlich distanziert. Seinen Versuch, Sie zu berühren und Ihre Hand zu halten, blocken Sie sanft, aber bestimmt ab.
- Manchmal antworten Sie schon nach einer Stunde auf seine SMS, doch manchmal kommen Sie erst 2, 3 Tage später dazu, an ihn zu denken und sich zurückzumelden.

Spiegeln Sie auf diese Weise ganz selbstverständlich die momentane Wahrheit Ihres Verhältnisses in der Führungsphase: Es GIBT keine Verbindlichkeit zwischen Ihnen. Er ist zwar an Ihnen interessiert, spürt aber noch nicht das Verlangen nach einer festen Beziehung.

Das bedeutet für Sie als transformierte, unbeschwerte und von vielen Dingen erfüllte Frau:

Ein natürliches, da immer wieder von vielen anderen Inspirationsquellen abgelenktes, Heiß-Kalt-Verhalten.

Durch das Ausleben dieses urweiblichen, natürlichen Bindungsprinzips erhöhen Sie auf sanfte, undurchschaubare Weise Ihren kostbaren, hochattraktivem weiblichen Wert stets etwas mehr in seinen Augen. Sie treiben die Spannung zwischen Ihnen damit Schritt für Schritt so hoch, wie es in Ihrer Situation nötig ist, damit sich seine halbherzigen Bemühungen zu einem echten Bindungswunsch entwickeln können.

Nähe brechen: Vertrautheit stärken durch spielerisches Loslassen und unbeschwerte Distanz

Damit Ihr Freund sich wieder völlig „barrierefrei“ ganz neuen Gefühlen Ihnen gegenüber öffnen kann, ist es sehr hilfreich, dass Sie das „Alles-oder-nichts-Beziehungsgespenst“, was bis vor Kurzem noch bedrückend in seinem Kopf spukte („Sie wünscht sich so sehr eine ausschließliche und ernsthafte Bindung mit mir – ansonsten belastet sie der gesamte Kontakt zu mir“) VERBAL und NONVERBAL zu vertreiben.
Es ist sehr sinnvoll, dass Sie durch ein paar unterschiedliche Gesten sicherstellen, dass Ihre neue Ausgelassenheit und weibliche Lebendigkeit tatsächlich nur ein Ausdruck Ihrer völlig absichtslosen Zuneigung sind und nicht etwa Ihr Versuch, ihn in irgendeiner Weise von sich zu überzeugen.

Solche Gesten signalisieren ihm, dass Sie einfach nur den „Moment“ mit ihm genießen und dass genau DAS auch der Grund ist, warum Sie mit ihm aktuell Kontakt haben. Nur DAS macht Ihnen SPAß. Sie fühlen sich einfach wohl in seiner Nähe und sind manchmal sehr engagiert und lebendig. Ihnen geht es dabei jedoch (im Gegensatz zu früher) nicht mehr um eine Beziehung.

Sie versuchen also NICHT, irgendeine Art von Entwicklung zwischen Ihnen in Gang zu setzen.

In dieser ganzen zerbrechlichen Phase sollten Sie unbedingt GENERELL darauf achten, immer wieder mal auf harmlose und unschuldige Art und Weise, die Verbindung und die Vertrautheit zwischen Ihnen stark zu unterbrechen.

Der wirkungsvolle Nebeneffekt dabei:

Wenn Sie ab und zu „Nähe brechen“, wird sich für ihn die Begegnung mit Ihnen sehr viel wertvoller anfühlen:

Ihre Heiterkeit, Ihre Selbstsicherheit, Ihre neue weibliche Ausstrahlung, Ihre warmherzige Direktheit, Ihre Berührungen, Ihre Anerkennung und Ihr Lob - alle Ihre Gaben: Alles, was Sie ihm jetzt schenken, wirkt nun nicht mehr wie ein Versuch, kämpferisch die Beziehung voranzutreiben.

Ihre zwischendurch immer wieder unübersehbare Unverbindlichkeit und Unberührtheit wirkt insgesamt wie ein mächtiger Kontrasteffekt für Ihre ganze positive Wirkung auf ihn.

Es passiert dann genau das, was Sie eigentlich wirklich bezwecken wollen:

Seit Langem beginnt er wieder zu registrieren, dass Sie sich in seiner Nähe wohlfühlen – OHNE jeglichen Beziehungswunsch zu hegen.

Der Grund: Sie sind scheinbar einfach nur Sie selbst.

Denn eins der stärksten Bindemittel, um einen Mann wirklich verliebt zu machen, ist:

Je weniger er sich von irgendetwas dazu gedrängt fühlt, mit Ihnen eine Beziehung führen zu müssen – und TROTZDEM unverbindlich Spaß mit Ihnen haben kann – desto wahrscheinlicher fühlt er VON SICH AUS immer mehr das Verlangen, mit Ihnen zusammenzusein.

Der Effekt:

Dadurch, dass er merkt, wie sehr SIE sich scheinbar immer wieder wohlfühlen mit ihm, obwohl Sie offensichtlich kaum verliebt sind und nichts Ernstes von ihm wollen, kann er sich GANZ GENAUSO einfach fallen lassen und endlich das ganze Spektrum seiner Gefühlswelt zulassen, fernab seiner inneren Schutzmechanismen.

Unterbrechen Sie daher immer wieder mal konsequent die Nähe mit ihm und weisen Sie ihn sanft und bestimmt in seine Schranken.

Sie stellen damit sicher, dass die noch bis vor Kurzem existierende katastrophale Schieflage „er oben – sie unten“ nie wieder neu entsteht.

Es gibt verschiedene gute Methoden, um „Nähe zu brechen“:

Beziehungspotenzial relativieren

Eine wunderbare Methode, um Nähe zu brechen, ist das spielerische Einstreuen Ihrer zwar herzlichen, jedoch UNVERLIEBTEN und BEZIEHUNGS-UNWILLIGEN Grundhaltung ihm gegenüber.

An passender Stelle und natürlich-dezent eingestreut, können Sie IHM auf diese Weise die Möglichkeit geben, nachzuholen, was er bisher bei Ihnen versäumt hat:

Sich ganz ohne Vorsicht und ungefiltert von seinen inneren Schutzmechanismen einfach nur seiner zart aufkeimenden Zuneigung hinzugeben. Ohne die Angst, dass er Sie mit spontanen, liebevollen Gesten möglicherweise wieder zurück in den „Beziehungsmodus" bringt und Sie dann wieder enttäuschen müsste.

Mit passend und dezent eingestreuten „Entliebungssignalen" heben Sie Ihren Kurswert sehr. Ihre Anwesenheit, Ihre Aufmerksamkeit und Ihre Zuneigung wird von ihm als viel kostbarer empfunden, wenn Sie ganz offensichtlich nicht ein Ausdruck Ihrer Verliebtheit sind sondern Ihrer rein menschlichen Sympathie entspringen.

Wenn solche Signale an der richtigen Stelle eingestreut werden, sind sie genau der notwendige SPIEGEL seines inneren Zustands, den er von Ihnen immer noch braucht, um zu BEGREIFEN, dass Sie scheinbar WIRKLICH nicht mehr für ihn empfinden, als er es aktuell für Sie tut.

Haben Sie keine Angst, dass Sie ihn mit solchen Botschaften von sich stoßen könnten:

Sie machen bisher alles richtig, denn Sie geben ihm genau das, was er zurzeit braucht, um immer mehr Gefühl für Sie aufbauen zu können: Er fühlt sich wohl bei Ihnen und hat Spaß in Ihrer Anwesenheit. Sie sind ausgelassen, unbeschwert und berühren durch Ihre ganze Art subtil sein Innerstes.

Auf keinen Fall braucht er zusätzlich irgendeine Geste von Ihnen, die ihm beweist, dass Sie es ernst mit ihm meinen.

Im Gegenteil:

Er befindet sich aktuell immer noch mitten in seiner Unentschlossenheitsphase. Mit anderen Worten: Das Letzte, das er in dieser Phase von Ihnen hören muss, um „am Ball" zu bleiben oder entschlossen und verbindlicher zu werden, ist die klare Botschaft, dass Sie wieder mit ihm zusammensein wollen. Das würde in dieser Phase das ganze Kartenhaus sehr schnell in sich zusammenbrechen lassen.

Er kann zurzeit nur dann seine aktuelle Unentschlossenenheitsphase weiter erfolgreich durchlaufen, wenn er die „Highlights" mit Ihnen als sehr inspirierend und reizvoll erlebt, dabei jedoch gleichzeitig von Ihnen demonstriert bekommt, dass Sie scheinbar NICHT in ihn verliebt sind oder etwas Ernsthaftes von ihm wollen.

Er fühlt sich bei Ihnen wohler, als bei jeder anderen Frau, und doch geben Sie ihm Ihre Aufmerksamkeit aus freien Stücken und ohne Beziehungsabsicht.

Gehen Sie also SICHER und demonstrieren Sie ihm verbal genau das, was er hören muss.

Es ist sehr wichtig, dass Sie solche Aussagen ganz spontan und spielerisch einstreuen, wenn es gerade PASST.

Meistens werden Sie einen passenden Anlass benötigen. Ein Anlass besteht immer nur dann, wenn von SEINER Seite eine deutliche Annäherung kommt, er sich also gerade mal wieder stärker für Sie ins Zeug legt:

- Er schreibt Ihnen gerade viel mehr SMS oder Mails als sonst.
- Er ruft wieder häufiger an als sonst.
- Er sagt Ihnen, wie viel Sie ihm bedeuten oder dass er Sie vermisst.
- Er redet von einer gemeinsamen Urlaubsplanung oder einer anderen Planung für die Zukunft.
- Er ist in einem Moment wieder sehr vertraulich: Er redet Sie mit Kosenamen an, berührt Sie zärtlich, hält Ihre Hand fest, hakt sich bei Ihnen ein, geht mit Ihnen Hand in Hand, kuschelt mit Ihnen, küsst Sie, etc.

Für solch einen Beziehungsdämpfer ist genau DANN ein guter Augenblick, wenn er zwar gerade mal wieder bei „Ihnen ankommt", er aber direkt zuvor (in den letzten Wochen und Tagen) nicht gerade sehr bemüht erschien. Beispielsweise hat er sich vorher weniger bei Ihnen gemeldet, hat wenig reagiert, erschien stark mit anderen Dingen beschäftigt und nicht wirklich intensiv an Ihnen interessiert.

Gleichzeitig sollten Sie in seinen Augen mittlerweile schon ein ganzes Stück emotional UNABHÄNGIGER erscheinen.

Er sollte also schon eine gewisse Zeit folgende Dinge an Ihnen erlebt haben:

- Er hat Sie schon länger nicht vorwurfsvoll oder enttäuscht gesehen.
- Sie haben keine Gefühlsbotschaften oder Liebeserklärungen geäußert.
- Sie haben schon länger kein klärendes Gespräch gesucht.
- Er hat Sie in letzter Zeit ungewohnt gutgelaunt und locker wahrgenommen.
- Sie sind in seinen Augen ganz offensichtlich mehr als sonst mit anderen Dingen beschäftigt.
- Er hat schon ein paar Mal erlebt, dass Sie gerade Besseres vor hatten, als sich spontan mit ihm zu treffen, zu telefonieren oder SMS auszutauschen – und das, OBWOHL er es wollte. Sie haben ihn dabei freundlich, heiter und

von anderen Dingen vereinnahmt abgewiegelt.

- Er hat Sie bei Telefonaten und Treffen schon sehr entspannt und souverän erlebt -– und diese haben Sie meistens als Erste wieder beendet - wenn es gerade noch sehr schön war.
- Er hat erlebt, dass Sie eine Verabredung kurzfristig verschoben haben/absagten und zwar nett und beschwichtigend.

Am effektivsten sind solche beziehungsdämpfenden Signale, wenn Sie sich gerade stark fühlen und das Gefühl haben, souverän, gut gelaunt und liebevoll mit ihm umgehen zu können, ohne Verletztheit und vorwurfsvolle Grundhaltung.

Ein Beispiel:

Er kuschelt sich gerade vertraut an Sie oder er hakt sich bei einem Spaziergang bei Ihnen ein:

Sie genießen das und streuen betont froh und liebevoll ein:

„Weißt Du, es ist echt total schön mit dir, ich genieße das gerade sehr. Wahnsinn, wer hätte gedacht, dass wir einmal so etwas wie gute Freunde werden, ohne Komplikationen und ohne Stress.“

Hier ein paar weitere Beispiele:

Sie genießen es gerade so, wie es ist:

„Weißt du, ich genieße es gerade sehr, dass wir beide inzwischen etwas so Natürliches und Spontanes miteinander haben, ohne diese ganzen Verpflichtungen.“

„Du tust mir in letzter Zeit sehr gut. Ich weiß nicht, warum ich vorher so unentspannt war und das Ganze so übertrieben gesehen habe. Es ist so schön, dass wir jetzt nichts mehr krampfhaft festhalten müssen und den Dingen einfach ihren natürlichen Lauf lassen."

„Auch wenn mich im Augenblick immer mehr andere Sachen vereinnahmen: Mir macht der Kontakt mit dir in letzter Zeit viel Spaß."

„Du bedeutest mir wirklich viel. Ich genieße das alles, so wie es ist. Ich bin froh, dass alles so entspannt geworden ist. Wir schauen einfach, was die Zeit bringt und lassen den Dingen ihren ganz natürlichen Lauf."

„Es macht immer wieder so viel Spaß, mit dir Zeit zu verbringen. Ich bin so froh, wie sich alles entwickelt hat. Es ist alles so schön unkompliziert geworden."

„Ich fühle mich wohl bei dir, finde es aber gerade total schön, dass es so locker zwischen uns ist. Lass uns doch schauen, wie es sich weiterentwickelt, ohne irgendetwas erzwingen zu wollen."

„Ich genieße einfach den Moment mit dir. Lass uns nichts mehr überstürzen und schauen, wohin sich die Reise entwickelt."

„Echt krass, zuletzt war alles noch so unentspannt von meiner Seite. Jetzt bin ich tierisch froh, dass jeder sein eigenes Leben genießt und wir einfach das Schöne genießen können, ohne irgendwas festhalten zu müssen."

„Ach, ich fühl mich einfach nur wohl bei dir. Gerade in letzter Zeit hat sich meine ganze Sicht von uns so verändert. Ich weiß selbst gar nicht mehr, was ich will. Ich weiß nur, dass ich keinen Stress mehr haben möchte und ich

mein Leben gerade sehr genieße. Lass uns doch einfach nur noch von Moment zu Moment leben und nichts mehr festhalten wollen. Es passieren so viele schöne Dinge und ich weiß selbst nicht, wohin ich mich weiterentwickele."

Offene Zukunftsprojektionen:

„Weißt du was? Sollten wir im Winter noch befreundet sein, müssen wir unbedingt mal zusammen Ski fahren/snowboarden/ einen Schneemann bauen etc."

„Weißt du was ich gedacht habe? Wenn uns im Sommer noch so gut verstehen, müssen wir unbedingt mal zusammen angeln gehen/segeln/ kitesurfen/ein Wochenende klettern gehen etc."

„Irgendwo da draußen gibt es vielleicht noch einen Mann, der noch besser zu mir passt. Ich hoffe sehr, dass wir auch dann irgendwie weiter befreundet bleiben können, egal was in Zukunft passiert. Denn mir macht der Kontakt zu dir unglaublich viel Spaß."

„Ich mag dich, du bedeutest mir viel. Irgendwie habe ich aber momentan den Blick für uns verloren."

Als Freund viel wertvoller:

„Du tust mir immer wieder so gut. Ich hoffe sehr, dass du mir als Freund erhalten bleibst."

„Ich hab dich echt lieb. Ich hätte nie gedacht, dass wir mal so was wie Bruder und Schwester werden, ohne diesen ganzen Beziehungsstress."

„Du bist echt so süß. Danke für die Unterstützung. Ich glaube ich adoptiere dich als Kumpel. Das ist mir viel wertvoller, als irgendein Stress. Wir suchen dir eine nette Frau, ich suche mir einen erfolgreichen coolen Kerl, und wir bleiben immer beste Freunde.“

„Ich fühle mich superwohl bei dir. Ich mag dich als Mensch extrem gern. Wir sollten auf jeden Fall immer gut befreundet bleiben, auch wenn sich jeder von uns in jemand anders verliebt.“

„Du bist so ein lieber Kerl. In letzter Zeit gefällst du mir als Mensch viel besser. Ich bin sehr froh, dich zu kennen.“

„Ich finde, du bist ein wirklich toller Mensch mit so vielen guten Eigenschaften. Du inspirierst mich. So etwas Wertvolles wie dich gibt es wirklich nur sehr selten. Als ich vor einiger Zeit noch so viel von dir wollte, hatte ich das gar nicht gesehen. Ich hoffe, dass wir immer gute Freunde bleiben.“

„Ich mag dich total. So einen klugen, wundervollen, kompetenten, sympathischen, interessanten, attraktiven, witzigen, humorvollen Mann gibt es wirklich selten. Ich glaube, ich habe dich damals viel zu wenig gewürdigt. Als ich noch so viel von dir wollte, war ich irgendwie völlig blind dafür. Hoffe sehr, dass du mir immer als Freund erhalten bleibst, egal, wie es bei mir weitergeht.“

„Ich weiß deine kompetente Unterstützung sehr zu schätzen. Es ist so cool, wie die Dinge sich gerade entwickeln. Wir sollten uns einfach nur noch ohne Verpflichtungen gegenseitig bereichern und jeder ansonsten in seinem Leben seine eigenen Träume verwirklichen. Du bist mir als Mensch wirklich sehr wertvoll und du inspirierst mich.“

Konstruieren Sie sich Ihre eigenen, ganz individuellen Beziehungsdämpfer, die genau auf Ihre ganz speziellen Situationen passen.

Bedenken Sie bitte immer wieder:

Ihr Freund kann sich in seinem jetzigen Zustand niemals neu in Sie verlieben, indem er sieht, dass Sie immer noch ernsthafte Gefühle für ihn haben oder gar auf ihn warten. Nicht Ihre altvertraute Nähe und Verbindlichkeit bringen ihn jetzt wieder näher, sondern Ihre freundlich-souveräne-liebevoll gelebte NICHT-VERLIEBTHEIT.

Denn wir haben gesehen, dass er sich immer noch mitten in der Unverbindlichkeitsphase befindet.

Und in dieser Phase gilt:

Jeder erneut von Ihnen gezeigte Wunsch nach einer Beziehung mit ihm würde Sie weit zurückwerfen und Ihre Chancen wieder deutlich verschlechtern.

Es würde plötzlich zeigen, dass Sie immer noch „ganz die Alte" sind.

Doch was ihn in seiner Unverbindlichkeitsphase stärker bindet, ist das Gegenteil:

Er braucht es, dass er Ihnen gegenüber seine ganze Unbeschwertheit, Unernsthaftigkeit und Unverbindlichkeit frei ausleben kann, OHNE seine bislang gewohnte Vorsicht und ohne die Angst, Ihnen irgendwie wehtun zu können.

Daher gilt:

Sein Gefühl, dass Sie ihn nicht mehr wollen und sich entliebt zu haben scheinen, ihm jedoch TROTZDEM in Ihrer weiblich-souverän-verspielten Art begegnen, ist genau DAS, was er fühlen muss, um Sie wieder auf „Augenhöhe“ spüren zu können.

Von Ihnen ausgesprochene Beziehungsdämpfer sollen also Ihre eigene Widersprüchlichkeit signalisieren und geben Ihnen dadurch noch mal zusätzlich einen Hauch von Mysteriösität.

Sie wären sozusagen das Credo in Ihrer neuen Stärkeposition, welches nach der vergangenen Phase Ihrer unattraktiven Unterlegenheit weiteren Respekt in ihm bewirken würde.

Aktives Loslassen

Das „Aktive Loslassen“ ist eine mächtige Methode, um in der Führungsphase zu signalisieren, dass Sie keine gemeinsamen Pläne mit ihm haben, doch zugleich ihm sehr verbunden sind.

Stellen Sie sich beispielsweise vor, Ihr Freund sagt ein geplantes Wochenende mit Ihnen ab mit der Begründung, dass er gerade „so viel Stress“ hat oder dass er gern etwas „mit Freunden“ unternehmen möchte.

In einer wackeligen Phase wie der jetzigen, in der er offensichtlich im ALLGEMEINEN nur halbherziges Interesse an Ihnen zu haben scheint, wäre es sehr kontraproduktiv, wenn Sie ihm jetzt signalisierten, dass Sie enttäuscht, traurig oder auch wütend sind.

Das würde seine emotionale Distanz nur verstärken, da Gefühle wie „Eingeengtsein“, „innerer Stress“ und „schlechtes Gewissen“ sich dadurch in ihm festigen.

Warum?

Sie spiegeln damit NICHT den von ihm momentan gefühlten Zustand („ich will momentan nur etwas Lockeres mit ihr ohne jegliche Verpflichtung“), sondern Sie bringen in Ihrer Reaktion nur Ihr eigenes Verletztsein darüber zum Ausdruck, dass er im Moment scheinbar „nicht weiß, was er von Ihnen will“.

Der emotionale Prozess, der dadurch an dieser Stelle in so gut wie jedem Mann ausgelöst wird, kann mit folgenden Worten beschrieben werden:

Anstatt, dass die zart aufkeimende Pflanze seiner Zuneigung nach seinem inneren Verliebtheitsrhythmus auf natürliche Weise jetzt weiter wachsen kann, wird nun sein „Vorsichts-Modus“ aktiviert: Denn seine hypersensible Vorsicht und Gewissenhaftigkeit, Sie auf keinen Fall NOCH mehr in Ihrer Hoffnung verletzen zu wollen, treibt ihn nun dazu, dass er sich ab sofort noch viel unverbindlicher und unzuverlässiger verhalten wird. Er hofft, dass Sie sich dadurch einfach an den Gedanken gewöhnen werden, dass es keine Zukunft mit ihm gibt. Gleichzeitig ist er völlig unfähig, den Kontakt zu Ihnen ganz abzubrechen oder Ihnen offen zu sagen, wie er wirklich fühlt. Er will Sie jedoch um jeden Preis weiterhin als emotionale Stütze abrufen können, wenn ihm danach ist. So bleibt ihm nur diese Verdrängungstaktik. Nur auf diese Weise, so denkt er, kann er auch in Zukunft sporadisch den Kontakt zu Ihnen pflegen, ohne dass es Sie zu sehr verletzt.

Diese verhängnisvolle Dynamik würde nur allein DESHALB in Gang gesetzt werden, weil Sie scheinbar im inneren Beziehungsmodus sind, er es aber zurzeit nicht ist.

„Aktives Loslassen“ würde an dieser Stelle genau das verhindern, weil es in seinen Augen die richtigen Signale sendet.

Wenn er also die geschilderte Verabredung, auf die Sie sich freuten, absagt, wäre eine gute Reaktion beispielsweise:

„Ja klar, ist doch kein Ding. Du bist sowieso in letzter Zeit etwas gestresst. Tob' dich mit deinen Kumpels doch mal wieder so richtig aus, das wird dir guttun! Ich habe ehrlich gesagt auch große Lust, verstärkt ein paar Freundschaften zu pflegen, das kam irgendwie in letzter Zeit zu kurz."

Sehr effektiv ist es, wenn Sie „aktives Loslassen" in Ihren Unterhaltungen auch eigeninitiativ, d.h. VON SICH AUS durchführen.

Ein Beispiel:

„Irgendwie erscheinst du mir in letzter Zeit etwas gestresst. Ich finde, du solltest unbedingt mal wieder so richtig Urlaub machen. Fahr doch einfach mal mit einem Freund von dir ein paar Wochen irgendwohin, wo es total schön ist. Einfach nur das Leben genießen und Spaß haben. Das würde dir glaube ich, sehr guttun."

Indem Sie ihn aktiv loslassen, VERBINDEN Sie sich in Wahrheit ganz subtil auf einer tieferen Ebene mit ihm:

Offensichtlich richten Sie Ihr ganzes Augenmerk nur darauf, was IHN weiterbringen könnte und darauf, was für IHN gut ist. Doch gleichzeitig lassen Sie unausgesprochen und ganz selbstlos mitschwingen, dass Sie ihn nicht im Geringsten für SICH beanspruchen. Sie hätten offensichtlich kein Problem damit, wenn Sie ihn durch Ihre unterstützende Art längere Zeit nicht zu Gesicht bekämen und scheinbar auch dann nicht, wenn er dadurch eine andere Frau kennenlernen würde.

Dieses Prinzip ist eine SEHR attraktive Art, die Nähe zu brechen:

Auf der einen Seite fördern Sie ihn und ermutigen Sie ihn zu seinem Glück. Auf der anderen Seite sub-kommunizieren Sie, dass Sie ihn nicht so sehr für Ihr EIGENES Glück brauchen und scheinbar ganz gut OHNE ihn leben könnten.

Ein paar weitere Beispiele für „aktives Loslassen":

„Wenn deine berufliche Situation so schwierig ist – kannst du dich nicht einfach mal in einer anderen Stadt bewerben? Oder vielleicht sogar für eine Zeit lang ins Ausland gehen?"

„Falls du auf deiner Geschäftsreise die Möglichkeit hast, bleib doch anschließend noch ein paar Tage länger. Das wird dir guttun."

„Trefft euch doch einfach mal und klärt das ganz in Ruhe. Ihr werdet doch bestimmt irgendwie einen Weg finden, wie ihr das in Zukunft ganz harmonisch lösen könnt." (Er redet davon, dass seine Exfreundin ihm gerade hinterherläuft)."

Eine wunderbare Art, ihn aktiv loszulassen, ist wenn Sie ihn auf sanfte Weise „wegschicken", weil Sie sich eigentlich viel lieber gern mit anderen Dingen beschäftigen würden:

„Sag mal hast du am Wochenende schon etwas vor? Tu dir doch mal was Gutes und fahr mit einem Freund am Wochenende weg. Ich kann gerade gut mehr Zeit für mich gebrauchen, um ein paar wichtige Kontakte zu pflegen und mich mit einer Freundin zu treffen usw."

„Hast du nicht evtl. heute noch etwas zu erledigen oder vielleicht etwas anderes vor? Ich würde nämlich ganz gern noch ein paar Dinge abarbeiten."

„Geh doch auf diese Party mit deinem Kumpel. Ich würde morgen eigentlich gerne etwas mit einer Bekannten unternehmen."

„Kannst du am Wochenende ein paar schöne Sachen machen und dich ohne mich vergnügen? Ich würde gern etwas Zeit für mich haben."

Neben all den anderen bisher beschriebenen Prinzipien ist es genau diese Eigenschaft, die ein Mann bei einer Frau erleben muss, um sich im Laufe der Zeit mehr und mehr mit ihr verbunden fühlen zu können.

Es ist ein entwaffnender Akt Ihrer weiblichen Größe, der Sie auf Dauer in seinen Augen von allen anderen Frauen unterscheidet. Denn Sie verhalten sich wie seine potenzielle Traumfrau.

Verbales Wegstoßen

Manchmal kann es sinnvoll sein, wenn sie eine emotionale Geste Ihrerseits von Ihnen oder eine Sympathiebekundung gleich wieder relativieren.

Sie haben vielleicht manchmal das Gefühl, dass Sie „über das Ziel hinausschießen" oder wieder in alte Muster verfallen. Möglicherweise merken Sie aber auch einfach nur, dass er sich in bestimmten Momenten Ihrer scheinbar noch zu sicher ist.

Hier macht es Sinn, Ihre eigenen Worte und Sympathiegesten sofort wieder abzuschwächen.

Ein paar Beispiele, wie Sie sich selbst anschließend wieder „dämpfen" können, falls Sie ihm einmal versehentlich zu deutlich Ihre Gefühle gezeigt haben, (z.B. durch ein Kompliment, eine Zuneigungsgeste oder durch ein spontan geäußertes Gefühl):

„Ich hoffe, du verstehst das jetzt nicht falsch."

„Ich hoffe, du interpretierst da jetzt nicht zuviel hinein."

„Mir ist aufgefallen, dass ich letztes Mal ziemlich überschwänglich war. Ich hatte mich einfach total gefreut, dich zu sehen. Aber ich hoffe, du hast meine Worte/mein Verhalten nicht in den falschen Hals bekommen. Das war natürlich rein freundschaftlich gemeint."

„Ich hoffe aber, dass Du das jetzt nicht in den falschen Hals bekommst."

Abgelenktsein:

Ein weitere gute Geste, um während eines Treffens immer wieder mal die gewohnte Nähe zu brechen und damit Ihre neue Unbesorgtheit und Offenheit zum Ausdruck zu bringen, ist das spontane ABGELENKTSEIN.

Es erzielt am besten seine Wirkung, wenn Sie es UNERWARTET tun, wenn das Gespräch also gerade einen hohen Energielevel hat:

Sie haben beispielsweise eben gerade noch aufmerksam lächelnd zugehört, ihm ein schönes Kompliment gemacht oder ihm begeistert von einem Erlebnis erzählt – und verlieren dann für einen Moment die Aufmerksamkeit, sind gedanklich ganz woanders.

Ein paar Beispiele:

„Tut mir leid, kannst du den letzten Satz noch mal wiederholen? Ich war gerade kurz woanders." (entschuldigend lächeln)

Weitere Beispiel-Situationen:

- Sie schauen, während er etwas erzählt, ganz unvermittelt lächelnd und erfreut auf Ihr Handy und sagen „entschuldige bitte“.
- Sie schweifen mit Ihrem Blick im Raum herum und lächeln in sich hinein.
- Sie fixieren leicht lächelnd einen am Nachbartisch sitzenden Mann.
- Sie unterhalten sich auf dem Rückweg von der Toilette sichtlich amüsiert mit einer anderen Person.
- Während des Gesprächs erscheinen Sie plötzlich für kurze Zeit gedanklich abwesend.
- Eben gerade haben Sie noch herzlich gelacht – jetzt wirken Sie für ca. 5 Minuten sehr gelangweilt und gesprächsunwillig.

Abgelenktsein-Gesten sind ist eine bestimmte Form des wichtigen Heiß-Kalt-Prinzips und signalisieren ihm wunderbar Ihre zeitweilige Unberührtheit.

Sie spiegeln ihm damit seine eigene Unverbindlichkeit in einer Weise, die er von Ihnen gar nicht kennt: Er darf erleben, dass er nicht mehr der brennende Mittelpunkt für Sie ist und Ihre Gefühlswelt immer wieder auch von anderen Dingen in Beschlag genommen wird.

Sie sind zwar einerseits entwaffnend präsent und herzlich zugewandt. Doch sind Sie es in einem anderen Moment genauso wieder nicht.

Da er Sie in dieser Form noch nicht allzu lange kennt, erscheint ihm dieses Verhalten widersprüchlich. Er versteht es nicht, daher verleiht es Ihnen einen anziehenden Hauch von Mysteriösität.

Spielerisches Aufziehen mit kleinen männlichen Schwächen

Spielerisches Necken ist eine sehr gute Möglichkeit, Nähe zu brechen und gleichzeitig zu demonstrieren: Sie fühlen sich wohl und haben Spaß. Sie bringen zum Ausdruck, dass Sie ihn gern haben und sich gleichzeitig ein wenig auf seine Kosten amüsieren.

Gezieltes Necken sollten Sie ihm verabreichen, wenn Sie schon ein ganzes Stück ungezwungener und weiblich-souveräner ihm gegenüber geworden sind. Der Subtext ist dann für ihn: Sie ist total locker und erlaubt sich kleine Frechheiten, vertraut mir aber, dass ich das nicht in den falschen Hals bekomme. Sie hat Spaß mit mir.

Achten Sie also darauf, dass Sie erst damit beginnen, wenn sowieso schon die Ebenbürtigkeit in seinen Augen wiederhergestellt ist.

Ziehen Sie ihn ab und zu humorvoll mit kleinen Schwächen auf, wenn es gerade inhaltlich und thematisch passt.

Vorzugsweise ziehen Sie ihn liebevoll mit MÄNNLICHEN ATTRIBUTEN auf, indem Sie sich Ihr höchstes, männliches Traum-Ideal vor Ihr inneres Auge halten und dann sein Verhalten dem gegenüberstellen.

Es geht dabei nicht nur darum, Ihm einen witzigen Dämpfer zu verpassen sondern auch darum, ihm ganz sanft und indirekt Ihre Männlichkeitsideale zu vermitteln – und damit auch den Eindruck, dass Sie scheinbar doch höhere Erwartungen an einen Mann haben, als er bisher dachte.

Allgemeine Männlichkeitsattribute sind z.B.:

- Erfolg
- Selbstbewusstsein
- Durchsetzungsvermögen
- Zielstrebigkeit
- Manieren und Gentleman-Eigenschaften
- Sportlichkeit
- Soziale Kompetenzen
- Dominanz
- Sexuelle Kreativität
- Gepflegtheit und Stil
- Handwerkliche Fertigkeiten
- Direktheit und Ehrlichkeit
- Mut
- Innere Stärke und Selbstbeherrschtheit
- Verantwortungsgefühl für Angehörige
- Entscheidungsfähigkeit
- Weltoffenheit
- Großzügigkeit.

Necken Sie ihn ab und zu mit Dingen aus diesen Kategorien.

Ein optimaler Zustand dafür ist, wenn Sie sie sich selbst gerade selbst wohlfühlen – sich unverkrampft, lebendig und frei ihm gegenüber fühlen.

Spielen Sie dabei mit gängigen Männlichkeitsklischees.

Das Wichtigste beim spielerischen Aufziehen: Alles wird liebevoll und mit einem Augenzwinkern gesagt.

Beispiele:

Lächelnd und gut gelaunt: „Mit dir würde ich ja wahnsinnig werden – Ich könnte ja nie noch mal mit einem Mann zusammen sein, der so chaotisch/unordentlich/verpeilt/desorganisiert/vergesslich/trottelig/ein Muttersöhnchen/ist etc.“

„Hey du enttäuschst mich, du bist ja doch nicht so stark und durchsetzungsfähig, wie ich dachte.“

„Deine menschlichen Umgangsformen lassen ja wirklich zu wünschen übrig, mir ist vorher gar nicht aufgefallen, dass du so ein Nilpferd bist.“

„Upps, was ist das für ein Wohlstandsbauch? Du könntest ruhig mal ein bisschen mehr Sport vertragen.“

„Ich glaube, du wärst mir viel zu sehr Muttersöhnchen. Lass uns doch lieber nur Freunde bleiben.“

„Du hast dich immer noch nicht entschieden, wie es beruflich für dich weitergeht? Okay, bei mir bist du entlassen, ich brauche einen zielstrebigen Mann. Ab sofort bist du nur noch mein lieber Kuschelbär.“

„Hast du schon mal überlegt, ob es nicht sinnvoll wäre, dir einen neuen Haarschnitt zuzulegen?“

„Wenn du irgendwann noch erfolgreicher bist als jetzt, solltest du dir endlich mal ein besseres Auto leisten.“

„Ich könnte verrückt werden bei Männern, die sehr sportlich sind/erfolgreich sind/sehr gute Umgangsformen haben etc.“

„Hach, ich könnte sterben für Männer, die kochen können.“

„Du bist wirklich ein toller Kerl, aber deine Pünktlichkeit lässt zu wünschen übrig.“

„Ich habe dich sooo lieb. Aber mit dieser Geschichte kannst du mich aber wirklich nicht beeindrucken.“

Denken Sie sich selbst Ihre eigenen passenden, neckischen Anspielungen aus. Achten Sie darauf, dass sie direkt in eine bestimmte Situation passen.

Vergessen Sie nicht dabei:

Ihr Tonfall dabei klingt LIEBEVOLL und amüsiert – auf keinen Fall zynisch-beleidigend.

Überspannen Sie dabei lieber einmal zu viel den Bogen als dass Sie zu vorsichtig sind.

Denn Sie können, falls er tatsächlich leicht mimosenhaft oder sauer reagiert, immer noch die Situation auffangen mit z.B. einem herzlich-lächelnden:

„Hey, das war nur Spaß!“

„Hey, das ist jetzt aber einen bisschen albern.“

„Du bist wirklich süß ... ich meinte das doch nur lieb.“

Grundsätzlich ist das spielerische Necken und Aufziehen eine wichtige weibliche Souveränitätsgeste – Wir befinden uns in der Führungsphase – und das sollten Sie auf jeden Fall berücksichtigen.

Seinen Verbindungswunsch wecken: Sein Innerstes berühren durch Würdigung seiner Fähigkeiten/Potenziale und durch Wachrufen seiner männlichen Urinstinkte

Wenn Sie es in der Transformationsphase geschafft haben, die Spannung zwischen Ihnen wieder aufzubauen und er inzwischen wieder deutlich mehr in Sie investiert, sollten Sie bei Ihren direkten Begegnungen mit ihm einen Gang hochschalten:

Sie sind transformiert, haben völlig neue Prioritäten und leben gleichzeitig jedoch reizvoll und souverän den „vermenschlichten" Kumpelrahmen mit ihm.

Das bedeutet, dass alles, was Sie ihm gegenüber jetzt von sich geben, NICHT mehr als ein versteckter Versuch registriert wird, ihm irgendwie gefallen zu wollen oder Nähe zu ihm herzustellen. Ihre gesamte Art, mit ihm umzugehen, kommt jetzt aus Ihrer Unabhängigkeitsposition und ist Ausdruck Ihrer neuen Unbeschwertheit und Lebenslust.

Wie wir in Kapitel 2 gesehen haben, ist es sehr wichtig, dass die Begegnungen mit Ihnen nicht selbstverständlich abrufbar sind für ihn, sondern wertvolle Highlights, bei denen Sie sich mit all Ihrem Facettenreichtum und in Ihrem unbeschwerten, lockeren und lebendig-präsenten Wesen zeigen sollten.

Ihre Aufgabe ist es jetzt, den neuen „Ich-mag-ihn-total-als-Mensch"-Rahmen im direkten Kontakt zu ihm noch stärker auszufüllen mit einer Form der Kommunikation, welche die zwischen Ihnen bestehende natürliche „Mann-Frau-Spannung" intensiviert.

Dabei geht es darum, immer mehr das volle Spektrum Ihrer eigenen Weiblichkeit selbstbewusst und verspielt auszuleben, um damit die starke Polarität zwischen seiner männlichen Energie und Ihrer weiblichen Energie auf ganz natürliche Weise fühlbar zu machen.

Denken Sie daran: Er ist zwar Ihr männlicher Kumpel, Sie jedoch keineswegs SEIN weiblicher Kumpel. Sie erlauben sich daher ihm gegenüber, nicht nur Ihre menschlichen, sondern ALLE Facetten Ihres weiblichen Wesens auszuleben. Sie genießen einfach jeden Moment mit ihm in all seinen Spielarten – und fühlen sich pudelwohl dabei.

Kommen wir zu den wichtigsten Merkmalen einer attraktiven und energiegeladenen Kommunikation zwischen Ihnen, mit der auf subtile Weise eine immer stärkere Verbindung zwischen Ihnen wachsen kann:

Entdecken und Fördern seiner Leidenschaften und Interessen

Um zu bewirken, dass er sich in Ihrer Nähe wohl und von Ihnen inspiriert und herausgefordert fühlt, ist es wichtig darauf zu achten, dass Sie ihn von SICH AUS auf bestimmte Themen ansprechen, die verschiedene positive Gefühle in ihm auslösen – und dass Sie ihm bei diesen Themen mittels interessierten Nachhakens, aktiven Zuhörens und persönlichen Nachfragens eine Bühne bieten.

Zu solchen Themen gehören:

A. Seine Hobbys, Interessen und persönlichen Leidenschaften.
B. Seine Ziele und Träume, Potenziale und Talente.
C. Seine positiven Erlebnisse und Erinnerungen.

Sie können ihm innerhalb dieses Spektrums viele Bälle zuwerfen und damit bei ihm verschiedene Gefühlszustände hervorrufen, indem Sie:

- ihn anregen und ihn sein Wissen und seine Kompetenz spüren lassen.
- ihn gedanklich und emotional herausfordern.
- ihn durch Feedback ermutigen und fördern.
- ihn in einen positiven Gefühlszustand versetzen.

A. Seine Hobbys, Interessen und persönlichen Leidenschaften

Hier ein paar Frage-Beispiele, wie Sie Ihre Neugier auf seine ganz persönlichen Interessen und Leidenschaften zum Ausdruck bringen können:

„Was ich mich immer fragte: Was hat dich eigentlich zu deinem Faible für Autos/Geschichte/Programmieren/Gitarrespielen/Handwerk/ Reisen/Tanzen etc. geführt?“

„Wie bist du eigentlich ursprünglich zum Kanufahren/Bogenschießen / Angeln/Segeln/Münzen sammeln/Fußballspielen/Onlinespielen/Schießen etc. gekommen?“

Um seiner Begeisterung dann noch weiter auf die Spur zu kommen, sollten Sie mit einer anschließenden Kette von Fragen unbedingt weiter nachbohren und ihn damit sanft auffordern, mehr von seinem „Innersten“ preiszugeben.

„Wieso fasziniert dich das so?“

„Worauf muss man eigentlich achten, wenn man darin wirklich gut werden will?“

„Ich glaube, du bist darin ziemlich gut – auf der Skala von 0–10: Wo würdest du dich platzieren?“

„Aha, eine 7 – aber warum eigentlich nur eine 7?“

„Ich bewundere deine Fähigkeit/Kompetenz/fachliche Kompetenz/ Ehrgeiz /Disziplin, dich darin so zu vertiefen/Deine Zielstrebigkeit/ Deinen Erfolg dabei etc.“

„Willst du damit noch mehr erreichen? Was sind deine Ziele damit?“

„Was war dein größter Erfolg?“

„Wie viele Tore hast du eigentlich mal in einem Spiel geschossen?“

B. Seine Ziele, Träume und Potenziale ansprechen

Ein Beispiel, um seine höheren Ziele anzusprechen:

„Sag mal – warum bist du eigentlich Ingenieur/Grafiker/Bankkaufmann/ Bürokaufmann/Schlosser/Hausmeister/Arzt/Unternehmer etc. geworden?“

Mit einer daran anschließenden, passenden Fragekette können Sie seinen eventuell aufkeimenden ersten kleinen Widerstand sofort überwinden und ihn allmählich aus der Reserve locken:

„Ist es das, was du immer machen wolltest?“

„Wenn du eigentlich immer Vermögensberater werden wolltest, warum hast Du es nicht einfach gemacht?“

„Das ist ja total interessant. Was würde man damit denn alles machen können?“

„Faszinierend. Und was würde dir dabei am meisten Spaß machen?“

Wenn er Ihnen an dieser Stelle von SICH AUS Einblick gewährt: Geben Sie ihm ein ehrliches und direktes Feedback, indem Sie ihn jetzt in seinen Potenzialen und Fähigkeiten stärken, die Sie in ihm sehen und vermuten:

„Ich glaube du solltest das unbedingt weiter verfolgen. Was ich bisher bei dir mitbekommen habe ist, dass Du da auf jeden Fall eine Stärke hast – und es scheint dich wirklich zu begeistern.“

„Ich glaube, du hast ein ziemliches Talent zum Programmieren/ zum Erklären/zum Unterrichten/Erkennen technischer Zusammenhänge/ Schachspielen/Fotografieren/Führen von Menschen/Überzeugen von Menschen/Durchschauen von Menschen/zum Verkaufen/ Beraten etc.“

„Ich finde du bist ziemlich kompetent in Sachen Kultur / Geschichte/ Organisation/Handwerk/Beratung/Psychologie/Weinkenntnisse/Design/ Architektur/Kochen/Immobilien/PC etc.“

Fördern und ermuntern Sie ihn, mehr aus seinen Gaben zu machen:

„Hast du schon mal überlegt, dich selbstständig zu machen/einem Verein beizutreten/dich fortzubilden/diese Fähigkeit immer mehr auszubauen?“

Ein paar weitere Beispiele, mit denen Sie auf ganz ähnliche Weise einen Dialog über seine Lebensträume in Gang setzen können:

„Wenn Geld keine Rolle spielen würde: Was würdest du am liebsten in deinem Leben tun?"

„Wenn du 10 Millionen im Lotto gewinnen würdest: Was würdest du in den nächsten Jahren alles machen?"

„Was würdest du in deinem Leben am liebsten verwirklichen, wenn es nichts gäbe, was dich hindert und du alle Möglichkeiten hättest?"

„Wie möchtest du in 5 Jahren leben?"

C. Seine positiven Erlebnisse und Erinnerungen

Hier ein paar Möglichkeiten, um sich über seine ganz persönlichen und bedeutungsvollen Erlebnisse mit ihm zu verbinden:

„Was war dein Lieblingsfach in der Schule?"

„Was hast du als Kind am liebsten gemacht?"

„Was wäre für dich das perfekte Leben?"

„Was war dein schönster Urlaub?"

„Wofür bist du dankbar in deinem Leben?"

„Was ist dein Lieblingsfilm?"

„Wer ist dein bester Freund?“

„Mit wem hast du dich als Kind am besten verstanden?“

„Wann war eigentlich dein erster Kuss?“

„Was wolltest du werden, als du noch klein warst?“

Und auch hier gilt:

Versuchen Sie ihn nach der Eingangsfrage zum lebendigen Erzählen zu bringen, indem Sie sehr interessiert und neugierig nachhaken.

Die Beispiele in A)–C) sind nur ein kleiner Ausschnitt von unendlich vielen Möglichkeiten, die Ihnen gegeben sind.

Überlegen Sie sich selbst passende Fragen, die Sie ihm bisher möglicherweise noch nie stellten.

Seien Sie dabei selbstbewusst und unbefangen: Lassen Sie sich nicht gleich abschrecken, wenn er nicht sofort auf Ihre Fragen einsteigt. Haken Sie mindestens ein zweites Mal nach und werfen Sie ihm einen weiteren Ball zu, um ihn aus der Reserve zu locken.

Beispiel: „Mmh – also so begeistert wie du antwortest, scheint das ja nicht gerade dein Traumjob zu sein?“

Wenn er sich durch ein, zwei Fragen dazu inspirieren lässt, sichtbar angeregt etwas zu erzählen, beginnen Sie weiter nachzuhaken und aktiv zuzuhören. Sobald er beginnt, immer mehr aktiv nachzudenken und zu erzählen, hören Sie aufmerksam zu – und lächeln Sie Anteil nehmend. Haken Sie nach, wenn Sie etwas ganz Spezielles dabei interessiert. Geben Sie Feedback – und amüsieren Sie sich.

Wichtig ist dabei zu beachten:

Sie fragen ihn nicht aus, sondern pieksen nur bestimmte außergewöhnliche Themen an. Denn Sie sind interessiert, charmant und ausgelassen.

Vergessen Sie nicht: Sie sind transformiert und ihm gegenüber sehr selbstsicher und unbeschwert geworden.

Bringen Sie ihn durch das Ansprechen positiver persönlicher Themen insgesamt immer wieder mal dazu, in Ihrer Anwesenheit herausgefordert zu sein und sich selbst zu thematisieren. Er soll über seine Wünsche und über sein Leben nachdenken. Unter Ihrer Führung soll er seine Kompetenzen, sein Wissen und seine Fähigkeiten näher beleuchten.

Wenn Sie ihn dazu bringen, dass er Ihnen engagiert und angeregt etwas von sich erklärt bzw. näher verständlich macht: Perfekt. Denn er fühlt sich dadurch wohl bei Ihnen und ein weiteres Stück Verbundenheit baut sich auf.

Übertreiben Sie es aber nicht. Dies soll lediglich einer von mehreren Bausteinen in Ihrer Unterhaltung sein.

Er darf nicht das Gefühl bekommen, dass Sie sich auf diese Weise mit ihm verbinden und mehr Nähe wollen.

Es interessiert Sie zwar in dem Moment ganz spontan, doch nur bis zu einem bestimmten Punkt. Irgendwann sollten Sie wieder das Thema wechseln, möglichst an einer Stelle, an der er noch gern weitererzählt hätte.

Unterbrechen Sie seinen Gesprächsfluss insbesondere dann, wenn er dazu tendiert, sich in größerem Maße eine Bühne bei Ihnen zu verschaffen: wenn Ihr gezieltes, engagiertes Ansprechen bestimmter Themen bei ihm also dazu führen sollte, sich selbst derart zu thematisieren, dass er während der Kommunikation kaum noch von selbst aktiv auf SIE eingeht.

Vergessen Sie nicht: Sie haben jetzt die Zügel in der Hand.

Beispiele:

„Wirklich spannend ... Sag mal, was mir dazu einfällt: (Neues Thema).“

„Entschuldige, wenn ich dich unterbreche – wollen wir eigentlich gleich noch etwas essen? Dann sollten wir langsam losgehen, ich kann heute nicht mehr so lange.“

Manchmal eignet sich ein hohes Level an Angeregtsein auch dazu, diese von ihm gefühlte inspirierende Nähe mit Ihnen zu unterbrechen, indem Sie auf ein Ende der Begegnung zusteuern.

Dies kann sich nämlich als eine sehr gute Gelegenheit erweisen, seine starke, positive Fokussierung auf Sie während des Gesprächs durch einen derartigen Heiß-Kalt-Impuls auch ANSCHLIEßEND für die kommende Zeit aufrechtzuerhalten und zu stärken.„Ich finde es faszinierend, dir zuzuhören, doch ich muss bald zum Ende kommen. Ich habe morgen einen vollen Terminkalender und will gleich los.“

„Es macht wirklich sehr viel Spaß, mit dir über diese Themen zu reden. Ich müsste mich jedoch mal entfernen, um kurz zu telefonieren, da ich nachher noch eine Verabredung habe.“

Leiten Sie den Abbruch selbstbewusst und sanft ein. Unterbrechen Sie den Gesprächsfaden ansonsten aber einfach mit einem Wechsel zu einem anderen Thema.

Vergessen Sie nie:

Sie sorgen in dieser Phase dafür, dass Ihre Begegnungen eher seltenere Highlights sind. Sie verfallen dabei insgesamt niemals in eine Bewerberrolle, im Gegenteil:

Sie wollen IHN dazu bringen, sich bei Ihnen zu bewerben und sich NOCH mehr um Sie zu bemühen. Sie wollen erreichen, dass er um den kostbaren Schatz, der Sie sind, immer mehr kämpft.

Das Einzige, was Sie ihm dabei geben, ist einfach nur Ihr bestes Selbst. Und das ist schon sehr viel.

Denn Ihr Anspruch ist, dass Sie bei Ihren Begegnungen Spaß haben wollen. Sie möchten inspiriert und angeregt werden.

Und wenn er Ihnen das nicht von selbst gibt, holen Sie sich das als souveräne und selbstbewusste Frau ganz selbstverständlich in völliger Eigeninitiative, indem Sie ihn z.B. mit herausfordernden Fragen ein wenig ausleuchten und noch besser kennenlernen.

Dadurch bringen Sie ihn immer mehr dazu, emotional und gedanklich in Sie zu INVESTIEREN.

Männliche Urinstinkte wecken – den kompetenten Experten wachrufen.

Eine weitere gute Methode, um ihn mehr männliche Energie in Ihrer Nähe fühlen zu lassen, ist ihn um Rat zu fragen oder um konkrete Hilfe zu bitten in Dingen, bei denen er sich gut auskennt.

Das können jegliche Themen und Gebiete sein, bei denen Sie indirekt sein „Experten – Ich“ wachrufen:

Ob es nun sein berufliches Wissen ist, seine eigenen Hobbys betrifft oder sein allgemeines technisches Know-how berührt: ob sein Wissen in Rechts- und Steuerangelegenheiten, seine behördlichen Kenntnisse, sein politisches Wissen, seine Erfahrungen mit einem bestimmten Computerprogramm gefragt sind oder die kaputte Steckdose repariert werden muss.

Ganz gleich, was es ist:

Triggern Sie den Experten in ihm.

Lassen Sie sich irgendetwas erklären, empfehlen oder konkret bei etwas helfen, mit dem Sie evtl. selbst zurzeit am Rande beschäftigt sind und dabei Rat oder Hilfe brauchen.

Gelegenheiten dafür können sein:

- Die Überlegung, welches Smartphone Sie sich besorgen sollen.
- Ein Problem, das Sie mit Ihrem Auto haben.
- Ein Problem, bei dem Sie mit dem E-Mail-Programm auf Ihrem Laptop nicht weiterkommen.
- Die Geschichte Europas, mit der er sich auskennt und die Sie plötzlich etwas mehr interessiert.
- Worauf Sie achten sollten, wenn Sie mit dem Joggen oder mit Fitness beginnen.

- Sie wollen Kosten sparen: Die Suche nach einem neuen Handyvertrag /die günstigsten Internetportale für Reisen/Tierfutter/Druckerpatronen/ Computerartikel usw.
- Seine Tipps zu Versicherungen, Bausparverträgen oder Rentenversicherungen.
- Worauf man achten sollte, wenn man einen guten Rotwein kaufen will, ohne Hintergrundwissen dazu.

Bei jeglichen Themen, bei denen er mehr weiß und kann als Sie:

1. Äußern Sie einen Bedarf nach mehr Wissen oder nach konkreter Hilfe und befragen Sie ihn.
2. Lassen Sie sich genau erklären, wie die Dinge zusammenhängen oder was Sie am besten tun sollten. Haken Sie dann genau und sehr interessiert weiter nach, selbst wenn es Sie längst nicht so genau interessiert! Lassen Sie sich von ihm notfalls konkret helfen und spannen Sie ihn als Helfer ein.
3. Belohnen Sie ihn mit einer verbalen Würdigung für seine Empfehlung/ seine ausgiebige Erläuterung/seinen Tipp/seine Erklärung/seine konkrete Hilfe.

Der Effekt: Er fühlt sich in dem Moment wohl und verbunden mit Ihnen, da er in Ihrer Anwesenheit seine Männlichkeit spürt und sich gleichzeitig in seinen außergewöhnlichen Kompetenzen von Ihnen „erkannt" fühlt. Das Stillen dieser beiden Sehnsüchte bedeutet für so gut wie jeden Mann eine große Wohltat.

Beispiele:

„Wow. Mir war gar nicht bewusst, dass du so viel davon weißt. Du bist echt Experte darin." → Wertschätzung seines Expertentums

„Oh, klasse. Mir ist gar nicht klar gewesen, dass du das so gut kannst – danke! Du hast mir damit sehr geholfen." → Wertschätzung seines Expertentums

„Unglaublich, ich glaube ich kenne wenige Männer, die sich darin so gut auskennen wie du." → Wertschätzung seines Expertentums und leichtes Bestätigen seiner Männlichkeit

„Ich bewundere deine Kompetenz. Bei dir kann man sich wirklich aufgehoben fühlen." → Wertschätzung seines Expertentums und mittleres Bestätigen seiner Männlichkeit

„Danke für deinen Rat. Bei dir kann sich eine Frau wirklich beschützt in dieser Welt fühlen." → Wertschätzung seines Expertentums und starkes Bestätigen seiner Männlichkeit

„Du bist der Beste. Ohne dich wäre ich verloren in dieser Welt." → starkes Bestätigen seiner Männlichkeit

„Du bist mein Held."→ starkes Bestätigen seiner Männlichkeit

„Das kann wirklich keiner besser als du." → Wertschätzung seines Expertentums

„Weißt du, das mag ich an dir. Du kannst in wenigen Sätzen erklären, wofür andere Stunden gebraucht hätten." → Wertschätzung seines Expertentums

Männlichen Konkurrenzinstinkt wachrufen

Meine Erfahrungen in der Beratung, aber auch während meiner vielen Gespräche mit „weiblichen Naturtalenten" zeigen, dass es SEHR effektiv sein kann, im Prozess der Anbindung eines Mannes (vorausgesetzt er weiß nicht, was er will und pendelt immer noch zwischen Zuneigung und Ignoranz), die Idee anderer Männer ins Bewusstsein zu rufen.

Es ist sehr wichtig, dass Sie dieses Prinzip erst DANN anwenden, wenn er sich schon wieder viel mehr um Sie bemüht und Sie genau spüren, dass Sie die Zügel in der Hand haben. Der Konkurrenzinstinkt wirkt in einem Mann nur dann, wenn er sich sowieso schon zu einer Frau hingezogen fühlt und Interesse an ihr hat.

In Ihrer speziellen Situation wirkt er nur dann, wenn Sie sich inzwischen in seinen Augen glaubhaft transformiert haben.

Er darf sich also auf keinen Fall mehr Ihrer sicher fühlen und er darf keinen Zweifel daran haben, dass Sie zurzeit kaum ernsthafte Absichten hegen und tatsächlich einfach nur die lockere „Freundschaft" mit ihm genießen.

Wenn Sie harmlos und indirekt die Existenz anderer Männer ins Spiel bringen, OHNE ihn damit augenscheinlich manipulieren und eifersüchtig machen zu wollen, kann das einer der entscheidenden Motoren für ihn sein, sich noch ernsthafter um Sie zu bemühen.

Achten Sie also unbedingt darauf, dass Sie potenzielle Konkurrenten wirklich nur beiläufig erwähnen. Sie sind nur ein zufälliger Bestandteil Ihrer Begeisterung für etwas GANZ ANDERES, das in Ihrer Geschichte im VORDERGRUND steht.

Ein paar Beispiele:

Nachhilfe in Italienisch:

„Stell dir vor: Mein italienischer Arbeitskollege ist so lieb, dass er mir 2 Monate lang hilft, meine Italienischkenntnisse aufzufrischen, völlig

kostenlos. Im Gegenzug erwartet er nur, dass ich ihm ein bisschen mehr von der deutschen Grammatik beibringe."

Spritztour in der Mittagpause:

„Hey, dieses Auto bin ich vor Kurzem auch gefahren – bzw. mitgefahren! Ein unbeschreibliches Gefühl, darin zu sitzen" – auf drängende Nachfrage, mit wem das war: „Ach, nur ein neuer Arbeitskollege, mit dem ich Mittagspause gemacht habe."

Messe:

„Es ist der Wahnsinn, ich freue mich so sehr: Ich darf dieses tolle Auto fahren, weißt du noch? Ein paar Kollegen und ich müssen am Dienstag auf die Messe und mein neuer Arbeitskollege lässt mich sein Auto fahren – er sagt, er hat sein Auto vorher noch nie einer Frau anvertraut."

Schwärmen von den Malediven:

Sie befinden sich gerade in einem Gespräch über Urlaubserfahrungen:

„Weißt du, ich würde so unwahrscheinlich gern mal auf die Malediven. Muss ein Paradies sein. Mein Fitnesstrainer schwärmt mir in der letzten Zeit immer wieder davon vor."

Einladung zur Motorradtour:

„Der Freund meines Bruders/Arbeitskollegen/Kumpels/Schwagers/etc. hat mich eingeladen zu einer Motorradtour. Bin schon ganz aufgeregt, ich glaub die Maschine wird ziemlich abgehen. Ich liebe diese Freiheit."

Andere Beispiele:

Seminar:

Sie besuchen gerade ein Seminar zum Thema „NLP/Persönlichkeitsentwicklung /Kommunikation/Sprachen etc.“ und treffen jetzt regelmäßig einen der Teilnehmer, um mit ihm zusammen die Übungen zu machen. Er hat es Ihnen angeboten.

Wochenendausflug. Player dabei:

Sie erwähnen einen geplanten Wochenendausflug mit Freunden/Bekannten/Arbeitskollegen/mit einer Freundin und Ihrem Freund etc. und heben einen Mann darunter besonders hervor:

„Freu mich schon! Mein neuer Arbeitskollege kommt auch mit! Ein ziemlicher cooler Typ – der ist der Wahnsinn, der spielt total genial Gitarre.“

Party der Erfolgreichen:

„Habe am Wochenende leider keine Zeit, bin mit einer Freundin auf einer Geburtstagsparty. Ihr Freund hat Geburtstag. Wird bestimmt interessant. Der hat seine ganzen Geschäftspartner, die alle dicke Autos fahren, eingeladen.“

Mysteriöser Freund:

„Nein, kann am Samstag leider nicht, hab da schon was vor. Sehe seit Langem mal wieder einen sehr guten, alten Freund von mir – der hat nach Jahren wieder den Kontakt zu mir aufgenommen.“

Verwenden Sie den Einbau indirekter Konkurrenten in Ihre Erzählungen möglichst fein abgestimmt auf Ihre aktuelle Beziehungssituation:

Wenn er sich schon eine Zeit lang wieder mehr um Sie bemüht, Sie jedoch zurzeit nicht wirklich das Gefühl haben, dass es weiter „vorangeht", können Ihre Beispiele „bedrohlicher" sein.

Wenn er in letzter Zeit wieder unzuverlässiger und unverbindlicher war, verwenden Sie nur harmlose „Geschütze".

Achten Sie bei den betreffenden Figuren auch möglichst darauf, dass diese wirklich ein paar klassische Männlichkeitsattribute aufweisen (schauen Sie sich die Liste dazu an), um 1. ÜBERHAUPT bei ihm das Gefühl von Konkurrenz erzeugen zu können und und 2. Ihren eigenen WEIBLICHEN WERT noch strahlender aufscheinen zu lassen – als Frau, die von sehr „männlichen Männern" scheinbar begehrt wird.

Der Grundton des Erzählten sollte sein: Gut gelaunt, begeistert, völlig unschuldig.

Ihre Antwort, wenn er auf Ihre Worte sichtlich verärgert oder getroffen reagiert, ist ausschließlich liebevoll-beschwichtigend:

„Da ist doch nichts dabei."

„Ach nein, das ist alles viel harmloser als du denkst."

„Quatsch, das ist doch völlig harmlos."

„Nein, das wäre absurd – ich bin doch im Moment nicht auf Partnersuche." Außerdem reicht mir das Lockere, das wir miteinander haben, gerade aus."

So in etwa.

Vergessen Sie nicht: Achten Sie auf die harmlose Beiläufigkeit. Andernfalls besteht die Gefahr, dass Ihr Verhalten als eine Art „verzweifeltes Manöver“ wirkt, um ihn damit beeindrucken zu wollen.

Ihre weibliche Kostbarkeit zelebrieren: Die Spannung stärken zwischen Ihrer Weiblichkeit und seiner Männlichkeit durch aktives Ausleben Ihrer femininen Energien

Ich möchte Ihnen im Folgenden die wichtigsten Möglichkeiten an Herz legen, mit denen Sie die ureigenen Anteile Ihres weiblichen Wesens im direkten Kontakt mit ihm ganz bewusst leben und inszenieren sollten.

Erinnern Sie sich:

Auf der einen Seite bewegen Sie sich zurzeit im bewusst vermenschlichten „männlicher Kumpel-Rahmen“. Doch auf der anderen Seite bleiben SIE SELBST dabei die attraktive, facettenreiche und unberechenbare Frau, die wie selbstverständlich alle Ihre Eigenschaften, Launen und Ihre Leidenschaftlichkeit auslebt.

Ihm gegenüber fühlen Sie sich in Ihrer menschlichen Haut genauso wohl, wie auch in Ihrer WEIBLICHEN Haut.

Es ist also sehr wichtig, dass Sie in der Führungsphase immer wieder die bestehende Mann-Frau-Spannung zwischen Ihnen auf verschiedene Weise selbstsicher und spielerisch „strapazieren“, indem Sie ihm in der direkten Kommunikation in verschiedenster Weise demonstrieren, dass Sie sich in Ihrer weiblichen Haut sehr wohl, sehr selbstsicher, sehr attraktiv und sehr begehrenswert fühlen.

Lassen Sie dabei in allem durchscheinen, dass Sie Ihre Leidenschaftlichkeit leben: Ihre Leidenschaft für Ihr eigenes Leben, Ihre Leidenschaft für die Menschen um sich herum, Ihre Leidenschaft für SICH SELBST als sinnlich-weibliche und beseelte Frau.

Lächeln Sie und lehnen Sie sich zurück

Halten Sie sich insgesamt zurück damit, sehr viel von sich selbst zu erzählen.

Die objektive Lage zwischen Ihnen beiden ist die, dass Sie noch keine verbindliche Beziehung haben. Es entspricht daher noch nicht dem momentanen Status, wenn Sie ihm wie selbstverständlich ausführlich und detailliert persönliche Dinge von sich berichten oder zu intensiv Ihre Gedanken und Beobachtungen mitteilen würden.

Sie wachsen gerade Schritt für Schritt in die Position einer Frau hinein, um die GEWORBEN werden soll – von ihm. Diese Frau genießt zwar selbstsicher, unbeschwert und verspielt den Kontakt mit ihm, tut aber nicht so, als wenn es selbstverständlich ist, sich einem Mann gegenüber sehr vertraut auszubreiten und offenzulegen.

Schaffen Sie in dieser aktuellen Phase keine Nähe zu ihm durch eine zu große Vertrautheit. Er weiß sowieso, dass Sie in der Vergangenheit schon einmal dazu bereit waren, Ihm jede erdenkliche Nähe zu schenken.

Daher würde ihm ein zu engagiertes Mitteilungsbedürfnis zu diesem Zeitpunkt eher zeigen, dass Sie noch stets viel Nähe zu ihm suchen.

Erzählen Sie nicht zu ausgedehnt und nicht zu vertraute Dinge.

Es ist viel besser, wenn Sie sich zurücklehnen und völlig locker bleiben – und wenn Sie IHN aus dieser Haltung heraus aktiv und amüsiert dabei beobachten, wie er versucht, Ihnen zu gefallen.

Denn ER ist in der Position, dass er es nötig hat, SIE noch besser kennenzulernen und sich für Ihre Gedanken und für Ihr Leben zu interessieren.

Wenn er Ihnen diesen Gefallen noch nicht tut, bringen Sie ihn durch herausfordernde Fragen und Ihre Kommentare dazu, dass er zumindest IHNEN immer mehr gefallen will.

Erst wenn Sie merken, dass er dabei ist, im Gespräch mehr zu investieren, dann belohnen Sie ihn dafür durch aktives Zuhören, Nachhaken, einfühlsames Kommentieren und würdigende Anerkennung.

Er ist zurzeit in Ihren Augen gehörig in die männliche Kumpelrolle gerutscht, und Sie stehen über den Dingen. Das bedeutet, dass SIE entscheiden, was er in Zukunft für Sie sein wird.

Weil Sie das im Moment nicht mehr so genau wissen, schauen Sie sich deshalb einfach nur ganz entspannt an, was er denn wirklich so für ein Mensch ist. Sie genießen diesen Prozess einfach:

Es ist extrem wichtig, dass er registriert, dass SIE sich wohlfühlen und die Zeit mit ihm genießen. Wenn es Ihnen ganz unübersehbar gut geht und er sich zu NICHTS gezwungen fühlt, beginnt auch er immer mehr, sich wohlzufühlen.

In dem Augenblick, in dem er sieht, dass Sie sich wohlfühlen und gut gelaunt sind – obwohl Sie ja bis vor Kurzem noch unter ihm gelitten haben – dann zeigt ihm das, dass sich scheinbar für Sie die Welt zum Positiven verändert hat. Für Sie ist jetzt alles perfekt – so unverbindlich die aktuelle Beziehung mit ihm auch sein mag.

Wenn Sie es in der Begegnung mit ihm schaffen, ganz präsent und ohne Erwartungen in jedem kleinen Augenblick zu sein – und auf alles, was Sie von ihm sehen und hören, ganz locker und entspannt zu reagieren – dann ist das sehr attraktiv.

Ein wesentliches Merkmal Ihrer neuen Lockerheit im Hier und Jetzt:

Sie lächeln und lehnen sich zurück.

Wenn Sie früher versucht haben, das Gespräch auch nur annähernd irgendwie in Gang zu halten, machen Sie jetzt das Gegenteil:

Investieren Sie nichts mehr. Kämpfen Sie nicht mehr aus Verkrampftheit oder Unsicherheit und glauben Sie nicht, irgendetwas „tun" zu müssen, um ihn bei der Stange zu halten.

Im Gegenteil:

Ihnen geht es gut und Sie genießen die Zeit. Sie sind offen und haben Spaß.

Sie überspielen also keine Gesprächspausen mehr, indem Sie irgendetwas dahinplappern, sondern blicken ihn liebevoll und lächelnd vertraut an – oder beobachten Ihre Umgebung.

Versuchen Sie, keine künstliche Verbindung und Nähe mehr zu ihm herzustellen, sondern lassen Sie IHN ab jetzt mehr investieren.

Er selbst soll jetzt lernen, das natürliche Vakuum zwischen Ihnen mit seiner Energie zu füllen – und nicht Sie es mit Ihrer.

Entspannt schweigen ist – genauso wie z.B. das spontane Berühren des Gesprächspartners oder auch das Necken und Flirten mit ihm – eine weibliche Führungsgeste:

Sie bestimmen jetzt, was passiert – und wie es passiert. Und fühlen sich pudelwohl in Ihrer Weiblichkeit dabei.

DARUM geht es in unserer aktuellen Phase: Sie gewinnen gerade ihm gegenüber Ihre Selbstsicherheit und Souveränität zurück.

Sie überspielen also keine Unsicherheit mehr, sondern Sie lassen unangenehme Situationen tendenziell „eskalieren" und zeigen dadurch Ihre weibliche Stärke.

Ein kleines Beispiel:

Er ist wortkarg und redet wenig, scheint leicht abwesend zu sein.

Ihre Reaktion:

Sie übertönen das Schweigen nicht durch Reden, sondern schweigen ebenfalls. Sie genießen jedoch die Situation, schauen ihn lächelnd an und lassen Ihre Blicke schweifen. Nach einer Weile sagen Sie etwas wie: „Du siehst gut/gestresst aus heute – kommst du voran?" oder „Hey, erzähl doch mal, du hast doch letztens dieses Meeting etc. gehabt."

Wenn Sie etwas VON SICH erzählen, dann achten Sie dabei möglichst auf den folgenden Punkt:

Seien Sie beseelt

Eine sehr attraktive Begleiterscheinung Ihrer Transformation ist es, wenn Sie scheinbar ein ganz neues Selbstbewusstsein haben und jetzt erfüllt sind von höheren Zielen, Plänen oder auch privaten Leidenschaften, in die Sie Ihre ganze Energie stecken.

Das „Beseeltsein" von Ihren ganz persönlichen Leidenschaften und Träumen ist eine sehr attraktive Eigenschaft Ihrer Weiblichkeit:

Indem Sie Ihre Fähigkeiten und Talente sehr konsequent und begeistert verwirklichen, leben Sie in den Augen eines Mannes die höhere Vision Ihres gottgegebenen Menschseins.

Es gibt kaum etwas Reizvolleres in den Augen eines Mannes als eine sehr selbstbewusste und sehr weibliche Frau, die ganz offensichtlich einer höheren Stimme in Ihrem Leben folgt. Eine Frau, die scheinbar von Ihrer Berufung in diesem Leben mehr erfüllt ist als von allem anderen.

Wenn ein Mann spürt, dass eine Frau zwar warmherzig, spielerisch und souverän eine Verbindung zu ihm herstellt, doch gleichzeitig stets etwas „Höheres" mit ihm emotional konkurriert, wird er sich schwer Ihrer Anziehungskraft entziehen können.

Wenn Sie ganz offensichtlich getragen sind von Ihrer höheren Bestimmung, wird ein Mann das Gefühl bekommen, dass er dagegen kaum „ankommt". Sie werden in seinen Augen zu etwas unendlich Kostbarem, um das er sich stets sehr bemühen müsste, um Ihre wertvolle Zuneigung und Aufmerksamkeit zu verdienen.

Beginnen Sie jetzt damit, auf eine ganz natürliche und überzeugende Weise Ihren wahren weiblichen Wert zu zelebrieren.

Fangen Sie z.B. damit an, ihm von Ihren Erfolgen und Ihrem beruflichen und privaten Vorankommen zu berichten.

Sprechen Sie darüber, was Sie in Zukunft alles vorhaben. Berichten Sie ambitioniert und leidenschaftlich von Ihren hohen Zielen und Träumen.

Lassen Sie durchblicken, dass Sie gerade planen, ein bestimmtes berufliches Ziel zu erreichen (z.B. eine Fortbildung, eine neue Ausbildung, ein Studium, ein bestimmtes Zertifikat oder eine geplante Selbstständigkeit) – und dass Sie zurzeit alles unternehmen und vorbereiten, um diesem Ziel näher zu kommen. Sie strotzen nur so vor Energie.

Erwähnen Sie einen Kurs, den Sie besuchen, um eine bestimmte Fähigkeit zu erlernen (z.B. eine Sprache/ein bestimmtes Layoutprogramm/Fachwissen auf einem ganz bestimmten Gebiet/eine Coachingausbildung/der Einstieg in eine Maklertätigkeit /eine Nebenausbildung als Modedesignerin/Stilberaterin/Reiseleiterin/Masseurin etc.), um Ihren längerfristigen beruflichen Zielen näher zu kommen.

Sie sind völlig begeistert davon und können kaum die nächste Sitzung erwarten.

Erzählen Sie auch von Ihren Hobbys und von Ihren ausgeübten Leidenschaften:

Sprechen Sie enthusiastisch davon, dass Sie bald vorhaben, eines Ihrer Talente zu perfektionieren (z.B. eine Tanz- oder Gesangsausbildung machen/eine bestimmte Sportart in einem Verein aktiv betreiben/einen Power-Aerobic-Kurs belegen/ Kampfsport/kreatives Schreiben/Fotografieren/Filmen etc.).

Es macht Ihnen unglaublich Spaß. Außerdem wollen Sie damit Ihr Ziel verwirklichen, Trainerin zu werden bzw. selbst Seminare zu geben. Erwähnen Sie dabei ruhig, dass Sie wahrscheinlich vorhaben, dafür in eine andere Stadt umzuziehen.

Bringen Sie dabei auch Ihre neuen Energiesäulen ins Spiel.

Wenn Sie inzwischen schon dabei sind, eine bestimmte Tanz- oder Sportart zu betreiben, berichten Sie begeistert davon. Erzählen Sie von allem, was Sie dabei fasziniert und herausfordert. Von dem, was Sie motiviert und welche Erfolge Sie erleben.

Wenn es sich anbietet, versuchen Sie, ihm allgemeine Anknüpfungspunkte zu bieten, um bei ihm eine ähnliche Erfahrung wachzurufen.

Beispiele:

„Du kennst das vielleicht vom Fußball: Du bist mittendrin in einem fast verlorenen Spiel – gibst dich fast schon innerlich auf – und plötzlich geht dann doch noch etwas und du hast wieder ein Quäntchen Hoffnung, bäumst dich auf und nimmst alle Kraft zusammen – und du reißt das Ruder doch noch herum."

„Mich beeindruckt total, welches körperliche/geistige Potenzial in mir steckt. Mein Tango-Tanzpartner/Fitnesstrainer/Badmintonlehrer etc. hat mir gerade unglaublich gut erklärt, wie ich mich dabei bewegen muss und ich mache rasend Fortschritte. Kennst du das, wenn du plötzlich etwas völlig Neues ausprobierst und entdeckst, was für Talente ungenutzt in dir schlummern?"

Außerdem können Sie Ihr höheres Beseeltsein auch sehr gut demonstrieren, indem Sie neuerdings (egal, ob beruflich oder privat) mit einem bestimmten gesellschaftlichen Thema oder einem speziellen Wissensgebiet beschäftigt sind:

Sie lesen z.B. ein spezielles Buch über die europäische Geschichte oder Sie beschäftigen sich zurzeit näher mit politischen, psychologischen, alltäglichen, kulturellen oder ernährungsbezogenen Dingen. Sie informieren sich im Moment auffällig über ein bestimmtes Thema in Büchern und Zeitschriften oder Sie setzen sich neuerdings mit Immobilien- und Mietpreisen auseinander.

Erzählen Sie ihm mit Enthusiasmus davon und lassen Sie durchblicken, was Sie dabei so interessiert und beschäftigt. Bieten Sie ihm eine Tür, indem Sie Ihre Meinung kundtun oder erzählen, was Sie dabei beeindruckt.

Ganz gleich, WAS sie beseelt: Sei es, dass Sie begeistert von einem vergangenen Urlaub erzählen oder ihn wissen lassen, dass Sie planen, sich unbezahlten Urlaub zu nehmen, um die ganze Welt zu bereisen.

Wenn Sie offensichtlich dabei sind, Energie und Begeisterung für etwas Höheres aufzubringen, das Sie innerlich beschäftigt und stark INTERESSIERT, ist genau DAS ein Ausdruck dafür, dass Sie einer höheren Stimme in Ihrem Leben folgen.

Dies ist ein sehr guter Weg, um das Gefühl von Verbundenheit zwischen Ihrem weiblichen und seinem männlichen Pol zu verstärken.

Achten Sie auf sein Energielevel

Achten Sie unbedingt auf seine Reaktion, wenn Sie reden:

Erzählen Sie nur weiter, wenn er Ihnen aufmerksam und interessiert zuhört. Im Optimalfall ist das von Ihnen Gesagte eine Antwort darauf, was er Sie interessiert fragt – oder es hat eine direkte Verbindung zu seinem Beitrag.

Denken Sie hier immer wieder an die alles entscheidende, neue Rollenverteilung zwischen Ihnen:

Sie sind nicht in der Position, dass Sie sich bei ihm bewerben, sondern UMGEKEHRT. Sie haben daher kein Bedürfnis, ihm gefallen zu wollen durch etwas, das Sie ihm irgendwie präsentieren müssten.

Sie halten sich mit Ihren persönlichen Dingen daher insgesamt dezent zurück.

Ihre ganz natürliche Erwartung an jeden Mann, dem Sie Ihre kostbare Zeit schenken, ist:

Seine Reaktion sollte enthusiastisch sein. Er sollte auf jeden Fall sichtlich anteilnehmend reagieren, also mitlachen, mitdenken, das Gesagte kommentieren – und Dinge davon aktiv aufgreifen, indem er nachhakt oder konkrete Fragen dazu stellt.

Erzählen Sie von weiteren Dingen nur, wenn er sich offensichtlich dafür interessiert. Akzeptieren Sie auf keinen Fall ein stetiges „mmh mmh" und billigen Sie auch keine völlige Regungslosigkeit.

Wenn das Energielevel auf einem geringen Niveau ist und er trotz Ihrer Versuche sehr wenig von sich gibt, können Sie es mit der Flucht nach vorn probieren:

„Du siehst gerade so gestresst aus – alles okay im Job?/ Alles klar mit deiner aktuellen Situation?"

„Du wirkst so entspannt – ist dir was Schönes passiert? Erzähl mal."

Damit gehen Sie gegebenenfalls sehr einfühlsam auf seine aktuelle Stimmung ein.

Doch im Extremfall:

Brechen Sie die Nähe und führen Sie das Treffen einfach zum Ende.

Falls er kaum etwas VON SICH AUS in die gesamte Unterhaltung investiert – er also unberührt, gelangweilt und desinteressiert an einer Kommunikation mit Ihnen erscheint:

Schauen Sie lächelnd auf Ihr Handy/Uhr und sagen:

„Du, ich muss mich entschuldigen, ich habe nachher noch eine Verabredung und vorher noch einiges zu erledigen."

„Ich habe morgen einen vollen Terminkalender, muss leider gleich los."

„Ich möchte nicht unhöflich erscheinen – aber ich habe heute nicht so viel Zeit und muss daher gleich gehen."

Ein Küsschen auf die Wange – und Sie gehen.

Ihr Ziel ist nicht, die momentane sporadische Zweisamkeit in die Länge zu ziehen, sondern dass er irgendwann noch viel stärker spürt, dass er ohne Sie nicht mehr kann – dass er Sie niemals an jemand anderen verlieren will – dass er Ihnen ergeben ist – und dass er bereit ist, alles zu geben, um mit Ihnen zusammen sein zu dürfen.

Daher gilt für Sie generell:

Sie beenden Telefonate und Treffen überwiegend als Erste. Ziehen Sie Ihre Begegnungen nicht in die Länge. Alles, was in dieser Phase danach aussieht, dass Sie immer in dem Moment, wenn Sie mit ihm Kontakt haben, alles andere in Ihrem Leben vergessen und vernachlässigen, arbeitet NICHT für Sie.

Alles, was jedoch danach aussieht, dass Sie die Begegnungen mit ihm genießen und dabei Spaß haben, Sie aber insgesamt erfüllt und getrieben von ANDEREN Dingen sind, arbeitet FÜR Sie.

Beenden Sie Ihre Gespräche, Begegnungen und Unternehmungen möglichst dann, wenn sich das Energielevel zwischen Ihnen noch auf einem hohen Niveau bewegt.

Sie intensivieren dadurch die Spannung zwischen Ihnen, denn Sie hinterlassen in ihm das Gefühl, von Ihnen „aufgeladen“ zu sein, gleichzeitig jedoch „nicht genug“ bekommen zu haben.

Berührungen

Ab einem fortgeschrittenen Stadium Ihrer Wiederannäherung sind Berührungen ein wunderbares Mittel, Ihr eigenes Wohlfühlen und Ihre Leichtigkeit auszudrücken.

Sie zeigen hiermit souverän, dass Sie absolut im Reinen mit allem sind. So wie es gerade ist. Sie freuen sich, wenn Sie ihn treffen, sind ihm selbstverständlich herzlich zugewandt und zeigen ihm dies gerne. Sie sind längst transformiert und daher stark mit anderen Dingen ausgefüllt.

In dieser Phase erfüllen Berührungen 2 Funktionen:

- Sie sollen Ihr eigenes, spontanes Wohlfühlen zum Ausdruck bringen.
- Sie sollen zum Ausdruck bringen, dass Sie „über den Dingen stehen” und aktiv die Situation mit ihm in der Hand haben und führen. Ein weiterer Beweis also, dass nicht mehr er Sie (wie bisher) in der Hand hat, sondern umgekehrt.

Bedenken Sie jedoch dabei: Sie sind nicht verbindlich zusammen. Alles was Sie an beziehungstypischen Routinen und Gesten mitmachen, bestätigt ihn in seinem bisherigen Bild: „Es geht ihr eigentlich doch nur um die Sicherheit einer Beziehung mit mir. Sie ist nur so ausgelassen, und gut gelaunt in Ihrem Umgang mit mir, weil Sie inzwischen wieder Hoffnung hat, sich dadurch mit mir verbinden zu können“.

Übertreiben Sie es also nicht.

Daher ist eine kurze Umarmung zur Begrüßung oder ein Küsschen auf die Wange absolut angemessen.

Doch beim Spazierengehen sollten Sie nicht seine Hand suchen, um diese zu halten.

Falls er (evtl. aus Gewohnheit) jedoch Ihre Hand beim Gehen nehmen sollte, lassen Sie es zunächst zu, doch entgleiten Sie ihm wieder nach kurzer Zeit. Lassen Sie sie einfach wieder los – eine weitere kleine Geste, um Ihre neue Unbeschwertheit ohne jegliche Beziehungsabsicht zu untermauern.

Legen Sie stattdessen ein anderes Mal Ihre Hand wie selbstverständlich eine kurze Zeit auf seine Schulter, während Sie sich bei einem Spaziergang unterhalten und sich die Situation gerade ausgelassen und intensiv anfühlt.

Grundsätzlich bestimmen Sie, wann berührt wird und wann nicht.

Vermutlich sind genau das in Ihrer Situation wichtige Nachhol-Elemente.

Weitere Beispiele:

- Sie legen Ihre Hand auf seinen Unterarm, während Sie lachen oder während Sie etwas beim Sprechen betonen – lassen dann wieder los und reden weiter.
- Sie haken sich wie selbstverständlich während eines Spaziergangs, in einem Moment, in dem Sie sich besonders entspannt fühlen, spontan bei ihm ein – lassen dann aber kurze Zeit später selbst wieder los.
- Sie streichen ihm einen Fussel vom Pullover mit dem lächelnden Kommentar: „Auf dich scheint zurzeit auch keiner aufzupassen“.

- Sie berühren ihn mit der flachen Hand am Rücken, wenn Sie z.B. beide kurz stehen bleiben, die Richtung wechseln oder wenn Sie sich in einem Restaurant kurz vom Tisch entfernen.

Spielerisches und selbstbewusstes Ausstrahlen Ihrer Sexualität

Machen Sie sich zunächst erst einmal bewusst:

Ihre sexuelle Anziehungskraft auf ihn wächst nicht durch Ihre sexuellen Verführungskünste, durch Ihre verbalen Anspielungen oder erotischen Finessen, sondern zunächst nur durch Ihre transformierte Persönlichkeit.

Denn diese Dinge sind nur „Bonbons“, die einer funktionierenden und AUSGEGLICHENEN, lediglich etwas stagnierenden Beziehung wieder frischen Wind einhauchen.

Jedoch in einer EINSEITIG gewordenen Oben-Unten-Konstellation (Mann distanziert sich – Frau bleibt weiter unverändert abhängig und ergeben) ist die Fixierung Ihrer Bemühungen auf seine sexuelle Ansprechbarkeit so gut wie aussichtslos.

Denn in Ihrem Fall entwickelte sich sein sexuelles Desinteresse NICHT aus Gründen der Eintönigkeit oder des Alltagstrotts, der in vielen stabilen und glücklichen Beziehungen einkehrt.

SEINE sexuelle Ermattung Ihnen gegenüber liegt ganz wesentlich daran, dass seine Lust überschüttet wurde mit einer verzerrten Wahrnehmung Ihrer Person. Diese „ganz andere Sicht“ von Ihnen bestimmte anfangs NICHT seinen Blickwinkel – als er noch Lust hatte.

Sein sexuelles Interesse an Ihnen ist nahezu zum Erliegen gekommen, weil Sie ab einem bestimmten Zeitpunkt (siehe Übung Kapitel 1) begannen, all die weiblich-attraktiven Elemente zu verlieren, die jeder Mann benötigt, um für eine Frau sexuelle Lust zu empfinden:

Denn ein wesentliches Element ist, wie wir gesehen haben, dass Sie ihn nicht verzweifelt und bedürftig zum Überleben brauchen und ihn nicht mit Ihrem Leid und Ihrer Sorge indirekt belasten.

Dagegen ist es sehr wichtig, so hatten wir gesehen, dass Sie ihm das Gefühl geben, ihn aus freien Stücken, d.h. aus einer emotionalen Freiheit und Stärke heraus zu wählen. Ebenso muss er erleben können, dass Sie sich bei ein paar negativen Entwicklungen und Erscheinungen in seinem Verhalten genauso schnell auch wieder entlieben könnten.

Genau diese weibliche Souveränität muss er in den Anfangsphasen Ihres Kennenlernens oft genug erlebt haben, um auch später ein dauerhaftes sexuelles Begehren für Sie zu empfinden.

In Ihrem Fall ist seine sexuelle Lust durch 2 Dinge verschüttet worden:

1. Er empfindet schlechtes Gewissen, Mitgefühl und Mitleid angesichts der Wahrnehmung, dass er Sie durch ausgelassene Gefühlsäußerungen (und dazu gehört Sex) zusätzlich noch irgendwie weiter verletzen könnte. Ein Mann kann einfach nicht mit einer Frau schlafen, die generell unter ihm leidet und seinetwegen unglücklich ist – dazu hat er sie viel zu lieb.

2. Als Folge Ihrer Unterlegenheit und Ihrer fehlenden Unabhängigkeit wurde Ihre sexuelle Anziehungskraft erheblich verschüttet. Denn durch seine gefühlte Mittelpunkt-Funktion in Ihrem Leben setzte bei ihm ein starker Verlust seiner ursprünglichen Bewunderung und des RESPEKTS vor Ihnen ein. Dies war die direkte Konsequenz daraus, dass Sie ihm während der ersten einsetzenden Unverbindlichkeitsphase viel zu früh bewiesen haben, dass Sie bereit sind, sich selbst aufzugeben und zu vernachlässigen.

Um es erneut zu betonen:

Sein Libidoverlust ist einzig nur auf IHRE PERSON bezogen. Sie ist das Ergebnis der bisher krassen Schieflage zwischen Ihnen.

In vielen halbwegs intakten, ausgeglichenen und stabilen Beziehungen führen demgegenüber ganz andere Punkte dazu, dass sexuelle Unlust aufseiten des Mannes entsteht.

In IHREM Fall wächst seine sexuelle Leidenschaft daher proportional mit der Wiedergewinnung Ihres ursprünglichen Werts in seinen Augen. Seine Lust wächst nur dann entscheidend, wenn er Ihre anfängliche emotionale Stärkeposition wieder als spürbares Gegengewicht fühlen kann.

Allein das Gefühl, Sie unter bestimmten Umständen an jemand anders verlieren zu können, ist in der Kennenlernphase das mit Abstand stärkste Aphrodisiakum.

Schon das Gefühl, sich nach einer längeren Phase des Hoffens und Bangens glücklich schätzen zu können, Sie wieder neu für sich gewonnen zu haben, wird UNVORSTELLBARE sexuelle Kräfte in ihm wecken.

Der Konkurrenzinstinkt und das Gefühl, sich glücklich zu schätzen, diese Frau zu „besitzen" (das ist die geläuterte Form seiner ursprünglichen Angst, Sie an jemand anders verlieren zu können), sind in der zerbrechlichen Phase des natürlichen Zusammenwachsens Hauptmotoren seiner sexuellen Aktivität.

Anders formuliert: Wenn Sie wieder NEU in seinen Augen erscheinen, wird seine Lust von einer Sekunde auf die andere RAPIDE steigen.

Denken Sie daher bitte daran, wie es ganz zu Beginn zwischen Ihnen war:

Brauchten Sie außergewöhnliche sexuelle Praktiken und Strategien oder auch sehr reizvolle Kleidung? Benötigten Sie eine sehr betont feminine Art oder benötigten Sie verbale sexuelle Stimulierungen, um ihn bei der Stange zu halten?

Wohl kaum ...

Daher ist es auch nicht denkbar und würde komplett meinen langjährigen Beobachtungen bei Klientinnen widersprechen, dass in einem Mann NICHT gleichzeitig auch wieder seine Lust mit ihr zu schlafen erblüht, wenn er sich in dieselbe Frau ganz neu verliebt.

Das wäre etwas paradox.

Daher hat die sexuelle Unlust Ihres Freundes in Ihrer speziellen Konstellation zunächst SEHR WENIG mit Ihrer Attraktivität, mit Ihrem Aussehen und auch wenig mit Ihrer sexuellen Ausstrahlung zu tun.

Legen Sie Ihren Fokus also nicht ZU sehr auf die äußeren Symptome.

Lassen Sie aber Ihre sexuelle Ausstrahlung neu erblühen, um Ihre eigene weibliche Transformation zu zelebrieren:

Betonen Sie also gern Ihre Vorzüge, kleiden Sie sich in Zukunft viel sinnlicher und mehr sexy. Legen Sie sich einen neuen Haarschnitt zu. Legen Sie sich auch ein schönes, passendes Make-up zu. Betonen Sie Ihre Kurven.

Legen Sie sich die Reizwäsche zu, in der Sie sich sexy fühlen.

Gehen und bewegen Sie sich sinnlich und weiblich. Spielen Sie dezent und kokett mit Ihrer Stimme, Ihren Blicken und Ihrem Mund.

Legen Sie sich den optimal zu Ihnen passenden Stil zu, am besten mithilfe einer professoniellen Beraterin.

Doch das Entscheidende dabei ist:

Sie sollten es nur DESHALB tun, weil Sie lernen möchten, ganz neu und ganz selbstbewusst Ihre Weiblichkeit auszuleben.

Ihr neu erblühendes weibliches Selbstwertgefühl drängt nämlich ganz natürlich danach, Ihre Sinnlichkeit nach außen zu bringen – so wie es auch alle anderen Facetten Ihres Wesens belebt.

Das Wichtigste ist auch hierbei:

Sie müssen sich dabei WOHL in Ihrer Haut fühlen.

Bedenken Sie unbedingt:

Ihr Freund wird Sie nicht DESHALB aus völlig neuen Augen sehen, weil er Sie etwa plötzlich in aufreizender Kleidung und mit einem aufgepeppten Outfit sieht.

Denn wenn Sie dabei nicht auch eine ganz neue, selbstsichere und verspielte Sinnlichkeit ausstrahlen, sondern Ihr Verhalten weiter unverändert und reserviert bleibt, würde er dies als weiteres Zeichen Ihrer SCHWÄCHE und Bedürftigkeit sehen – denn er bemerkt die INKONGRUENZ darin.

Er wird das nur attraktiv finden können, wenn er auch bemerkt, dass Sie sich dabei PUDELWOHL fühlen und Ihre weiblichen Reize genussvoll und selbstsicher zelebrieren.

Spielen Sie mit Ihren Reizen als ein weiteres Mittel in Ihrem Repertoire also lieber erst dann aktiv, nachdem Sie schon häufig genug an anderen Versuchsobjekten trainiert haben: Auf dem Arbeitsplatz, beim Ausgehen, während neuer Dates mit Männern, beim Einkaufsbummel oder überall dort, wo Sie Ihr tägliches Leben führen.

Sobald der Zeitpunkt kommt, dass Sie sich auf „neutralem" Boden selbstbewusst und sinnlich-sexy fühlen und in Ihrer gesamten Körpersprache ebenso selbstsicher auftreten:

Erst dann lassen Sie dieses Attraktivitätsmerkmal in voller Strahlkraft im Kontakt zu Ihrem Nr.1-Kandidaten wirken.

Ebenso achten Sie bitte darauf, dass Sie mit diesen Gesten erst dann unvorsichtiger werden, wenn Sie in der Führungsphase ohne Zweifel spüren, dass er schon DEUTLICH bemühter und interessierter erscheint als noch vor Ihrer Transformation. Wenn Sie also merken:

Sie haben die Zügel sowieso schon wieder mehr in der Hand. Erst dann kann er wirklich registrieren, dass Ihre neuen weiblichen Energien AUS EINER STÄRKE HERAUS kommen, weil er genau merkt, dass Sie ihn damit nicht in irgendeiner Weise an sich binden wollen.

Es ist dann für ihn nicht mehr übersehbar, dass Sie Ihren hohen weiblichen Wert selbstbewusst ANGENOMMEN haben.

Das bedeutet nun für Sie: Leben Sie stärker als bisher – mit Genuss und Freude – alle Facetten Ihrer Sinnlichkeit aus.

Lernen Sie dabei, sich wohlzufühlen in ihrer Haut – üben Sie, mit Ihrer Weiblichkeit zu spielen und diese natürlich zur Schau zu stellen, wo Sie sich auch gerade befinden. Spielen Sie dabei mit einer erotischen, leicht anzüglichen Ausstrahlung.

Werden Sie ganz bewusst zu der Frau, die sich wohl in Ihrer weiblichen Haut fühlt – je stärker und freier Sie sich IHM gegenüber fühlen. Werden Sie zu der Frau, die es offensichtlich genießt, selbstbewusst-unaufdringlich und verspielt ihre weiblichen Reize zu zelebrieren.

Durch Ihre selbstbewusste Art kommunizieren Sie ihm dann noch zusätzlich:

„Ich bin die, die das Geschehen dominiert. Ich weiß, dass du mich attraktiv findest und gehe von vornherein selbstverständlich davon aus."

Der Effekt:

Er wird dadurch unbewusst noch mehr akzeptieren, dass Sie der Edelstein sind, und er wird noch stärker seine Männlichkeit in Ihrer Nähe spüren.

Und auch hier gilt:

Diese weibliche Waffe ist nur dann wirkungsvoll, wenn Sie sich schon mindestens in der Führungsphase befinden, er also derjenige ist, der deutlich mehr investiert als vorher und „Ihr Spiel" schon eine Zeit lang mitspielt.

Umgang mit Eifersucht

Immer wieder begegneten mir in der Beratung Fälle, bei denen eine Frau sehr darunter leidet, dass Ihr Freund seit einiger Zeit einen etwas intensiveren Kontakt zu einer anderen Frau pflegt.

Sehr häufig interpretiert eine Frau diese Situation falsch.

Der häufigste Irrtum:

Sie denkt, dass die Frau, mit der er sich zurzeit etwas mehr beschäftigt, die Macht besitzt, den Mann noch weiter von ihr wegzutreiben.

Wenn eine andere Frau im Spiel ist, höre ich häufig die Bedenken:

„Ich habe Angst, dass diese Frau es schafft, ihn mir ganz wegzuschnappen. Was kann ich dagegen tun?"

Antwort:

In den allermeisten Fällen, die ich betreute, war eine Nebenbuhlerin, die auf der Bildfläche erschien, nur eines von vielen anderen Symptomen für die erkrankte Beziehung – nicht jedoch die Ursache selbst.

Mit anderen Worten:

Diese Frau hat selbst keine Macht, Ihre Beziehung zu zerstören, wenn SIE die Schieflage in Ihrer Beziehung direkt an der Wurzel behandeln:

Aktiv an Ihrem eigenen Verhalten.

Bislang haben Sie die Schieflage NICHT an der Wurzel behandelt, sondern an einer VÖLLIG falschen Stelle:

Sie haben stattdessen aktiv versucht, SEIN VERHALTEN zu ändern:

- indem Sie ihn mit Ihren Gefühlen überschütteten.
- indem Sie ihm zu verstehen gaben, dass Sie unter seinem Verhalten leiden.
- indem Sie weiter und weiter für ihn da waren und ihm zur Verfügung standen.
- indem Sie immer nur dann Abstand nahmen, wenn Sie es nicht mehr aushalten konnten.

Und immer ging es darum, ihn weiter und weiter von sich selbst zu überzeugen, indem Sie ihm Ihre Gefühle unentwegt aktiv SPÜREN ließen und glaubten, damit etwas in ihm BEWIRKEN – und das, obwohl er in letzter Zeit komplett im Rückzugsmodus war (Phase 2).

Ich habe versucht, Ihnen zu veranschaulichen, dass der verhängnisvollste Fehler in einer kriselnden Beziehung folgender ist:

Eine der stärksten Abwärtsdynamiken in Ihrer Beziehung ist, dass Sie Ihrem Freund weiterhin das GEBEN, was eigentlich nur SIE SELBST dringend benötigen – nur in der Hoffnung darauf, dass Sie es von ihm BEKOMMEN.

Genau das führte dazu, wie wir sahen, dass sich bei ihm die verschiedensten SYMPTOME wie: „keine Zeit haben", „nicht mehr zärtlich sein", „sich längere Zeit nicht melden", „gereizt sein", „viel lieber Zeit mit allen anderen Dingen verbringen, als mit Ihnen", „nicht mehr mit Ihnen schlafen wollen" usw. mehr und mehr VERSCHLIMMERTEN.

Sie können also in seiner Abstandsphase keine Rückbesinnung bei ihm bewirken, indem Sie zum Beispiel seine Unverbindlichkeit durch Verbindlichkeit, seine Gefühlserkaltung durch noch mehr Gefühl und seinen Egoismus durch noch mehr Verfügbarkeit und Hingabe BEKÄMPFEN.

Genauso können Sie seine Offenheit für andere Frauen nicht durch Ihre EIFERSUCHTSREAKTIONEN bekämpfen.

Es ist absolut nicht möglich, seine fehlenden Gefühle durch ein Mehr Ihrer Gefühle zu bewirken.

Sie können seine verschütteten Gefühle nur wieder freilegen, wenn Sie komplett damit aufhören, immer weiter das zu tun, was dazu beitrug, diese zu verschütten und wenn Sie stattdessen wieder damit beginnen, das zu tun, was seine Gefühle am Anfang überhaupt hervorrief.

Wenn Sie das tun, ist DAS Ihr großer Vorsprung gegenüber jeder anderen Frau.

Warum? Weil er mit Ihnen zurzeit durch ein stärkeres Band als mit jeder anderen Frau verbunden ist.

Einer anderen Frau gegenüber fühlt er sich nicht verbunden, sondern nur zu ihr hingezogen. Das ist ein großer Unterschied.

Handeln Sie daher so, wie Sie gehandelt hätten, als Sie sich damals kennenlernten und noch keine Ansprüche aneinander hatten. In der Zeit, als Sie zwar schon Interesse für ihn verspürten, jedoch noch alles offen für Sie war – und Sie noch Ihre emotionale Freiheit besaßen.

Denn an DIESE Frau hat er sich gebunden. Und nur an diese Frau IST er gebunden.

Beim allersten Kennenlernen wären Sie sicherlich nicht im Traum darauf gekommen, sich nicht „gut genug" für ihn zu fühlen, wenn er erwähnt hätte, dass er noch Kontakt zu seiner Ex-Freundin hat oder eine gute Freundin häufiger trifft. Sie hätten wohl auch nicht an sich selbst gezweifelt, wenn er damals gerne mit anderen Frauen geflirtet oder zu dem Zeitpunkt sogar noch eine rein körperliche Affäre mit einer Frau gehabt hätte.

Sie hätten wahrscheinlich allenfalls leichte Skepsis verspürt, hätten aber weiterhin keinerlei Betroffenheit an den Tag gelegt.

Es spielte einfach keine Rolle, da Sie noch emotional frei waren.

Sie hätten einfach weiter dasselbe gemacht, was Sie vorher gemacht haben:

Das Vertrauen, dass er trotzdem Interesse an Ihnen zu haben scheint, wäre völlig ausreichend gewesen. Sie wären ihm gegenüber weiter unbeschwert, rein positiv und spielerisch-offen gewesen. Sie hatten ja erlebt, dass er sich mit IHNEN verbinden will und einzig diese Realität zu erleben, reichte Ihnen.

Und so wären Sie wohl im Traum nicht darauf gekommen, ihn von irgendetwas abzuhalten, da Sie ja nicht daran zweifelten, für ihn sehr begehrenswert zu sein. Zudem waren Sie ja auch noch nicht fest zusammen. Es wäre sehr unpassend gewesen, ihn mit Vorwürfen oder mit Betroffenheit zu konfrontieren.

Warum sollten Sie auch, wenn Sie selbst noch nicht so genau wussten, was SIE denn eigentlich wollen.

Unbesorgt hätten Sie ihm zugehört, wenn er z.B. von einer Frau gesprochen hätte, die ihm „viel bedeutet“ oder einer Freundin, mit der er sich „gut versteht“.

Sie waren noch frei und konnten das Kennenlernen genießen – und haben an der Realität, dass er sich scheinbar trotzdem stark von Ihnen angezogen fühlt, NICHT GEZWEIFELT.

Es hat Sie also alles nicht sonderlich berührt.

In dieser Phase sollte daher Ihre Einstellung sein:

Auch JETZT haben Sie wieder Spaß und fühlen sich pudelwohl in Ihrer Haut.

Als attraktive, souveräne Frau wünschen Sie ihm NATÜRLICH, dass er bei einer anderen Frau in Zukunft mehr Erfolg hat – und dass er aus seinen Fehlern lernt.

Zudem sind Sie froh, dass die Fronten dadurch noch deutlicher werden und es in Zukunft noch weniger Komplikationen gibt – bevor er irgendwann wieder ERNSTHAFT bei Ihnen ankommt.

Eine beispielhafte Situation:

Er erwähnt einen näheren Kontakt zu seiner Ex-Freundin, seiner Arbeitskollegin, einer früheren Affäre oder einer neuen Bekanntschaft und lässt dabei durchblicken, dass es ihm dabei scheinbar um etwas mehr geht als nur um rein platonischen Kontakt.
Sehr gute (Spiegel-) Reaktionen können beispielsweise sein, am besten gut gelaunt, wohlmeinend und mit einem sichtbaren Augenzwinkern:

„Na, dann hoffe ich, dass du mal endlich den richtigen Topf für deinen Deckel findest. Hoffentlich meint die das aber auch ernst mit dir."

„Das freut mich, hoffentlich kommst du endlich mal unter die Haube. Sie will doch ganz bestimmt etwas Ernsthaftes von dir. Also bleib dran!"

„Cool, das klingt doch fast schon perfekt. Denk doch mal, wie genial es wäre, wenn du endlich jemanden findest, der wirklich zu dir passt. Dann gibt es außerdem gar keine Komplikationen mehr zwischen uns."

„Oh, das freut mich, vielleicht wird das ja was mit euch. Wäre das nicht witzig, wenn wir dann irgendwann mal als 2 Pärchen zusammen die Welt unsicher machen? Es fühlt sich gerade sowieso alles so bombastisch an. Ich habe stark das Gefühl, dass ich ebenfalls bald einen richtig coolen Typen treffe."

Denken Sie sich auch Ihre eigenen Reaktionen aus.

Wichtig dabei ist, dass Sie wirklich cool bleiben und Ihr persönliches Getroffensein SOWEIT ES GEHT unterdrücken – und dass Sie in keinster Weise vorwurfsvoll oder klagend reagieren.

Es gibt sicher auch Situationen, in denen er eine Frau erwähnt, OHNE dass hier objektiv irgendeine „Bedrohung" in der Luft schwebt.

Er erwähnt zum Beispiel einfach nur, dass er am Wochenende mal wieder eine alte Liebe trifft oder am Samstagabend eine Bekannte (Arbeitskollegin etc.) sieht – und deswegen keine Zeit hat.

Ihre möglichen Reaktionen darauf, selbstsicher-heiter-kokettierend und ebenfalls immer mit einem Augenzwinkern:

„Du Schlimmer. Na dann, viel Spaß beim Murmelspielen."

„Ist kein Problem. Dann wird wohl ein anderer am Wochenende die Ehre haben. Übertreib aber bitte nicht und heul ihr nicht die Ohren von mir voll."

„Ist doch okay! Das wird dir hoffentlich guttun. Werde mich am Wochenende meinem neuen Kollegen widmen und seine Einladung annehmen – das wird witzig."

„Das passt doch. Werde dann auf diese Party gehen, bin von einer Kollegin eingeladen worden."

„Moment, lass mich nachdenken: Ja, passt! Werde da jemanden anderen mit meinem zauberhaften Wesen beglücken."

„Das hört sich gut an! Dann kommst du endlich mal wieder auf andere Gedanken."

„Na klar, das wird dir guttun! Ich werde dann endlich auch mal wieder Gelegenheit für anderweitigen Spaß haben.“

„Das wird schon. Ich drück dir vorsichtshalber die Daumen!“

Der emotionale Grundton Ihrer Entgegnungen:

Allenfalls leicht erstaunt – aber sofort wieder gutgelaunt und völlig einverstanden, da Ihnen sofort etwas anderes einfällt, was Ihnen mindestens genauso viel Spaß macht, als sich mit ihm zu treffen.

Der tiefere Subtext Ihrer Reaktion besteht aus mehreren wichtigen Botschaften, die er gleichzeitig benötigt:

- Sie beanspruchen ihn nicht für sich in einer Phase, in der Sie sowieso nicht glücklich mit ihm in einer Beziehung stehen. Sie geben ihm daher alle Freiheit der Welt und unterstützen ihn dabei.
- Sie demonstrieren keine Verletztheit und fallen daher nicht aus Ihrer neuen Stärkeposition heraus.
- Sie befürchten keine Konkurrenz. Sie fühlen sich so dermaßen attraktiv für ihn, dass Sie nicht an Ihrer hohen Bedeutung für ihn zweifeln. Gleichzeitig ermutigen Sie ihn zu allem nur Erdenklichen, das IHN irgendwie glücklicher machen könnte. Und das Wichtigste ist, dass er dabei sieht:

Sie fühlen sich unmittelbar von dem Gedanken inspiriert, stattdessen Ihre Zeit mit etwas anderem zu füllen, das Ihnen Spaß macht und auf das Sie sich sehr freuen.

Ohne dass Sie es darauf anlegen, öffnen Sie damit als natürliche Folge seines Verhaltens ihr gesamtes Gefühlsleben in seinen Augen für etwas, das dazu führen kann, dass Sie ihm wieder ein kleines Stück ENTGLEITEN, wenn er weiterhin nicht aufpasst. Sie spiegeln damit auf die beste Weise seinen inneren Zustand und halten das Gleichgewicht weiter aufrecht. Dadurch spannen Sie in attraktiver Weise das Band zwischen Ihnen.

Zuletzt gibt es noch Situationen, in denen er die betreffende Frau nicht erwähnt.

Sie wissen aber, dass er häufiger Kontakt zu einer anderen Frau hat (eine Arbeitskollegin, eine frühere Bekannte, eine Ex-Freundin, eine Internetbekanntschaft oder eine sonstige Bekannte aus seinem näheren sozialen Umfeld) und befürchten, dass hier objektiv irgendeine Bedrohung in der Luft schwebt.

In solchen Fällen lassen Sie sich absolut nicht beirren und sagen von selbst GAR nichts, stattdessen konzentrieren Sie sich in Ruhe Schritt für Schritt weiter auf die vollständige Herstellung des ursprünglichen Gleichgewichts zwischen Ihnen.

Sie nehmen sich lediglich den Punkt „Ihre weibliche Stärke und emotionale Freiheit kultivieren mit anderen Männern" ganz besonders zu Herzen, um damit für die kommende Zeit Ihrer weiblichen Souveränität und emotionalen Freiheit weiteres Rückrat zu geben.

Falls Sie immer wieder mal Zweifel daran haben, so dermaßen konsequente Schritte zu gehen, dann bedenken Sie bitte dabei:

Sie brauchen eine Riesenportion Lockerheit und Unbeschwertheit, und dazu noch eine Extraportion Geduld und innere Leichtigkeit, um in Zukunft keine Fehler mehr zu machen und Ihren Kandidaten langfristig an sich binden zu können.

Sex in der Führungsphase

Die Antwort auf die Frage, ob und wie oft Sie wieder mit ihm schlafen können, liegt in der Beantwortung der folgenden Punkte:

- Haben Sie ihm durch Ihr transformiertes Verhalten ausreichend genug bewiesen, dass Sie NICHT mehr im Beziehungsmodus sind?
- Hat er nachdrücklich genug erlebt, dass Sie NICHT mehr daran interessiert sind, mit ihm zusammen zu sein, obwohl Sie ihm offenherzig, gut gelaunt und unbeschwert begegnen können?
- Ist wirklich ER derjenige gewesen, der sich in letzter Zeit mehr um Sie bemühte als umgekehrt?
- Haben Sie wirklich erlebt, dass sich Ihr Kandidat Ihrem neuorientierten Leben (weg von ihm – hin zu Ihren neuen, persönlichen Prioritäten) ANPASST und verstärkt um Ihre Zeit und Aufmerksamkeit kämpft?
- Spüren Sie die Macht, die Sie über ihn besitzen, indem SIE jetzt komplett bestimmen, was passiert und wie es weitergeht? Haben Sie wirklich die Führung übernommen? Akzeptiert er Ihre neuen Regeln?

Wenn Sie diese Fragen ehrlich mit „Ja“ beantworten können, können Sie unter ganz bestimmten Umständen wieder mit ihm schlafen.

Entscheidend bei diesen „besonderen Umständen“ sind die folgenden zwei Voraussetzungen:

1. Sex geschieht AUSSCHLIESSLICH und allenfalls nur als eine Belohnung, wenn Sie eine sehr schöne, intensive NICHT-sexuelle Zeit miteinander verbracht haben.

Ein Beispiel:

Auf sein längeres Investieren und Werben hin sind Sie damit einverstanden, dass er Sie mal wieder in Ihrer Stadt besucht. Sie haben sich für das Wochenende einiges zusammen vorgenommen. Sie quartieren ihn offiziell in ein Hotel ein. Bei seinem

Besuch in Ihrer Wohnung zielt er sehr stark und leidenschaftlich darauf ab, sofort mit Ihnen zu schlafen. Er ist sehr ungehalten und drängend.

Sie wehren liebevoll lächelnd, aber entschlossen ab: „Oh, das geht jetzt aber gerade in eine verkehrte Richtung. Ich möchte das nicht. Mir fehlt zurzeit der Bezug dazu, ich kann dir auf dieser Ebene gerade nichts geben. Ich will einfach eine sehr schöne Zeit mir dir genießen. Ich hab mich total darauf gefreut, dich wieder zu sehen."

Sie verbringen anschließend ein wunderschönes Wochenende und haben viel Spaß miteinander. Er verhält sich die ganze Zeit sehr aufmerksam und bemüht. Fast wirkt er wie ausgewechselt mit seinem verliebten Verhalten. 2 Tage später, am Tag seiner Abreise, kommen Sie sich näher. Er ist sehr zärtlich und verliebt. Sie genießen nur den Moment mit ihm, indem Sie sich jetzt etwas mehr fallen lassen als vorher.

An diesem Punkt können Sie auf Ihr Bauchgefühl hören: Sie KÖNNEN mit ihm schlafen, wenn Sie sich rundum WOHL in Ihrer Haut fühlen und Sie erfüllt sind von der intensiven Aufmerksamkeit, die er Ihnen bis zu diesem Punkt schon 2 Tage lang schenkte.

Wir halten fest:

Es ist unglaublich wichtig, dass Sie Sex jetzt nur sehr sparsam einsetzen und zwar immer nur noch DANN, wenn Sie wirklich das ganz ehrliche Gefühl haben, dass er sich wieder viel stärker um eine schöne gemeinsame NICHT-sexuelle Zeit mit Ihnen bemühte.

Wenn Sie sich bei ihm als wertvolle und interessante Frau aufgehoben und gewürdigt fühlen, DANN können Sie ihn mit Sex als ein kostbares Highlight belohnen.

In einer Phase, in der ein Mann noch nicht genau weiß, was er von einer Frau will, ist es für den weiteren Verlauf elementar wichtig, dass er sich diese Erfahrung immer erst wieder neu verdienen muss. Und zwar JEDES MAL NEU.

2. Sie stellen keine emotionale Verbindung durch Sex her, sondern Sie genießen ihn ALS SOLCHEN.

Erinnern Sie sich:

„Mit Ihnen zu schlafen" hat er bis vor Kurzem noch als Ausdruck Ihrer Ergebenheit registriert.

Ihre Bereitschaft, mit ihm zu schlafen, ist ihm bislang vertraut als Signal dafür, dass Sie sich im Beziehungsmodus befinden.

Doch Sie befinden sich inzwischen nicht mehr in einer festen Beziehung, sondern lediglich in der Führungsphase. Das bedeutet, dass Sie auf der einen Seite zwar schon die Zügel wieder in der Hand haben, doch auf der anderen Seite bringt Ihnen Ihr Kandidat noch lange nicht DIE Entschlossenheit und Verbindlichkeit zum Ausdruck, die für eine ernstzunehmende Beziehung mit Ihnen absolute Voraussetzung ist.

Das bedeutet für Sie:

Unter keinen Umständen dürfen Sie ihm das Gefühl geben, dass Sie durch den Sex mit ihm wieder in den ernsthaften Beziehungsmodus fallen und er DADURCH auf einmal wieder neu an Priorität gewinnt.

Im Gegenteil:

Ebenso, wie Sie Ihr gesamtes Leben zurzeit auskosten und genießen, lassen Sie sich auch beim Sex fallen. Es ist etwas, das Ihnen SELBST außerordentlichen Spaß macht. Sie holen sich dieses Erlebnis gerne, wenn SIE in einer besonderen Stimmung sind. Wenn er es manchmal schafft, Sie in die richtige Stimmung zu bringen, dann ist eben ER gerade derjenige, mit dem Sie Ihre Leidenschaft ausleben. Und zwar genau dann, wenn IHNEN danach ist.

Achten Sie also unbedingt darauf, dass Sie ihm durch den Sex keine Liebe und Verbundenheit signalisieren. Zeigen Sie ihm stattdessen, dass es Ihnen Spaß macht und lassen Sie Ihrer Lust beim Sex freien Lauf. Leben Sie Ihre ganze Wildheit dabei und lassen Sie ihn sehen, dass Sie es sehr genießen. Seien Sie aktiv und achten Sie gleichzeitig auch auf die Dinge, die ihm gefallen.

Verstehen Sie es also richtig:

Mit Sex belohnen Sie ihn in der Führungsphase – nur als Highlight für seine NICHT-sexuelle Mühe, Zärtlichkeit und Aufmerksamkeit. Er hat es dann geschafft, Sie nur in diesem MOMENT in eine besondere Stimmung zu bringen, in der Sie selbst mit ihm Spaß haben wollen. Sie lassen Ihrer Sexualität in diesem Augenblick zwar freien Lauf, doch insgesamt ist es für Sie absolut unverbindlich.

Achten Sie dann darauf, dass Sie WÄHREND und NACH dem Sex auf keinen Fall Ihre emotional unabhängige und unbeschwerte Ausstrahlung verlieren.

Es ist wirklich sehr wichtig: Es ändert sich für Sie nach dem Sex ABSOLUT NICHTS.

Kapitel 4: Die Bindungsphase

Wenn Sie bis hierher alles richtig gemacht haben, kommt sehr wahrscheinlich irgendwann ein Punkt, an dem Sie merken, dass es „ernst“ wird.

Bisher durften Sie während der gesamten Führungsphase zwar ebenfalls schon erleben, wie er sich eine ganze Zeit lang wieder viel mehr VON SICH AUS um Sie bemühte.

Doch Sie konnten auf der anderen Seite genau registrieren, dass sein Verhalten noch lange nicht seinem tieferen Wunsch entsprang, mit Ihnen von ganzem Herzen zusammen zu sein und ernsthaft in einer ausschließlichen Beziehung zu stehen.

Denn einerseits bemühte er sich zwar stark, wollte mehr Zeit mit Ihnen verbringen und war sehr liebevoll und aufmerksam zu Ihnen.

Andererseits spürten Sie jedoch, dass noch irgendetwas Entscheidendes fehlte. Dies merkten Sie daran, dass trotzdem phasenweise viel weniger von ihm kam, als Sie eigentlich gehofft haben.

Sein Verhalten war noch lange nicht EINDEUTIG. Immer wieder war offensichtlich, dass er die Unverbindlichkeitsphase (Phase 2) noch nicht zu Ende durchlaufen hatte:

- Er meldete sich z.B. wieder mal mehrere Tage nicht bei Ihnen, obwohl Sie bei Ihrer letzten Begegnung eine sehr intensive und wunderschöne Zeit zusammen erlebten.

- Er verhielt sich immer wieder mal kälter und distanzierter als sonst.
- Er war immer wieder mal urplötzlich mehrere Tage oder Wochen mit ganz anderen Dingen beschäftigt und dabei wenig interessiert daran, Ihnen TROTZDEM in dieser Zeit das Gefühl zu geben, dass Sie ihm sehr wichtig sind.
- Er hat Ihnen keine Sicherheiten gegeben. Immer wieder fühlte es sich phasenweise so an, als wenn er überhaupt nichts für Sie empfindet.

Doch Sie haben das Band zwischen Ihnen immer weiter angespannt, indem Sie stets NOCH WENIGER verbindlich und verfügbar waren, als er es war.

Von außen betrachtet haben Sie es also immer so aussehen lassen, als ob er von Ihnen mehr will, als Sie von ihm.

Denn bis hierher waren Sie ganz bewusst aus dem Beziehungsmodus ausgestiegen.

Sie haben ihn wie jemanden behandelt, den Sie wirklich mögen, mit dem Sie Spaß haben und den Sie wertschätzend anerkennen.

Von der Idee jedoch, dass er für Sie noch mal ein Beziehungskandidat sein könnte, blieben Sie ganz offensichtlich unberührt.

Dies haben Sie ihm signalisiert durch die in dem Abschnitt „Führungsphase“ beschriebenen wichtigen Verhaltensweisen und Kommunikationsformen.

Insbesondere haben Sie ihm das verdeutlicht, indem Sie ihm von SICH AUS immer wieder mal den Wind aus den Segeln nahmen und ihm an passender Stelle klarmachten, dass für Sie der Kontakt mit ihm nur eine Art unverbindliche, lockere Freundschaft ist – und Sie keinen Stress mehr wollen.

Sie nahmen kein Blatt vor den Mund und machten ihm unmissverständlich klar, dass sie längst einen inneren Wandel durchlebt haben, dass er für Ihre Zukunft keine Rolle mehr spielt – allenfalls als vertrauter männlicher Kumpel im „Hier und Jetzt".

Aus dieser Stärkeposition heraus gingen Sie mit ihm gleichzeitig äußerst souverän, unberechenbar, liebevoll-herausfordernd und unverliebt um.

Sie haben ihn für sein wachsendes Interesse und seine steigende Neugier immer wieder zur rechten Zeit mit Ihrer attraktiven und lebhaften Präsenz belohnt und die Freiheit gehabt, ihm sehr selbstsicher, weiblich und unterstützend gegenüber zu treten.

Sie haben die Situation dadurch auf eine sehr attraktive Art und Weise eskalieren lassen:

Das, was Sie ihm in letzter Zeit gegeben haben, war so viel mehr als noch zuletzt in Ihrer Beziehung. Denn im Vergleich zu früher hat er sich bei Ihnen jetzt nur noch wohlgefühlt – ohne das Gefühl von Verpflichtung und Festgelegt werden.

Gleichzeitig lebten Sie ihm konsequent vor, dass Sie nichts „Weiteres" mehr von ihm wollen, haben ihm sogar die Hoffnung darauf ausdrücklich genommen – und sich immer wieder entsprechend „unberührt" und unverbindlich verhalten.

Dies hat irgendwann dazu geführt, dass er begann, Sie wieder stark zu bewundern und zu respektieren. Erst recht wurde er sich darüber klar, dass er Sie auf keinen Fall in Zukunft an jemand anderen verlieren will.

In ihm wurde das unbändige Verlangen entfacht, Sie unbedingt wieder zurückhaben zu wollen.

Hier ein paar Signale dafür, die deutlich zeigen, dass er die Stufe der Unverbindlichkeit verlassen hat und jetzt beginnt, wirklich MEHR zu wollen:

- Er sucht in letzter Zeit permanent Kontakt zu Ihnen. Er ruft Sie regelmäßig an, schreibt Ihnen schon seit Längerem zärtliche und liebevolle SMS und will offensichtlich jede freie Minute mit Ihnen verbringen.
- Er passt sich Ihrem Zeitplan und Ihrem Rhythmus komplett an. Im Vergleich zu früher setzt er ganz klare Prioritäten und will Sie um jeden Preis treffen. Er muss also überhaupt nicht eine Sekunde darüber nachdenken, wenn es darum geht, die Gelegenheit wahrzunehmen, Sie wieder sehen zu können: Ohne mit der Wimper zu zucken sagt er dafür alles andere ab, was nicht existenziell wichtig ist – und was sich verschieben und umorganisieren lässt.
- Er bringt zum Ausdruck, dass Sie ihm wirklich sehr am Herzen liegen: Er sagt z.B. dass es ihm ernst mit Ihnen ist, dass er mit Ihnen zusammen sein will, dass Sie die einzige Frau in seinem Leben sind. Oder er bekennt Ihnen ausdrücklich, dass er Sie liebt bzw. verliebt in Sie ist.
- Er spricht in letzter Zeit verstärkt von seinen Ideen und Plänen für die Zukunft, die er mit Ihnen hat.
- Er ist in letzter Zeit viel zärtlicher als sonst: Er versucht, Sie zu berühren, Ihre Hand zu halten, Ihr Gesicht zu streicheln, Sie zu küssen etc. selbst dann, wenn er genau weiß, dass dies nicht zum Sex mit Ihnen führen wird.
- Er interessiert sich im Vergleich zu früher für jede Kleinigkeit Ihres Lebens. Er fragt interessiert nach bei Dingen, die Sie beschäftigen, hört Ihnen mit leuchtenden Augen aufmerksam zu und versucht Ihnen mit Rat und Tat beiseite zu stehen. Er ist so gut wie niemals gedanklich abwesend, gelangweilt oder ermüdet in Ihrer Anwesenheit.

- Es ist ihm vor niemandem (z.B. Freunde, Familie, Ex-Freundin, Arbeitskollegen, Nachbarn, Öffentlichkeit, etc.) unangenehm, zusammen mit Ihnen gesehen zu werden. Ganz im Gegenteil: Er ist Feuer und Flamme für Sie und es scheint ihm nur Recht zu sein, wenn alle denken könnten, dass Sie ein Paar sind. Außerdem wertet er es als ein erfreuliches Signal, wenn Sie es selbst scheinbar zulassen, mit ihm zusammen gesehen zu werden. Dies nährt seine Hoffnung, dass es Ihnen mit ihm ernst sein könnte.

Bevor wir jetzt weitergehen, machen Sie sich noch ein weiteres Mal klar:

Er konnte sich nur DESHALB neu in Sie verlieben, weil er Sie jetzt nach der ganzen Zeit wieder als DIE FRAU sehen kann, die er ganz zu Beginn kennen lernte. Als die Frau, die er NICHT sicher hatte und die ihm unbeschwert, spielerisch, emotional unabhängig und selbstbewusst entgegentrat.

Er hat sich neu in Sie verliebt, weil Sie sich wieder ZURÜCKVERWANDELT haben zu der Frau, in deren Leben er nicht mehr die Hauptrolle spielt und die ihm GENAU DESHALB wieder all das geben kann, was ihn am Anfang fasziniert hat.

Sie haben es geschafft, die Balance zwischen Ihnen Schritt für Schritt wieder so auszugleichen, dass er GANZ VON ALLEIN spürt, dass ihn etwas sehr Starkes an Sie bindet.

Er konnte unübersehbar erleben, dass Sie scheinbar wirklich eine innere Wandlung durchlebten, dass Sie aus Ihrer altvertrauten unterlegenen Position völlig herausgewachsen und ihm scheinbar TATSÄCHLICH nicht mehr ergeben sind.

Sie haben den Spieß Stück für Stück erneut umgedreht und sich selbst damit auf unwiderstehliche Weise zurück in die Rolle des begehrten und kostbaren

Edelsteines transformiert – und ihn dabei gleichzeitig konsequent und kompromisslos in die Rolle des Jägers „zurückerzogen".

Nur, indem Sie selbst also die Verhältnisse völlig UMGEDREHT und die Zügel in die Hand genommen haben, war es möglich, dass er wiedererkennen konnte: „ICH WILL SIE UND KEINE ANDERE".

Ihr persönliches Beziehungsstatement: Wie Sie Ihre neue Grundhaltung, Ihre Werte und Erwartungen zum Ausdruck bringen, wenn er mit Ihnen wieder fest zusammen sein will

Es versteht sich von selbst, dass Sie jetzt ebenfalls Farbe bekennen und sich seinem Tempo anpassen müssen.

Natürlich müssen Sie ihn jetzt für die Offenbarung seiner Gefühle und für seine Ernsthaftigkeit BELOHNEN, um seine Bemühungen nicht ins Leere laufen zu lassen.

Doch wie können Sie sich seinem Tempo jetzt konkret anpassen, ohne dass Sie dabei Gefahr laufen, Ihren hohen Wert in seinen Augen wieder schnell zu verspielen?

Denn eines ist ganz klar und ich weiß nicht, wie oft ich es leider schon beobachten musste:

Wenn Sie jetzt wieder in Ihr altes Muster fallen, ihm die Ergebenheit zeigen, die er vorher von Ihnen gewohnt war und ihm Ihre altvertraute Hingabe und Liebe offenbaren, sind Sie SOFORT wieder auf Trennungskurs.

Wieso?

Er würde auf Anhieb registrieren:

Ihre Wandlung war nicht echt, sondern nur ein künstlich aufgebautes Kartenhaus, welches jetzt von einer Sekunde auf die andere zusammen zu fallen droht.

Er würde sehen:

Sie sind ja doch noch ganz die alte, bedürftige, ihm verfallene Anhängerin, die er schnell wieder sicher hat, sobald er nur ein bisschen mehr investiert.

Ein zu überschwängliches und ernsthaftes Liebesbekenntnis würde den Beginn einer neuen Abwärtsspirale bedeuten, denn:

1. Es wäre in seinen Augen nicht KONGRUENT zu Ihrer neuen emotionalen Stärke und Unabhängigkeit. Es entspricht nicht Ihrer zuletzt gelebten Unverbindlichkeit.
2. Er kann zu diesem Zeitpunkt Ihr ernsthaftes und hingebungsvolles Liebesgeständnis noch lange nicht als Zeichen dafür wertschätzen, dass Sie wirklich IHN mit seinen ganzen Qualitäten und Eigenschaften meinen und nicht wieder nur die „Idee einer Beziehung mit ihm".
3. Ihre bedingungslose Hingabe an eine ernsthafte Beziehung ist zu diesem Zeitpunkt bei ihm noch ausschließlich NEGATIV verankert, da er dies wegen der früheren Schieflage als Bedürftigkeit und Schwäche abgespeichert hat.

Bedenken Sie:

Er ist zwar verliebt und bindungswillig, doch befinden Sie sich noch lange nicht in einer tragfähigen Beziehung.

Das bedeutet, dass jeglicher Rückfall in Ihre alte Unterlegenenposition dazu führen wird, dass seine Gefühle schnell wieder verschüttet werden unter seiner bedrückenden inneren Hilflosigkeit, „Ihre Hoffnung nicht enttäuschen zu wollen“, die er immer dann spürte, wenn Sie ZUVIEL von ihm wollten.

Sein Fokus wäre plötzlich darauf gerichtet, Sie um jeden Preis nicht noch einmal verletzen zu wollen.

Schnell würde er die innere Schlussfolgerung ziehen, dass er sich scheinbar erneut in Ihnen getäuscht hat. Er müsste sich dann unweigerlich wieder von Ihnen distanzieren, um Ihre zuletzt erlebte emotionale Freiheit und Unbeschwertheit zu TESTEN.

Ihre Transformation würde von ihm auf Gedeih und Verderb in Frage gestellt werden.

Wie sollte also Ihre Antwort auf seinen Bindungswunsch konkret aussehen?

In den letzten Jahren hat sich in vielen Begleitungen herauskristallisiert, dass ein erneutes Beziehungsstatement der Frau nach einer vorangegangenen Phase der Distanzierung drei wichtige Punkte enthalten sollte:

1. Nachvollziehbarkeit:

Sie sollten Ihren Entschluss, mit Ihrem Freund erneut eine verbindliche Beziehung einzugehen, BEGRÜNDEN. Nennen Sie also möglichst konkrete Gründe, warum Sie ausgerechnet NACH Ihrer unglücklichen Vergangenheit mit ihm, NACH Ihrer inneren Verwandlung und TROTZ Ihrer neuen emotionalen Freiheit jetzt wieder eine Beziehung mit ihm wollen.

Nennen Sie dabei z.B. bestimmte konkrete Eigenschaften und Fähigkeiten an ihm, die Sie an ihm mögen und anziehend finden. Sagen Sie, warum eine feste Beziehung mit ihm für Sie besser ist, als eine völlig lockere Form.

Benennen Sie konkret, was Sie toll und bereichernd an der gemeinsamen Zeit mit ihm finden und warum Sie diese Dinge nicht missen möchten.

Sagen Sie ihm, dass Sie ihn jetzt in einer Weise wahrnehmen, die Ihnen viel mehr gefällt als vorher und dass Sie es deshalb sehr gerne noch mal „ausprobieren" möchten.

2. Standards und Bedingungen:

Es sollte ganz unmissverständlich klar sein: Sie wollen ihn nicht um jeden Preis zurück.

Schließlich brauchen Sie keine innere Leere mit ihm zu füllen, im Gegenteil – Sie wollen Ihr ohnehin schon reiches und interessantes Leben mit der Beziehung zu ihm ZUSÄTZLICH aufwerten.

So wie es früher mit ihm war, wollen Sie es auf keinen Fall mehr haben. Sie sind nicht mehr bereit, Dinge zu akzeptieren, die Sie früher hingenommen und einfach über sich ergehen lassen haben.

Ihre erneute Entscheidung, mit ihm eine Beziehung einzugehen, sollte also unbedingt Ihre ERWARTUNG zum Ausdruck bringen, dass Sie unter keinen Umständen mehr die Art von Beziehung hinnehmen würden, die Sie früher mit ihm hatten.

Mit anderen Worten: Es muss sich für Sie LOHNEN.

Ihre Position sollte sein:

Sie haben schon ein glückliches Leben OHNE ihn. Deshalb muss klar sein, dass eine Beziehung mit ihm Ihr Leben noch mehr bereichern muss.

Sollte sich also herausstellen, dass eine Beziehung mit ihm keine zusätzliche BEREICHERUNG für Sie ist, muss ebenso klar sein, dass Sie ihm konsequent wieder den Rücken kehren werden.

Sie hätten sich in diesem Fall getäuscht in ihm und dies würde sofort dazu führen, dass Sie sich wieder von ihm entlieben würden.

Äußern Sie daher diesmal unbedingt von Anfang an Ihre konkreten BEDINGUNGEN für eine Beziehung:

Nennen Sie ihm konkrete Vorstellungen, die für Sie in Zukunft erfüllt sein müssen, damit Sie bereit sind, statt der bisher nur unverbindlichen, lockeren Verbindung jetzt eine festere und verpflichtendere Bindung einzugehen.

Nehmen Sie diesmal eine PROFESSIONELLE anstelle einer bedürftigen Haltung ein:

Denn nicht Sie bewerben sich bei ihm, sondern umgekehrt: Er bewirbt sich BEI IHNEN um einen festen Platz in Ihrem aktuellen glücklichen Leben.

Das bedeutet, dass Sie jetzt nicht mehr einfach mit ihm „zusammen sein" und Ihr Leben „teilen" wollen, sondern es geht Ihnen jetzt nur noch um die QUALITÄT dessen, was er Ihnen zu bieten hat.

Äußern Sie daher Ihre „Qualitätsstandards".

Beachten Sie dabei, dass Sie nur solche Standards formulieren, die ihn in seiner Persönlichkeit und Männlichkeit konkret herausfordern, wie „gemeinsame Aktivitäten",

„Spaß“, „Inspiration“, „Unterhaltung“, „anregende Kommunikation“, „Abstellen von schlechten Gewohnheiten“, „sexuelle Kreativität“, „positive Streitkultur“, „Lösen seiner persönlichen Probleme“, etc.

Nennen Sie also keine unkonkreten Punkte wie „ich will in Zukunft mehr Aufmerksamkeit von dir“, „ich erwarte mehr Liebe und Zärtlichkeit“, „ich will mehr Zeit mit dir verbringen“, „Ich will, dass du dich mehr um mich kümmerst“ usw..

Denn dies sind keine persönlichen WERTE, sondern ganz im Gegenteil: Sie wollen scheinbar doch nur Ihre innere Leere mit ihm füllen. Ihre Bedürftigkeit und Anhänglichkeit käme dadurch sofort wieder zum Vorschein.

Mit diesen Wünschen würden Sie plötzlich nur wieder durchblicken lassen, dass Sie OHNE ihn kein erfüllendes, glückliches Leben haben.

Vor allem würden Sie damit aber durchscheinen lassen, dass Sie es scheinbar doch wieder nötig haben, solche Dinge einzufordern.

Das Erbitten, Erwarten und Einfordern seiner Liebe zeigt nur, dass Sie nicht darauf vertrauen können, dass er GANZ VON SELBST innerlich dazu getrieben sein wird, Ihnen all die Liebe und Zärtlichkeit zu schenken, die Sie ganz SELBSTVERSTÄNDLICH verdienen.

Sie würden die Verhältnisse dadurch nur wieder umdrehen und ihn in die Machtposition bringen, während Sie in die Bittstellerin- und Warterolle zurückfallen.

3. Zukunftsoffenheit:

Die direkte Konsequenz aus Punkt 2) ist, dass Sie ihm ebenso signalisieren müssen, sich ausdrücklich nicht auf eine gemeinsame Zukunft FESTLEGEN zu wollen, sondern eine Beziehung mit ihm erst mal ganz entspannt und völlig stressfrei AUSPROBIEREN möchten.

Sie können sich einfach nicht sicher sein, ob das Ganze wirklich eine Chance hat, und daher können Sie keine Versprechungen machen. Sie müssen einfach schauen, wie es sich entwickelt.

Es ist wichtig, dass Sie diesmal VON VORNHEREIN ausdrücklich Ihre eigene entspannte und unbedürftige Grundhaltung signalisieren.

Der wohl größte Fehler aus Ihrer vergangenen Beziehung: „um jeden Preis eine Beziehung mit ihm verzweifelt zu wollen", wäre damit schon im Vorfeld ausgeschlossen.

So würde dem Verdacht diesmal von Anfang an die Grundlage entzogen werden, dass Sie ihm jetzt wieder in gewohnter Weise sicher sind.

Sie sind zwar verliebt in ihn, ansonsten aber leicht skeptisch dem Ganzen gegenüber.

Ihre Zeit ist kostbar und Sie wollen nicht ein weiteres Mal Zeit und Energie verschwenden für den Fall, dass er Sie nicht bereichern kann.

Sie haben in der Vergangenheit schon einmal sich selbst und Ihre gesamte persönliche Entwicklung wegen ihm stark unter den Tisch fallen lassen.

Daher sind Sie jetzt von vornherein sehr offen und direkt mit ihm:

Sie wissen nicht, ob das „alles noch reicht" für eine Beziehung, so wie Sie sich das vorstellen, und Sie wollen ihm daher nicht zu große Hoffnungen machen – vor allem nichts überstürzen.

Hier ein Beispiel für ein mögliches Beziehungsstatement als Ihre Antwort auf sein starkes Werben um Sie:

Beziehungsstatement Teil 1. – Nachvollziehbarkeit:

„Es macht wirklich Spaß mit dir und ich fühle mich in deiner Nähe sehr wohl. Es ist anders geworden, du bist irgendwie viel interessanter als vorher. Ich finde es total schön, dass wir keinen Stress und keine Komplikationen mehr haben.

Mein Leben macht mir sehr viel Spaß und du passt zurzeit wirklich gut in meine Lebenssituation hinein. Es fühlt sich im Moment einfach gut an.

Ich habe dich sehr lieb und bin froh, dass es gerade so gut läuft zwischen uns. Ich liebe einfach einige Dinge an dir, die ich nicht missen möchte: deine Ehrlichkeit, deinen Humor, deine Fähigkeit, zuzuhören, deine Spontanität, deine Zielstrebigkeit, deine Hilfsbereitschaft, deine Kreativität, deine Männlichkeit und deine Fähigkeiten, deine Intelligenz.

Du bereicherst mein Leben damit."

Beziehungsstatement Teil 2. – Standards und Bedingungen:

„Ich will aber auf keinen Fall mehr, dass es wieder so wird wie früher. Ich will keinen Stress mehr. Es hat sich bei mir inzwischen sehr viel geändert. Ich brauche einfach viel Inspiration in einer Beziehung, brauche Kreativität und interessante Aktivitäten. Es mag sich anmaßend anhören, doch brauche ich wirklich einen selbstbewussten Mann, der mich begeistern kann und der selbst ein interessantes Leben führt.

Ich kann keine Monotonie und Langeweile mehr gebrauchen. Außerdem könnte ich nicht noch mal damit leben, wenn du wieder ... /so viel Fernsehen schaust/ dich gesundheitlich so vernachlässigst/so chaotisch/passiv/langweilig/ faul/aggressiv/geizig/wenig verantwortungsbewusst/feige bist etc.

Ich wünsche mir auch sehr, dass du bestimmte Bereiche deines Lebens stärker in den Griff bekommst und deine Probleme löst (z.B. die Arbeitssituation, finanzielle oder familiäre Situation etc.). Ich würde mich so sehr freuen, wenn du deine Ziele und deine Träume konsequent verfolgst.“

Beziehungsstatement Teil **3.** – Zukunftsoffenheit:

„Ein Teil von mir liebt dich noch, doch bin ich mir nicht ganz sicher, ob es wirklich noch passt. Lass uns das Ganze sehr entspannt angehen und nichts überstürzen.

Ich würde gern nur von Moment zu Moment leben und auf keinen Fall irgendetwas erzwingen. Wir wissen nicht, was morgen sein wird. Keiner kann jetzt sagen, wohin jeder Einzelne von uns sich in Zukunft entwickelt.

Es macht mir in letzter Zeit einfach sehr viel Spaß mit dir und ich möchte, dass es so bleibt wie es jetzt ist. Ich würde aber gern zunächst alles auf mich zukommen lassen, denn mich erfüllen so viele andere Dinge in meinen Leben. Ich möchte deswegen mit dir erst mal nur im Hier und Jetzt leben und eine wertvolle Zeit miteinander verbringen.

Wenn es aber zu kompliziert wird und es sich nicht mehr gut anfühlt, ist es auch nicht schlimm. Ich möchte auf keinen Fall mehr an etwas festhalten, was uns beide nicht glücklich macht. Ich kann dir also nichts mehr versprechen. Lass uns einfach ganz entspannt schauen, wie es sich weiterentwickelt.“

Dies ist nur ein mögliches, ausführliches Beispiel.

Sie sollten dieses Muster nur als eine Art grobe Orientierung im Hinterkopf behalten und sich in der konkreten Situation dann selbst genau den Stil, die Ausdrucksweise und den Inhalt wählen, die auf Sie und Ihren Freund passen.

Wie Sie in Ihrer festen Beziehung verhindern, dass er erneut beginnt, sich von Ihnen zu entfernen

Ihr Beziehungsstatement, welches Sie ihm vermittelt haben, hat für Ihre erneuerte Beziehung die unweigerliche Konsequenz, dass Sie Ihrem Freund in bestimmten Situationen ab sofort in einer völlig neuen Form begegnen müssen.

Es ist klar, dass Sie ab sofort Ihre neue Unabhängigkeitsposition nie wieder verlassen dürfen. Wenn Sie in Zukunft wieder beginnen würden, nachgiebiger zu werden bei Dingen, die Sie stören und die Sie verletzen, verraten Sie damit Ihre Werte und verlieren dadurch gewaltig an Respekt in seinen Augen.

Und genau das war schon einmal der Auslöser für seine schlagartige emotionale Erkaltung und für seine Entliebung.

Genau ab dem Moment, in dem er an Ihrer ganzen Ausstrahlung und Ihrer Reaktion registrieren würde, dass Sie ihn mehr brauchen und mehr lieben als er Sie, würde er wieder anfangen, emotional abzukühlen und sein Verlangen und das Interesse an Ihnen immer mehr verlieren.

Ab dem Moment, wo Sie aus Angst, ihn zu verlieren wieder beginnen, Dinge in sich hineinzufressen, die Sie verletzen oder misstrauisch machen, fangen Sie sofort an, erneut die Rolle der verletzten Bedürftigenn einzunehmen.

Er würde sofort sehr sensibel registrieren, dass Ihre gesamte Ausstrahlung auf einmal wieder viel verkrampfter, vermeidender, wartender, beschwerter und weniger spontan sein würde.

Bei Frauen in glücklichen und ausgeglichenen Beziehungen (keiner braucht den anderen deutlich mehr als umgekehrt) kristallisiert sich immer wieder ein ganz entscheidender Punkt in ihrem Verhalten heraus.

Sie geben niemals ihren weiblichen Stolz und ihren hohen Attraktivitätswert auf. Sie fallen niemals in die Bedüftigenrolle bzw. in die Unterlegenenposition.

Während vieler Fallbegleitungen im Rahmen vergangener Beziehungsberatungen hat sich ein konkretes, sehr erfolgreiches Modell herauskristallisiert, mit dem eine Frau sehr effektiv die Anziehungskraft in ihrer Beziehung aufrechterhalten kann.

Sie kann mit diesem Modell sehr effizient verhindern, dass jemals wieder eine Schieflage (sie als besorgt-abhängige Frau und er als emotional erkalteter, gleichgültiger Mann entsteht.

Dieses Modell wurde mir zusätzlich in einer Reihe von Interviews und Gesprächen bestätigt, die ich mit weiblichen „Naturtalenten" zu diesem Thema führte.

Es gibt ein sehr effektives Prinzip, nach dem Sie ganz bewusst und konsequent vorgehen müssen, wenn Sie sich in einer Beziehung zu einem Mann befinden, in den Sie ernsthaft verliebt sind und den Sie wirklich behalten wollen. Sie können nach diesem Prinzip ganz selbstverständlich und intuitiv vorgehen – immer dann, wenn Ihr Freund sich mehr oder weniger von Ihnen distanziert.

Ich nenne dieses Prinzip „Natürliches Spiegeln Ihrer Werte":

Demnach gibt es insgesamt 3 unterschiedliche „Distanzierungsgrade" des Mannes und damit jeweils 3 Stufen Ihrer erforderlichen Gegenmaßnahmen.

Anhand von Beispielen beschreibe ich Ihnen gleich Schritt für Schritt, welche Maßnahmen Sie ergreifen müssen, um die so wichtige „Ebenbürtigkeit" zwischen Ihnen stets in einer sehr attraktiven Weise aufrechtzuerhalten.

Wenn Sie dieses Prinzip konsequent umsetzen, ersticken Sie in Zukunft jede drohende Gefühlserkaltung Ihres Freundes schon im Keim. Mit diesem System verhindern Sie, dass er auf längere Sicht jemals wieder seine Leidenschaft und seine Bewunderung für Sie verlieren wird.

Vielleicht ist dies zunächst ein für Sie ungewohnter Weg. Doch ist es genau das, was Sie tun müssen, um ihn langfristig immer stärker an sich binden zu können.

Meiner Erfahrung nach ist dies die einzige Möglichkeit, die Sie jetzt in der Hand haben, um überhaupt erreichen zu können, dass Ihr Freund sich nicht wieder irgendwann mehr und mehr emotional von Ihnen entfernt.

Denn im Unterschied zu einer Situation, bei der Sie einen Mann ganz neu kennenlernen, fangen Sie bei Ihrem Freund leider nicht bei Null an. Die gemeinsame Vergangenheit mit Ihrem Freund hat in Ihrem Fall schon eindringlich bewiesen, dass er sich stark von Ihnen entfernen WIRD, sobald Sie selbst wieder in Ihr persönliches, altes Muster fallen:

In Ihrer ganz persönlichen Beziehungskonstellation hat sich längst schon gezeigt, dass er in jedem Fall sein Interesse an Ihnen wieder verlieren wird, sobald er nur lang genug erleben würde, dass Sie ihn mehr brauchen, als er Sie.

Dies gilt insbesondere für das zerbrechliche Fundament einer noch nicht für längere Zeit bewährten und glücklichen Beziehung.

Mit anderen Worten:

Würde er in naher Zukunft wieder lang genug erleben, dass Sie sich auf ihn fixieren und verzweifelt hoffend an ihm festhalten, obwohl er selbst in seine altvertraute Phase von Distanzierung und Gleichgültigkeit fällt, wäre das in Ihrem Fall wohl eine unvermeidliche Abwärtsspirale.

Er würde viel zu früh erneut eindringlich von Ihnen vor Augen geführt bekommen, dass Sie ihm nicht gewachsen sind, denn Sie investieren Ihre Energie weiterhin in IHN anstatt in Ihr eigenes Leben, obwohl er in einer seiner Rückzugsphasen ist und Sie dort weniger braucht.

Und dieses Ungleichgewicht zum falschen Zeitpunkt, haben wir gesehen, treibt ihn von Ihnen weg.

Sie haben also keine Wahl: Sie müssen Ihr transformiertes, höheres weibliches Ich auf unbestimmte Zeit leben.

Oder anders formuliert:

Seine Distanzierung führt ab sofort dazu, dass Sie selbst ihm entgleiten. SIE entfernen sich also emotional von ihm als direkte Reaktion auf seine fehlenden Bemühungen.

Sie müssen ihn in unterschiedlichen Ausprägungen SPIEGELN:

Je nach Intensität seiner Erkaltung konfrontieren Sie ihn dabei auf ruhige und souveräne Weise mit Ihren Standards.
Das alles Entscheidende dabei: Sie konfrontieren ihn NICHT mit Ihren verletzten Gefühlen: Sie dürfen ihn auf keinen Fall Ihr Misstrauen, Ihre Angst, Ihre Eifersucht, Ihre Enttäuschung und Traurigkeit spüren lassen.

Stattdessen „verkleiden" Sie diese Gefühle mit Ihren Werten und Standards.

Nicht SIE persönlich sind also verletzt, sondern nur Ihre Erwartungen und Ihre Maßstäbe für eine Beziehung.

Wenn diese Werte nicht eingehalten werden, verletzt Sie das nicht EMOTIONAL, sondern im Gegenteil: Es desillusioniert und ernüchtert Sie. Es lässt Sie emotional ABKÜHLEN auf der Mann-Frau-Ebene.

Doch auf der Mensch-zu-Mensch-Ebene bleiben Sie weiterhin sehr freundlich, liebevoll und entspannt.

Es ist von unglaublicher Wichtigkeit, dass Sie das Prinzip dieser extrem attraktiven weiblichen Reaktion auf männliche Gleichgültigkeit wirklich verstehen:

Auf der Mann-Frau-Ebene werden Sie ihm auf geheimnisvolle Weise entgleiten und sich stets Ihre Erfüllung und Ihren Spaß bei anderen Quellen holen, sollte er sich wieder von Ihnen entfernen.

Doch auf der Mensch-zu-Mensch-Ebene fühlen Sie sich aufgrund seines Verhaltens einfach nur genervt und immer weniger inspiriert und bereichert, da Ihre Vorstellungen nicht erfüllt werden.

Es ist ähnlich wie bei einem guten Freund/Freundin, der/die einem momentan durch sein/ihr lethargisches und wenig inspirierendes Verhalten die wertvolle Zeit stiehlt. Man erträgt diese Person dann eine Zeit lang weniger und sucht seltener den Kontakt zu ihr/zu ihm. Man fühlt sich einfach weniger motiviert, Zeit mit dieser Person zu verbringen und hat stattdessen viele andere Dinge, die einen mehr erfüllen.

WENN man dann jedoch wieder mal bewusst Zeit mit dieser Person verbringt, ist man in dem Moment offen und freundlich zu ihr, denn man hat ja immer noch eine Art freundschaftliche Verbindung.

Das Distanzierungsverhalten Ihres Freundes führt also allenfalls dazu, dass Sie sich genervt, gelangweilt oder ernüchtert fühlen wegen seines Verhaltens – oder auch wütend, da Sie das Gefühl haben, Ihre wertvolle Zeit zu verschwenden.

Weil Sie als direkte Reaktion darauf jedoch immer mehr Ihre Erfüllung AUßERHALB Ihrer Beziehung suchen und finden, bleiben Sie ihm gegenüber (ebenso wie auch bei einem guten Freund/einer guten Freundin) insgesamt freundlich, heiter, unbeschwert und souverän.

Sie investieren dann zwar viel seltener Energie und Zeit in ihn, doch WENN Sie mal wieder Zeit mit ihm verbringen, präsentieren Sie selbstverständlich weiterhin Ihr bestes Selbst – denn er muss immer vor Augen geführt bekommen, was er zur Zeit noch an Ihnen hat.

Anhand einiger Beispiele möchte ich Ihnen nun die drei unterschiedlichen Abstufungen männlicher Distanzierung veranschaulichen und Ihnen jeweils die notwendige Gegenmaßnahme beschreiben.

Er entfernt sich in harmloser Form: Notwendige Gegenmaßnahme bei seinem Distanzierungsverhalten 1. Grades

Auf dieser Stufe seines Verhaltens handelt es sich in der Regel nicht um ein Zeichen für eine ernsthafte Erkaltung, sondern nur um den Ausdruck eines harmlosen Rückzugs: Er muss seine Energie wieder mal anderen Dingen und Gedanken widmen. Er braucht Abstand, reguliert seinen Energiehaushalt und fällt wieder in alte, harmlose Gewohnheiten und Stimmungen, ohne dass jedoch sein ernsthaftes Interesse an der Frau wirklich verringert ist.

Entscheidend bei seinem Distanzierungsverhalten auf dieser Stufe ist, dass er dadurch ein wenig von seinem bisherigen „Kurs“ abweicht. Sie sind dieses Verhalten nicht gewohnt von ihm, da es untypisch für Ihre bisherige Beziehung ist. Auch wenn sein Abstandsverhalten auf diesem Niveau noch normal und harmlos ist, spielt hier nur eine Rolle, dass SIE trotzdem irritiert von seinem Verhalten sind. Es stört Sie.

Vormals noch wären Sie geneigt gewesen, Ihre verletzten Gefühle einfach in sich hineinzufressen und eine besorgte Grundhaltung durchscheinen zu lassen, doch ab jetzt gehen Sie souverän mit dieser Situation um:

Ihre innere Einstellung beim Distanzierungsverhalten 1. Grades:

„Es verletzt mich und weckt sofort wieder mein Misstrauen. Doch was ich hier spüre, hat nur ganz allein mit mir zu tun und nicht mit ihm. Ich nehme das nicht persönlich. Ich nehme das jetzt als Anlass zu lernen, entspannter und vertrauensvoller in der Beziehung zu werden. Ich werde mich also beherrschen und nicht die Kontrolle verlieren. Ich werde ihn nicht mit meinem Misstrauen und meinem besorgten Gefühl konfrontieren. Auch wenn dies nicht einfach auszuhalten ist.

Ich werde ihn auf keinen Fall mit meiner negativen Energie belasten. Ich werde ihn ganz bewusst loslassen, unterstützen und in genau dieser Situation allein lassen, die mich so stört. Ich bleibe ruhig und gelassen in meinem Auftreten ihm gegenüber.

Jedoch werde ich das nicht passiv-verzweifelt in mich hineinfressen und einfach erdulden. Stattdessen lerne ich, ihn innerlich loszulassen und dabei meine Energie auf andere Dinge, Tätigkeiten und Aktivitäten zu richten, die nur mit meinem Leben zu tun haben.

Ich widme mich in dieser schmerzhaften Situation also sofort anderen Dingen und Kontakten, die mich erfüllen. Ich tue dies aber nicht aus einer Warteposition heraus, sondern verplane in dieser Situation meine Zeit ganz bewusst mit anderen Dingen.

Dies führt dazu, dass ich ebenfalls ein kleines Stück weniger verfügbar und erreichbar sein werde.

Wenn es nicht möglich ist, jetzt sofort meine Energie in etwas anderes zu investieren, werde ich dies zu einem späteren Zeitpunkt tun, sobald sich die Gelegenheit ergibt.

Ich werde bald ebenfalls, für ihn unerwartet eine kurze Zeit weniger präsent und verfügbar sein.

Ich tue das nicht, um irgendwelche Spielchen zu spielen. Im Gegenteil: Dies MUSS geschehen, um von Beginn an jeden Anflug eines neuen Ungleichgewichts im Keim zu ersticken. Es ist allein MEINE Aufgabe, meine Werte und Ideale zu leben – und ihn auf sanfte, kluge Weise zu „erziehen".

Sollte mich dieser einmalige Vorfall in ein paar Tagen immer noch innerlich belasten, werde ich ihn außerdem in einem passenden Moment, in dem er anhänglich, vertraut und sehr offen für mich ist, darauf ansprechen – eher beiläufig, liebevoll-souverän und ohne jegliche Vorwürfe."

Konkrete Vorgehensweise bei Distanzierungsgrad 1.

- **Schritt 1.** Loslassen
- **Schritt 2.** Spiegeln
- **Schritt 3.** Verfügbarkeit brechen
- **Schritt 4.** Konfrontieren im richtigen Moment (optional)

Beispiel 1:

Er meldet sich völlig unerwartet einen ganzen Tag lang nicht auf Ihren Anruf/auf Ihre SMS. Erst spätabends kommt er nach Hause bzw. meldet sich bei Ihnen zurück (in einer Weise, die sein Verhalten nachvollziehbar macht. Sie sind am Ende des Tages bzw. am nächsten Morgen wieder beruhigt und alles ist okay).

Gegenmaßnahme:

Schritt 1. Loslassen

Schon ab dem Augenblick, wo Sie merken, dass Sie wegen seines Verhaltens innerlich unruhig und besorgt werden, treffen Sie den Entschluss, die Kontrolle zu behalten und ihm nicht hinterher zu telefonieren/zu simsen.

Dafür halten Sie sich ganz bewusst vor Augen, dass sein komisches Verhalten ganz sicher einen Grund hat, den Sie jetzt noch nicht kennen. Dieser Grund ist jedoch ziemlich sicher nicht eine plötzliche „Entliebung". Sein Verhalten ist ziemlich sicher auch nicht der Ausdruck seiner jetzt beginnenden Gleichgültigkeit, Untreue oder Vernachlässigung Ihrer Person.

Sie halten sich stattdessen noch einmal kurz die letzte Zeit mit ihm vor Augen und erinnern sich sofort an verschiedene gute Momente mit ihm, die sehr offensichtlich seine Zärtlichkeit und ernsthafte Aufmerksamkeit zum Ausdruck brachten.

Obwohl Sie sich in diesem Augenblick sehr unwohl fühlen, vertrauen Sie jetzt ganz bewusst auf das bisherige Fundament Ihrer Beziehung.

Denn dieses Fundament ist viel realer und stärker, als die augenblicklichen Schreckensszenarien in Ihrem Gefühlsleben.

Sie wissen genau, dass Sie ein ganzes Stück mehr innere Gelassenheit und emotionale Freiheit gewonnen haben werden, wenn Sie es diesmal schaffen, auf die bisherige unsichtbare, starke Basis Ihrer Beziehung zu vertrauen und sich nicht vom „sichtbaren" Nebel Ihres eigenen Misstrauens blenden lassen.

Sie schaffen es jetzt, Ihre Fassung zu bewahren und hören NICHT auf Ihre alten Ängste.

Was Ihnen außerdem noch Kraft gibt, diese Situation durchzustehen, ist Ihr neues Wissen darüber, wie Sie in Ihrer Beziehung von Anfang an stets das Gleichgewicht zwischen Ihnen beiden aufrechterhalten werden.

Sie werden also dieses „schlechte Benehmen" Ihres Freundes auf keinen Fall einfach so hinnehmen. Sie werden diesen Vorfall entweder jetzt sofort oder zu einem späteren Zeitpunkt SPIEGELN.

Dadurch werden Sie erreichen, dass er ein anderes Mal spüren wird, was Sie selbst JETZT fühlen. Sie machen es also ab sofort komplett anders als bisher: Sie zeigen ihm nicht Ihre emotionale Verletztheit, sondern lassen ihn auf NATÜRLICHE Weise Konsequenzen spüren.

Denn nur indem er merkt, dass Sie ihm ein Stück „entgleiten", ohne dabei Ihre Unbeschwertheit und Freundlichkeit zu verlieren, wird er VON GANZ ALLEIN liebevoller, aufmerksamer und verbindlicher.

Zudem werden Sie ihn, falls Sie es nach Ihrer Spiegelmaßnahme noch als notwendig empfinden, bei Gelegenheit in einem sehr offenen und vertrauten Moment liebevoll und spielerisch wissen lassen, dass Sie vor Kurzem sein Verhalten „merkwürdig" fanden und dass es schön wäre, wenn es auch „anders laufen" könnte.

Dieser Plan gibt Ihnen die innere Kraft, ihn in diesem Augenblick der Ungewissheit LOSZULASSEN.

Sie wissen einfach, dass Sie in Zukunft das Band zwischen Ihnen wieder straffen können, da Sie dieses SELBST in der Hand halten.

Dies werden Sie in einer Weise tun, die ihm verborgen bleibt. Er wird es nur dadurch merken, dass sein Respekt vor Ihnen nicht weniger geworden sein wird – sondern im Gegenteil: Seine Ergebenheit wird wieder ein Stückchen intensiver geworden sein.

Schritt 2. Spiegeln

Sie nehmen sich für den Abend etwas Schönes vor und planen Ihre Zeit ohne ihn. Sie warten NICHT auf seinen Anruf. Es wird sich schon klären. Sie verabreden sich z.B. mit einer guten Freundin, schalten Ihr Handy auf lautlos – und sind dadurch bis spätabends nicht telefonisch erreichbar.

Schritt 3. Verfügbarkeit brechen

Wenn er Sie irgendwann endlich anruft, gehen Sie NICHT gleich ans Telefon. Sie rufen ihn von unterwegs erst ca. 2 Stunden später zurück. Am Telefon sind Sie gut gelaunt, amüsiert und herzlich zu ihm. Falls er vorwurfsvoll fragt, wo Sie waren und warum Sie erst so spät zurückrufen, erklären Sie sich kurz, aber bestimmt:

„Oh, ich hatte mich heute spontan mit einer guten Freundin verabredet, wir haben uns schon länger nicht gesehen. Ich hatte das Handy irgendwann auf lautlos gestellt, weil heute so viele Leute bei mir anriefen – ich wollte mich aber ungestört mit meiner Freundin unterhaltend..."

Schritt 4. Konfrontieren im richtigen Moment

Falls Sie jetzt nicht wieder ein rundum gutes Gefühl haben, können Sie im selben Telefonat fragen: „ ...Übrigens: Wer hat DICH heute eigentlich entführt? Ich hatte es heute auch schon mal bei dir versucht!"

Sie hören sich seine Erklärung kurz an, gehen darauf aber nicht weiter ein. Seine Erklärung klingt logisch und nachvollziehbar. Sie vertrauen ihm einfach. Sie erzählen ihm also NICHT, wie besorgt Sie waren. Sie konfrontieren ihn NICHT mit Ihren verletzten Gefühlen und Ihrem Misstrauen.

Denn sollte spätestens jetzt nicht sowieso wieder alles okay sein, haben Sie einen viel effektiveren Plan. In dem Fall greifen Sie zur nächsten Maßnahme und führen die Schritte in dem Abschnitt „Notwendige Gegenmaßnahme bei seinem Distanzierungsverhalten 2. Grades" durch.

Beispiel 2:

Er ist an einem Tag – überraschend für Sie – gedanklich sehr abwesend und hat kein Interesse, Ihnen Aufmerksamkeit zu schenken. Er beschäftigt sich zum Beispiel stundenlang nur mit seinem PC, seinem Handy, schaut Fernsehen, telefoniert oder simst mit Freunden oder vergräbt sich in irgendwelche andere Dinge. Er wirkt sehr desinteressiert an Ihnen, ist nicht zärtlich, nicht liebevoll. Es fühlt sich an, als wenn Sie überhaupt nicht zusammen sind. Er wirkt gleichgültig, kühl und leicht genervt von Ihnen.

Gegenmaßnahme:

Schritt 1. Loslassen

Sie nehmen weder die wartende, leicht schmollende Warteposition ein noch ziehen Sie sich beleidigt zurück. Sie fragen ihn auch nicht in traurig-vorwurfsvollem Ton, ob alles in Ordnung sei oder ob er bald „fertig damit" ist und danach wieder Zeit für Sie hat.

Stattdessen akzeptieren und unterstützen Sie sein Verhalten als von ihm benötigten Rückzug und nehmen es auf keinen Fall persönlich.

Sie ändern jetzt einfach ganz spontan Ihre eigene Freizeitplanung und ziehen sich so schnell wie möglich ganz aktiv aus der gesamten Situation heraus:

Schritt 2. Spiegeln

Im Folgenden ein paar denkbare Versionen für Ihr weiteres Vorgehen, je nachdem, welche Möglichkeiten Ihnen spontan zur Verfügung stehen:

Version A

Sie nehmen sich spontan etwas anderes vor: Sie verabreden sich kurzfristig mit einer Freundin oder einem Freund, Sie besuchen jemanden, den Sie kennen, machen einen Spaziergang, gehen ins Fitnesscenter/ins Kino/ins Restaurant/in ein Cafè bzw. in eine Bar, gehen einkaufen oder Sie gehen allein auf eine Veranstaltung.

Nutzen Sie die Zeit in jedem Fall für sich selbst. Sie ziehen das ohne große Erklärung durch, so als wenn es für Sie selbstverständlich ist.

Sie sagen ihm etwas wie: „Du, ich habe total Lust, noch etwas zu unternehmen und habe mich gerade spontan mit einer Freundin verabredet/werde spontan noch (Name einer Person einsetzen) besuchen/werde noch ein bisschen rausgehen/werde noch (Tätigkeit einsetzen) tun. Ich lass dich jetzt mal allein. Du kommst klar, ja?“

Sie lächeln dabei, wirken entspannt und gut gelaunt und geben ihm zum Abschied einen Kuss auf die Wange.

Sie verbringen die nächsten Stunden irgendwo anders, versuchen sich bewusst abzulenken und diese Zeit zu genießen.

Sie kommen mindestens 1–2 Stunden später als angekündigt nach Hause. (Schritt 3: Verfügbarkeit brechen). Sollte er zwischendurch schon anrufen, gehen Sie nicht sofort ans Telefon, sondern rufen mindestens erst eine Stunde später zurück, führen danach Ihre Unternehmung aber noch weiter zu Ende. Seien Sie in diesem Telefonat heiter aber kurz angebunden.

Sie kommen gut gelaunt nach Hause. Für Sie ist alles in Ordnung. Sie sind herzlich, liebevoll und gut gelaunt.

Version B

Sie ziehen sich komplett aus der Situation heraus, indem Sie in ein anderes Zimmer gehen und sich mit etwas Persönlichem aktiv beschäftigen:
Recherchieren Sie wichtige Infos im Internet, schreiben Sie Emails an Freunde und Bekannte, führen Sie verschiedene Telefonate. Lesen Sie ein Buch, schreiben Sie Gedichte oder konzentrieren Sie sich auf eine andere Ihrer Leidenschaften. Machen Sie Ihre Steuerklärung oder erledigen Sie irgendetwas anderes, auf das Sie jetzt Ihre ganze Energie richten.

Halten Sie diese Situation unbedingt durch und warten Sie nicht die ganze Zeit verzweifelt grübelnd auf ihn.

Sollte er nach ein paar Stunden auf Sie zukommen, seien Sie freundlich-entspannt, aber leicht abgelenkt und beschäftigt. Beenden Sie Ihre Tätigkeit nicht sofort, sondern führen Sie das, was Sie tun, noch möglichst eine Zeit lang fort. Sie wollen ihm nicht signalisieren, dass Sie nur auf ihn gewartet haben. Sie können ihm z.B. sagen (lieb-höflich): „Hast du nicht evtl. noch irgendetwas anderes zu tun? Ich würde hier sehr gern noch weitermachen, ich komme dann gleich zu dir." Etwa eine Stunde später gehen Sie zurück zu ihm.

Version C

Falls Sie nicht zusammenwohnen, Ihre Wohnung sich aber in erreichbarer Nähe befindet, können Sie ihm auch sagen:

„Du, mir ist gerade bewusst geworden, dass ich morgen einen wirklich vollen Tag habe. Ich müsste sowieso noch verschiedene

Dinge zu Hause erledigen und möchte dann auch früh schlafen gehen. Ich gehe jetzt. Du hast doch sicher auch noch einiges zu tun. Lass uns aber nachher noch mal kurz telefonieren.“

Sie geben ihm einen Kuss auf die Wange und gehen.

Wichtig: Sagen Sie das sehr liebevoll und leicht entschuldigend. Ohne versteckten Groll oder Beleidigtsein.

Der weitere Verlauf der Kommunikation an dem Tag:

Schritt 3. Verfügbarkeit brechen

Falls bis zum Abend kein Zeichen mehr von ihm kommt, lassen Sie NICHTS mehr von sich hören an diesem Tag. Falls etwas „wenig Engagiertes“ von ihm kommt, antworten Sie entweder gar nicht (falls es schon spät ist) oder erst kurz vorm Schlafengehen und zwar ganz knapp, freundlich aber etwas distanzierter als sonst mit einer SMS.

Beispiel 3

Er sagt eine gemeinsame Verabredung ab, auf die Sie sich gefreut haben bzw. er verplant völlig überraschend für Sie einen wichtigen Tag wie z.B. Samstag oder sogar das ganze Wochenende OHNE Sie. Er trifft sich z.B. mit Freunden, geht auf eine Party/Veranstaltung oder möchte irgendetwas anderes unternehmen, das er Ihrer Meinung nach nicht genau an diesem Tag/Wochenende machen müsste. Sie sind in jedem Fall schockiert, da er ganz andere Prioritäten setzt als sonst.

Gegenmaßnahme:

Schritt 1. Loslassen

Obwohl Sie sich in diesem Augenblick sehr unwohl fühlen, wissen Sie, dass seine überraschende Absage ganz sicher nicht der Ausdruck einer ernstzunehmenden Gleichgültigkeit oder Unverbindlichkeit ist.

Es ist ganz einfach nur genau das, was es ist: Er möchte dieses Mal etwas anderes unternehmen, was ihm persönlich sehr wichtig ist.

Dies ist absolut kein Widerspruch dazu, dass ihm die Beziehung zu Ihnen sehr ernst ist.

Sie wissen inzwischen aus Ihrer Vergangenheit mit ihm, dass nicht die Intensität der Nähe und auch nicht die Regelmäßigkeit der gemeinsamen Zeit ihn jemals an Sie binden könnte.

Im Gegenteil: Sie werden ihn nur dann dauerhaft in einer vertrauensvollen Partnerschaft halten können, wenn Sie niemals damit aufhören, eine Bereicherung in seinem Leben zu sein.

Dies können Sie nur dann, wenn Sie glücklich in Ihrem Leben sind und UNABHÄNGIG von ihm.

Und genau das muss sich in Zukunft erst bewähren.

Dazu gehört in jedem Fall, dass Sie ihm Spaß und Freiheit gönnen AUßERHALB Ihrer Beziehung und ihn darin unterstützen, seine eigenen ENERGIESÄULEN zu pflegen.

Sie BINDEN ihn in Wirklichkeit auf diese Weise noch stärker an Sie.

Davon ganz unabhängig, wissen Sie jetzt auch, dass Sie in Ihrem Freund niemals mehr das Gefühl von Eingeengtsein (→ wenn er gegen seinen Willen Zeit mit Ihnen verbringt) oder des schlechten Gewissens (→ wenn er weiß, dass Sie unter seiner fehlenden Aufmerksamkeit leiden) bewirken dürfen. Denn bei einer solchen Entwicklung würden Sie sich in seinen Augen nicht als die Frau seines Lebens erweisen. Das hat sich in Ihrem Fall schon gezeigt.

Ihre konkrete Reaktion in diesem Beispiel:

Sie unterstützen ihn in seinem Vorhaben und gönnen ihm auf jeden Fall seine überraschend anderweitig verplante Zeit und machen keine Staatsangelegenheit daraus.

Sie belasten ihn auf KEINEN Fall mit Ihren verletzten Gefühlen.

Sie vertrauen auf das unsichtbare Band, welches ihn an Sie bindet und zweifeln NICHT daran, dass dieses Band weiterhin für ihn genauso spürbar bleibt wie bisher.

Sie sagen ihm etwas wie: „Das ist kein Problem. Klingt doch super – das wird dir guttun!“ (heiter-unterstützend).

„Kein Problem, das wird uns beiden sicher guttun. Hatte schon ein wenig meine Freunde vernachlässigt. Das ist schön, ich werde mich da einigen Kontakten widmen.“

Schritt 2. Spiegeln

Natürlich nehmen Sie sich für diesen betreffenden Tag bzw. für dieses Wochenende etwas anderes vor: Sie überlegen sich etwas, worauf Sie wirklich mal wieder Lust haben. Etwas, das Sie vielleicht schon länger nicht taten:

- Sie verabreden sich mit Freunden oder Bekannten und gehen mit ihnen tanzen, feiern oder auf ein Konzert.
- Sie verabreden sich mit einem guten alten Freund, den Sie schon länger nicht gesehen haben.
- Sie fahren mit einer Freundin spontan auf einen Wochenendausflug.
- Sie üben eines Ihrer Hobbys aus oder reaktivieren eine Ihrer vernachlässigten Leidenschaften.
- Sie probieren etwas ganz Neues aus und besuchen z.B einen Tanzkurs, gehen ins Fitnesscenter oder besuchen einen Yogakurs.
- Sie laden einen gute Freundin/einen guten Freund zu sich nach Hause ein und kochen mit ihr/ihm zusammen.
- Wenn es Ihnen nicht möglich ist, kurzfristig noch umzudisponieren: Planen Sie Ihren eigenen Wellnesstag bei sich Zuhause und lassen Sie es sich gut gehen: Sie lesen ein gutes Buch, schauen einen schönen Film oder telefonieren mit diversen Freunden/Freundinnen.

Schritt 3. Verfügbarkeit brechen

Es ist sehr wichtig, dass er in jedem Fall fest davon ausgeht, dass Sie sich ebenfalls ganz selbstverständlich an diesem Wochenende vergnügen und Spaß haben werden bzw. Ihre eigenen Interessen verfolgen.

Falls Sie so kurzfristig keine Alternativ-Aktion mehr kurzfristig mehr planen konnten, lassen Sie es trotzdem bis zuletzt offen, was Sie unternehmen werden.

Sie setzen ihn also nicht vorher über Ihre Pläne in Kenntnis. Falls er Sie fragt, halten Sie sich vage: „Ich unternehme wahrscheinlich etwas mit einer Freundin/mit einem Freund: was genau wir machen, entscheiden wir spontan... Vielleicht gehen wir auch Feiern, mal sehen." Oder Sie sagen ihm: „Es steht noch nicht fest, aber ich bin gespannt. Ich werde auf jeden Fall meinen Spaß haben. Ich freue mich schon."

Er darf sich auf keinen Fall schon in Sicherheit wiegen, dass Sie z.B. Ihre Zeit allein zuhause verbringen oder bei Ihrer Freundin/Ihrer Familie sein werden, während er aber mit Freunden unterwegs ist und Spaß hat. Denn das würde die Chance erhöhen, dass er in dieser Zeit wenig an Sie denkt.

Und genau DAS wäre dann die auslösende Dynamik, die ihn in Zukunft dazu antreiben würde, Ihre Grenzen immer weiter auszureizen: Er würde anschließend seine Zeit erst recht wieder verstärkt mit anderen Dingen verplanen in dem Wissen, dass es für ihn keine Konsequenzen hat:

Sie bleiben ja in der Warteposition, amüsieren sich nicht anderweitig, entgleiten ihm nicht. Im Gegenteil: Sie machen sich sogar Sorgen um ihn. Sie bleiben ihm also angenehm „sicher".

Wenn Sie auf diese Weise also nicht schon die kleinsten seiner Distanzierungstendenzen im Keim ersticken, würde er in Zukunft wahrscheinlich wieder Stück für Stück seinen Unverbindlichkeitsspielraum ausweiten – und zwar so weit, wie Sie bereitwillig mitspielen OHNE ihn zu spiegeln.

Ihr konkretes Vorgehen daher an diesem ganz betreffenden Tag/Wochenende:

Melden Sie sich in dieser Zeit auf keinen Fall VON SICH AUS bei ihm, öffnen Sie sich stattdessen voll und ganz für eigene Aktivitäten.

Da Sie selbst Ihr eigenes, mit Spaß und Freude erfülltes Leben UNABHÄNGIG von ihm haben, stehen Sie in keiner Weise in der Warteposition. Es ist daher also ganz natürlich und normal, dass Sie in dieser Zeit über größere Strecken nicht an ihn denken und auch nicht erreichbar sind. Ebenso, wie dieses Verhalten auch für ihn normal ist.

Sie haben keine Zeit und freie Energie, sich an diesem Wochenende sogar noch Gedanken darüber zu machen, was er vielleicht gerade macht oder ob er sich hoffentlich zwischendurch mal meldet und wenn nein, warum nicht.

Dafür lassen Sie sich komplett von etwas anderem in Beschlag nehmen.

Das bedeutet für Ihre konkrete Reaktion, falls er sich bei Ihnen meldet:

Wenn er sich von unterwegs meldet, indem er bei Ihnen anruft oder eine SMS schickt, sind Sie in jedem Fall nicht sofort erreichbar, sondern melden sich mindestens erst ein bis zwei Stunden später zurück, möglichst per SMS.

Ganz gleich, wie liebevoll und gefühlvoll seine Nachricht oder sein Anruf auf Ihrer Mailbox ist, schreiben Sie ihm erst ein paar Stunden später zurück: Kurz, gut gelaunt und herzlich.

Egal also, ob es Tag, Abend oder Nacht ist: Sie sind auf jeden Fall von irgendetwas IN BESCHLAG genommen, sodass Sie erst deutlich später die Muße und Zeit haben, sich kurz zurückzumelden.

Für den Fall, dass er erst spätabends ein erstes Zeichen von sich gibt, Sie aber jedoch zuhause geblieben sind, antworten Sie ihm nicht mehr in dieser Nacht. Sie schlafen offiziell schon und melden sich bei ihm erst am nächsten Vormittag kurz per SMS oder Anruf.

Aber das Wichtigste in Ihrer Reaktion: Sie sind dabei sehr sparsam mit Gefühlsbotschaften. Sie schreiben ihm also nicht, dass Sie ihn „vermissen", „lieben", er Ihr „großer Schatz" ist, Sie „ganz viel an ihn denken" oder Ähnliches.

Warum?

Sie vermissen ihn nicht AUSGERECHNET DANN außerordentlich, wenn Sie gerade selbst einen schönen Abend haben und erfüllt von etwas anderem sind.

Ihre Spiegelaktion ist nur wirklich glaubhaft, wenn Sie nicht zu jeder Zeit erreichbar und offen für ihn sind. Genau das wird bei ihm den sehr wichtigen Eindruck unterstützen, dass Sie Ihre Zeit nutzen, um Ihre Lebensfreude und Lebenslust tatsächlich in andere erfüllende Inhalte und Kontakte zu stecken.

Es ist sehr wichtig, dass Sie in keinem Fall den Eindruck erwecken, dass Sie sich nur NOTGEDRUNGEN mit anderen Dingen die Zeit vertreiben, um seine Abwesenheit halbwegs erträglicher zu gestalten.

Im Gegenteil:

Wenn Sie ihm nicht ebenfalls an diesem Tag ein kleines Stückchen entgleiten (natürlich auf harmlose Weise), würde er ansonsten immer mehr darauf konditioniert werden, dass er sich also keine Sorgen und Gedanken über Sie machen muss, wenn er spontan seine Zeit ohne Sie verbringt. Genau das würde dazu führen, dass er nun immer mehr seine Unverbindlichkeit auskosten und ausweiten wird, solange Sie ihm diese „ungespiegelt" geben.

Er entfernt sich in bedenklicher Form: Notwendige Gegenmaßnahme bei seinem Distanzierungsverhalten 2. Grades

Sein Verhalten in den eingangs beschriebenen 3 Beispielen nimmt immer regelmäßigere Formen an:

Er meldet sich zwischendurch weniger von sich aus. Er verbringt in Ihrer Anwesenheit wieder viel mehr Zeit mit anderen Dingen oder er verplant seine Zeit wieder viel häufiger mit seinen Hobbys, Interessen und Kontakten.

Er fordert also erneuert mehr Zeit ein für seine eigenen Interessen und flüchtet mehr in andere Dinge. Andere Inhalte stehen jetzt für ihn wieder viel mehr im Vordergrund als noch zu Beginn. Er wirkt Ihnen gegenüber insgesamt desinteressierter, unverbindlicher und unbemühter.

Ihre innere Einstellung beim männlichen Distanzierungsverhalten 2. Grades:

„Sehr wahrscheinlich habe ich ihn bis zu diesem Zeitpunkt nicht konsequent genug gespiegelt, wenn er sich schon kleinere Vernachlässigungen bis hierher erlaubte. Er hat dadurch das Gefühl bekommen, dass er mich trotzdem sicher hat und hat angefangen, seine Grenzen deshalb immer mehr auszuweiten.

Ich werde mich aber in keinem Fall jemals wieder selbst vernachlässigen und meine wertvolle Zeit damit verschwenden, ihm innerlich verkrampft und von Angst gelähmt hinterherzurennen, nur um wie eine Verdurstende auf einen Tropfen seiner Liebe zu warten.

Wenn ich ihm jetzt weiterhin passiv-wartend und leidend zur Verfügung stehe, weiß ich genau, dass ich mich dadurch selbst völlig unter Wert verkaufe. Er würde dann schnell noch weiter seinen Respekt vor mir verlieren, mich kaum noch bewundern können und dadurch ERST RECHT noch mehr erkalten.

Wenn ich jetzt nicht zu meinen Werten und Standards stehe und keine Konsequenzen ziehe, werde ich die Abwärtsspirale kaum mehr aufhalten können.

Seine Gleichgültigkeit würde immer stärker werden. Er erlebt mich dann stets wieder in der permanent unzufriedenen und klammernden Abhängigkeitsposition. Alles wird dann wieder beim Alten sein: Er würde mich schnell wieder nur noch nach dem Nach-Lust-und-Laune-Prinzip komplett in der Hand haben.

Ihm reicht diese Konstellation völlig aus so lange, bis er eine Neue findet oder bis ich mich von ihm trenne.

Es macht mich wütend, dass er sich wieder so gehen lässt. Ich habe ihm schon am Anfang klar gesagt, dass ich es auf keinen Fall akzeptieren werde, falls er sich wieder so entwickelt, wie früher. Er weiß genau, dass ich jetzt, im Vergleich zu früher, klare Vorstellungen und Erwartungen habe und wenn diese nicht erfüllt werden, meine wertvolle Zeit und Energie nicht mehr weiter mit ihm verschwende.

Sein Verhalten entspricht absolut nicht meinen Vorstellungen. Es nervt mich und treibt mich immer weiter von ihm weg. Wenn er mich weiterhin so wenig bereichert und so wenig inspiriert, werde ich die Beziehung auf jeden Fall beenden.

Ich steige deshalb jetzt schon mal aus dem Beziehungsmodus aus und gebe ihm viel weniger Priorität in meinem Leben als bisher. Ich sehe ihn im Moment absolut nicht als potenziellen Kandidaten für die Zukunft und werde ab sofort die Beziehung

zwischen uns nur noch als eine lockere und ungezwungene behandeln.
So wie er, werde auch ICH mich jetzt wieder sehr intensiv meinem eigenen Leben widmen und mich sehr stark für andere Energiequellen, Interessen, Kontakte und Aktivitäten öffnen.

Für ihn werden die zukünftigen Begegnungen mit mir erst mal nur noch seltenere Highlights sein.

Ich zeige mich dabei weiterhin von meiner attraktiven, unbeschwerten und inspirierenden Seite, doch dieses Mal werden das nur noch exklusive und seltenere Momente für ihn werden. Ich steige komplett aus jeglicher alltäglichen Routine und Monotonie aus. Ich werde viel weniger verfügbar sein.

Als Erstes gebe ich ihm jetzt aber die Chance, über sein Verhalten nachzudenken und konfrontiere ihn völlig unmissverständlich damit, dass mir die Beziehung mit ihm zurzeit nicht mehr so viel gibt. Ich sage ihm ganz klar, dass es mich im Moment kaum noch anregt und mir nur noch wenig Spaß macht, Zeit mit ihm zu verbringen.

Vor allem werde ich ihm signalisieren, dass ich mir das nicht mehr allzu lange weiter anschauen werde."

Konkrete Vorgehensweise bei Distanzierungsgrad 2:

- Schritt 1. Konfrontation (Standards vermitteln und Beziehung infrage stellen).
- Schritt 2. Eskalation.
- Schritt 3. Spiegeln.

1. Konfrontation – Standards vermitteln und Beziehung in Frage stellen

Sobald Sie spüren, dass sein Verhalten in einem (oder mehreren) der drei Beispiele immer regelmäßigere Formen annimmt, ziehen Sie in jedem Fall die Reißleine und konfrontieren ihn.

Sie erinnern sich: Ihre Ansprüche und Erwartungen sind verletzt, nicht SIE SELBST.

Es nervt einfach nur ungemein, wenn eine nahestehende Person (egal ob es eine Bekannte, gute Freundin oder der eigene Partner ist) sich gehen lässt und Ihnen durch Unzuverlässigkeit, Unaufmerksamkeit und Egoismus Ihre wertvolle Zeit und Energie raubt.

Daher lassen Sie ihn jetzt deutlich spüren, dass Sie, so wie er sich zur Zeit gibt, nicht viel mit ihm anfangen können und es in letzter Zeit immer uninteressanter für Sie geworden ist, Kontakt zu ihm zu haben.

Ihr richtiges Vorgehen beim Konfrontieren:

A. Zunächst sorgenvolles (liebevolles) Ansprechen:

Sie möchten zunächst ausschließen, dass er momentan vielleicht einfach nur persönlichen oder beruflichen Stress hat, der ihn stark vereinnahmt, oder dass ihn möglicherweise sogar irgendetwas bedrückt, von dem Sie noch nichts wissen.

Im ersten Schritt nehmen Sie daher erstmal eine neutrale Haltung ein und klopfen ihn auf die Möglichkeit ab, dass seine emotionale Erkaltung vielleicht gar nichts mit Ihnen selbst zu tun hat.

Sie können ihm beispielsweise sagen:

„Du bist in letzter Zeit so zurückgezogen und so ruhig, belastet dich zurzeit irgendetwas?“

oder

„Du scheinst aktuell von ein paar Dingen ziemlich vereinnahmt zu sein. Du wirkst irgendwie distanzierter als sonst. Ist alles in Ordnung? Oder hast du momentan Stress?“

Wenn er sich jedoch jetzt nicht dazu äußert und auch nicht wirklich ganz klar durchblicken lässt, dass es zurzeit in seinem Leben etwas Bedeutendes gibt, das ihn innerlich stark beschäftigt, das aber mit Ihnen nichts zu tun hat:

Machen Sie gleich SOFORT weiter mit dem nächsten Schritt:

B. Verletzte Standards signalisieren und Beziehung infrage stellen

Es ist genau jetzt der Moment gekommen, ihn mit Ihren Vorstellungen zu konfrontieren und ihm deutlich zu sagen, dass die aktuelle Entwicklung wenig Zukunft hat für Sie. Die Art, WIE Sie ihm das signalisieren, ist dabei entscheidend.

Sie müssen jetzt um jeden Preis aus derselben unabhängigen Stärkeposition heraus agieren, mit der Sie sich auch ein zweites Mal auf ihn eingelassen haben.

Diese Position beinhaltet für Sie, dass Sie keine feste Beziehung mit ihm brauchen, um in Ihrem Leben glücklich zu sein und dass eine verbindliche Beziehung mit ihm nur dann Sinn für Sie macht, wenn er in Ihrem Leben eine zusätzliche Bereicherung, Wohltat und Quelle von Inspiration ist.

Sollten Ihre Erwartungen und Standards, die Sie in Ihrem Beziehungsstatement diesmal von Anfang an zum Ausdruck brachten, nicht erfüllt werden, wären Sie in jedem Fall bereit, zu Ihren Werten zu stehen und die Konsequenzen zu ziehen. Sie würden Ihre wertvolle Zeit auf keinen Fall weiter verschwenden und notfalls die Beziehung beenden. Hier erkennen wir zunächst die mittlere Alarmstufe in seinem Verhalten (Distanzierungsgrad 2).

Sie geben ihm daher zunächst eine Chance, indem Sie ihn wissen lassen, dass Sie ernüchtert über ihn sind: Sie wollen ihm deshalb erst mal verdeutlichen, dass Sie nicht bereit WÄREN, das Ganze, so wie es gerade läuft, noch sehr lange mitzumachen.

Dabei sprechen Sie nur von Ihren Werten und Standards. Sie konfrontieren ihn AUF KEINEN FALL mit Ihren Sorgen, Ihrem Misstrauen, mit Ihrer Traurigkeit und Wut oder mit Ihrer Angst, von ihm verlassen zu werden.
Auf keinen Fall sprechen Sie davon, dass Sie sich „vernachlässigt" fühlen oder dass Sie zu wenig Zeit, Liebe oder Aufmerksamkeit bekommen.

Sie erwähnen auch nicht, dass Sie verletzt sind, fragen ihn nicht „ob etwas nicht stimmt" und unter gar keinen Umständen führen Sie ein „klärendes Beziehungsgespräch".

Dies wären alles nur Offenbarungen dafür, dass Sie doch ganz die Alte sind, die er kennt: Sie hätten sich also doch nicht verändert. Und diese Person hat in der Vergangenheit ja schon einmal unaufhörlich verzweifelt um die Beziehung gekämpft, obwohl er Ihre Werte und Vorstellungen absolut nicht erfüllte.

Und genau diese fehlende Freiheit und Souveränität, ihn die natürlichen Konsequenzen spüren zu lassen (Spiegeln), führte, wie wir gesehen haben, zu seiner Gleichgültigkeit und Gefühllosigkeit.

Was Sie JETZT jedoch tun, ist nicht mehr aus Abhängigkeit und Schwäche zu handeln, sondern aus Ihrer Stärke und Souveränität.

Ihre Energie und Ausstrahlung ist daher:

Ruhig, beherrscht und vehement. Sie wirken nicht getroffen und verletzt, sondern allenfalls genervt und ernüchtert.

Es macht Ihnen zurzeit keinen Spaß mehr und er „gibt Ihnen immer weniger". Sie sind unerfüllt, uninspiriert und drauf und dran, Ihre Erfüllung und Lebensfreude verstärkt woanders zu holen. Sie zweifeln ganz stark daran, ob er Ihnen geben kann, was Sie brauchen. Er bereichert Sie immer weniger und verschwendet momentan Ihre wertvolle Zeit.

Daher entgleiten Sie ihm momentan immer mehr.

Hier ein paar Beispiele, wie Sie ihn mit Ihren nicht erfüllten Standards konfrontieren können:

„Irgendwie gibt mir das Ganze mit dir in letzter nicht mehr so viel. Mir fehlt der Spaß mit dir, es ist alles nicht mehr so interessant und anregend (verletzte Standards und Werte signalisieren). Sorry, aber wenn das so weitergeht, würde ich das nicht mehr lange mitmachen (Beziehung infrage stellen)."

„Du nervst mich gerade total. Du hast irgendwie kein Feuer mehr. Es ist langweilig mit dir geworden (verletzte Standards und Werte signalisieren). Das ist nicht das, was ich wollte. Es geht gerade total in die verkehrte Richtung (Beziehung infrage stellen)."

„Weißt du, du bist zurzeit echt unerträglich. Es macht keinen Spaß mehr mit dir. Du kannst mich kaum noch inspirieren (verletzte Standards und Werte signalisieren). Ich habe mich vielleicht doch in dir getäuscht. Wenn das so weitergeht, werde ich nicht weiter meine Zeit mit dir verschwenden und wir beide bleiben lieber locker befreundet (Beziehung in Frage stellen).“

„Das ist ja nicht gerade die Erfüllung mit dir in letzter Zeit (verletzte Standards und Werte signalisieren). Ich erwarte von einem Mann einfach mehr. Ich glaube, so wird das nichts mit uns (Beziehung in Frage stellen).“

Und bitte vergessen Sie dabei nicht: Sie machen aus seinem Verhalten nicht im Geringsten ein Beziehungsdrama.

Ganz im Gegenteil: Sie entgleiten ihm und entfremden sich immer mehr von ihm, da er in dieser Weise überhaupt nicht in Ihren eigenen Plan von Zukunft und Glück passt.

Sie vermitteln ihm Ihre Unzufriedenheit genervt, aber beherrscht. Energisch, aber kontrolliert. Bestimmt, aber nicht emotional verletzt.

Sie bleiben souverän, da SIE diejenige sind, deren Erwartungen nicht erfüllt werden.

Sie haben daher genau die Ausstrahlung, die Sie auch einer vertrauten Person gegenüber haben würden, die Ihnen durch Rücksichtslosigkeit, Unbemühtheit und Gleichgültigkeit Ihre Zeit und Ihre Nerven stehlen würde.

2. Eskalation

Dieser folgende Schritt ist sehr wichtig, um Ihren Worten auch ein Fundament zu verleihen. Es reicht nicht aus, ihm Ihre Ernüchterung nur verbal mitzuteilen.
Sie müssen Ihre Konfrontationsbotschaft im gleichen Moment auch mit einem konsequenten Verhalten untermauern, damit sie erstens in ihm wirken kann und Sie zweitens Ihre Glaubwürdigkeit und Souveränität damit beweisen.

Was bedeutet das?

Es muss einen kurzen „Schnitt" geben, sobald Sie Ihre Botschaft gesagt haben. Sie müssen jetzt das vertraute Kommunikationsmuster für dieses eine Mal unterbrechen.

Der „Schuss vor den Bug", den Sie ihm verpassen, ist jetzt nur wirklich glaubwürdig, wenn Sie sich sofort aus der Situation entfernen.

Konkret bedeutet das:

- Sie legen den Hörer auf.
- Sie stehen auf und verlassen das Cafè, in dem Sie vorher gemeinsam saßen.
- Sie lassen ihn stehen und gehen weg von ihm, wenn Sie sich gerade gemeinsam in der Öffentlichkeit befinden.
- Sie verlassen seine Wohnung.
- Sie bitten ihn vehement zu gehen, wenn er sich in Ihrer Wohnung aufhält.
- Falls nicht anders möglich: Sie gehen in ein anderes Zimmer und beschäftigen sich mit etwas anderem.

Dieser Schritt ist wirklich wichtig. Denn indem Sie ihn dieses eine Mal in dieser speziellen Situation einfach so stehen lassen, leben Sie ihm authentisch vor, dass Sie irgendwann tatsächlich auch „im Ernstfall" gehen würden, falls er weiterhin Ihre Erwartungen nicht erfüllt.

Er muss auf jeden Fall Angst haben, Sie verlieren zu können, wenn er sich weiter so verhält. Er muss wissen, dass die Beziehung auf wackeligen Füßen steht. Wenn Sie es geschafft haben, ihn so souverän und cool mit Ihren unerfüllten Vorstellungen und mit Ihrer Bereitschaft zu gehen konfrontieren, können Sie sich sicher sein, dass es in ihm wirken wird.

Das weitere Vorgehen:

Seien Sie anschließend mindestens für einen halben Tag, möglichst erst bis zum nächsten Tag, nicht erreichbar.

Wenn er dann durch Ihre Deutlichkeit wachgerüttelt sein sollte und jetzt sehr bemüht und einsichtig versucht, Ihnen entgegenzukommen und alles wieder rückgängig zu machen:

Lenken Sie in dem Fall ein und führen Sie die Beziehung fort, ohne ihn weiter zu bestrafen.

Sie haben ihm jetzt eindringlich vor Augen geführt, dass Sie scheinbar keine Probleme damit hätten, ihm den Rücken zuzukehren für Ihre Werte und Prinzipien. Er weiß dann, dass Sie „die Ruhe vor dem Sturm" sind, auch wenn Sie ihn an anderer Stelle noch so lieb und süß für seine Bemühungen belohnen.

Daher würde auch ein übermäßiges Abstandnehmen, obwohl er sich einsichtig entschuldigend zeigt, hier eher rachsüchtig und zickig auf ihn wirken – und damit manipulativ.

Das würde wiederum bedürftig und abhängig wirken und damit Ihre attraktive Leichtigkeit und weibliche Souveränität schwächen.

Wenn er jedoch nach Ihrer Eskalation NICHT auf Sie zukommt und sein Verhalten verändert:

Gehen Sie zum nächsten Schritt.

3. Spiegeln

Sie haben keine Wahl:

Genau jetzt ist es an der Zeit, eine ganz wichtige Reißleine zu ziehen.

Er befindet sich eindeutig nicht mehr im Beziehungsmodus, sondern ist schon wieder mitten in der Unverbindlichkeitsphase: Er weiß jetzt nicht mehr genau, was er will.

Wenn Sie ihm jetzt durch Ihr Verhalten signalisieren würden, dass Sie in Ihm weiter unverändert ernsthaft zugewandt sind, nimmt er Sie als immer reizloser war. Sie würden sich in seinen Augen ganz schnell von der transformierten, unabhängigen und lebensfrohen Frau wieder zurück in seine bedürftige Anhängerin verwandeln.

Und mit dieser Frau, die ihn um jeden Preis haben will und verzweifelt um ihn kämpft, selbst dann, wenn er Ihren Vorstellungen und Wünschen nicht entspricht – mit dieser Frau, das weiß er GANZ GENAU – wird er nicht alt.

Seine Gefühle für Sie würden bald wieder komplett verschüttet sein und er würde sich, nur um nicht einsam zu sein, wahrscheinlich noch eine ganze Zeit lang weiterhin an Ihnen emotional „aufwärmen" – und zwar auf dem unverbindlichsten und niedrigsten Level, welchen er vor sich selbst moralisch noch vertreten kann: Solange, bis er den Absprung von Ihnen durch eine neue Frau (auch wenn es nur für eine Affäre ist) geschafft hat.

Das bedeutet für Sie:

Sie gehen ab sofort zurück in die Führungsphase.

Nur indem Sie selbst komplett aus Ihrem eigenen verbindlichen Beziehungsverhalten aussteigen, können Sie ihm durch Ihr Verhalten SEINEN inneren Zustand widerspiegeln. Nur auf diese Weise können Sie die Spannung zwischen Ihnen aufrechterhalten und bewirken, dass er sich weiterhin mit Ihnen verbunden fühlt und seine ursprünglichen Gefühle für Sie von ganz allein wieder hervorbrechen.

Ihr weiteres Vorgehen ab sofort:

Verinnerlichen Sie erneut die Prinzipien aus dem Abschnitt „Führungsphase“ in Kapitel 2.

Hier die wichtigsten Punkte für Ihr Spiegelverhalten, um in den kommenden Wochen und Monaten seine verfestige Distanzierung wieder aufzulösen:

Komplettes Aussteigen aus dem Beziehungsmodus

Sie legen kein typisches Beziehungsverhalten mehr an den Tag.

Ihre Grundhaltung ist jetzt:

Er genügt momentan absolut nicht Ihren Vorstellungen und hat dadurch kaum Zukunftspotenzial. Sie sind sich daher einfach unsicher, ob er als Beziehungskandidat noch infrage kommt. Sie forcieren das Ganze deshalb nicht sonderlich.

Daher leben Sie zurzeit nur in einer unverbindlichen, lockeren Freundschaft zu ihm, von der Sie nicht wissen, wohin sie führt. Es interessiert Sie auch nicht mehr sonderlich. Sie genießen einfach nur noch jeweils den Augenblick mit ihm. Mehr aber wollen Sie im Moment nicht. Dazu hat er Ihnen zu wenig zu geben und bereichert kaum noch Ihr Leben. Sie mögen ihn und finden ihn zwar attraktiv, doch etwas sehr Verbindliches mit ihm würde Sie definitiv zu sehr einengen.

Denken Sie an das „Prinzip weniger Highlights“: Er spielt jetzt eine untergeordnete Rolle in Ihrem Leben, und daher muss eine Verabredung mit ihm Ihnen irgendetwas „geben“ können. Sie wollen bereichert und unterhalten werden.

Sorgen Sie möglichst dafür, dass Ihre Treffen von gemeinsamen Aktivitäten, schönen Unternehmungen, Geselligkeiten, gemeinsamen Hobbys und Interessen geprägt sind. Oder besser: Lassen Sie IHN dafür sorgen. Geben Sie sich in dieser Phase auf keinen Fall mit 08/15-Begegnungen zufrieden. Er ist kein fester Bestandteil Ihres Lebens, also muss er sich etwas mehr einfallen lassen als sonst, um Ihnen eine Verabredung schmackhaft zu machen.

Schaffen Sie auf diese Weise gemeinsame Erlebnisse und vermeiden Sie unbedingt, dass Ihre Begegnungen gewöhnlich und routinemäßig verlaufen.

Bei Ihren wenigen Begegnungen sind Sie dann ganz präsent, mit jeder Faser Ihres Seins. Sie lassen sich auf jeden Moment ein und genießen die Zeit mit ihm. Der einzige Sinn einer jeden Begegnung mit ihm ist, dass Sie sich wohlfühlen und er sich wohlfühlt. Etwas anderes als das Hier und Jetzt gibt es für Sie beide nicht. Zumindest nicht FÜR SIE.

Sie haben zurzeit absolut keinen tragfähigen Beziehungsstatus, welcher irgendeine

Art von Monotonie oder Routine verkraften könnte. So locker und unverbindlich Sie die Bindung zu ihm jetzt sehen, so wohlmeinend und positiv können Sie sich ihm gegenüber geben:

Als potenzieller Partner kann er Ihnen zurzeit nicht bieten, was Sie erwarten und brauchen. Sie schrauben Ihre Erwartungen und Hoffnungen daher völlig zurück und investieren Ihre wertvolle Energie nicht mehr in ihn.

Das lässt Sie locker und entspannt werden. Sie akzeptieren voll und ganz die völlig unverbindliche Situation. Sie richten den Fokus auf diese Weise komplett weg von Ihren unerfüllten Wünschen und erfreuen sich stattdessen weiter an seinem menschlichen Zugewinn für Sie.

Und dieser Zugewinn besteht jetzt darin, dass Sie ihn viel weniger als vorher an Ihrem persönlichen Leben teilhaben lassen, ihn dafür jedoch unregelmäßig und immer gut gelaunt für Ihre gelegentlichen Geselligkeitsbedürfnisse einspannen und mit ihm Ihre spontane Unternehmungslust ausleben – ganz ähnlich also wie bei einer lockeren Freundschaft zu einem Mann, von dem Sie nichts weiter wollen.

Und das ab sofort nur noch dann, wenn IHNEN gerade danach ist.

Es ist daher wichtig, dass Sie ihn als potenziellen Beziehungskandidaten jetzt loslassen und sein gesamtes Verhalten auf keinen Fall mehr als eine Art Vorschau für die Zukunft interpretieren.

Denn weil Sie nicht NOCH einmal Ihre wertvolle Zeit verschwenden sondern sich nur noch auf die schönen Dinge des Lebens konzentrieren wollen, sind Sie völlig einverstanden damit, dass er sich scheinbar IM MOMENT keine gemeinsame Zukunft mit Ihnen vorstellen kann. Sie können es auch nicht, und das ist gut so.

Verfügbarkeit brechen in der Zeit zwischen Ihren Begegnungen.

Ich kann an dieser Stelle nicht vehement genug betonen, wie wichtig es für den Erfolg Ihrer weiteren Bemühungen ist:

Jeder weiterhin vertraute und regelmäßige Kontakt per SMS, Chat, Facebook, Mail oder Telefon würde Sie jetzt sehr weit zurückwerfen.

Wenn Sie jetzt in dieser Phase weiterhin Nähe und Verbundenheit zu ihm aufrechterhalten würden, indem Sie mit ihm wie selbstverständlich kommunizieren, würden Sie wohl kaum noch erleben, dass er sich jemals wieder liebevoll, zärtlich und voller ernster Absichten um Sie bemühen wird.

Warum?

Seine ohnehin schon gefühlte Gleichgültigkeit würde sich in jedem Fall dadurch sehr stark festigen.

Sollten Sie in dieser Phase weiterhin präsent, häufig erreichbar und verfügbar sein, würde erst recht genau das verhängnisvolle Muster zwischen Ihnen verstärkt werden, welches bisher schon dazu führte, dass er sich entfernte.

Versuchen Sie also unbedingt, jede Nähe und Vertrautheit per SMS oder Mail oder Chat zu vermeiden. Antworten Sie daher wenig, unbemüht und kurz. Vor allen Dingen ohne Gefühlsbotschaften.

Sein Respekt vor Ihnen würde sonst sehr stark abnehmen.

Denn er würde durch die Nähe und Verbundenheit, die Sie ihm weiterhin zeigen, nur spüren, dass Sie ihm stets treu und wartend ergeben sind.

Verinnerlichen Sie die Prinzipen für den Umgang via SMS/Mail/Chat/Telefon:

In einer Phase, in der der Mann nicht genau weiß, was er will, dürfen diese Kontakte nur den Zweck haben, die Zeit bis zur nächsten Begegnung zu überbrücken und die Spannung möglichst hoch zwischen Ihnen zu halten.

Außerhalb einer festen Beziehung mit ihm haben Sie keine Zeit und Energie mehr für intensive SMS-Kontakte, Chats, Emails oder Telefonate.

Lassen Sie sich niemals auf einen intensiven und regen Austausch per SMS ein. Seien Sie dabei immer unbemüht, unzuverlässig und schlecht erreichbar – dafür aber nett, freundlich und witzig.

Außerhalb Ihrer tatsächlichen Realbegegnungen halten Sie wenig Kontakt zu ihm – gerade noch so viel, um nicht ganz abzutauchen.

Sex nur als Highlight

Das „Prinzip weniger, unverbindlicher Highlights" gilt in dieser Phase ganz genauso auch für das Thema „Sex":

Ein regelmäßiges, gewöhnliches Sexleben mit ihm wäre jetzt absolut nicht passend in dieser Phase. Die Gefahr wäre sehr groß, dass Sie in seinen Augen als hingebungsvoll, treu und ergeben erscheinen würden, wenn Sie jetzt häufiger Sex mit ihm haben.

Sex als gewöhnlicher Bestandteil Ihrer Begegnungen würde für IHN nur völlig oberflächlichen Spaß bedeuten, dabei jedoch IHRE eigene Beziehungswilligkeit und Verfügbarkeit demonstrieren.

Durch Sex haben Sie ihm schon in der Vergangenheit Ihre Ergebenheit und Liebe unübersehbar ausgedrückt. Daher wäre die Gefahr groß, dass er das Miteinanderschlafen in dieser Phase ebenfalls als Ihren Wunsch wahrnehmen würde, sich mit ihm auf diese Weise zu verbinden und Nähe herzustellen.

Sollte er Sie in dieser Form registrieren, würde er kaum noch weiteres Verlangen nach „mehr" entwickeln können und schwerlich eine erneute Verliebtheit in nächster Zeit spüren können.

In dieser Phase seiner Unverbindlichkeit und seines emotionalen Rückzugs würde er durch regelmäßigen Sex von Ihnen verhängnisvollerweise dazu erzogen werden, nicht „mehr" von Ihnen wollen zu KÖNNEN. Denn dadurch, dass Sie ihn mit einer Ihrer kostbarsten Gaben TROTZ seines aktuell mangelnden Beziehungsinteresses weiter belohnen würden, wäre er nicht in der Lage, ein brennendes und leidenschaftliches Interesse für Ihre gesamte facettenreiche Persönlichkeit neu zu entwickeln.

Setzen Sie Ihre sexuellen Kontakte mit ihm in dieser Periode deswegen sehr sparsam und bewusst ein.

Lassen Sie insbesondere den Sex das sein, was auch Ihre gemeinsamen Verabredungen einzig sein sollten. Nämlich absolute Highlights. Achten Sie unbedingt darauf, dass Sie Sex mit ihm allenfalls wirklich nur dann haben, wenn es sich für Sie selbst absolut gut und richtig anfühlt.

Ansonsten bremsen Sie ihn mit Leichtigkeit und ganz souverän aus. Und auch hier gilt:

Führen Sie von sich aus keine „Beziehungsgespräche". Erklären Sie nicht erneut Ihre tieferen Gründe für Ihr Verhalten, sondern lassen Sie das SEINE Aufgabe sein.

Belassen Sie es auch hier mit einer ganz selbstverständlichen und unbemühten und rein oberflächlichen Begründung wie z.B.:

„Mir fehlt im Moment ein bisschen die Inspiration dafür. Ich fühle mich aber trotzdem wohl in deiner Nähe.“

Achten Sie aber darauf, dass Sie Sex nur stattfinden lassen, wenn Ihr Kandidat sich vorher schon deutlich sichtbar um Sie bemüht hat, wenn er also in letzter Zeit wieder verstärkt Ihre Nähe gesucht und Ihnen schon eine ganze Zeit lang wieder mehr Aufmerksamkeit und Gedanken geschenkt hat.

Richten Sie sich jetzt nach den Regeln aus dem Abschnitt „Sex in der Führungsphase“ im Kapitel „Führungsphase“ und achten Sie darauf, Sex nur noch sparsam und unregelmäßig einzusetzen.

Miteinander schlafen ist jetzt kein alltägliches, normales Bindeglied mehr zwischen Ihnen, sondern nur noch eine schöne, seltenere Erfahrung, die Sie FÜR SICH SELBST genießen und zwar nur IN DIESEM MOMENT. Sex findet jetzt außerdem nur als Belohnung statt für seine kontinuierlichen NICHT-sexuellen Anstrengungen und Bemühungen.

In dieser Zeit muss er sich diese Erfahrung immer erst wieder verdienen. Und zwar JEDES MAL NEU.

Ihr Verhalten bei Erklärungsnotstand:

Wenn Sie alles richtig gemacht haben, wird er sehr wahrscheinlich testen, ob Sie kongruent in Ihrem Verhalten sind.

Wenn er merkt, dass Sie ihm jetzt etwas mehr entgleiten und weniger greifbarer werden, spürt er, dass das emotionale Sprungbrett, welches Sie ihm zuletzt boten, brüchiger wird. Und das ist unangenehm für ihn.

Denn wenn er Abstand von Ihnen nimmt, will er unbedingt, dass Sie ihm weiterhin treu und ergeben sind. Er will um jeden Preis, dass Sie unverändert auf ihn warten und sich für ihn bereithalten, damit er sich ungestört und in Ruhe weiter von Ihnen entfernen kann.

Meine Erfahrung ist, dass ihm dieses Paradoxon nicht unbedingt selbst bewusst ist.

Doch da Sie jetzt das Ungleichgewicht zwischen Ihnen wieder ausgleichen, indem Sie in der Zeit zwischen Ihren Treffen sehr wenig Nähe und Verbindlichkeit leben, bröckelt sein gewünschtes „Fluchtsystem".

Nach meinen Beobachtungen können, Männer unterschiedlich auf Ihr heiter-beschäftigtes Spiegelverhalten reagieren:

Drängend und emotional:

- Er meldet sich innerhalb kurzer Zeit viel häufiger und will um jeden Preis, dass der Kontakt zu Ihnen unverändert vertraut und für ihn verfügbar bleibt.
- Manchmal „bestürmt" er Sie mit liebevollen SMS - Nachrichten, romantischen Gefühlsbotschaften oder Anrufversuchen und fordert Sie zu einer Reaktion heraus.
- Er fragt, was denn mit Ihnen „los sei" , ob „alles in Ordnung ist", „irgendwas passiert sei" oder sagt, dass er sich Sorgen macht.

Vorwurfsvoll-wütend oder trotzig:

- Er beschwert sich bei Ihnen und macht Ihnen Vorwürfe, dass Sie mit ihm „Spielchen treiben“.
- Er gibt vor, sich in Ihnen getäuscht zu haben und jetzt ja „Bescheid zu wissen”. Wenn Sie so weitermachten, bräuchten Sie sich nicht mehr bei ihm zu melden.
- Er wisse ja jetzt, woran er bei Ihnen sei. Ihr Verhalten sei unverschämt und er würde jetzt seine Konsequenzen ziehen.

Sollte er Sie in einer dieser Varianten unter Druck setzen, ist es sehr wichtig, dass Sie jetzt nicht umfallen. Bleiben Sie Ihrer eigenen Linie unbedingt treu.

Um sicherzugehen, dass Sie jetzt keine Fehler machen und dadurch nicht noch mehr in seiner Achtung sinken, halten Sie sich für Ihr weiteres Vorgehen an ein paar wichtige Regeln:

Sprechen Sie nicht mehr erneut von Ihren enttäuschten Erwartungen und Vorstellungen. Erklären Sie ihm also nicht ein weiteres Mal, dass er Sie zurzeit wenig bereichert und inspiriert oder dass Ihnen das Feuer und die Leidenschaft fehlen. Wiederholen Sie nicht, dass Sie momentan wenig Zukunft für Sie beide sehen.

Sie wollen auf keinen Fall den Anschein erwecken, dass Ihre neue Selbstentfaltung nur als eine Art Notfallprogramm von Ihnen durchgeführt wird mit dem Sie irgendetwas bei ihm bewirken wollen.

Es schwächt nur Ihre Position.

Im Gegenteil: Alles ist gerade okay für Sie. Wie ein Schmetterling entgleiten Sie ihm. Ihre Lebensfreude und Erfüllung suchen und finden Sie GANZ NATÜRLICH woanders. Sie warten nicht auf ihn und beschäftigen sich gedanklich auch nicht sonderlich mit ihm.

Sie haben inzwischen fast schon wieder vergessen, warum Sie begannen, sich mehr und mehr von anderen Dingen inspirieren zu lassen, als von ihm. Es ist eine ganz natürliche Folge Ihrer emotional unabhängigen und glücklichen Grundeinstellung.

Es ist jetzt SEIN Job, über Ihr Verhalten nachzudenken und dieses zu verstehen.

Sie selbst haben längst alles gesagt. Und er weiß auf jeden Fall ganz genau Bescheid.

Daher ist es sehr wichtig, dass Sie ihn dieses Vakuum SELBST füllen lassen.

1. Ihre Reaktion, wenn er drängend und emotional wird:

Wenn er Sie also massiv mit seinen SMS- und Anrufversuchen konfrontiert, greifen Sie zunächst zu einer rein pragmatischen, freundlichen Erklärung.

Hier ein paar Beispiele. Antworten Sie ihm deutlich zeitversetzt:

„Ich freue mich, dass du dich gemeldet hast. Lass uns demnächst wieder mal treffen. Ich komme nur in diesen Tagen ganz schlecht zum Kommunizieren, da ich gerade wirklich ziemlich vereinnahmt bin von diversen Dingen. Hoffe, alles gut bei dir. Ich melde mich bei dir! Sonnige Grüße, Maria.“

„Hey, schön dass du dich gemeldet hast. Sorry, bin nur gerade ziemlich beschäftigt. Alles ist in Ordnung! Ich freue mich schon, dich demnächst wieder zu sehen, ich melde mich bald bei dir! Pass auf dich auf, bis bald, Maria : -)“

Stehen Sie dann dazu, dass Sie gerade wenig Zeit und Energie haben und sich auf einige andere Dinge konzentrieren müssen. Wenn es Not tut, benennen Sie diese

Dinge. Es spielt dabei keine Rolle, wie wichtig Ihre Angelegenheiten ihm erscheinen, sondern nur, OB es Sie tatsächlich vereinnahmt und beschäftigt.

Es macht keinen Unterschied, ob Sie gerade stark von einem neuen Hobby, Ihrer beruflichen Neuorientierung oder von einer bestimmten Person aus Ihrem Freundeskreis vereinnahmt sind:

Es ist absolut okay, denn es ist IHNEN wichtig.

Bremsen Sie ihn notfalls freundlich-liebevoll, aber deutlich aus:

„Sorry, dass ich mich so spät zurückmelde, habe mich über deine Nachricht gefreut. Es hat mir übrigens viel Spaß mit dir gemacht letzten Sonntag :-) In diesen Tagen ist es etwas schlecht mit Kontakt, bin ziemlich eingespannt in ein paar Dinge. Wir treffen uns aber bald mal wieder! Hoffe, dir geht's gut. Viele Grüße, Maria."

Halten Sie ihn ganz geschmeidig und sanft für eine Weile fern:

„Sorry, es passt im Moment wirklich schlecht, alles ist in Ordnung, habe mich gefreut, etwas von dir zu hören. Ich melde mich in den nächsten Tagen bei dir. Ich freu mich."

Und bleiben Sie dann konsequent.

Wenn er Sie trotzdem weiterhin herausfordert und unter Druck setzt, unbedingt mit ihm zu sprechen, rufen Sie ihn einfach kurz an und sagen ihm erneut Ihre „Beschäftigtsein-Version" und dass alles okay ist. Sie plaudern kurz mit ihm und sagen ihm, dass Sie sich melden werden und auf ein nächstes Treff freuen.

Mit weitergehenden Erklärungen halten Sie sich zurück. Vertrösten Sie ihn auf das nächste Treffen.

2. Ihre Reaktion, wenn er vorwurfsvoll-wütend oder trotzig ist:

Sollte er sich nicht zufrieden geben mit Ihrer „Beschäftigtsein-Version" und Sie fragt, was mit Ihnen los sei, Ihnen Vorwürfe macht oder Ihnen droht, den Kontakt abzubrechen:

Seien Sie stets ganz lieb und wiederholen Sie Ihre Botschaft. Vertrösten Sie ihn auf das nächste Treffen, entweder per SMS oder Telefon:

Beispiel:

„Ich muss mir ja langsam Sorgen machen um dich :-) Denke an dich, alles ist in Ordnung. Hoffe, dir geht's gut. Aber lass uns doch gern reden, wenn wir uns bald wiedersehen. Grüße, Maria."

„Hey, das ist jetzt aber wirklich ein bisschen albern :-) Klingt ja langsam, als wenn ich dein neues Hobby bin. Wir sehen uns bald, freu mich! Also, bis dann, liebe Grüße."

Seien Sie stark. Seine große Emotionalität ist insgesamt überhaupt kein Problem, sondern sie ist einzig und allein nur der erste wütende Ausdruck eines Mannes darüber, dass gerade das unausgeglichene Machtverhältnis zwischen Ihnen auf souveräne Weise wieder zurechtgebogen wird.

Ich habe bisher noch nicht erlebt, dass solche Spiegel-Aktionen einen Mann in die Flucht getrieben haben – im Gegenteil.

Halten Sie jetzt den Kontakt bis zu Ihrem nächsten Treff UNBEDINGT auf Sparflamme.

Kommen Sie dann beim nächsten Treffen nicht von selbst auf das Thema zu sprechen.

Sollte Ihr Freund bei Ihrer nächsten Verabredung immer noch sehr stark auf eine Erklärung drängen, „was denn mit Ihnen los sei“, verwenden Sie jetzt einen der harmloseren Beziehungsdämpfer (siehe auch Abschnitt „Beziehungsdämpfer“ in Kapitel 2).

Sie sagen ihm beispielsweise:

„Alles ist in Ordnung, ich genieße das mit uns so, wie es gerade ist. Ich fühle mich wohl bei dir.“

„Ich genieße zurzeit die schönen Seiten des Lebens. Es gibt gerade so viel, was mich gefangen nimmt und inspiriert. Ich freue mich aber über dich und mag dich sehr. Noch mehr kann ich dir im Moment nicht geben.“

„Ich freue mich, dich zu sehen und es macht mir immer Spaß mit dir. Du bist etwas ganz Besonderes für mich. Es gibt zurzeit noch ein paar andere Dinge, die mich innerlich beschäftigen. Lass uns keinen Stress haben und das Ganze genießen, wie es gerade ist. Wir schauen einfach, wie es sich entwickelt.“

Lassen Sie ihn also wissen, dass Sie sich im Augenblick mit Ihrem lockeren Beziehungsstatus wohlfühlen, so wie es gerade ist.

Damit hätten Sie ihn perfekt gespiegelt.

Die „Leerstellen“, die Sie ihm gelassen haben, wird er in der nächsten Zeit von selbst füllen. Er wird alles nachvollziehen und verstehen, wenn er von selbst beginnt, darüber nachzudenken – und mit Ihrer Unverbindlichkeit unzufrieden zu werden.

Wenn Sie dieser Linie treu bleiben, wird er die neue Spannung zwischen Ihnen von Mal zu Mal als immer angenehmer empfinden und sich in Ihrer Nähe mehr und mehr herausgefordert fühlen.

Kommunikation und Verhalten während Ihrer Treffen

Bedienen Sie sich der wichtigsten Kommunikationselemente aus dem Abschnitt „Führungsphase" in Kapitel 2.

Vermeiden Sie also jegliche Schwere, Monotonie und jeden Trott zwischen Ihnen.

Lassen Sie nicht zu, dass Sie einfach nur Zeit miteinander verbringen, ohne dass es Sie und ihn inspiriert und anregt. Fordern Sie ihn notfalls mit den verschiedenen beschriebenen Kommunikationsstrategien heraus:

Spielen Sie mit Ihren Berührungen, locken Sie ihn mit den richtigen Fragen und Themen. Flirten Sie mit ihm, ziehen Sie ihn liebevoll auf. Geben Sie ihm natürlich und spontan Feedback, was Sie an ihm mögen und welche Fähigkeiten unentfaltet in ihm schlummern. Interessieren Sie sich für seine ganz speziellen Interessen und Vorlieben: Fragen Sie gezielt nach und hören Sie neugierig zu. Erzählen Sie auch selbst engagiert von Ihren positiven Erlebnissen und Ihren Zielen.

Brechen Sie an anderen Stellen gezielt die Nähe z.B. durch offene Zukunftsprojektionen, verbales Wegstoßen oder leichte Beziehungsdämpfer.

Sie können sich insgesamt fallen lassen in dem Moment mit ihm. Fühlen Sie sich einfach wohl in Ihrer Haut.

Bewegen Sie keine schweren Themen mit ihm, insbesondere nicht irgendeine Art von Stress oder Schwierigkeiten, die Sie selbst gerade haben. Achten Sie aber unbedingt auch darauf, selbst nicht als seelischer Mülleimer von ihm zweckentfremdet zu werden.

Halten Sie daher den Ball flach und behandeln Sie ihn wie jemanden, demgegenüber Sie keine großen Verpflichtungen haben. Geben Sie auf keinen Fall nähere persönliche Dinge von sich preis.

Der einzige Grund, warum Sie mit ihm zurzeit Kontakt haben, ist dass Sie im Hier und Jetzt mit ihm einfach nur Spaß und Entspannung haben wollen. Sie haben keine höheren Erwartungen als „Beziehungskandidat" an ihn.

Daher drängen Sie ihn verstärkt in die männliche Kumpelrolle. Sie sind also weiterhin sehr nett und freundlich, wertschätzend, witzig und flirtend mit ihm. Sie würdigen betont seine guten Eigenschaften, wertschätzen seine kleinen Aufmerksamkeiten, erkennen seine Fähigkeiten und Kompetenzen an.

Doch legen Sie kein typisches Beziehungsverhalten mehr an den Tag. Insbesondere erzählen Sie ihm nicht mehr wie selbstverständlich von Ihrem Alltag, von Ihrem Tagesablauf und geben auf keinen Fall Rechenschaft darüber, was Sie so alles in Ihrer Freizeit unternehmen und mit wem Sie sich treffen. Das wäre ein verbindliches Beziehungsverhalten, doch diesen Status hat er nicht.

Dafür holen Sie sich von ihm, wie von einem männlichen Freund, Ihre Anregung, Geselligkeit und Ihr Amüsement, wann und wie es Ihnen gerade in den Kram passt. Und wenn Sie sich dann begegnen, sorgen Sie auch ganz aktiv dafür, dass Sie Ihre Unterhaltung und Ihre Anregung ganz selbstverständlich bekommen.

Antworten Sie ihm nicht auf seine Fragen über Ihre Vergangenheit oder Ihre aktuellen Kontakte und Freundschaften, wenn es Sie zu einem offenen Buch machen würde.

Achten Sie unbedingt darauf, wirklich nur die Zeit mit ihm im Hier und Jetzt zu genießen und KEINE Beziehungsattitüden in Ihrem Verhalten zu zeigen.

Lassen Sie in Ihrem Reden und Handeln keine Eifersucht durchblicken. Sie sind durchweg positiv und unterstützend. Rein offiziell geben Sie ihm alle Freiheit der Welt, die er von sich aus beansprucht. Sie bestärken ihn ausdrücklich in all seinen Ideen und Plänen, selbst wenn er Sie darin nicht sichtbar berücksichtigt (er redet z.B. von geplanten Auslandsaufenthalten oder vom Umzug in eine andere Stadt).

Achten Sie immer darauf, keine besondere Nähe und Verbundenheit zu ihm herstellen zu wollen. Lassen Sie das unbedingt SEINE Aufgabe und SEIN Verlangen sein. Diese Sehnsucht seinerseits kann in Ihrer speziellen Konstellation NUR kommen, wenn Sie selbst damit aufhören.

Sie erleben mit ihm gemeinsame Aktivitäten und anregende Unternehmungen. Sie zeigen sich bei Ihren seltener werdenden Begegnungen stets von Ihrer besten Seite.

Sondermaßnahme: Spezielle Situation konstruieren, um seine Unverbindlichkeit zu spiegeln

Ich habe schon häufiger erlebt, dass es in manchen Konstellationen sehr hilfreich ist, dem Mann mit einer noch drastischeren Maßnahme vor Augen zu halten, dass sich bei Ihnen gerade auf natürliche Weise Ihre Prioritäten verschieben.

Manchmal ist es notwendig, dass Ihr Freund noch plastischer und eindringlicher vor Augen geführt bekommt, dass Sie ihm TATSÄCHLICH gerade „irgendwie entgleiten".

Wenn Sie die bis hierher aufgeführten Punkte nicht wirklich KONSEQUENT durchführen, kann es sein, dass Ihr Freund sich aus dem Distanzierungsverhalten 2. Grades nicht wirklich entschieden herausbewegt – oder zumindest immer wieder zurückfällt.

Es kann sein, dass Sie ihm an irgendeiner Stelle noch zu unübersehbar signalisieren, dass Sie ihn mehr brauchen als er Sie – ohne dass es Ihnen vielleicht bewusst ist.

Vielleicht wirkt Ihre Spiegelung an einem bestimmten Punkt nicht wirklich glaubhaft und konsequent. Eventuell haben Sie zwischenzeitlich wieder mehr investiert als er in Sie. Möglicherweise waren Sie noch zu häufig verfügbar oder per SMS, Chat oder Telefon abrufbar.

Oder haben Sie ihn versehentlich zu schnell wieder mit zu viel Zärtlichkeiten, verbalen Gefühlsoffenbarungen oder Sex belohnt, obwohl seine Bemühungen in letzter Zeit nicht eindeutig, sondern immer noch wechselhaft waren?

Sollten Sie seine Distanzierung in irgendeinem Bereich nicht gespiegelt haben, wird er bisher noch nicht ausreichend gespürt haben, dass Sie Ihren hohen Ansprüchen und Werten treu bleiben.

Ihr Freund wird sich in jedem Fall bis zuletzt immer nur an DIE wenigen Ihrer Gesten festklammern, die ihm zeigen, dass Sie ihm immer noch verfallen und ergeben sind. Selbst dann, wenn er diese Gesten nur wenige Male registrierte.

Solange er immer noch das Gefühl hat, ES HINGE VON IHM AB, ob Ihre Beziehung weiter besteht oder nicht, wird er nicht aus seinem Abstand herauskommen können.

Solange er noch irgendwie spürt, dass ER derjenige ist, der nur ein paar Schritte auf Sie zu gehen müsste, damit alles wieder beim Alten ist, wird er sich nicht verändern. Unter keinen Umständen kann er Sie wieder „um jeden Preis wollen“, wenn nicht ER es ist, der sich um sie „bewirbt“, sondern wenn immer noch SIE diejenige sind, die in einer wartenden und hoffenden Bewerberrolle ist – und sei es auch nur minimal für ihn spürbar.

Erst dann, wenn er spürt, dass er in Ihren Augen scheinbar WIRKLICH einen Bedeutungsverlust erlitten hat, Sie ihm dabei menschlich jedoch weiter locker und souverän entgegentreten, wird sich etwas verändern.

Falls Sie trotz seiner Distanzierungsphase manchmal Ihre Beherrschung verlieren und ihm dadurch Einblick in Ihr altes „Ergebenheitsmuster“ geben, hilft es meiner Erfahrung nach sehr, solche Fehler durch „konstruierte, spezielle Spiegelaktionen“ wieder „auszubügeln“.

Konkrete Durchführung:

1. Sie gehen sicher, dass Ihre letzte Begegnung heiter und unbeschwert für beide Seiten verlief. Sie waren entspannt, selbstsicher und haben aktiv dafür gesorgt, dass die Begegnung für ihn anregend und inspirierend war. Es hat ihm Spaß gemacht. Er hat sich wohlgefühlt. Sie haben den Eindruck hinterlassen, dass auch SIE Spaß hatten – und dabei keinerlei typisches Beziehungsverhalten an den Tag gelegt.
2. Tauchen Sie anschließend mindestens für ein paar Tage in Ihr eigenes interessantes Leben ab und gehen Sie sicher, dass Sie keine Nähe und Vertrautheit herstellen. Lassen Sie ihn zuerst wieder investieren und halten Sie sich schwer greifbar und beschäftigt. Antworten Sie kurz, gut gelaunt und wenig bemüht (siehe hierzu auch die Kommunikationsregeln via SMS, Mail, Chat und Telefon).
3. Lassen Sie es zu einer Verabredung kommen. Sorgen Sie dafür, dass er Ihnen etwas Interessantes und Inspirierendes als Idee für eine Verabredung vorschlägt. Notfalls fordern Sie spielerisch-liebevoll als Bedingung ein, dass er sich bitte „etwas Interessantes“ ausdenkt, denn Sie wollen „Ihren Spaß“ haben und „etwas erleben“.

Geben Sie ihm etwas Zeit für seine Initiative. Falls nichts von ihm kommt, melden Sie sich nach ca. ein bis zwei Wochen bei ihm und schlagen ihm mit einer heiter beschwingten Initiativ-SMS oder einem Initiativ-Anruf ein derartiges Treffen vor. Legen Sie den Zeitpunkt für die Verabredung möglichst ein paar Tage später, bestenfalls auf einen Samstag.

4. Warten Sie bis zu diesem Tag, und dann sagen Sie ihm unter einem glaubhaften Vorwand sehr kurzfristig ab. Entschuldigend und sehr lieb. Achten Sie darauf, dass Sie wirklich KURZFRISTIG absagen, bestenfalls ein paar Stunden vorher.

Schreiben Sie etwas wie:

„Es tut mir total leid, aber ich muss leider für heute absagen. Es ist etwas Wichtiges dazwischen gekommen, was sich erst heute herausstellte. Ich hoffe aber auf jeden Fall, dich trotzdem bald wieder zu sehen! Hatte mir letztes Mal viel Spaß gemacht. Sorry nochmal und ganz liebe Grüße, Maria.“

Nennen Sie gern auch einen konkreten Grund:

„Hi Peter, tut mir wirklich sehr leid, aber ich muss unsere heutige Verabredung absagen. Eine gute Freundin von mir ist ganz kurzfristig zu Besuch in der Stadt/Ich habe sehr kurzfristig einen Auftrag für heute bekommen/Ich muss dringend beruflich noch etwas für Montag vorbereiten / Ich muss zu einem wichtigen Familientreffen/ zu einer Geburtstagsparty etc. Lass uns aber unbedingt bald mal wieder treffen!! Sorry nochmal ... Ganz liebe Grüße, Maria.“

Sehr wichtig:

Gehen Sie auf keinen Fall auf ein näheres Nachbohren von seiner Seite ein. Verstricken Sie sich nicht in Diskussionen oder weiteren Rechtfertigungen, wenn er energisch nachhakt und eine weitere Erklärung fordert.

Schließen Sie notfalls Ihre Erklärung höchstens mit einem Statement per SMS oder am Telefon ab, wie in etwa:

„Tut mir wirklich leid!! Wir holen das nach, versprochen. Sorry, sei mir nicht böse. Es geht heute nicht anders. Bis bald!.“

Bleiben Sie Ihrer Linie also um jeden Preis treu.

Der in den nächsten Tagen einsetzende psychologische Effekt bei dieser Aktion ist ein subtil wirkender „Wink mit dem Zaunpfahl“ in seinem Nachdenken über Ihre Person:

Sie hatten in seinen Augen ganz spontan etwas anderes als wichtiger erachtet, als die Verabredung mit ihm einzuhalten. Dabei spielt keine große Rolle, wie BEDEUTEND diese andere Sache ist. Entscheidend ist nur, dass er merkt, dass Sie von etwas anderem innerlich vereinnahmt sind, dass FÜR SIE höhere Priorität hat, als sich mit ihm zu treffen.

Führen Sie diese Schritte richtig durch, werden Sie jetzt sehr wahrscheinlich glaubaft demonstriert haben, dass Sie ihn tatsächlich weniger brauchen und weniger verfügbar sind, als er es dachte. Das ist neu.

Diese Aktion bringt den tatsächlichen Unverbindlichkeitsstatus noch stärker ans Licht.

Spontane Unzuverlässigkeiten und Absagen sind in jeder Freundschaft in gewissem Rahmen etwas ganz Normales. Sie spiegeln ihm mit dieser konstruierten Maßnahme noch einmal eindringlich und glaubhaft, dass Sie ihm zurzeit scheinbar WIRKLICH auf sanfte und freundliche Weise entgleiten. Sie haben momentan kein übermäßiges Verpflichtungsgefühl auf der Beziehungsebene, weil Sie keine wirklich feste Beziehung mit ihm HABEN.

Der Effekt auf ihn:

- Dadurch, dass Sie sehr kurzfristig absagten, wird er kaum noch Gelegenheit haben, an diesem Tag etwas zu unternehmen, das er als ERFÜLLENDER erleben wird als die geplante Begegnung mit Ihnen. Bestenfalls wird er sich sogar allein fühlen.
- An diesem geplanten Tag wird er sich jetzt SEHR wahrscheinlich stärker gedanklich mit Ihnen beschäftigen. Es ist ein Vakuum entstanden, welches ihn ZWINGT, über Sie nachzudenken. Wenn er sich freute und Ihre Absage ihn daher enttäuscht, wird er jetzt ggf. SPÜREN, wie stark er Sie BRAUCHT
- Ganz gleich, wie emotional oder eingeschnappt er zunächst auf Ihre Absage reagiert: Er wird ganz genau wissen, dass Ihr Verhalten nur die natürliche Folge SEINER Distanzierung ist.

Haben Sie keine Angst, dass Sie ihn mit so einer Aktion von sich „wegstoßen“ könnten.

Denn er weiß GANZ GENAU, dass Sie ihm insgesamt sehr freundlich und wohlgesonnen sind. Sie spiegeln einfach nur seine eigene momentane Unverbindlichkeit. Sie leben ihm einfach nur glaubhaft vor, dass Sie sich zurzeit tatsächlich ein wenig entliebt und wegentwickelt haben.

Und genau DAS muss er spüren, um sich wieder tiefer und stärker von Ihnen angezogen zu fühlen.

Ich habe mit dieser Methode im Rahmen von Beratungen und Coachings SEHR gute Erfahrungen gemacht.
Wenn Sie alles richtig machen, werden Sie dadurch das Band zwischen Ihnen wieder viel stärker anspannen.

Denn wenn Sie dabei nicht „einbrechen" oder „umfallen", wird er kaum noch in der Lage sein, sich noch weiter von Ihnen zu entfernen.

Es ist ziemlich wahrscheinlich, dass er in den darauffolgenden Wochen immer stärker spürt, dass er wieder „mehr" von Ihnen haben will.

Er entfernt sich in kritischer Form: Notwendige Gegenmaßnahme bei seinem Distanzierungsverhalten 3. Grades

Sie haben bis hierher alles versucht. Sehr wahrscheinlich aber, und dies entspricht zumindest häufig meiner Beobachtung, haben Sie ihn an bestimmten Stellen nicht KONSEQUENT genug gespiegelt. Die ursprüngliche Ausgeglichenheit zwischen Ihnen konnte so nicht wiederhergestellt werden.

Diese völlig entspannte, sorgenfreie und ungezwungene Balance war jedoch von Anfang an die einzige Grundlage dafür, dass er damals „mehr" von Ihnen wollte und tiefer für Sie empfinden konnte.

Vielleicht waren Sie an einem entscheidenden Punkt zu stark der Versuchung erlegen, ihm zu zeigen, dass Sie sich „bereithalten" für ihn oder „für ihn da sein" wollten. Es kann sein, dass Sie in solchen Momenten zu abrufbar und verfügbar für ihn waren, in denen er nur aus einem oberflächlichen Impuls heraus Zuneigung und Zärtlichkeit zeigte, ohne jedoch in den Wochen vorher schon genauso viel Engagement gezeigt zu haben.

Ich beobachte dieses Phänomen häufiger:

Die Gefahr für eine Frau ist groß, in diesen Momenten den Blick für das GESAMTE zu verlieren (insbesondere für die vergangenen Wochen und Monate) und willkürliche, liebevolle Gesten und Worte vonseiten des Mannes völlig falsch zu interpretieren.

Ich habe noch nie beobachtet, dass ein Mann nach einer vorangegangenen Zeit von oberflächlicher und sporadischer Aufmerksamkeit wie AUS HEITEREM HIMMEL und PLÖTZLICH wieder etwas Ernstes und Verbindliches will. Noch nie kam es in den begleiteten Fällen vor, dass ein Mann von heute auf morgen eine Art Erleuchtung hatte oder es ihm „wie Schuppen von den Augen fiel".

In sämtlichen Fällen, in denen der Mann die Beziehung wieder unbedingt und ernsthaft zurückwollte, war die tiefere Anziehung zu der Frau mindestens schon über mehrere Wochen KONTINUIERLICH sichtbar und unübersehbar. Es kam dann z.B. schon eine ganze Zeit lang NICHT mehr vor, dass er sich manchmal viel und dann wieder wenig um sie bemühte.

Die Auflösung seiner Distanzierung bzw. sein erneuter starker Bindungswunsch ist immer ein stetiger Schritt-für-Schritt-Prozess in Richtung Beziehung und niemals eine plötzliche Erkenntnis.

Die komplette Rückkehr zu seinem tiefen Gefühl „Die und keine Andere" muss also immer erst aufgebaut und geläutert werden, indem er schon VORHER für gewisse Zeit GANZ UNÜBERSEHBAR um Sie warb.

Von außen betrachtet war er dann längst schon ein „offenes Buch“, Sie jedoch noch immer ein wenig das „Buch mit sieben Siegeln“.

Ein häufiger Fehler ist daher die völlig falsche Einschätzung seiner rein spontanen und überraschenden Anhänglichkeit, Vertraulichkeit und Zuneigung.

Seine Distanzierung verfestigt sich noch stärker ab dem Moment, in dem Sie in Ihr altes Muster fallen und auf seine kurzlebigen Zuneigungsgesten mit übermäßiger Intensität und hingebungsvoller Offenheit reagieren.

Häufig erlebe ich auch, dass in solchen Fällen die Angst der Frau, ihn von sich zu stoßen und zu enttäuschen, tonangebend ist. Ebenso oft spielt dabei ihre Befürchtung eine Rolle, dass er sie mehr und mehr vergisst, wenn sie ihm zu wenig Nähe und Vertrautheit zeigt.

Dies ist jedoch ein fataler Fehler, da es wieder nur die alte Schieflage erzeugt.

Sie fallen in diesen Augenblicken dann aus seiner Sicht zurück in den Beziehungsmodus, obwohl er selbst es noch gar nicht ist, und das weckt wieder Zweifel an Ihrer attraktiven Transformation.

In vielen Fällen verhärtet sich in der Folge seine Distanzierung.

Um jetzt also ein weiteres emotionales Entfernen zu verhindern, haben Sie an dieser Stelle erneut wieder keine Wahl. Sie müssen nun ganz entschlossen handeln, um wieder den Startschuss zu geben für eine neue RICHTUNG.

Entscheidend bei Ihrem weiteren Vorgehen ist der völlig untragbare Zustand, dass sein Verhalten jetzt komplett gegen Ihre Erwartungen und Standards geht, die Sie an eine Beziehung haben. Gegen Ihre Bedingungen, die Sie ihm gegenüber anfangs äußerten.

Ihre innere Einstellung

„Das, was zurzeit passiert, ist absolut nicht das, was ich wollte. Es fühlt sich einfach nicht gut an, daher verschwende ich nicht noch weiter meine kostbare Zeit mit ihm. Selbst wenn ich hier und da mal „eingebrochen" bin und die alte Schieflage wieder etwas durchscheinen ließ: Ich investiere jetzt auf keinen Fall noch weiter meine wertvolle Energie in die ganze Sache.

Er ist für mich keine spürbare Bereicherung mehr in meinem Leben. Ich fühle mich nicht wohl mit ihm. Er kann mir einfach nicht das geben, was ich in einer Beziehung wirklich brauche.

Ich habe ihm von Anfang an klar gesagt, was ich von einer Beziehung erwarte und dass ich seine Anwesenheit in meinem Leben ansonsten nicht brauche, um glücklich zu sein.

Danach wurde er von mir ein zweites Mal damit konfrontiert und ich habe ihm deutlich gezeigt, dass ich gehen werde, wenn er unter meinen Erwartungen bleibt. Und obwohl ich mich ihm anschließend viel stärker entzogen habe und ihn mit meiner Anwesenheit nur noch als Highlight belohnt habe, ändert er so gut wie nichts an seinem Verhalten.

Das macht mich wütend. Ich bin nicht mehr bereit, sein lethargisches und leidenschaftsloses Verhalten länger hinzunehmen. Es törnt mich einfach ab und meine Gefühle verblassen immer mehr mit seinem gleichgültigen und egoistischen Benehmen.

Er hat einfach seine Attraktivität als Mann, der mich glücklich machen könnte, stark eingebüßt. So, wie es jetzt ist, hat das Ganze definitiv kein Zukunftspotenzial für mich. Ich weiß genau, dass ich ihn nun konsequent loslassen muss. Ich muss jetzt unbedingt in der Lage sein, ihn zu verlassen, um mich selbst nicht zu verlieren und um mich in diesem Leben weiter zu der starken Frau zu entwickeln, die ich in Wirklichkeit bin.

Wenn ich jetzt nicht die Reißleine ziehe, wird sonst ganz schleichend und Schritt für Schritt mein weiblicher Selbstwert in den Keller gehen und ich würde mich Stück für Stück immer stärker selbst vernachlässigen.

Das hat er auf keinen Fall verdient. Den Schmerz und die starke Selbstvernachlässigung, die das für meine weitere Zukunft bedeutet, werde ich unter keinen Umständen noch einmal erleben.

Ich befinde mich zurzeit mitten in einer sehr wichtigen Weiterentwicklungsphase meines Lebens. Daher weiß ich jetzt auch, dass ich in JEDEM FALL lernen muss, einem Mann, der mich sehr stark emotional berührt, TROTZDEM den Rücken zu zukehren, wenn dieser meine Standards und Vorstellungen nicht erfüllt.

Ganz abgesehen davon ist meine Fähigkeit, souverän Abstand zu nehmen von einem Mann meiner Träume, nur die ANDERE SEITE DERSELBEN MEDAILLE, auch eine ernsthafte Chance bei ihm haben zu können.

Wenn ich es JETZT nicht lerne, meinem höheren weiblichen Selbst gemäß zu handeln und Haltung zu bewahren, stehe ich sehr wahrscheinlich auch beim nächsten Mann, der mir in der Zukunft den Verstand rauben sollte, wieder vor derselben Aufgabe.

Fakt ist: Ich kann ihn, so wie er ist, überhaupt nicht gebrauchen. Ich lasse mir durch ihn nicht weiter meine Lebensfreude verderben.

Konkrete Vorgehensweise bei Distanzierungsgrad 3:
Schritt 1. Konfrontation und Eskalation
Schritt 2. Vakuum erzeugen
Schritt 3. Verhalten nach der Eskalation
Schritt 4. Letzter Schritt

1. Konfrontation und Eskalation
Ganz entscheidend ist, dass er jetzt erleben muss, dass Sie wirklich zu Ihren Werten stehen und er sieht, dass Sie wissen, was Sie wollen – und was NICHT.

Sie haben ihn schon einmal gewarnt, dass Sie nicht bereit sind, die Beziehung in dieser Form lange „mitzumachen". Sie haben sich dann verstärkt aus dem Beziehungsmodus herausgezogen, sich viel mehr mit Ihren eigenen Energiesäulen beschäftigt und die Begegnungen mit ihm zu selteneren, anregenden Highlights werden lassen.

Mehr können Sie nicht tun. Selbst dann, wenn Sie vermutlich ein paar Dinge bis hierher nicht entschlossen genug durchgezogen haben:

Er reizt trotzdem immer wieder seinen Spielraum, den Sie ihm lassen, soweit es ihm nur irgendwie möglich ist, aus. Bis zum Anschlag. Er spürt stets ganz genau, wie weit er gehen kann, ohne Sie dabei zu verlieren. Diese Grenze Ihrer Geduld wird von ihm gnadenlos ausgereizt.

Wir Männer machen es alle so, und zwar solange, bis eine Frau uns sanft, souverän, aber dabei eiskalt und konsequent – zur Liebe erzieht.

Dies ist die Frau, von der wir nicht mehr loskommen. Dies ist die Frau, an die wir uns langfristig binden werden.

Werden SIE zu dieser Frau. Jetzt.

Sie können mir glauben: Wenn Sie an dieser Stelle seiner emotionalen Verflachung nicht aktiv werden, würde er Sie vielleicht noch eine ganze Zeit lang auf dem niedrigstmöglichen Level als Stütze und Reserve warm halten. So lange, bis er gefunden hat, was er wirklich sucht.

Sie MÜSSEN die Situation eskalieren lassen. Er muss jetzt erleben, dass es Ihnen ERNST ist und dass Sie Konsequenzen ziehen. EGAL, wie er reagiert.

Es geht hier nun um die gesamte Basis Ihrer Beziehung. Die Grundlage ist erschüttert.

Hier nun Ihr Vorgehen:

Sie stellen ihn vor vollendete Tatsachen und sagen ihm, dass Sie sich durch die aktuelle Beziehung nicht mehr bereichert fühlen und das „Ganze" Ihnen nichts mehr „gibt".

Er verschwendet Ihre Zeit.

Sie erinnern ihn, dass Sie ihm ja schon einmal sagten, was für Sie wichtig ist. Es hat sich aber nicht viel verändert. Für Sie kommt so etwas nicht mehr in Frage.

Ganz entscheidend dabei ist, dass Sie ihn wirklich vor VOLLENDETE Tatsachen stellen. Es ist also ein reiner Monolog, den Sie halten. Sie lassen nicht zu, dass ein klärendes Gespräch entsteht. Sie geben ihm keine Chance, sich zu äußern.

Nennen Sie ihm daher auch an dieser Stelle unter keinen Umständen Beispiele für sein schlechtes Verhalten.

Ihnen geht es an dieser Stelle NICHT mehr darum, ihm zu erklären, was er falsch gemacht hat. Es ist längst alles gesagt. Und er wird das genau wissen.

Daher dürfen Sie sich jetzt also auf keinen Fall ein weiteres Mal ERKLÄREN. Unter keinen Umständen entsteht an dieser Stelle eine Diskussion. Sie lassen ihn nicht zu Wort kommen.

Alles, was Sie ihm jetzt erklären, beschreiben und ins Gewissen rufen, würde seine Gleichgültigkeit anschließend noch stärker werden lassen.

Warum?

Wenn Sie ihm die Chance geben, Stellung zu beziehen, würde er merken, dass er sich erneut nur ein bisschen mehr als sonst aus dem Fenster lehnen muss, um Sie wieder weicher werden zu lassen. Das wäre verhängnisvoll, da er anschließend genau weiß, dass er sich in Zukunft NOCH egoistischer verhalten kann, ohne dass es für ihn unbequem wird.

Jede weitere Selbsterklärung würde an dieser Stelle Ihre Glaubwürdigkeit massiv untergraben. Jeder Kompromiss und jedes gemeinsame Aushandeln an dieser Stelle würde die Wirkung Ihrer Maßnahme extrem reduzieren.

Sie sprechen also keine näheren Gründe mehr an für Ihre Unzufriedenheit, sondern bringen jetzt nur noch zum Ausdruck, dass er Sie in letzter Zeit einfach nur noch langweilt, „abtörnt" und Ihre wertvolle Zeit verschwendet.

2. Vakuum erzeugen

Danach muss unbedingt sofort ein SCHNITT erfolgen. Die Situation muss UNTERBROCHEN werden. Einzig wichtig ist dabei, dass er spürt, dass Sie ihm jetzt wirklich den Rücken kehren, weil er Ihre Grenzen wiederholt überschritten hat.

Warum?

Er hätte andernfalls gelernt, dass er die Mittel dazu hat, um Sie notfalls selbst dann wieder ruhig zu stellen, wenn es Ihnen wirklich ernst mit Ihrem Unmut ist. Er weiß nun, dass die Mittel „Beschwichtigen", „Erklären" oder „Sich entschuldigen" im allergrößten Notfall immer noch EFFEKTIV sein werden.

Zudem würde er seinen Respekt für Sie noch mehr verlieren, da Sie ihm jetzt NOCH ausgelieferter erscheinen als vorher. Denn nun weiß er ja, dass Sie „bleiben" – und das, obwohl seine Gleichgültigkeit offenbar stark gegen Ihre Vorstellung läuft. Spätestens ab jetzt wären Ihre anfangs präsentierten Werte und Erwartungen in seinen Augen nur noch Lippenbekenntnisse. Nun würde er Sie mit Leichtigkeit immer weiter „zurück erziehen" können in die altvertraute Frau, die ihn verzweifelt und bedürftig zum ÜBERLEBEN braucht – und alles schon irgendwie über sich ergehen lässt.

Das lassen Sie natürlich nicht zu. Nach Ihrem Statement muss also sofort ein Vakuum entstehen, in welches Sie ihn für die nächste Zeit hinterlassen. Sie reden ihn also kurz, entschlossen und wütend „an die Wand".

Und dann:

Gehen Sie oder legen Sie den Hörer auf.

Die Ausstrahlung, die an Ihnen zu sehen ist, bringt unmissverständlich folgende Energie zum Ausdruck:

Ihre Geduld ist am Ende, Sie akzeptieren diesen Zustand auf keinen Fall mehr.
Im Vergleich zu Ihrer vorangegangenen Konfrontation in der Phase „Distanzierungsgrad 2" muss er jetzt eine deutliche Steigerung in Ihrem Auftreten erleben. Sie sind Sie jetzt noch ungehaltener, denn Sie haben ihn mittlerweile schon eine ganze Zeit lang mit seiner fehlenden Verbindlichkeit und Gleichgültigkeit ertragen. Dadurch hat sich einiges AUFGESTAUT.

Es macht Sie ziemlich wütend, wenn er Ihre Werte dermaßen mit Füßen tritt und alle vorherigen Warnsignale völlig missachtet.

Sie „platzen" bzw. „explodieren" jetzt sozusagen.

Er muss nun auf jeden Fall erleben, dass es Ihnen wirklich todernst ist und dass Sie jetzt Ihre Konsequenzen ziehen WERDEN. Das, was er jetzt erlebt, muss etwas NEUES sein.

Etwas, das er noch nicht von Ihnen kennt.

Inszenieren Sie also ein kleines Drama. Erheben Sie Ihre Stimme und werden Sie lauter als sonst, sprechen Sie in einem Respekt einflößenden Tonfall. Seien Sie in Ihrer gesamten Körpersprache unübersehbar vehement.

Im Vergleich zu Ihrer Konfrontation in „Distanzierungsgrad 2" wirken Sie jetzt deutlich aufgebrachter und energisch-entschlossen.

Vermitteln Sie jetzt ganz klar und deutlich, was Sache ist und dass Sie ab sofort nicht mehr mit sich spielen lassen. Lassen Sie dafür ggf. die Türen knallen.
Das Vorzeichen dieser Aktion: Es gibt erst mal kein Zurück mehr. Sie gehen.
Ihr Auftreten wirkt jetzt nicht schwach und bedürftig, sondern STARK, wenn Sie in diesem Moment wütend und aufgebracht sind. Es entspricht ganz und gar nicht dem „beleidigten Zurückziehen".

Sie können sich dieses jetzt erlauben, da Sie in letzter Zeit weniger verfügbar waren und sich deutlich mehr als sonst von anderen Energiesäulen inspirieren ließen. Ihre Prioritäten hatten sich schon verschoben – und TROTZDEM zeigten Sie sich weiterhin von Ihrer besten Seite.

Sie untermauern nur noch Ihre Entschlossenheit, keine Abstriche mehr zu machen, Ihre Zeit nicht mehr zu verschwenden und zu Ihren Erwartungen zu stehen.

Beispiele:

„Weißt du was? Ich habe darauf keine Lust mehr. Ich hab das schon mal angesprochen und ich hatte gesagt, dass dies nicht das ist, was ich will. Du lässt dir nichts mehr einfallen."

„Mir reicht es jetzt. Ich wollte eine Beziehung, die mich erfüllt, die mich inspiriert. Du aber bist nur noch langweilig und uninteressant. Das ist mir echt zu wenig. Tschüss."

„Weiß du, ich bin nicht mehr bereit, mich mit so einem Langweiler/Trottel /hoffnungslosen Fall usw. abzugeben. Ich habe dir schon vorher gesagt, dass ich eine wertvolle Zeit mit dir verbringen wollte."

„Du turnst mich einfach nur noch ab. Die Beziehung gibt mir nichts mehr. Du verschwendest meine wertvolle Zeit.“

„Das ist jetzt wirklich zu viel. Es sind so viele Dinge, die mich gerade viel mehr inspirieren, als du es tust. Ich werde mich ab jetzt nur auf die schönen Seiten im Leben konzentrieren. Ich habe keine Lust mehr auf dich.“

„Deine Art geht mir tierisch gegen den Strich. Diese Beziehung langweilt mich. Du bist nicht das, was ich von dir dachte.“

3. Verhalten danach

Nach Ihrem Statement gehen Sie weg (oder legen den Hörer auf) und entfernen sich, OHNE eine Ankündigung darüber, wie lange Sie wegbleiben oder wohin Sie gehen.

Sie verschwinden für 2–3 Tage aus seinem Leben. KOMPLETTE Funkstille von Ihrer Seite.

Wenn er sich in dieser Zeit meldet, antworten Sie auf keinen Fall – für mindestens 48 Stunden. Bleiben Sie stark. Er muss gezwungen sein, über Sie nachzudenken. Er soll die Gelegenheit haben, seine Gefühle wieder zu erkennen und aufzuwachen.

Er kann nur spüren, was er mit Ihnen zu verlieren hat, wenn er erlebt, dass seine ersten drängenden Kontaktversuche für ein paar Tage NICHT beantwortet werden. Denn seine allerersten stürmischen Angstreflex-Handlungen kommen noch nicht aus dieser tieferen Erkenntnis heraus.

Erst dann, wenn er keinen Zweifel mehr hat, dass Sie Ihr Vorhaben scheinbar ernsthaft durchziehen, kann er eine Ebene tiefer gehen und sich seiner wirklichen Gefühle für Sie bewusst werden. Dies kann nur geschehen, wenn Sie ein paar Tage nicht antworten.

Falls Sie zusammenwohnen sollten, gehen Sie für diese Zeit möglichst zu einer Freundin oder einem Freund. Bereiten Sie notfalls diese Gelegenheit vor.
Erst danach melden Sie sich zurück (für den Fall, dass er Sie vorher stürmisch zu kontaktieren versuchte).

Sollte er jedoch in dieser Zeit NICHT einlenken und Sie nicht unbedingt treffen wollen, um die Sache dringend mit Ihnen zu klären:

Verschwinden Sie weiterhin für mindestens 2–3 Wochen aus seinem Leben und melden Sie sich nicht von sich aus. Für den Fall, dass er Ihnen nur ein paar nichtssagende und halbherzige Botschaften schickt, antworten Sie einfach nicht darauf. Erst wenn er Sie ganz dringend sehen und sprechen möchte, gehen Sie wieder auf ihn ein.

4. Letzter Schritt

Version A. Wenn er Sie in dieser Zeit dringend sprechen möchte, weil er Einsicht zeigt und Sie umstimmen möchte:

Lenken Sie ein und geben Sie ihm wieder eine Chance.

Gehen Sie jedoch ganz bewusst nicht gleich wieder zurück in den Beziehungsmodus, sondern Sie „probieren es noch mal“. Selbstverständlich machen Sie es ihm nach Ihrem zuletzt gezeigten Unmut nicht gleich wieder zu leicht.

Sie knüpfen erneut an Phase 2 (Führungsphase) an, fahren aber Ihre eigenen Bemühungen und Investitionen in der nächsten Zeit noch etwas weiter herunter. Ihre persönlichen Energiesäulen stehen noch stärker im Mittelpunkt in Ihrer Zeitplanung und in Ihren Gedanken. Zugleich lassen Sie Ihre inspirierende und herausfordernde Gegenwart weiterhin ein kostbares Highlights für ihn sein.

Vor allen Dingen: Führen Sie sich unbedingt vor Augen, an welchen Stellen Sie zuletzt noch zu inkonsequent waren:

- Wo waren Sie bisher evtl. noch zu sehr in Ihrem alten Muster gefangen und haben ihn (vielleicht aus Angst, ihn nicht zu enttäuschen) mit zuviel Nähe und typischen Beziehungsgesten belohnt, obwohl er sich weniger konstant und verliebt um Sie bemühte?
- An welchen Stellen haben Sie ihn bisher für sein Distanzierungsverhalten nicht konsequent mit den beschriebenen Gegenmaßnahmen souverän gespiegelt?.

Version B. Falls er in diesen 2–3 Wochen Ihrer Kontaktpause NICHT drängend um Sie wirbt:

Sie haben jetzt keine Wahl mehr, Sie müssen ihn in jeder Hinsicht loslassen. Denn Sie haben eindeutig keine Beziehung mehr mit ihm.

Sie sind getrennt.

Es macht dabei absolut keinen Unterschied, WER von Ihnen den Kontakt abgebrochen hat:

Indem er sich noch nicht einmal die Mühe macht, Sie energisch zu kontaktieren, bringt er ganz klar zum Ausdruck, dass er VORHER schon längst innerlich bereit war, sich nur noch bei einer günstigen Gelegenheit SELBST von Ihnen zu trennen. Durch sein stark distanziertes und egoistisches Verhalten hatte er Sie schon mal an

das Gefühl gewöhnen wollen, dass Sie nicht zusammen sind und keine gemeinsame Zukunft haben. Er hat die Trennung also indirekt provoziert. Dieser Prozess ist ihm (das entspricht zumindest meiner Beobachtung) häufig NICHT bewusst.
Erinnern Sie sich an das Band, das zwischen Ihnen besteht. Die Spannung zwischen Ihnen hat sich in seiner eigenen Empfindungswelt bis zur Unfühlbarkeit reduziert. Nichts zieht ihn momentan VON GANZ ALLEIN zu Ihnen zurück

Ihr aktueller Zustand hat sich also zu einer Trennung verfestigt. Seine Gefühle sind momentan nahezu verschüttet.

Beziehungsdynamisch entspricht Ihre Situation daher nun der „Kontaktpause" in dem Abschnitt „Trennung: Er hat Schluss gemacht".

Völlig abgesehen davon, dass es natürlich keine Garantie dafür geben kann, dass die erläuterten Schritte in allen Fällen zum Erfolg führen, rate ich Ihnen, sich noch einmal ganz klar darüber zu werden, was SIE wirklich wollen:

- Lohnen sich die Energie und der Aufwand, den Sie in Zukunft betreiben müssten, um ihn zurückzubekommen, für Sie wirklich?
- Sind Sie sich wirklich sicher, dass Sie ihn brauchen, um glücklich zu sein?
- Geht es Ihnen dauerhaft wirklich besser, wenn Sie mit IHM Ihr Leben verbringen werden als ohne ihn?
- Glauben Sie an die Möglichkeit, dass es vielleicht noch ANDERE Männer in Ihrem Lebenshorizont gibt, die Ihnen womöglich sogar noch MEHR Glück, Inspiration, Lebendigkeit und Sicherheit geben könnten?

Wenn Sie jedoch ganz sicher sind, dass Ihr verloren gegangener Freund definitiv der Beste ist, den es für Sie gibt, kann ich Ihnen nur den folgenden Vorschlag machen:

Verinnerlichen Sie in dieser Zeit intensiv und ganz genau die Abfolge und den Inhalt der 5 Schritte aus dem Kapitel „Trennung: Er hat Schluss gemacht".

Nutzen Sie die nächste Zeit erst mal, um sich zu erholen und zu stärken. Füllen Sie sich jetzt wirklich ganz bewusst mit Ihren vorhandenen Ressourcen, Kontakten und Interessen. Bauen Sie diese Säulen notfalls noch viel weiter aus. Es ist wichtig, dass Sie sich für Ihre persönlichen Kraftquellen so entschlossen wie möglich NOCH mehr innerlich ÖFFNEN, um Schritt für Schritt weitere „Unabhängigkeits-Energien" aufzutanken. Kümmern Sie sich verstärkt um Ihre ganz persönlichen Ziele, Leidenschaften und Wünsche.

Melden Sie sich nun SELBST nach einer gewissen Zeit bei ihm.

Hier gibt es zwei Möglichkeiten:

1. Sie vereinbaren direkt ein Treffen (Schritt 3 aus dem Kapitel „Trennung - Er hat Schluss gemacht") mit ihm unter dem Vorwand, Ihre restlichen „Sachen" von ihm zu bekommen. Warten Sie damit bitte aber mindestens 2–3 Wochen nach Ihrem letzten Kontaktabbruch.

   Setzen Sie mit einer passenden und natürlich wirkenden Transformationsbotschaft ein erstes Signal und gehen Sie dann die gezeigten Schritte.

2. Sie beginnen bei Schritt 1 (siehe Kapitel „Trennung: Er hat Schluss gemacht"), setzen also zunächst ein kurzes, unverbindliches Transformationssignal per SMS/Mail oder Telefon und initiieren kurze Zeit später ein Treffen (Schritt 3 in „Trennung: Er hat Schluss gemacht") mit ihm.

Sobald Sie eine Verabredung mit ihm haben, fahren Sie fort mit den beschriebenen Leitlinien des Punktes „Erstes Treffen“ (Schritt 4 in „Trennung: Er hat Schluss gemacht“). Sie nutzen dieses erste Treffen, um sich als transformierte, souveräne und selbstsichere Frau zu präsentieren, die einfach nur in diesem Augenblick Spaß mit ihm hat. Sie scheinen völlig relaxt und unbeschwert zu sein und beschwingt von Ihrem eigenen Leben. Das, was zuletzt zwischen Ihnen gelaufen oder schief gelaufen ist, interessiert Sie nicht mehr.

Sie bestehen sämtliche seiner Tests und folgen dabei den wichtigsten beschriebenen Prinzipien für eine attraktive und inspirierende Begegnung.
Sie legen den Fokus darauf, mit diesem ersten Treffen zu bewirken, dass er IM ANSCHLUSS daran kein inneres Hindernis mehr verspürt, sich irgendwann danach wieder von SICH AUS bei Ihnen zu melden.

Fahren Sie dann fort mit den weiteren Schritten.

Kapitel 5: Sonderfall Trennung: Er hat Schluss gemacht

Wenn Ihre aktuelle Situation sich so verschärft hat, dass Ihr Freund sich ausdrücklich von Ihnen getrennt hat, dann sollten Sie sich, bevor Sie jetzt beginnen aktiv zu werden, erst einmal ganz in Ruhe über ein paar Dinge klarer werden.

Wenn ein Mann eine Beziehung beendet, ist sein Verhalten immer nur die SPITZE DES EISBERGES.

Es ist immer nur die stark verfestigte Form eines schon lange vorher bestehenden Ungleichgewichts.

Ich habe noch nie erlebt, dass eine verlassene Frau, die ich beriet, bei näherem Hinschauen einen Mann an ihrer Seite hatte, der zuletzt noch von gemeinsamer Zukunft sprach und dabei auch noch voller ernsthafter Liebe, Aufmerksamkeit, sexueller Leidenschaft und Zärtlichkeit war.

In 80 % aller Fälle war es sofort offensichtlich, dass der Beginn der Abwärtsspirale schon weit zurücklag (teilweise sehr weit). Hier wurde der Frau in der Beratung dann meist selbst schnell klarer, WO und WODURCH sich in ihrer Beziehung schon „damals“ etwas zum Negativen veränderte.

Vor allem wurde deutlich, wodurch die schleichende Entliebung ihres Freundes oder Mannes von IHR SELBST aktiv gefestigt wurde: Fast immer verlor sie ihre Leichtigkeit und Lebensfreude schon viel früher, an einem ganz bestimmten Punkt:

Der Teufelskreis wurde von ihr in Gang gesetzt, als er irgendwann anfing, sich sehr überraschend von ihr zu distanzieren.

Die Frau interpretierte das Verhalten des Mannes falsch, indem sie es auf sich bezog und fing an, ihre emotionale Freiheit und Unabhängigkeit zu verlieren.

Anstatt also den Mann sofort in seiner Rückzugsphase vertrauensvoll und gelassen komplett LOSZULASSEN und sich in ihrer Lebensfreude und Leichtigkeit dadurch nicht beeinträchtigen zu lassen, verlor sie ihr Vertrauen in ihn und begann, die Position der Bedürftigeren einzunehmen.

Je nach Persönlichkeitstyp nimmt die emotionale Unterwerfung verschiedene Ausdrucksformen an:

Entweder passte sie sich seit dem Zeitpunkt sorgenvoll, still und vermeidend an das Verhalten des Mannes an oder aber sie begann, aktiv um ihre Beziehung zu kämpfen. In diesem Fall konfrontierte sie ihn – mal vorwurfsvoll, mal verletzt oder wütend, manchmal auch nur einfach sich sachlich Klarheit verschaffen wollend – mit ihrer besorgten Grundhaltung.

Doch in jedem Fall verkrampfte sie und hörte zunehmend damit auf, ihre Energie konsequent weiter in ihr eigenes Glück zu stecken. Dafür investierte sie immer mehr Energie in ihren drängenden Wunsch, endlich Gewissheit über seine Liebe zu ihr zu bekommen.

Durch diese Veränderung ihrer gesamten Ausstrahlung erschien sie in den Augen des Mannes von dem Moment an weniger als die Frau, für die er sich anfangs so stark interessierte.

Es war ihm seitdem nicht mehr möglich, aus einer ganz natürlichen Distanz heraus wieder ein tieferes Gefühl für sie zu entwickeln und eine ganz neue Verbindlichkeit zu fühlen.

Auf diese Weise blieb er sozusagen „stecken“ in seiner letzten emotionalen Rückzugsphase, selbst dann, wenn diese schon viele, viele Jahre zurückliegt.

Wir haben gesehen, dass es in dieser Konstellation durch das Gefühl von Druck, schlechtem Gewissen und innerer Beklemmung beim Mann nur eine Frage der Zeit ist, bis er die Kraft und die Freiheit gewonnen hat, dieses emotional haltgebende Fluchtsystem komplett zu verlassen.

Denn die Anziehungskraft, die der Mann schon jetzt nur noch sehr gering fühlen kann, liegt irgendwann endgültig verschüttet unter diesen erdrückenden Gefühlen, denn er hat selbst keine Macht darüber, diesen Zustand zu ändern.

In 20 % der Fälle jedoch war es nicht sofort zu erkennen, dass irgendeine Art von Schieflage vorher bestand. Hier war laut Aussage der Frau die Beziehung „am Ende immer noch genauso glücklich wie am Anfang“.

Es war angeblich alles in Ordnung. Beispielsweise hat er ihr bis zum Schluss noch gesagt, „dass er sie liebt“.

Weder hat die Frau auffällig gelitten, noch waren irgendwelche Anzeichen von emotionaler Distanzierung für sie selbst erkennbar.

Dies waren meist längere Beziehungen, teils über viele Jahre andauernd.

Doch auch hier wurde nach genauerer Analyse deutlich, dass in irgendeinem sehr wichtigen Punkt ihrer Partnerschaft die Frau schon längst die ganze Zeit aktiv etwas „Verhängnisvolles“ zugelassen hatte.

Und genau DAS verstärkte dann beim Mann immer mehr das bedrückende und beklemmende Gefühl, dass er ihr immer weniger gerecht werden kann.

Auffällig häufig hat sich z.B. eine starke Routine zwischen den beiden eingespielt. In einigen Fällen war die Beziehung für die Frau der komplette Lebensmittelpunkt. Es wurde sehr viel Zeit miteinander verbracht, ohne dass diese aber gleichzeitig genutzt wurde, um gemeinsame Interessen zu verfolgen oder um sich aktiv auszutauschen und sich dabei zu begegnen.

Häufig hat sie wenig andere Interessen und Ziele zu verwirklichen versucht, wenig andere Dinge unternommen, oder auch wenig andere männliche und weibliche Kontakte verfolgt.

Sie hat sich nicht aktiv WEITERENTWICKELT. Er dagegen schon.

Dies ging dann manchmal mit einem starken „Trautes-Heim-Syndrom“ einher:

Er ist derjenige, der sich „draußen in der Welt“ immer mehr verwirklicht und für sich selbst immer mehr Neues plant. Sie ist diejenige, die stets auf ihn wartet – zumindest jedoch DANN immer liebevoll-umsorgend verfügbar ist, wenn er mal wieder den Wunsch verspürt und einen Schritt auf sie zugeht.

Dies ist ein SEHR tückisches Ungleichgewicht, da es FÜR SIE SELBST auf den ersten Blick nicht erkennbar ist:

„Er war ja immer liebevoll und zärtlich. Er sprach doch von gemeinsamer Zukunft und sagte immer, dass er mich liebt. Er hat auch bis zum Schluss sehr gern mit mir geschlafen. Warum sollte ich daran irgendetwas verändern wollen?“

Doch in Wirklichkeit entwickelte sich schleichend ein sehr großes Ungleichgewicht:

Auf der einen Seite nutzt er sein „warmes Zuhause“ als Ausgangsbasis, um SEINE Interessen zu verfolgen, SEINE Zukunft zu planen und SEINE Hobbys und freundschaftlichen Kontakte zu verfolgen. Auf der anderen Seite verbringt er jedoch viel Zeit mit ihr NEBENEINANDER und nicht miteinander: Sie schauen zusammen Fernsehen, er sitzt vor dem PC, liest in seiner Zeitschrift oder recherchiert irgendetwas.

Vielleicht befanden Sie sich in einer ähnlichen Situation und würden mir an dieser Stelle noch entgegnen:

„Aber ich habe ihm doch immer alle Freiheit der Welt gelassen und ihn nie eingeschränkt.“

Der entscheidende Knackpunkt bei dieser auf den ersten Blick nicht so deutlichen Abwärtsspirale:

Er erlebte Sie, ungeachtet der Freiheit, die Sie ihm gaben, stets in der leicht unzufriedenen WARTEPOSITION:

Er erlebte Sie also NICHT, wie Sie sich stattdessen beispielsweise mit ganz neuen Dingen und Kontakten engagiert beschäftigen.

Er erlebte deshalb auch NICHT, dass Sie beispielsweise an einem Tag kein sonderliches Interesse haben, in seiner Nähe zu sein, wenn er auf Sie zukommt, oder dass Sie etwa an einem anderen Tag keine Zeit für ihn haben, wenn er mit Ihnen etwas unternehmen möchte.

Auch erlebte er kaum, dass SIE für eine längere Periode von etwas anderem vereinnahmt sind, das Ihre ganze Aufmerksamkeit fesselt und Ihnen kaum Zeit für ihn übrig lässt.

Er war innerlich stark von vielen anderen Dingen vereinnahmt, Sie jedoch in Wirklichkeit nur wesentlich von ihm.

Obwohl Sie also nicht wirklich verkrampft und unglücklich waren und selbst sogar meinten, dass alles „in Ordnung“ zwischen Ihnen gewesen sei, gab es ein FATALES Ungleichgewicht, das ihm keine Chance mehr ließ, sich wieder ganz neu in Sie verlieben zu können.

Er hat in diesem Fall seine Rückzugsphase zwar eher unauffällig, jedoch immer stärker und immer konsequenter gelebt, in dem er ganz gezielt sich selbst und andere Dinge aktiv verwirklicht. Ihnen gegenüber blieb er dabei weiterhin verbindlich, aufmerksam und liebevoll.

Er erlebte jedoch NICHT, dass Sie sich als natürliche Konsequenz seines Verhaltens ebenfalls ein Stück weit „weg von ihm“ entwickeln, indem Sie sich EBENFALLS wieder mit neuen Dingen, Interessen, Kontakten und Unternehmungen FÜLLEN.

Sie waren nicht oder wenig BESEELT von etwas anderem, obwohl er es war.

Mit anderen Worten:

Er erlebte Sie nicht als dringend notwendigen SPIEGEL seines eigenen inneren Gefühlszustands.

Genau DAS wäre aber das notwendige Gegengewicht gewesen, damit er wieder ein natürliches, starkes, inneres „Ziehen“ hätte spüren können, um irgendwann GANZ VON SELBST eine tiefere Form von Liebe, Aufmerksamkeit und Begehren fühlen zu können.

Es ist nur eine Frage der Zeit, bis dieses System zusammenbricht.

Das, was seine Gefühle irgendwann vollständig zuschnürt, ist die Angst:

„Sie hat scheinbar keinen anderen Lebenshorizont mehr, der sie erfüllt. Stattdessen investiert sie ihre ganze Energie in mich, obwohl ich schon seit Längerem wieder völlig andere Sorgen und Interessen habe. Auf was wartet sie bloß? Warum genießt Sie nicht auch ihr eigenes Leben? Mir wird schwarz vor Augen, wenn ich an die Zukunft denke."

Solche Trennungen passieren dann eher sehr plötzlich und „von heute auf morgen". Der Mann ist in diesen Konstellationen unfähig, sich seinen inneren Zustand von der Frau anmerken zu lassen. Er will sie nicht verärgern oder verletzen. Er flüchtet gekonnt in andere Aktivitäten und macht bis zum Schluss „gute Miene zum bösen Spiel".

Häufiger Auslöser für eine solch abrupte Trennung ist z.B., wenn er das Gefühl hat, dass sie schon seit Längerem darauf wartet, dass er sich öffnet für einen weiteren Verbindlichkeitsschritt in ihrer Beziehung wie beispielsweise für eine gemeinsame Wohnung (falls Sie noch in verschiedenen Haushalten leben), für ein gemeinsames Kind oder für die Planung der Heirat.

Wenn sie diese Themen sogar von selbst immer wieder mal anschneidet, wird eine Trennung sehr oft schon lange vorher von ihm innerlich akzeptiert, ohne sich – aufgrund seiner Gewissenhaftigkeit – etwas anmerken lassen zu können.

Das tiefer liegende Problem einer Trennung ist jedoch in JEDEM Fall:

Er befindet sich schon längere Zeit in seiner inneren Rückzugsphase und investiert weniger Energie in die Frau. Sie investiert jedoch TROTZDEM weiterhin gleichbleibend viel (oder sogar immer mehr) in ihn.

Anstatt sich jedoch ebenfalls neue Energiequellen AUßERHALB der Beziehung aufzubauen, die ihr eine neue innere Entspanntheit und emotionale Freiheit geben würden, bleibt Sie immer weiter und weiter sehr stark auf ihn fixiert.

Das Geheimnis jeder dauerhaft glücklichen Beziehung ist, dass Phasen von stärkerer Distanzierung nicht passiv wartend erlitten werden, sondern die freigewordene Energie weg von ihm in eine NEUE Richtung gelenkt wird. Dadurch wird das Band, was beide miteinander verbindet, wieder gestrafft und für den anderen stets wieder SPÜRBAR.

Was bedeutet das jetzt für Ihr weiteres Verhalten Ihrem Exfreund gegenüber?

Wenn Sie sich GANZ SICHER sind, dass Sie ihn wirklich zurückhaben wollen, möchte ich Ihnen im Folgenden eine Vorgehensweise ans Herz legen, die meiner Erfahrung nach bisher am effektivsten in meinen bisherigen Beratungen war.

Selbstverständlich gibt es KEINE Garantie dafür, dass dieses Verhalten unweigerlich zum Ziel führt.

Es ist in meiner Sicht jedoch die beste Methode, um „2 Fliegen mit einer Klappe zu schlagen“:

1. Auf der einen Seite sorgen Sie dafür, SICH SELBST wieder zurückzugewinnen und aus Ihren bisherigen Fehlern zu lernen. Für die Zukunft sind Sie dann bei einem neuen Mann viel besser dafür gewappnet, auf seine plötzlichen, starken Distanzierungstendenzen richtig zu reagieren.

   Sie verhindern, dass Sie wie in einer „Endlosschleife“ – von Beziehung zu Beziehung – immer wieder neu die Kontrolle über sich (und damit über die Beziehung selbst) verlieren.

Sie verinnerlichen eine Vorgehensweise für den Fall, dass Sie sich wieder neu in einen Mann VERLIEBEN, jedoch in ihr altes Muster fallen, sobald dieser sich das erste Mal von ihnen emotional entfernt.

2. Auf der anderen Seite begegnen Sie schon ab heute Ihrem aktuelle Ex-freund in einer Weise, die dafür sorgt, dass Ihr in seinen Augen zuletzt extrem gesunkener weiblicher Wert eine höchstmögliche Renaissance erfährt.

Was bedeutet das ganz konkret für das weitere Vorgehen?

Der sinnvollste Ablauf ist der Folgende:

1. Transformationsbotschaft (Zeitpunkt: mindestens 1–2 Wochen nach der Trennung).
2. Kontaktsperre und Transformation (Dauer ca. 2–8 Wochen).
3. Erste Kontaktaufnahme.
4. Erstes Treffen.
5. Verhalten nach dem ersten Treffen.

Transformationsbotschaft: Das wichtige Signal, mit dem Sie sich unerwartet neu in sein Bewusstsein rufen.

Sie müssen als erste Maßnahme nach der Trennung dafür sorgen, dass er registriert:

Sie sind EINVERSTANDEN und AKZEPTIEREN das Ende der Beziehung.

Dies ist der erste Schritt Ihrer jetzt beginnenden TRANSFORMATION. Und dieser Schritt muss ebenso GLAUBHAFT und KONSEQUENT auf ihn wirken, wie sein eigener voriger Entschluss, sich von Ihnen zu trennen, AUF SIE wirkte.

DAS ist in dieser Phase das Einzige, das er von Ihnen BRAUCHT, ganz gleich ob er aktuell keinen Kontakt zu Ihnen haben möchte.

Es ist der einzige Verhaltens-SPIEGEL, den Sie ihm in diesem Moment ÜBERHAUPT signalisieren können.

Dieses allererste Signal können Sie ihm in Form einer ersten „Transformationsbotschaft" geben.

Eine Transformationsbotschaft sollte mehrere der folgenden Elemente enthalten:

- Sie sind absolut einverstanden mit der Trennung.
- Sie haben inzwischen erkannt und eingesehen, dass Sie sich zu unentspannt und übertrieben verhielten. Falls Sie es ihm nicht leicht gemacht haben, entschuldigen Sie sich bei ihm.
- Sie sind jetzt erleichtert und froh über die ganze Entwicklung.
- Es sind neue Dinge in Ihrem Leben passiert, von denen Sie inzwischen vereinnahmt sind und die sie mit Freude erfüllen.
- Sie hätten keine Probleme damit, in Zukunft locker mit ihm befreundet zu sein
- Sie stehen gut gelaunt „über den Dingen".

Je nach Länge der Beziehung, je nach dem Verbindlichkeitsgrad und der Vertrautheit zwischen Ihnen, können sie ALLE Elemente in Ihre Botschaft einfließen lassen oder andernfalls nur wenige.

Wenn Sie beispielsweise nur eine kurze Beziehung hatten und diese auch nicht sehr vertraut war, eignet sich eher eine knappe Botschaft per SMS.

Wenn Sie eine längere, feste Beziehung hatten, wirkt eine mittelkurze Email wohl als eher angemessen.

Entscheidend dabei ist, dass Sie genau die Form und die Worte wählen, die in seinen Augen GLAUBWÜRDIG erscheinen.

Diese Botschaft darf auf keinen Fall als Manipulation bei ihm ankommen oder als Versuch, ihn irgendwie damit zu beeindrucken.

Sie muss also auf ihn wirken, als wenn ihr ganzer Inhalt und die Art, wie Sie sie schreiben, für ihn als ECHTES Zeichen einer ersten kleinen Veränderung Ihrer Person gewertet werden kann

Ich gebe Ihnen im Folgenden verschiedene Beispiele, mit denen ich persönlich gute Erfahrungen gemacht habe. Es sind Beispiele, die in den jeweiligen Fällen genau auf die Situation gepasst haben.

Sie haben jeweils das enthalten, was der Mann in speziellen Trennungssituationen hören musste, damit er von da an wieder beginnen konnte, in entspannterer Weise über sie nachzudenken.

Bitte sehen Sie die Beispiele daher nur als GROBE ORIENTIERUNG und nehmen sich möglichst nur solche Bausteine heraus, die sie selbst für sinnvoll halten – und passen diese an Ihre Situation an.

Wichtige Faustregel dabei:

Lassen Sie ihm ein derartiges Transformationssignal erst dann zukommen, wenn seit dem allerletzten Kontakt mit ihm so viel Zeit verstrichen ist, dass er Ihnen Ihre neue Grundhaltung inzwischen „abkaufen“ kann.

Seien Sie dabei nicht ZU perfektionistisch: Er darf ruhig etwas skeptisch sein. Es geht erst mal nur darum, dass er die reine Möglichkeit in Betracht zieht, dass Ihre durchscheinende neue Leichtigkeit tatsächlich real sein KÖNNTE.

Damit diese leichte Verwirrung und Neugier in seiner Wahrnehmung auf fruchtbaren Boden fallen kann, lassen Sie sich mit dem Senden der Botschaft lieber etwas mehr Zeit. Je nach Dauer und Tiefe der Beziehung und je nach Schwere der Trennung warten Sie daher mindestens zwischen ca. einer Woche und ca. zwei bis sechs Wochen ab, bevor Sie Ihre Botschaft schicken.

Je länger und vertrauter die Beziehung und je schwerer die Trennung, desto länger lassen Sie sich damit Zeit.

Transformationsbotschaften nach kürzerer Beziehung:

Heiterer Gruß zwischendurch:

„Hi, Champion, hoffe, dir geht's gut! Ein paar entspannte Grüße zwischendurch, dir viel Spaß und Erfolg! Maria."

„Hallöchen! Na, alles klar bei dir? Lass dich bloß nicht unterkriegen :-) Hier ein paar Grüße von mir zwischendurch. Pass auf dich auf! Maria."

„Hallöchen, Peter! Hoffe alles klar bei dir! Mal wieder ein paar Grüße, hoffe du kommst nicht unter die Räder :-) Maria."

„Guten Tag, der Herr :-) Hoffe, alles gut bei Ihnen! Herzliche Grüße von mir zwischendurch, viel Erfolg und Spaß, Maria."

Alles perfekt:

„Hallöchen! Wollte mich einfach mal wieder gemeldet haben. Hatte noch mal nachgedacht und finde inzwischen, dass du Recht hast und nun wirklich alles gut so ist. Bin jetzt froh, wie sich alles entwickelt hat. Hoffe, dass auch bei dir alles gut ist!! Komm gut voran : -)“

„Hi! Sorry, kam die Tage nicht dazu, mich zu melden, gerade etwas viel los bei mir. Hoffe, dir geht es auch gut! Wollte zwischendurch mal wieder Hallo sagen. Übrigens ist inzwischen alles okay, lass uns auf jeden Fall irgendwann mal wieder ohne Stress ein entspanntes Bierchen trinken. Pass auf dich auf und lass es krachen!“

„Hi, musste mich die Tage um einiges kümmern, wollte zwischendurch nur mal kurz Hi sagen! Hoffe, alles gut bei dir, komm gut voran, lass dich nicht unterkriegen : -)“

Es war übertrieben von meiner Seite:

„Hey, Peter, hoffe alles klar bei dir, wollte mal wieder Hallo sagen. Meine Güte, war das alles übertrieben und unentspannt von meiner Seite. Was mich da zuletzt geritten hat, keine Ahnung... Inzwischen ist wieder viel Neues, Gutes passiert, hoffe, dir geht's auch gut, herzliche Grüße! Maria.“

„Hey, ich hoffe, du bist nicht mehr böse, dass ich damals so stressig war : -) Hoffe, bei dir ist alles klar, viele Grüße!“

„Hey, ich hoffe du bist nicht mehr böse, dass ich zuletzt so unglaublich stressig und anstrengend war : -) Wünsche dir viel Glück, auch bei deinen Prüfungen! Und genieß dein Leben! Maria.“

Witzige Anspielungen:

„Wollte nur mal wieder Hi sagen! Lang ist's her. Im Nachhinein super, wie alles gekommen ist. Inzwischen ist viel Neues passiert, ich hoffe sehr, dass es dir gut geht!! Pass auf dich auf und fall nicht in Trance vor lauter Joggen/ Fußball gucken/Lesen/PC-Spielen etc. Maria."

„Hey, hoffe, du hast inzwischen ein Sixpack vom Fußball gucken bekommen : -) Schon wieder so viel Neues passiert, bin mittlerweile sehr froh, wie alles gekommen ist. Ich hoffe, dir geht's gut!! Drücke dir die Daumen bei ... (eine Sache einsetzen, die ihm zuletzt Stress bereitete), sonnige Grüße, Maria."

„Hallöchen, hoffe, du bist mittlerweile nicht zum Fußball-/Arbeits-/Fitness-/ Poker-/Segel-/Programmier-/(eine seiner Leidenschaften einsetzen)- Wahnsinnigen geworden : -) Hoffe dir geht's ebenfalls gut! Pass auf dich auf. Maria."

Zufällige Erinnerung:

„Hi, war gestern im ... (Bar/Cafè/Club etc. einsetzen, die Sie damals gemeinsam besuchten) und musste mich daran erinnern, wie ich damals vom Barhocker fiel, als wir da waren. Inzwischen ist wieder viel Gutes passiert, könnte zurzeit Bäume ausreißen. Hoffe, dass es dir auch gut geht, lass dich nicht unterkriegen! Grüße, Maria."

„Hey! Musste gestern an dich denken, weil ... (Sie haben etwas erlebt, das Sie an ihn erinnerte), Lang ist's her, schon wieder so viel Neues und Gutes passiert ... hoffe, dir geht's auch gut! Komm nicht unter die Räder : -) Grüße, Maria."

Lust, ihn mal wiederzusehen:

„Hallöchen, Peter! Wollte mal Hallo sagen. Lange nicht gequatscht, so viel Neues los gewesen in letzter Zeit. Ich habe in den nächsten Wochen wieder mehr Luft – habe Lust dich demnächst spontan auf ein stressfreies Bierchen zum Plaudern zu treffen, auf Kumpelbasis versteht sich. Würde mich freuen! Hoffe, dir geht's gut! Genieß deine Zeit und pass auf dich auf, du schaffst das alles! Herzliche Grüße, Maria."

Transformationsbotschaften nach längerer Beziehung:

Mail/Brief nach zuletzt stressvoller Beziehungsphase:

Hey Peter,

wollte mal wieder Hallo sagen. Jetzt, wo inzwischen ein paar Tage vergangen sind, wollte ich dir sagen, das ich absolut einverstanden bin mit deiner Entscheidung. Du hattest damit völlig recht. Mittlerweile sind ein paar sehr schöne Dinge passiert und ich bin froh, wie alles gekommen ist.

Wenn es für dich okay ist, können wir in Zukunft gern locker befreundet bleiben! Ich hoffe, du kommst gut voran und alles läuft bestens bei dir. Lass dich nicht von deinen Bücherbergen erschlagen : -) Du bist ein feiner Kerl, pass auf dich auf!

Gruß, Maria.

Hallo Peter,

jetzt, nachdem ein paar Tage vergangen sind, habe ich viel erkannt und begriffen, dass einiges in meinem Verhalten dir gegenüber nicht so gut, teils übertrieben und egoistisch, aber irgendwie auch unentspannt war. Ich will dir damit im Nachhinein eigentlich nur sagen, dass mir das alles wirklich leidtut.

Ich bin sehr froh, wie jetzt alles gekommen ist. Ich bin absolut einverstanden.

Ja, wir können sicherlich auch Freunde sein. Das mit dem Austausch unserer Sachen eilt von meiner Seite im Moment nicht, das ist sicherlich auch noch im nächsten oder übernächsten Monat möglich.

Mich beschäftigen zumindest gerade ein paar andere Dinge sehr stark, auch ist inzwischen etwas aufregendes Neues passiert, das mich inspiriert und glücklich macht, (Ich erzähle davon früher oder später!). Ich melde mich. Lass es dir gut gehen und pass auf dich auf : -)

Gruß, Maria.

Hallöchen Peter,

Wollte mal wieder „Hi“ sagen, da ich gestern bei … vorbeikam und mich an unseren … erinnerte.

Hoffe, dir geht's gut!

Inzwischen ist sehr viel Neues und Gutes passiert, was mich sehr glücklich macht. Es liegt alles schon eine gefühlte Ewigkeit zurück. Ich muss jetzt schmunzeln ,wenn ich daran denke, wie unentspannt und übertrieben das alles von meiner Seite war, weiß nicht mehr genau, was mich da eigentlich „geritten" hat.

Bin sehr froh, wie inzwischen alles gekommen ist, hoffentlich geht's dir auch gut! Wir können in Zukunft sicherlich ohne Komplikationen und Stress wieder befreundet sein. Aber auf jeden Fall hoffe ich, dass du gut vorankommst und alles bestens bei dir läuft. Setz dich durch, du schaffst das : -)

Genieß deine Zeit! Gruß, Maria.

Längere Mail/Brief nach zuletzt extrem stressvoller Beziehungsphase voller Komplikationen:

Hallöchen,

hoffe, dir geht's gut!

Wollte eigentlich längst mal wieder Hallo sagen, komme erst jetzt wieder dazu.

Ich hoffe, dass du glücklich bist und dass es dir gut geht!

Hatte gestern mal wieder an vergangene Zeiten gedacht und musste ehrlich gesagt etwas schmunzeln : -) Denn im Nachhinein war mein Verhalten damals wirklich sehr übertrieben und sehr unentspannt, vor allem die letzten Male, keine Ahnung, was mit mir los war, ist alles schon echt lange her, zumindest fühlt es sich so an. Ich wollte dir aber an dieser Stelle trotzdem noch mal sagen, dass es mir wirklich leid tut, ich habe damals wirklich sehr übertrieben reagiert. Weiß selbst gar nicht mehr, was mich da eigentlich geritten hat, komme mir mittlerweile vor wie eine Art Comic-Figur, wenn ich jetzt daran denke : -)

Hoffe auf jeden Fall, dass alles gut ist bei dir!

Inzwischen ist ziemlich viel Neues und Aufregendes passiert und das Leben macht gerade wirklich Spaß : -)

Und ich hoffe sehr, dass du richtig glücklich und happy wirst mit deiner neuen Freundin! Du hast es verdient!

Du bist ein wirklich feiner, großherziger Mensch und auch öfters ein guter Freund für mich gewesen, der mich inspiriert hat. Ich glaube, ich hatte dich viel zu wenig gewürdigt für deine ganzen guten Eigenschaften! Du hast sehr viele Fähigkeiten und hast ein besonderes Potenzial in dir! Ich hoffe, du gehst konsequent weiter deinen Weg. Was die „Beziehung" betrifft, sehe ich längst, du hattest völlig recht, das mit uns hätte wirklich niemals gepasst und ich bin echt froh, wie das alles jetzt gekommen ist. Inzwischen fühlt sich alles wie eine Ewigkeit an ...

Also, pass auf dich auf und brich endlich den Weltrekord im Tischfussball/Angeln/Analysieren/Bogenschießen/Geschichtsbücherlesen etc.

Maria.

Sie sehen, eine Transformationsbotschaft kann einige wenige, jedoch auch sehr viele Signale enthalten.

Lassen Sie sich inspirieren und basteln Sie sich selbst eine ganz individuelle, auf Ihre vergangene Beziehungssituation passende, für ihn glaubhaft wirkende Botschaft, welche ihm ein ganz neues, unerwartetes Bild Ihrer Person vor Augen führt.

Wichtig:

Ihre Botschaft hat einzig nur das Ziel, ihn in den kommenden Wochen innerlich vorzubereiten für die weiteren Rückeroberungsschritte.

Es geht also absolut nicht darum, so schnell wie möglich wieder einen Kontakt herzustellen.

Im Gegenteil, ein ungeplanter und spontaner Kontakt wäre in Ihrem Fall kontraproduktiv.

Daher meiden Sie zunächst den Kontakt eine Weile nach Abschicken Ihres ersten Verwandlungssignals.

Falls er sich also daraufhin meldet, Ihnen Fragen per SMS stellt oder Sie unbedingt sprechen will:

Schreiben Sie ihm in diesem Fall kurz und sehr freundlich, dass Sie zurzeit sehr vereinnahmt sind und sich in ca. 2 Wochen wieder bei ihm melden werden, wenn Sie etwas mehr Luft haben.

Ein Beispiel:

„Hey, habe gesehen, dass du versucht hast, anzurufen, habe mich gefreut. Im Moment bin ich etwas eingespannt mit einigen Dingen, ich melde mich in den nächsten Wochen wieder bei dir, wenn ich wieder etwas mehr Luft habe. Lass es dir gut gehen und genieß deine Zeit! Maria.“

Sollte er sich darauf erneut ein paar Mal melden, antworten Sie jetzt nicht mehr.

Wenn er jedoch einfach nicht aufhören will und sich PERMANENT weiter bei Ihnen meldet, schreiben Sie ihm nach ein paar Tagen erneut etwas wie:

„Hallo Peter, lass uns gern bald wieder mal sprechen, habe in diesen Wochen nur nicht den Kopf dafür, brauche gerade etwas Zeit für verschiedene Dinge. Mach dir keine Sorgen, alles ist gut. Melde mich dann bei dir, versprochen! Pass auf dich auf!"

Es könnte sogar sein, dass er trotzig wird und Ihnen z.B. mit Liebesentzug droht: „Ok, dann leb wohl".

Antworten Sie darauf GAR NICHT mehr, bis Sie sich wenige Wochen danach wieder bei ihm melden werden.

Es ist sehr wichtig, dass Sie nach dem Senden der Transformationsbotschaft erstmal keinen direkten Kontakt mehr zu ihm haben.

Warum?

- Jede heftigere Gefühlsreaktion, die jetzt von ihm kommt, ist zu 100 % nicht aus einer ernsthaften Tiefe heraus, sondern einzig ein Ausdruck dessen, dass er es einfach nicht erträgt, so schnell scheinbar an Bedeutung für Sie zu verlieren. Bisher hat er eine gehörige Portion an männlichem Selbstwertgefühl bei Ihnen getankt durch das Gefühl, Sie „sicher" zu haben. Dies hatte ihm eine ganze Menge innere Stabilität verliehen. Sie waren ihm zu 100 % ergeben.

Das allein war für ihn bisher eine starke, kraftgebende Energiesäule.

Doch erst Ihre überraschende und ungewöhnliche Reaktion auf die Trennung kann ihn wieder deutlicher spüren lassen, dass er noch abhängiger von Ihnen ist, als er dachte. Auch wenn das, was er zunächst nur fühlt, keine Verliebtheit ist, sondern ausschließlich nur seine eigenen Defizite sind, wie z.B. die Herabsetzung seines männlichen Selbstwerts.

- Er würde in einem neuen Gespräch jetzt um jeden Preis testen wollen, dass Sie immer noch ganz die Alte sind. Er würde verschiedene Knöpfe drücken, nur um wieder das beruhigende Gefühl zu bekommen, dass er Sie noch sicher hat. Das Gefühl, dass Sie ihm noch genauso ergeben sind, hilft ihm nämlich gerade ganz akut dabei, sich selbst intensiv auf sein eigenes Leben zu konzentrieren und dabei endlich ganz von Ihnen loskommen zu können.

  In Ihrem jetzigen emotionalen Zustand ist es kaum denkbar, dass Sie diesen Test bestehen. Das würde Sie weit zurückwerfen.

- Jeder weitere Tag nach der Transformationsbotschaft OHNE Kontakt arbeitet jetzt für Sie. Er wird das erste Mal in den kommenden Wochen die Chance bekommen, aus dieser Distanz heraus in einer ganz anderen Weise über Sie nachzudenken – und sich wieder positiver an Sie zu erinnern.

Durch Ihre scheinbare neue Entspanntheit verliert das schlechte Gewissen und das ihm sonst so vertraute Eingeengtsein-Gefühl an Kraft.

Nur wenn er vermutet, dass Sie unbeschwert sind und die Trennung scheinbar ungewöhnlich gut und schnell verarbeitet haben, kann sein Innerstes in den kommenden Wochen in ganz bestimmten Momenten von Einsamkeit und Melancholie wieder Nuancen an tieferen Gefühlen für Sie ZULASSEN.

Diese Dynamik stark zu forcieren, indem Sie ihm erst mal Ihre Abwesenheit schenken, ist der Sinn Ihrer vorangehenden Transformationsbotschaft.

Kontaktpause und Transformation: Ihr komplettes Verhaltensprogramm für die kommenden Wochen

Ich möchte Ihnen 4 Punkte ans Herz legen, die Sie möglichst während Ihrer jetzt einsetzenden Verwandlungsphase umsetzen sollten. Diese sind aus meiner bisherigen Erfahrung am effektivsten, wenn es darum geht, während der Kontaktpause (und auch danach) den so dringenden, inneren Ablösungsprozess anzukurbeln.

Aufbau von Energiesäulen

Beginnen Sie nach dem Absenden Ihrer Botschaft sofort und konsequent mit Ihrer Entwicklung.

Sie müssen in den nächsten Wochen ganz dringend an innerer Kraft gewinnen.

Ich weiß sehr genau, dass es für Sie zurzeit eine SEHR schwere Phase ist. Doch halten Sie diese unbedingt durch.

Sie dürfen auf keinen Fall PASSIV warten. SIE müssen sich jetzt aktiv verändern! Seien Sie sich gewiss, dass einzig nur Ihre ab HEUTE einsetzende persönliche Entwicklung darüber entscheidet, wie es weitergeht.

Sie müssen zunächst SICH SELBST wieder zurückgewinnen. Nur dann haben Sie eine Chance.
Wenn Sie Ihre ganze Energie weiterhin in IHN investieren, wird es sehr unwahrscheinlich, dass Sie irgendwann eine zweite Chance bekommen werden.

Denn jede verzweifelte Sehnsucht, Trauer und Verletztheit, die er an Ihnen in Zukunft bemerken würde, würde seinen Entschluss, nicht mehr mit Ihnen zusammen sein zu wollen, noch stärker festigen.

Es muss dringend eine spürbare innere Loslösung von ihm einsetzen und Sie sollten sich einigermaßen entlastet fühlen, bevor Sie sich einem neuen Kontakt mit ihm aussetzen.

Bauen Sie sich jetzt Schritt für Schritt neue Kraft- und Energiequellen auf, um sich selbst zu spüren bei Dingen, die Ihnen wirklich guttun.

Aktivieren Sie Kontakte (auch vergangene) in Ihrem Leben, die Ihnen neue Energie und Inspiration geben könnten.

Es ist sehr wichtig, dass Sie zuerst einmal Ihre „Gefühlsrezeptoren" Schritt für Schritt wieder empfänglich machen für Ihre ganz persönlichen Energiesäulen. Gewöhnen Sie diese inneren Rezeptoren wieder an Quellen, die Glücksgefühle und Lebenskraft in Ihnen spürbar machen können.

Sie sollten sich also erst mal Zeit nehmen, herauszufinden, welche neuen Dinge, Kontakte, Tätigkeiten und Netzwerke Ihnen in nächster Zeit neue Kraft und gute Gefühle geben können. Setzen Sie diese Dinge ab heute entschlossen um – Schritt für Schritt.

Beschäftigen Sie sich PARALLEL in der ganzen Zeit immer wieder mit den Inhalten der Kapiteln „Transformationsphase" und „Führungsphase". Sie werden sie in Zukunft für Ihre Begegnungen und Kontakte mit Ihrem Freund benötigen.

Bereiten Sie sich auf das erste Treffen mit Ihrem ehemaligen Freund vor

Stellen Sie sich in dieser Zeit immer wieder zwischendurch visuell vor, wie Sie Ihrem Freund bei einem ersten Treffen begegnen und wie die verschiedenen Facetten Ihres neuen Verhaltens dabei zum Ausdruck kommen.

Lassen Sie Ihr neues, spielerisch-souveränes Auftreten häufiger wie eine Art Film vor Ihrem inneren Auge ablaufen.

Stellen Sie sich verschiedene Szenen dieser ersten Begegnung möglichst bildhaft und lebendig vor.

Stellen Sie sich vor:

Wie Sie sich das erste Mal treffen. Wie Sie ihn zur Begrüßung kurz und freundschaftlich umarmen. Wie gelassen und selbstbewusst Ihr Gesichtsausdruck und Ihre Körpersprache sind. Wie Sie entspannt und zurückgelehnt mit ihm plaudern. Wie Sie mit ihm befreit und aus vollem Herzen lachen. Wie Sie ihn liebevoll und frech mit einer Schwäche aufziehen. Wie Sie ihn in passenden Momenten berühren. Wie Sie ihn etwas erklären lassen und ihm ein Lob aussprechen. Wie Sie die „Nähe brechen".

Wie Sie gut gelaunt signalisieren, dass Sie froh sind, dass alles inzwischen so gekommen ist und wie übertrieben das Ganze doch zum Teil war. Wie Sie erwähnen, dass Sie keinen Stress mehr haben möchten und wie wichtig es Ihnen ist, dass Sie nur noch befreundet sind. Wie Sie ihn sanft ausbremsen, falls er Ihnen näher kommt und dadurch beginnen, den Spieß umzudrehen. Wie Sie begeistert von etwas Neuem erzählen, das Sie inspiriert. Wie Sie durchblicken lassen, dass sich gerade viel (z.B. beruflich, persönlich etc.) verändert und welche Ziele Sie bewegen.

Wie Sie ihm liebevoll und geschickt bestimmte Antworten verwehren und das Gesprächsthema wechseln. Stellen Sie sich aber auch vor, wie souverän Sie reagieren, wenn er Ihre innere Wandlung unbewusst testet durch bestimmte Bemerkungen, wie das Erwähnen einer anderen Frau oder etwa seine Absicht, in eine andere Stadt zu ziehen. Wie Sie das Treffen als Erste beenden. Wie Sie sich freundlich und souverän verabschieden – ohne sehnsuchtsvolle Ausstrahlung und ohne den Wunsch zu äußern, sich wiederzusehen.

Visualisieren Sie den weiteren Kontakt NACH dem ersten Treffen

Machen Sie sich ebenfalls so klar wie möglich:

Wie wird Ihr gesamtes Verhalten in Zukunft aussehen, wenn Sie nach dem ersten Treffen wieder häufiger aber unverbindlich Kontakt haben werden?

Stellen Sie sich vor:

Wie Sie entspannt in die Zukunft vertrauen, falls er sich nach dem Treffen erstmal nicht melden sollte, obwohl Ihre Begegnung sehr schön war. Wie Sie Ihre eigenen Energiesäulen weiter aufbauen und genießen, anstatt Ihre Energie damit zu verschwenden, viel über ihn nachzudenken. Wie Sie ihn ein paar Wochen später mit einer harmlosen, spontanen Initiativ-SMS oder einem Initiativ-Anruf ihn positiv überraschen.

Wie Sie ein Telefonat heiter, aber kurz angebunden wieder beenden, obwohl er Sie gern ganz spontan sehen wollte. Wie Sie dann eine Woche keine Zeit haben werden. Wie Sie bei einem nächsten Treffen, sanft aber bestimmt mit einem passenden Beziehungsdämpfer reagieren, wenn er Ihnen das erste Mal wieder ein kleines Gefühl zeigt bzw. sich Ihnen leicht annähert.

Wie Sie mit Ihrem intuitiven Heiß-Kalt-Verhalten langsam die Balance wiederherstellen. Wie Sie es schaffen, eine nichtssagende SMS von ihm einfach nicht zu beantworten. Wie Sie erleben, dass er Sie wiedersehen möchte, obwohl er sich vorher beleidigt und wütend zeigte aufgrund Ihrer neuen Unabhängigkeit. Wie Sie die Kraft haben werden, sich zu entschuldigen und loszumüssen, wenn es gerade während einer Begegnung noch sehr gut läuft. Wie Sie ihn frech und liebevoll mit kleinen Schwächen aufziehen. Wie Sie manchmal wild mit ihm flirten, ohne bedürftig zu erscheinen. Wie Sie ihn souverän und ganz ruhig in seine Schranken weisen, wenn er sich lieblos und egoistisch verhält. Wie Sie ihn selbstbewusst als Experten und Helfer einspannen. Wie Sie ihm herausfordernde persönliche Fragen stellen und sich für seine Wünsche und wahren Ziele nachfragend interessieren.

Wie Sie lächelnd einfach aufstehen und sich entschuldigen, wenn er sich schlecht benimmt. Wie Sie ihm eine Bühne bieten, indem Sie sich für seine Leidenschaften interessieren. Wie Sie spielerisch und passend die Existenz anderer männlichen Bewerber einfließen lassen. Wie Sie ihm trotz Ihrer umwerfend guten Laune und knisternden Lebendigkeit spontan immer wieder einen kleinen verbalen Beziehungsdämpfer verpassen und ihn damit rein offiziell in die männliche Kumpelschiene drücken. Wie Sie erst zwei Tage später antworten und kurz angebunden sind. Wie Sie eine Verabredung einfach so vergessen und sich ganz lieb entschuldigen. Stellen Sie sich vor, wie Sie ihn kurze Zeit später ganz spontan mit einer witzigen und gute Laune signalisierenden Initiativ-SMS überraschen.

Bedenken Sie bitte:

Wenn Sie die verschiedenen Prinzipien in diesem Buch wirklich einmal verstanden und verinnerlicht haben, wird es Ihnen in JEDEM FALL dabei helfen, dass Sie sich in Zukunft sehr anziehend und sehr souverän ALLEN Männern gegenüber verhalten werden.

Sie werden damit lernen, nie wieder die „Zügel aus der Hand zu geben“, sobald Sie für einen Mann wieder eine starke Anziehung empfinden werden.

Sie werden in Zukunft damit verhindern, dass Sie weiterhin ein Spielball bleiben aufgrund Ihrer Sorge, „nicht gut genug für ihn zu sein“ oder der „Angst ihn verlieren zu können", und immer dann, wenn Sie sehr verliebt und starke Gefühle im Spiel sind. Und genau DADURCH werden Sie dann erleben, dass Männer, die für Sie „Potenzial" haben, in Zukunft GANZ ANDERS auf Sie reagieren werden.

Es geht mir von ganzem Herzen darum, dass Sie in Zukunft nie wieder in ihr altes Muster fallen, sobald Sie sich wieder ernsthaft für einen Mann interessieren werden.

Lernen Sie, Ihre emotionale Freiheit zu behalten bei Männern, die für Sie interessant sind

Ihre neue innere weibliche Stärke bauen Sie aber NICHT NUR durch erfüllende und inspirierende Energiesäulen auf:

Parallel sollten Sie sich AKTIV in beschriebener Weise mit genau dem Gefühlsleben beschäftigen, das immer nur dann auftritt, wenn Sie in Begegnungen zu interessanten Männern stehen.

Setzen Sie sich also in Zukunft möglichst solchen Situationen aus, in denen diese Gefühle SPÜRBAR sind: In direkten Begegnungen mit Männern.

Üben Sie spielerisch und experimentierfreudig diese ganzen wichtigen Verhaltensweisen, die Sie brauchen werden, um in Zukunft auch mit Ihrem TRAUMMANN in einer Weise umzugehen, die von Lockerheit, Souveränität, Lebensfreude und entwaffnender Weiblichkeit geprägt ist.

Üben Sie in den verschiedensten Situationen mit Männern im Alltag. Führen Sie mehrere Dates herbei. Achten Sie in den Gesprächen darauf, dass Sie sich Schritt für Schritt an Reaktionsweisen herantrauen, die Ihnen im Moment eventuell noch schwerfallen.

Durchbrechen Sie Ihre Reserviertheit und Sachlichkeit. Lösen Sie sich von Ihrer Harmoniebedürftigkeit und der Angst, jemanden enttäuschen zu müssen oder selbst von jemandem enttäuscht zu werden.

Lernen Sie, Dinge ZUZULASSEN und Grenzen zu ÜBERSCHREITEN, und machen Sie sich dabei das so wichtige Gefühl zu eigen, dass Sie dann immer noch die KONTROLLE darüber behalten, was passiert und was nicht passiert – ohne dabei schwach zu sein oder sich zu verlieren.

Lernen Sie dabei, Ihre Komfortzone Stück für Stück auszuweiten, indem Sie Dinge tun und sagen, die von Ihnen vielleicht ein bestimmtes Maß an Mut erfordern.

Orientieren Sie sich dabei an den verschiedensten Kommunikations-Elementen des Kapitels „Führungsphase."

Experimentieren und spielen Sie immer wieder mit neuen Facetten Ihres entwaffnenden WEIBLICHEN UR-KERNS.

Sehen Sie es einfach als ein Übungsexperiment für die nächste Zeit, bei dem Sie eine Menge lernen werden.

Sie „trainieren" auf diese Weise Ihre Weiblichkeitsmuskeln. Sie lernen, bei jeglichen Männern locker-souverän zu werden und kultivieren das wichtige Gefühl der Begehrtheit.

Warum ich diesen Punkt hier so betone:

Bei vielen Frauen jeglichen Aussehens und jeglichen Alters, die ich kennenlernen und interviewen durfte, die mir bisher als Vorbild standen für das Erobern eines Mannes und das Führen einer glücklichen Beziehung, fiel mir immer wieder ein besonderes Merkmal auf:

Sie verfügen über eine innere Stärke, die ihnen die Kraft gibt, stets gemäß ihres weiblichen Stolzes zu handeln, ganz gleich wie verliebt sie sind – auch wenn sie dafür immer wieder riskieren, den Mann zu verlieren.

Einige dieser Frauen haben dieses Urvertrauen in die Wiege gelegt bekommen. Sie kannten es niemals anders. Andere dieser Frauen haben diese innere Stärke GELERNT.

Einige Frauen berichteten mir z.B., dass sie das „spielerische Dating" verschiedener Männer als eine Art ganz persönliches „Entwicklungsspiel" betreiben, um dabei BEWUSST eine Menge zu lernen und locker und entspannt, selbstbewusst und souverän bei allen möglichen Männern zu werden. Nebenbei haben Sie immer wieder viel Spaß und Geselligkeit dabei und eine Menge bereichernde Unterhaltungen mit Männern.

Ich habe auch Frauen begleitet, denen ich explizit während der Transformationsphase die Aufgabe stellte, sich notfalls sogar mit Männern zu treffen, die von vornherein gar nicht interessant für Sie waren. Sie sollten es aber trotzdem tun, auch wenn Sie zuerst die Sorge hatten, dadurch in etwas hineinzugeraten, aus dem Sie nur mit Mühe wieder herauskommen würden.

Diese Männer wurden dann trotzdem – nicht selten ganz unerwartet – vorübergehend zu einer neuen bereichernden Energiequelle. Indem die Frau von vornherein sehr offen und ehrlich kommunizierte, dass Sie sich „mehr" nicht vorstellen kann, Ihr die Begegnung aber trotzdem Spaß macht, tauchten die befürchteten Probleme gar nicht erst auf. Dafür tankte die Frau das so wichtige Gefühl, von einem Mann viel Aufmerksamkeit, Unterhaltung und Geselligkeit zu bekommen – und dabei gleichzeitig die Zügel in der Hand zu behalten.

Kontaktaufnahme: Wie Sie die erste Begegnung initiieren

Dieser erste Schritt nach Ihrer Transformationsbotschaft bedeutet in der Regel keine übermäßige Herausforderung, denn er beinhaltet für Sie nur das Übermitteln einer kurzen Nachricht:

Sie haben jetzt gerade wieder den Kopf etwas mehr frei und wollen sich wieder mal bei ihm melden. Sie haben ggf. Lust, ihn bald spontan zu treffen.

Je nach Gefühl können Sie diese Nachricht schon nach 2 Wochen, sonst aber auch erst nach ca. einem Monat oder sogar 2 Monaten senden bzw. aussprechen. Entscheidend dabei ist , wie lange und wie fest Sie vorher zusammen waren.

Ganz wichtig dabei ist auch, wie stark Sie „damals" in der ganzen letzten Zeit Ihrer Beziehung – für ihn sichtbar – GELITTEN haben.

Zuletzt ist noch wichtig, wie viel Zeit NACH der Trennung schon verstrichen ist, bis Sie Ihre Transformationsbotschaft sendeten.

Als Faustregel gilt:

Ihre Kontaktpause sollte umso größer sein,

- je länger Sie zusammen waren.
- je mehr Sie in seinen Augen litten.
- je mehr Zeit zwischen der Trennung und Ihrer Transformationsbotschaft verstrich.

Beispiel für eine mittelschwere Ausgangssituation:

Wenn er nach Ihrer letzten Transformationsbotschaft inzwischen mehrere Male neugierig versuchte, Sie zu kontaktieren, können Sie ihn endlich erlösen und einfach kurz anrufen oder eine SMS schicken:

„Hi Peter, wie geht's dir? Habe jetzt in den nächsten Wochen wieder etwas mehr Luft, lass uns doch demnächst mal auf einen kleinen Kaffee treffen, würde mich freuen! Könnte nächste Woche Do oder Fr (nachmittags). Viele Grüße."

oder

„Hallo Peter, habe demnächst Lust auf ein kleines Bierchen und einen Schwatz über gute alte Zeiten. Bist du dabei? Gruß, Maria."

Fall er sich jetzt merkwürdigerweise in seiner Antwort nicht konkret dazu äußert oder Ihnen einen Vorwand nennt, warum es wohl nicht klappt, oder falls er auch sonst gerade nicht übermäßig an einem Treffen mit Ihnen interessiert zu sein scheint, dann schreiben Sie ihm etwas Lockeres und gute Laune signalisierendes wie:

„Hi, du schaffst das schon, komm gut voran! Sonnige Grüße! Maria."

Und gehen anschließend erneut NICHT auf einen intensiveren Kontakt via SMS oder Telefonat ein. Sie haben für so etwas KEINE ZEIT.

Machen Sie dann weiter mit den beschriebenen Abläufen im Abschnitt: „Wenn er sich länger nicht meldete" und lassen Sie ihm nach ein paar Wochen wieder eine neue Initiativ-SMS -Mail oder einen Initiativ-Anruf zukommen.

Beispiel für eine komplizierte Ausgangssituation:

Wenn Sie eine schwere Trennung hinter sich haben (er erlebte z.B., wie sehr Sie darunter litten) und bis zu Ihrer Transformationsbotschaft schon ein paar Monate vergangen sind:

In diesem Fall sollten Sie in längeren Zeitkategorien denken.

Lassen Sie nach Ihrer Transformationsbotschaft am besten mindestens 6–8 Wochen verstreichen, bevor Sie sich wieder bei ihm melden werden.

Wichtig:

Sie lassen diesen längeren Zeitraum auch DANN verstreichen, wenn er sich nach Ihrer letzten Botschaft inzwischen wieder kurz bei Ihnen gemeldet hat, jedoch OHNE einen ganz konkreten Wunsch, Sie sehen wollen.

Falls er also 2 Wochen nach Ihrer Transformationsbotschaft nur etwas antwortet wie:

„Hallo Maria, danke für deine Mail. Es ist schön zu hören, dass es dir wieder besser geht, das freut mich! Ich kann mich selbst nicht beklagen.
Ich bin mitten dabei, meine berufliche Fortbildung erfolgreich abzuschließen und übernehme dann wohl den offenen Posten in der Verwaltungsabteilung.
Mit meiner Familie läuft auch alles wieder gut.
Ich wünsche dir auf jeden Fall viel Spaß und Glück!
Liebe Grüße, Peter."

Auf so etwas antworten Sie bitte NICHT. Denn es macht auf keinen Fall einen Sinn.

Bleiben Sie jetzt unbedingt diszipliniert und melden Sie sich nicht gleich wieder bei ihm.

Bauen Sie sich SELBST dafür weiter auf mit Ihren neuen Energiesäulen.

Sie geben erst nach WEITEREN 4–6 Wochen ein neues Zeichen von sich und schreiben ihm eine kurze Initiativ-Mail/-SMS:

Beispiel:

„Hallöchen, na, alles klar bei dir? Falls du nicht inzwischen von deinen Lernordnern erschlagen wurdest, lass uns in den nächsten Wochen mal auf einen Kaffee treffen. Würde mich freuen! Gruß, Maria.“

Warum dieses Vorgehen?

Es ist jetzt viel wahrscheinlicher als noch vor ein paar Wochen zum Zeitpunkt seiner wenig engagierten Antwort, dass er inzwischen viel offener dafür ist, sich wieder mit Ihnen zu treffen.

Denn wegen Ihrer damals sehr anstrengenden und schmerzhaften Trennung benötigt er NACH Ihrem allerersten kleinen „Wandlungssignal“ unbedingt ZEIT, um innerlich Schritt für Schritt wieder etwas mehr Neugierde entwickeln zu können – und um seine gewissenhafte, extreme Vorsicht zu „vergessen“.

Nach dieser Initiativbotschaft stehen die Chancen gut, dass er positiv reagieren wird und die Lust verspürt, sich mit Ihnen zu treffen. In der Mehrheit der Fälle wird er gern auf Ihren Vorschlag eingehen.

Denn spätestens jetzt wird er kaum noch inneren Stress und Druck empfinden, wenn er an Sie denkt, sondern sehr wahrscheinlich nur noch NEUGIER – mit anderen Worten: Er verbindet mit Ihnen jetzt ein positives Gefühl.

Sollte er jedoch aufgrund seiner aktuellen Lebenssituation immer noch nicht bereit sein, Sie zu treffen:

Lassen Sie ihn erst mal wieder für mindestens einen weiteren Monat in Ruhe, falls er NICHT auf Ihren Vorschlag eingeht.

Versuchen Sie es dann erneut mit einer lockeren Initiativ-SMS/-Mail nach dem Muster aus dem Abschnitt „Wenn er sich längere Zeit nicht meldete". Diese sollte dann OHNE den Vorschlag, sich zu treffen und OHNE eine darin enthaltene Frage formuliert sein.

Sollte er dann ein WEITERES MAL nicht darauf eingehen, überlegen Sie sich bitte für diesen Fall, wie lange Sie noch weiter Ihre Hoffnung in ihn investieren wollen.

Setzen Sie sich spätestens jetzt ein ZEITLIMIT: Dieses sollte maximal 3–6 Monate sein.

Das erste Treffen: Wie Sie seine Tests bestehen und bewirken, dass er Sie ganz neu erlebt

Wenn endlich das erste Treffen bevorsteht, machen Sie sich zunächst noch einmal klar, dass diese erste Neu-Begegnung nur das eine Ziel hat:

Er soll Sie wieder ANDERS erleben, als er Sie zuletzt noch erlebte.

Sie sollen ihm keine fremde Persönlichkeit vorgaukeln, sondern müssen nur die Disziplin haben, alle stärkeren Emotionen für ihn jetzt KOMPLETT und VOLLSTÄNDIG in einer für ihn völlig verborgenen Kammer Ihrer Gefühlswelt abzulegen.

Sie wollen nur den Teil Ihres weiblichen Selbst in diesem ersten Kontakt zum Ausdruck bringen, der absolut einverstanden ist mit der Trennung.

Nur den Teil, der während dieser Begegnung ALLES LOSLÄSST, was Sie noch sehnsüchtig und verzweifelt-hoffend an ihn bindet.

Denken Sie dabei an das Band, das Sie beide miteinander verbindet:

Er kann dieses Band DESHALB nicht mehr spüren, weil Sie bereits während der Beziehung aufgehört hatten, es in die ENTGEGENGESETZTE Richtung zu ziehen.

Sie haben das Band festgehalten und sind dabei fälschlicherweise in SEINE Richtung gelaufen. Dadurch lag es irgendwann nur noch locker direkt vor seinen Füßen.

Nehmen Sie das Band und gehen dabei entschlossen „weg von ihm“ in die andere Richtung.

„In die andere Richtung gehen“ bedeutet Schritt für Schritt wieder die ausgeglichene Spannung herzustellen.

Die ersten beiden dieser Schritte waren Ihre Transformationsbotschaft sowie die Kontaktsperre.

Den dritten sehr wichtigen Schritt gehen Sie jetzt, indem Sie in einer allerersten Neubegegnung durch Ihre Ausstrahlung und Ihr gesamtes Verhalten Ihre Wandlung BESTÄTIGEN.

Es geht jetzt also wieder nur um die nächste Etappe: Sie untermauern Ihre zurückliegende Transformationsbotschaft, mit der Sie ihn herausforderten und neugierig machten.

Dieser wichtige Schritt ist nur DANN erfolgreich, wenn Sie ihn dabei die folgenden „Verwandlungsenergien“ spüren lassen:

- Sie sind zuzeit NICHT verliebt in ihn.
- Sie WOLLEN keine Beziehung mehr.
- Sie sind erfüllt von ANDEREN Dingen in Ihrem Leben, die Ihnen Freude bereiten.
- Sie fühlen sich wohl in Ihrer Haut (und zwar unabhängig von ihm).
- Sie strahlen volle Akzeptanz und volle Anerkennung aus.
- Sie strahlen nur Energien aus, die ihn in jeglicher Hinsicht FREIGEBEN und FREILASSEN.
- Sie sind NICHT verletzt und sehnsüchtig hoffend oder wartend.
- Sie sind entspannt und zurückgelehnt und bemühen sich nicht, unsicher das Gespräch voranzutreiben.
- Sie sind ihm warmherzig, liebevoll und unterstützend wie einem männlichen Kumpel zugewandt.
- Sie lächeln viel und sind gut gelaunt.
- Sie stehen souverän über „allen Dingen".
- Sie sind frecher und provokanter als sonst.
- Sie sind selbstbewusst und selbstsicher.

Alle diese verschiedenen Facetten Ihrer Person sollten Sie ihn spüren lassen, damit er sich zunächst erst einmal wieder WOHLFÜHLEN kann in Ihrer Anwesenheit.

Erst ANSCHLIEßEND, d.h. irgendwann NACH diesem Treffen könnte er dann das Gefühl bekommen, die Begegnung mit Ihnen VON SICH aus wiederholen zu wollen.

Seien Sie sich daher auf jeden Fall vorher schon mal gewiss, dass Sie bei der ersten Begegnung wohl nicht ansatzweise einen Gesinnungswandel oder Ähnliches bei ihm erleben werden.

Im Gegenteil:

Er wird sich sehr wahrscheinlich in einer Weise verhalten, die Ihnen vermitteln soll, dass Sie sich ausdrücklich keine Hoffnung machen sollen.

Meine Erfahrung ist, dass ein Mann in dem Moment, wo er ihr das erste Mal wieder von Angesicht zu Angesicht begegnet, tendenziell SEHR VORSICHTIG ist, weil er zunächst einfach nur sichergehen will, dass es Ihnen wirklich gut geht (schlechtes Gewissen, Mitgefühl).

Die leicht angehobene Spannung, die sich während der Kontaktpause zwischen Ihnen vielleicht schon aufbaute, ist in dem Augenblick für ihn unfühlbar, wenn er Sie das erste Mal wieder real erlebt.

Die Anziehung ist dann erst mal nicht mehr für ihn spürbar, da Ihre reale Erscheinung VIEL REALER und ALTVERTRAUTER ist, als es zuletzt noch seine aufflackernde Neugierde, seine verletzte Eitelkeit und seine Verlustangst WÄHREND der Kontaktpause waren.

Durch Ihre direkte Anwesenheit werden also vermutlich plötzlich SOFORT wieder die sehr vertrauten Gefühle wie „Ich habe Angst, dass sie wegen mir unglücklich ist", „Ich fühle mich innerlich beklemmt bei dem Gedanken, dass sie immer noch auf eine gemeinsame Zukunft hofft", usw. wachgerufen.

Ihm geht es bei dieser ersten Begegnung nur darum, Sie anders zu erleben und zu sehen – also darum, ob es möglich ist, Ihnen ÜBERHAUPT in Zukunft wieder regelmäßiger ENTSPANNT und OHNE JEGLICHEN STRESS begegnen zu können.

Ihm geht es bei dem ersten Treffen NICHT um eine Beziehung.

Etwas anderes lässt sein momentanes Gefühlsleben nicht zu.

Seien Sie sich also dessen gewiss: Sie werden beim ersten Treffen NICHT erleben, dass er Ihnen in irgendeiner Weise Hoffnung macht.

Er will Sie zunächst nur erstmal transformiert ERLEBEN.

Ihre neue Unabhängigkeit wird also in jedem Fall von ihm GETESTET.

Gehen Sie daher unbedingt mit der inneren Einstellung in dieses Treffen, dass es Ihnen nicht um diese EINE Begegnung geht, sondern um die Entwicklung DANACH:

Sie müssen einfach nur einen ersten, kleinen „Eignungstest" bestehen. Die wichtigsten konkreten Gesprächselemente für das erste Treffen sind daher:

1. Transformationsbotschaft bekräftigen

Er wird Sie sicher danach fragen, was denn „passiert" sei:

Antworten Sie kurz und lächelnd, dass es Ihnen ziemlich gut geht und dass gerade alles sehr schön und entspannt ist. Deuten Sie einige Ihrer neuen Energiesäulen an (Aktivitäten, Hobbys, neue Interessen etc.), deuten Sie neue, anregende Kontakte an. Sprechen Sie gern auch von neuen beruflichen Plänen und Zielen und von dem, was

Sie sonst so inspiriert.

Gehen Sie nicht zu sehr darauf ein. Erklären und rechtfertigen Sie sich nicht.

Deuten Sie bitte immer nur leicht an.

Denn weder treffen Sie ihn, um ihm irgendetwas zu beweisen, noch um sich in irgendeiner Form bei ihm zu bewerben. Sondern einfach weil Sie Lust hatten, ihn mal wieder zu sehen.

Es wäre optimal, wenn er Sie in folgender Weise wahrnimmt:

Sie lehnen sich entspannt zurück, amüsieren sich und wollen IHM die meisten Redeanteile überlassen. Sie sind etwas neugierig und interessiert nachfragend, jedoch nicht bemüht, ihm von sich SELBST irgendetwas zu präsentieren.

Das Leben macht Ihnen Spaß, Sie sind mit einigen Dingen gut beschäftigt. Sie haben wenig negativen Stress.

Auf die Frage, ob Sie einen „Neuen“ haben, können Sie z.B. gut antworten:

„Mmh ... Nein, glaube nicht“ (Augenzwinkernd)

Oder:

„Oh, bloß nicht wieder so schnell eine neue Beziehung. Sicher habe ich ein paar Leute kennengelernt, aber so etwas muss sich erst mal entwickeln. Bin aber im Moment gar nicht auf Partnersuche.“

Jedes Mal, wenn Sie spüren, dass Sie seine Fragen nicht beantworten wollen oder wenn Sie sich unsicher fühlen, wechseln Sie einfach abrupt das Thema:

Lächelnd:

„Bist Du aber neugierig ... Hey, wie geht's denn deinen Eltern?"

Oder:

Kopfschüttelnd-lächelnd:

„Hey, und bei dir? Bist du jetzt Europameister im ... (irgendeine seiner Leidenschaften/Tätigkeiten/Interessen/Gewohnheiten nennen)?"

Sollte er während des Gesprächs plötzlich von SICH AUS auf Ihre gemeinsame vergangene Beziehung zu sprechen kommen:

Gehen Sie dann bitte NICHT auf dieses Thema ein.

Warum?

Es ist sehr wichtig, dass Sie ihm durch Ihre Reaktion signalisieren, dass Sie innerlich inzwischen WIRKLICH nicht mehr mit der Trennung und Ihrer vergangenen Beziehung beschäftigt sind.

Es berührt Sie einfach nicht mehr. Deshalb interessiert es Sie nicht mehr. Denn Sie sind transformiert und von anderen Dingen erfüllt.

Sie haben daher rückblickend nichts mehr zu KLÄREN und auch keine vergangenen Missverständnisse zu bereinigen.

Für die gesamte Phase der Wiedergewinnung in den nächsten Monaten ist die rückblickende „Aufarbeitung" der Beziehung ein absolutes Tabu.

Es ist nicht der richtige Zeitpunkt.

Wenn er also dieses Thema anspricht, lassen Sie ihn daher einfach erneut nur DAS hören, was Sie ihm vor einiger Zeit schon in Ihrer Transformationsbotschaft signalisierten:

Beispiel:

Er: *„Das war alles meine Schuld, ich bin einfach nicht beziehungsfähig/ liebesfähig/habe einfach zu viel Stress/wir haben nicht zusammengepasst/ ich war nicht der Richtige für dich/du warst nicht die Richtige für mich/du hast keinen Fehler gemacht/ich konnte dich einfach nicht lieben etc."*

Ihre Antwort sollte in etwa sein (nur sinngemäß):

Sie (sehr entspannt, lächelnd): *„Das ist doch jetzt alles Vergangenheit. Das hätte niemals gepasst. Es war ja auch von meiner Seite alles ziemlich übertrieben gewesen, das sehe ich inzwischen ja längst. Tut mir leid, wenn ich manchmal so stressig war. Weiß auch gar nicht mehr, was mich da geritten hat. Ich bin sehr froh, dass jetzt alles so gekommen ist. Aber lass uns einfach nicht mehr über die Vergangenheit reden. Sag mal, bist du jetzt eigentlich einen Schritt weitergekommen bei deiner Beförderung /Abschlussarbeit/Bewerbung/Prüfung/Abteilungswechsel etc.?"*

Sie wechseln das Thema.

Stehen Sie also bei Ihrer ersten Begegnung (und auch bei den darauffolgenden) unbedingt zu Ihrer transformierten Sicht der Dinge.

2. Kongruenz-Tests bestehen

Aus den unterschiedlichsten Betreuungsfällen weiß ich, dass Männer stark dazu neigen, bei ihrer Ex-Freundin zu TESTEN, ob ihre neue Leichtigkeit auch wirklich „echt" ist. Es ist häufig der erste starke emotionale Reflex eines Mannes, mit dem er direkt auf das jetzt scheinbar völlig unabhängige Gegenüber reagiert.

Kongruenz-Tests nach einer Trennung zielen häufig darauf ab, die Selbstbeherrschung der Frau ins Wanken zu bringen.

Insbesondere dann, wenn ihm Ihre scheinbare „Entliebung" einfach zu schnell geht, drängt es ihn, bei Ihnen bestimmte Knöpfe zu drücken, um sofort wieder spüren zu können, dass Sie immer noch ganz die Alte sind.

Und selbst wenn er bestimmte Dinge ohne eine bewusste Testabsicht sagt, die auf Sie emotional bedrohlich oder verletzend wirken, MÜSSEN Sie es trotzdem als Kongruenz-Test behandeln:

Es ist in jedem Fall für Sie ein Test dafür, ob Sie wirklich eine innere Entwicklung durchgemacht haben – und jetzt locker und entspannt sind. Oder ob Sie noch voller verletzter Sehnsucht, also noch ganz die Alte sind.

Die Art, WIE Sie direkt auf bestimmte Bemerkungen oder Verhaltensweisen REAGIEREN, zeigt ihm, ob Sie tatsächlich verändert sind oder nicht.

Im Folgenden nun mehrere solcher mir bekannten, TYPISCHEN Kongruenz-Tests und jeweils ein Beispiel dazu, wie Sie diesen Test locker bestehen können:

Test: Er erwähnt eine Frau, die er kennengelernt hat oder mit der sich scheinbar etwas entwickelt.

Richtige Reaktion: „Ohhh, das klingt schön, hoffentlich wird aber auch was Ernsthaftes daraus" (liebevoll-ermutigend schauen). Wechseln Sie dann das Thema.

Test: Er erwähnt eine Frau, mit er etwas hat oder mit der er zusammen ist.

Richtige Reaktion: Hey, schöööön! Na, dann hoffe ich, dass du endlich mal unter die Haube kommst. Hoffentlich kann sie dich wirklich so lieben, wie du bist mit deinen ganzen Macken" (lachen). Wechseln Sie dann das Thema.

Test: Er erwähnt, wie froh er sei, dass es Ihnen jetzt wieder so gut geht.

Richtige Reaktion: „Oh jaaa, ich kann mich wirklich gerade nicht beklagen" (augenzwinkernd lächeln).

Test: Er sagt, ihm sei nur wichtig, dass es Ihnen gut geht und Sie glücklich sind.

Richtige Reaktion: „Oh, das ist soo süß von dir! Danke, du bist wirklich ein ganz Lieber."

Test: Er hofft, dass Sie bald den Richtigen finden.

Richtige Reaktion: „Oooh, das ist lieb von dir! Bin zwar gerade sehr glücklich ohne einen festen Partner, aber vielleicht überfällt einen die große Liebe ja doch schneller, als man denkt. Ich lass das aber alles gerade etwas lockerer angehen" (augenzwinkernd lächeln). Wechseln Sie das Thema.

Test: Er erwähnt, dass er noch häufig an Sie denkt und Sie vermisst oder äußert in irgendeiner Weise Gefühle für Sie.

Richtige Reaktion: „Oooh Peter, danke. Das schmeichelt mir, dass du so an mich denkst. Das ist total lieb von dir. Ich hoffe, dein Interesse geht aber nicht NOCH weiter. Ist doch alles Vergangenheit. Lass uns einfach ohne Stress und Komplikationen gute Freunde bleiben. Ich hoffe wirklich, das ist okay für dich?!" (fragend-mitfühlend die Augenbraunen hochziehen).

Test: Er redet sehr zärtlich und vertrauensvoll mit Ihnen, redet Sie mit einem sehr vertrauten Kosenamen an (z.B. „Schatz", „Hase", „Liebling") oder sagt, dass es vielleicht doch ein Fehler gewesen sei, die Beziehung zu beenden.

Richtige Reaktion: „Ach Peter ... Das ist für mich wirklich längst abgeschlossen. Ich kann mir das absolut nicht mehr vorstellen. Ich kann es doch auch nicht ändern ... Ich möchte dich aber super gern als guten Freund behalten. Ich fühle mich wohl bei dir, du bist ein ganz toller Mensch" (liebevoll anschauen).

Test: Er berührt Sie, kommt Ihnen näher, streichelt Sie oder will Sie küssen.

Richtige Reaktion: „Aber wir sind doch gute Freunde, ja?? Peter, ich kann's ja auch nicht ändern, du löst aber nichts mehr in mir aus. Hey, das wäre doch sooo schön, wenn das für dich irgendwie geht. Ich will dich nämlich als Kumpel nicht verlieren" (Sie entziehen sich leicht erschrocken).

Test: Er betont ausdrücklich (ohne gefragt worden zu sein), dass er wirklich keine Beziehung mit Ihnen mehr will. Er möchte sehr gern mit Ihnen nur noch gut befreundet bleiben.

Richtige Reaktion: „Perfeeekt! (freudestrahlend). Das ist doch genau das, was ich meinte: Unsere Freundschaft ist doch viel, viel wertvoller als alles andere. Weißt du, was wirklich witzig wäre? Wenn ich im Sommer noch keinen neuen, festen Freund habe, müssen wir unbedingt mal ein Wochenende Kitesurfen/Surfen/Angeln etc. gehen. Oder vielleicht ja auch zu viert, oder sonst irgendwie!" (begeistert).

Test: Er sagt, dass er bald auswandern wird, für ein Jahr ins Ausland geht oder wegen seines Studiums/Berufs bald in eine andere Stadt zieht.

Richtige Reaktion: „Hey, das ist sooo super, dass du das sagst. Das wolltest du doch immer schon mal machen! Du hast noch so wahnsinnig viel Potential in dir. Ich hab das schon häufiger gedacht. Wenn einer das garantiert schafft, dann du. Mach das aber jetzt WIRKLICH!" (liebevoll-ermahnend anschauen).

Und zuletzt Ihr krönender Transformationsbeweis:

Verabschieden Sie sich als Erste nach maximal 2 Stunden, jedoch auf jeden Fall an einem Punkt der Begegnung, an dem es gerade noch sehr gut läuft und Sie beide noch in Ihrem Element sind.

Dehnen Sie das Treffen auf keinen Fall aus. Brechen Sie das Gespräch ab, bevor sich wieder irgendeine Art von altvertrauter Monotonie einstellt, Ihr „altes Ich" zum Vorschein kommt und die Energie nachlässt.

Verabschieden Sie sich herzlich-höflich, ohne ihm einen verliebten Blick zuzuwerfen und vor allem:

OHNE zu fragen, ob oder wann Sie sich wiedersehen.

OHNE etwas zu sagen wie: „Es war so schön, dich wiedergesehen zu haben. Hoffentlich bis bald."

Sondern Sie sagen allenfalls: „Hey, hat mir Spaß gemacht mit dir, das können wir irgendwann gern mal wiederholen, also bis dann!"

3. Spielen Sie mit den verschiedenen Kommunikationselementen aus dem Kapitel Führungsphase.

Seien Sie aber ganz entspannt:

Sie haben diesen ersten Eignungstest schon mit GUT bestanden, wenn Sie die Punkte 1. und 2. gemeistert haben.

Denn wenn Sie locker und glaubhaft vermittelten, dass Sie eine innere Wandlung durchmachen, Ihr Leben neu erfüllt ist, Sie kein Beziehungsinteresse mehr verspüren und all seine Kongruenz-Tests bestanden haben:

Dann haben Sie es geschafft, ihn die notwendigen Transformationsenergien durch Ihre Ausstrahlung spüren zu lassen.

Dies ist die Grundlage für Ihre Erfolgschancen in den folgenden Wochen und Monaten.

Es bringt Sie zum ersten Mal wieder in eine neue Stärkeposition. Es ist jetzt viel wahrscheinlicher, dass sich in der nächsten Zeit wieder ein engerer Kontakt anbahnen wird.

Doch zusätzlich kann es Ihnen beim ersten Treffen helfen, sich an den unterschiedlichen, von mir beschriebenen Kommunikations-Prinzipien in Kapitel 2 und 3 zu orientieren.

Halten Sie sich jedoch am Anfang noch etwas zurück mit bestimmten aktiveren Elementen wie z.B. „Spielerisches Aufziehen" oder „Interessiertes persönliches Fragen."

Verwenden Sie insgesamt bitte nur solche Elemente, mit denen Sie sich selbst wohl fühlen und die zu Ihrer gesamten Ausstrahlung kongruent wirken.

Meine Beobachtung ist, dass es vielen Frauen sehr geholfen hat, sich schon VOR der Begegnung einen kleinen Plan darüber zu machen, welche Themen sie unbedingt vermeiden sollten und welche verschiedenen vorteilhaften Gesprächselemente Sie einfließen lassen wollen.

VORHER schon in etwa zu wissen, welche Fragen Sie ihm stellen, welche Themen Sie anschneiden, welche Dinge Sie erwähnen und wie Sie ihm sonst in Ihrer ganzen Art begegnen wollen, kann wie ein kleines Geländer für Sie sein, an dem Sie sich festhalten können.

Insbesondere können Sie sich genau DANN daran festhalten, wenn Sie nervös oder unsicher werden sollten – oder sogar den Boden unter den Füßen zu verlieren drohen.

Notfalls machen Sie es wie in der Schule: Fertigen Sie sich einen kleinen Spickzettel an, den Sie im Notfall ungestört auf der Toilette einsehen können.

Um es noch einmal zu betonen: Denken Sie daran, dass es nicht um dieses erste Treffen geht, sondern nur um das „Danach". Darum also, dass er in den darauffolgenden Wochen allmählich wieder Lust bekommt, Sie häufiger zu sehen. Darum, dass sein starker Schutzmechanismus abgebaut wird, Sie nicht erneut verletzen zu wollen und nicht irgendeine Art von erneutem „Stress" mit Ihnen zu haben.

Es geht im Wesentlichen nur darum, dass er erst mal sieht: Sie sind in angenehmer Weise anders geworden und komplett über die Trennung hinweg.

Ihr Verhalten nach dem ersten Treffen und Überleiten in die Führungsphase

Aus der Beratung weiß ich, wie schwer es nach dem ersten Treffen fallen kann, sich nicht gleich ein paar Tage später wieder bei ihm zu melden – insbesondere, wenn das Treffen sehr schön war und Sie wieder von Hoffnung erfüllt sind.

Entscheidend in der Phase nach der ersten Begegnung ist, dass Sie jetzt um keinen Preis mehr Ihren neuen Weg verlassen.

Ganz gleich, was Sie über seine Gefühle und Motivation denken, machen Sie sich immer klar:

Er ist zu diesem Zeitpunkt noch lange nicht ernsthaft wieder in Sie verliebt und innerlich noch lange nicht bereit, mit Ihnen eine Beziehung zu führen.

Er befindet sich immer noch tief in seiner inneren Unverbindlichkeitsphase.

Falls er sich bei Ihnen meldet:

Alles, was jetzt bei ihm an emotionalen Regungen aufflackern sollte, ist mit Sicherheit NICHT der Ausdruck eines ernsthaften Gefühls: „Ich kann ohne diese Frau nicht leben. Ich will nur sie und sonst keine."

Es ist einzig nur sein oberflächliches Drängen, Sie unbedingt wieder als „die Alte" zu erleben, die er sicher hat.

Nach einer Trennung ist es sehr schwer für die meisten Männer, das Gefühl auszuhalten, dass die Frau, die sie verlassen haben, sich scheinbar in kurzer Zeit schon wieder entliebt hat – und dabei auch noch freundlich und liebevoll zu ihm ist.

Das Gefühl, eine Frau unmittelbar nach der Trennung nicht mehr selbstverständlich als Verehrerin sicher zu haben und nicht mehr attraktiv genug für sie zu sein, ist eine Kränkung seines Egos.

In vielen Fällen versucht der Mann, sich in altvertrauter Weise wieder der Frau zu nähern, nur um spüren zu können, dass alles noch beim Alten ist.

Ganz gleich also, wie vertraut und intensiv die erste Wiederbegegnung mit ihm war, bleiben Sie auf jeden Fall Ihrem neuen, transformierten Ich treu.

Gehen sie jetzt konsequent Ihren Weg weiter und reagieren Sie auf seine emotionalen Botschaften Ihrerseits jedoch NICHT emotional.

Egal, was er Ihnen jetzt sagt oder schreibt,

bleiben Sie Ihrer neuen Linie treu:

Sie mögen ihn, sind aber nicht mehr aktiv an ihm interessiert. Er ist im Moment eher wie ein lieber Kumpel für Sie. Er spielt keine große Rolle in Ihrem Leben. Sie sind froh, wie alles gekommen ist. Sie genießen das Leben. Sie haben sich einen Riesenschritt weiterentwickelt.

Bei jeglichen emotionalen Botschaften von Seiten Ihres Exfreundes, die in dieser Phase kommen sollten, darf Ihre Reaktion nur die folgenden Haltungen zum Ausdruck bringen:

Ein liebevolles Beschwichtigen und ein sanftes, humorvolles „Ihn-in-seine-Schranken-weisen“.

Keine Begeisterung. Kein Rückfall in Ihre frühere bedürftige Verfügbarkeit.

Sollte er Ihnen also in dieser Phase nach den ersten Treffen Dinge sagen oder schreiben wie „Ich vermisse dich“, „Ich glaube, ich liebe dich immer noch“, „Ich denke sehr viel an dich. Du bedeutest mir immer noch ganz viel“, etc., belohnen Sie ihn bitte NICHT damit, indem Sie diese Gefühle erwidern.

Lassen Sie das einfach freundlich aber unbeantwortet stehen. Allenfalls belohnen Sie ihn liebevoll mit einem „Danke ,das schmeichelt mir“ oder „Danke, das ist lieb, dass du das sagst“.

Denn wenn Sie an dieser Stelle schwach werden sollten und ihm Ihre „Liebe gestehen“, würde Ihr ganzes Kartenhaus zusammenbrechen:

Er hätte sofort wieder seine ersehnte Sicherheit bei Ihnen und wäre damit dann erstmal schon zufrieden – nur um sich beruhigten Gewissens gleich wieder von Ihnen zu entfernen.

Sie jedoch hätten Ihr ganzes Pulver verschossen – nur um ihn auf diese Weise daran zu erinnern, dass Sie sich in Wirklichkeit DOCH kein Stück verändert haben und ihn immer noch verzweifelt wollen.

Falls er sich nach dem ersten Treffen also wieder meldet:

Machen Sie einfach weiter mit Ihrem neuen Leben und beherzigen Sie ab jetzt die wichtigen Prinzipien der Führungsphase.

Doch in vielen Fällen kann es sich wiederum anders verhalten:

Falls er sich nicht bei Ihnen meldet:

Es ist KEIN schlechtes Zeichen, falls er sich nach der ersten Begegnung erst mal eine ganze Zeit nicht meldet.

Der tiefer liegende Grund:

Er will nicht, dass ER derjenige ist, der nach der Trennung jetzt plötzlich den Eindruck macht, den Kontakt aktiv zu Ihnen zu suchen und wieder aufzunehmen. Er will sich unter keinen Umständen ein weiteres Mal moralisch selbst damit belasten, indem er Ihnen vielleicht wieder Hoffnungen macht.

Denn selbst dann, wenn das erste Treffen sehr gut lief, befinden sich seine Gefühle für Sie immer noch fast völlig verschüttet unter dem vorher bestehenden inneren Druck, den er längere Zeit empfand, weil Sie wegen ihm Ihre ganze Lebensfreude und emotionale Freiheit verloren haben.

Das zuletzt unerträgliche gewordene Gefühl, das auf seinem Herzen lastete, dass Ihre gute Laune und Ihr Glücklichsein einzig mit seiner gezeigten Liebe und Ernsthaftigkeit für Sie steht und fällt, sitzt ihm noch tief in den Knochen.

Dieser große Schatten auf seinem Herzen lässt jeden Impuls, Sie manchmal eigentlich gern sehen oder hören zu wollen, in dieser Phase nur wie ein kleines Licht aufflackern, dem er aber nicht nachgibt.

Die Angst, dass Sie gleich wieder „den ganzen Arm“ nehmen wollen, wenn er Ihnen nur „den kleinen Finger bietet“, sitzt ihm zu dieser Zeit immer noch viel tiefer im Nacken als die wenigen neuen Eindrücke, die er an Ihnen erlebte.

Er braucht in seiner momentanen Rückzugsphase in der kommenden Zeit noch eine ganze Reihe weiterer Beweise Ihrer neuen Leichtigkeit und Unbeschwertheit, um VON SICH AUS spontan auf Sie zuzugehen.

Denn er will im Moment viel lieber, dass es IHNEN in Ihrem Leben gut geht, als dass er wieder regelmäßigen Kontakt zu Ihnen hat. Er spürt in dieser Phase ja noch keinen Wunsch, mit Ihnen ernsthaft zusammen zu sein. Daher will er unter allen Umständen jeglichen erneuten Stress vermeiden.

Diesen Stress würde er in dem Moment verspüren, wenn ER Ihnen möglicherweise wieder neue Hoffnungen macht, indem er sich einfach so, spontan und unbedacht bei Ihnen melden würde.

Er will Ihr Glück unter keinen Umständen mehr gefährden.

Das bedeutet für Sie:

Ganz gleich also, ob er sich bei Ihnen meldet oder nicht:

Sie haben nach einem gut verlaufenen ersten Treffen in jedem Fall wieder an Stärke und Wert in seinen Augen gewonnen.

Es ist dadurch jetzt viel wahrscheinlicher, dass es in den kommenden Wochen und Monaten Schritt für Schritt wieder zu mehr Kontakt zwischen Ihnen kommt.

Dabei spielt es keine Rolle, ob er sich bei Ihnen von sich aus wieder meldet oder nicht.

Lehnen Sie sich zurück, bauen Sie immer weiter Ihre emotionale Freiheit aus, indem Sie sich weiter ganz aktiv mit Ihren neuen persönlichen Energiesäulen füllen.

Warten Sie in diesem Fall mindestens zwei Wochen ab und melden sich dann erst wieder mit einer Initiativ-SMS/einem Initiativ-Anruf aus dem Abschnitt „Falls er sich längere Zeit nicht mehr meldete".

Sobald wieder ein neuer Kontakt und anschließend die ersten paar wenigen Begegnungen stattfinden, befinden Sie sich schon mitten im Wiederannäherungsprozess.

Orientieren Sie sich jetzt konsequent und sehr genau an den beschriebenen Prinzipien und Vorgehensweisen in den Kapiteln „Transformationsphase" und „Führungsphase".

Kapitel 6: Das geheime Gelübde einer Frau, die niemals verlassen wird

Um ab jetzt nie wieder in Ihr altes Muster zu fallen und in dieser aktuellen Beziehung niemals mehr Ihre wertvolle weibliche Würde zu verlieren, kann es helfen, eine „innere Verpflichtung“ mit sich auszumachen.

So eine Art Gelübde kann Ihnen helfen, in zukünftigen Belastungssituationen nicht die Orientierung zu verlieren. Neben all den bisher beschriebenen konkreten Schritten und Vorgehensweisen hilft es Ihnen, sich permanent Ihr „höheres weibliches Ich“ ins Bewusstsein zu rufen.

Es ist sehr wichtig, mit der Zeit ein intuitives Gespür dafür zu bekommen, welches Verhalten in jeder Situation das richtige und angemessene ist, um das Gleichgewicht zwischen Ihnen stets aufrechtzuerhalten.

In Zukunft kann es deswegen für Sie sehr nützlich sein, wenn Sie dieses unsichtbare „Radargerät“ verinnerlichen, um stets einen klaren Blick behalten zu können und niemals mehr in die Rolle der emotional Bedürtigen zu verfallen. Damit ist es möglich, in bestimmten, sehr heftigen und „bedrohlichen“ Momenten nicht in Versuchung zu geraten.

So ein inneres „Mindset“ unterstützt Sie dabei, selbst in Augenblicken starker Verletztheit, bei Verlustängsten oder quälender Ungewissheit NICHT mehr gegen Ihre eigene weibliche Würde zu handeln und Ihre eigenen Werte zu verraten.

Im Folgenden ein Beispiel, das Ihnen als Orientierung dienen soll.

Das geheime Gelübde einer Frau, die niemals verlassen wird

Ich freue mich, mit ihm zusammen zu sein. Ich bin verliebt und genieße jeden Moment mit ihm. Er bereichert mein Leben. Ich habe keine Ahnung, wohin es führen wird, doch es fühlt sich sehr gut an. Ich fühle mich jetzt innerlich sehr stark, weil ich erlebt habe, dass ich mich auch ohne ihn glücklich fühlen kann.

Ich habe ihn innerlich losgelassen und habe aufgehört, verzweifelt um Sicherheiten und Gewissheiten zu kämpfen, sondern ganz im Gegenteil:

Ich habe jetzt erlebt, dass sich seine Liebe und seine Gefühle für mich ausschließlich von alleine wieder neu entwickeln, sobald ich meine weibliche Führungsposition kompromisslos einnehme.

Erst dadurch spürt er immer wieder das Band, das uns beide miteinander verbindet.

Nur indem ich auf das Band vertraue, das uns verbindet, und nicht daran zweifle, dass er mich braucht (auch wenn es phasenweise nicht danach aussieht), kann er immer wieder neu spüren, was ich ihm bedeute und sich immer tiefer mit mir verbunden fühlen.

Nur indem ich die Hauptenergie meines Lebens NICHT mehr in ihn investiere, sondern in meine eigenen, ganz persönlichen Energiesäulen, wird er sich dazu getrieben fühlen, immer mehr in mich zu investieren.

Daher werde ich mir ab sofort meine hauptsächliche Erfüllung, meine Lebensfreude und meinen Spaß konsequent und aktiv „woanders" holen und werde darin innerlich aufgehen.

Sollte ich in Zukunft jedoch irgendwann wieder spüren, dass ich mich wegen ihm, sei es auch nur für einen Tag, in meinem Leben bedrückt, frustriert oder traurig fühle, dann weiß ich ganz genau, dass ich von meinem neuen Weg abgekommen bin – und werde diesen sofort wieder aktiv aufnehmen.

Ich habe in der Vergangenheit schmerzhaft erlebt, dass mein Freund sich von mir emotional distanzieren MUSS, sobald ich damit beginne, meine emotionale Freiheit für ihn aufzugeben.

Denn sobald ich Gefühlen wie Misstrauen, Angst und sorgenvollem Bedrücktsein Raum gebe und ihn diese Verzweiflung in meinen Worten, in meiner Ausstrahlung und in meinen Handlungen spüren lasse, kann er nicht mehr fühlen, was uns miteinander verbindet.

Ich weiß daher, dass ich ihn auch in Zukunft wieder verlieren werde, sobald ich damit beginne, meine ruhige Selbstbeherrschung und souveräne Selbstkontrolle zu verlieren und mich stattdessen selbst in die unterlegene, passiv-wartende Bedürftigen-Rolle bringe.

Ich würde ihn aus dem Grund verlieren, denn ich würde ihm vorleben, dass ich eine andere Person bin, als er dachte. Er hat sich schließlich in ein selbstbewusstes und emotional unabhängiges Gegenüber verliebt, das ihm um jeden Preis souverän und mit Leichtigkeit Kontra bietet.

Sobald ich aufhöre, diese Person zu sein und mich bei seinen bevorstehenden Rückzugsphasen wieder von Misstrauen und Verlustängsten leiten lasse, würde er sich sehr schnell innerlich wieder völlig überfordert fühlen und sich daraufhin tatsächlich emotional von mir entfernen.

Er könnte nicht mehr mein wahres, höheres Ich erkennen, sondern er könnte nur noch spüren, dass ich mich selbst nicht mehr als wert genug erachte, mein eigenes Glück zu verfolgen – dass ich nicht mehr riskiere, mir selbst treu zu bleiben – und aus Angst nicht mehr zulasse, von ihm wieder ganz neu vermisst und umworben zu werden.

Dies wäre ein Verrat an meiner gottgegebenen weiblichen Würde, und er könnte diese Last nicht länger tragen, da er sich als alleiniger Verantwortlicher innerlich völlig überfordert und schuldig fühlen würde.

Ab sofort werde ich ihm deshalb schrittweise wieder ENTGLEITEN, sobald er sich auch nur im Ansatz von mir emotional zu entfernen scheint – und sobald ich nicht mehr ganz sicher und ehrlich sagen kann, ob er mich noch genauso innig liebt wie jetzt.

Ich werde das Band, welches uns verbindet, niemals wieder locker werden lassen, sondern halte die Spannung stets aufrecht, indem ich ihm immer wieder das Gefühl vermittle, dass ich ihn etwas weniger brauche, als er mich.

Dies wird unweigerlich dazu führen, dass ich mich unmittelbar dann immer ein wenig mehr von ihm entliebe und mich souverän-freundlich von ihm entferne, wenn er im Begriff sein sollte, in alte Gewohnheiten zu verfallen, die meine Standards an eine glückliche Beziehung verletzen.

Ich werde in Zukunft nichts mehr in mich hineinfressen, wenn mich etwas stört.

Doch werde ich dies nicht tun, indem ich ihm Vorwürfe mache, mich bei ihm beklage oder ihn verzweifelt um etwas bitte. Und erst recht nicht, indem ich ihm meine verletzten Gefühle zeige.

Ich werde es ihn in Zukunft GANZ VON ALLEIN merken lassen, wenn er Dinge tut oder unterlässt, die mich stören oder nerven.

Er wird nur ernsthaft irgendetwas verändern, wenn ich ihn in Zukunft konsequent „allein lasse" in einer Situation, die mir nicht gefällt – ohne aktiven, verzweifelten Widerstand und ohne emotional zu werden.

Stattdessen werde ich ihn ruhig und bestimmt an den richtigen Stellen mit meinen Werten und Vorstellungen konfrontieren – und mich dann erst mal anderen Dingen widmen, die mir wieder mehr Spaß und Erfüllung bieten.

Er wird genau registrieren, dass ich meine Lebensfreude und meine Selbstsicherheit nicht beeinträchtigen lasse durch sein distanziertes Verhalten. Umgekehrt wird er ganz von allein spüren, dass ich mich SELBST emotional immer mehr entferne, wenn er meine Vorstellung nicht erfüllt.

Nur so wird er innerlich getrieben sein, die Dinge zu verändern, die nötig sind, damit ich ihm nicht NOCH WEITER entgleite.

Hiermit verabschiede ich mich von dem katastrophalen Irrglauben, dass ich ihn stärker an mich binden könnte, indem ich ihm viel Zeit, Nähe, Vertrautheit, Zärtlichkeit, Zweisamkeit, Liebe, Verbindlichkeit und Hingabe schenke.

Ich weiß, dass diese Dinge einzig nur in solchen Phasen Platz haben, in denen er SELBST sehr zärtlich, liebevoll, aufmerksam und ernsthaft um mich bemüht ist. In allen ANDEREN seiner emotionalen Zustände ist es jedoch ganz genau das GEGENTEIL von dem, was er von mir braucht.

Denn mein gelebtes Einfordern von Zweisamkeit, Nähe und Verbindlichkeit festigt in verhängnisvoller Weise seine emotionale Erkaltung, wenn ich diese Sehnsucht auch DANN weiter ausstrahle, obwohl er sich gerade in einer Periode seines natürlichen Abstandnehmens befindet.

Ich verpflichte mich stattdessen, dass ich mich mit ihm auf eine ganz andere Art verbinden werde:

Mehr als jede andere Frau es jemals tat, werde ich ihm all meine Wärme, Herzlichkeit und Inspiration geben. Ich werde ihn alle Facetten meiner Weiblichkeit spüren lassen und ihm keine andere Wahl mehr lassen, als sein männliches Selbstbewusstsein immer mehr zum Vorschein zu bringen. Ich werde genau dort, wo es ihm wirklich guttut, ihn stärken, fördern, würdigen und „erkennen". Ich werde ihm alle Freiheiten geben, die er braucht und die ihm guttun.

Doch werde ich nie wieder damit aufhören, mich konsequent in Abstand und Distanz zu üben: dort, wo er es braucht und auch dort, wo ICH es brauche.

Ich werde in dieser Beziehung niemals weniger akzeptieren als seine leidenschaftliche Liebe für mich.

Für dieses Geburtsrecht bin ich ab jetzt bereit, mich in Zeiten seiner emotionalen Kälte und Gleichgültigkeit komplett zu beherrschen und dabei den Schmerz meiner Verlustangst, meines Misstrauens und meiner Ungewissheit auszuhalten. Ich werde ihn nicht damit konfrontieren, sondern ihn stattdessen immer wieder neu Schritt für Schritt loslassen, bis er wieder von GANZ ALLEIN auf mich zukommt.

Ich werde niemals zulassen, dass das gesunde Gleichgewicht zwischen uns erneut wieder kippt und irgendwann ICH wieder diejenige bin, die ihn mehr braucht als er mich. Nie wieder wird er erleben, dass ich ihn mit Verfügbarkeit, Nähe und meinen Gefühlen überschütte in einer Zeit, in der er sich etwas weniger um mich bemüht als sonst.

Im Gegenteil: Ich werde die Verbindung zwischen uns immer stark halten, indem ICH diejenige bin, die stets ein ganz kleines bisschen weniger will als er. Dies ist mein

Weg, um der Flamme seiner Sehnsucht und seines Begehrens stets die Nahrung zu geben, die sie braucht, um weiterbrennen zu können.

Ich weiß, dass dieser Weg manchmal sehr hart und sehr schmerzhaft sein wird, da er mich in bestimmten Situationen aufs Äußerste in meiner Persönlichkeit herausfordert.

Denn dieser Weg fordert mich heraus, keine Abstriche mehr zu machen an meinen Erwartungen und an meinen Werten. Dieser Weg verpflichtet mich, konsequent zu sein und notfalls meine Sachen zu packen und zu gehen – im Namen meines Liebesglückes.

Doch ich freue mich sehr auf diesen Weg, denn er wird dazu führen, dass ich sehr viel Wichtiges für mich lernen werde. Indem ich ihn beschreite, werde ich mich in jedem Fall zu einer emotional freien, glücklichen Frau weiterentwickeln.

Ganz gleich, was auch passiert.

Schlusswort

Liebe Leserin,

es ist wirklich nicht einfach, unser Verhalten zu verändern, wenn dieses sich wie ein eingetretener Pfad viele Jahre schon tief in unsere Gefühlswelt verankert hat.

Dies gilt insbesondere für unseren Umgang mit dem Thema „Partnersuche“ und „Beziehungsglück“. Denn wie sonst kaum in einem anderen Bereich wurzeln hier unsere tiefsten Wünsche, Hoffnungen und Glücksvorstellungen.

Unsere ganz persönlichen, vergangenen Erlebnisse im Bereich Liebe und Partnerschaft BRANDMARKEN uns daher viel stärker, als dies unsere Enttäuschungen und

Erfolge beispielsweise in gesellschaftlichen, kulturellen, beruflichen oder sogar in freundschaftlichen Dingen jemals tun könnten.

Wenn aber unsere größten Hoffnungen bisher auch zu unseren schmerzhaftesten Enttäuschungen und Entbehrungen führten, ist es kein Wunder, dass kaum ein anderes Thema unser eigenes Verhalten dermaßen prägt und steuert:

Unsere vergangenen Misserfolge in Liebesdingen zwingen uns, eine gefühlte„zweite Haut" anzulegen, welche uns vor einem ERNEUTEN und ÄHNLICHEN Schmerz in der Zukunft schützen soll.

Wir bilden emotionale Überlebensstrategien, die uns schützen und helfen, die Kontrolle im Umgang mit dem anderen Geschlecht zu behalten.

Wir sind umgänglich, hilfsbereit, seriös, eloquent, liebevoll, ehrlich, verständnisvoll, kommunikativ, kameradschaftlich, sachlich und intelligent-kompetent im Umgang mit dem anderen Geschlecht.

Doch der ganze „Rest" an WAHREN Emotionen wird hinter dieser zweiten Haut professionell verdrängt.

In sehr vielen Fällen ist unsere zweite Haut schon so abgehärtet, dass daraus nicht selten ein fast undurchdringlicher, harter Panzer geworden ist.

Und so kommt es, dass ein ursprüngliches und natürliches Gefühl, das in vielen anderen Kulturen noch viel offener im alltäglichen Umgang zugelassen und gelebt wird, in unserer Gesellschaft eine unglaubliche Schwere und existenzielle Dramatik annimmt.

Es ist deshalb mehr als verständlich, dass wir immer dann, wenn diese verdrängte

Hoffnung in uns wieder leicht hindurchschimmert und aufflackert, wie ferngesteuert agieren und reagieren:

Ich stelle immer wieder erschrocken fest, dass sehr viele Frauen in unserer Gesellschaft einen großen emotionalen Widerspruch in sich tragen:

Auf der einen Seite haben sie ihre Persönlichkeit in vielerlei Hinsicht sehr entwickelt:

Frauen sind häufig sozial sehr kompetent, natürlich, selbstbewusst, authentisch, erfolgreich, kommunikationsfähig, durchsetzungsfähig, konfliktfähig, herzlich, professionell, liebevoll, empathisch und verantwortungsbewusst.

Auf der anderen Seite stehen DIESELBEN Frauen REIHENWEISE genau immer DANN völlig neben sich, wenn der Alltag sie ausnahmsweise und zufällig mal in die Nähe eines Mannes gebracht hat, der ihr Herz höher schlagen lässt.

Einer also, der vom ersten Eindruck her „Beziehungspotenzial" haben KÖNNTE und sich zudem noch für sie interessiert.

Kennen Sie das folgende Phänomen?

„Immer wieder interessieren sich Männer für mich, die mich jedoch völlig kalt lassen. Doch immer dann, wenn MIR mal jemand gefällt, klappt es einfach nicht. Dann will er nicht wirklich etwas Ernstes von mir. Es ist fast wie verhext."

Oder auch:

„Immer gerate ich an Männer, die mich einfach nicht interessieren und mich langweilen. Wenn ICH dann mal jemanden wirklich interessant finde, geht es schief. Oder ich bin dann völlig neben der Spur und scheine es irgendwie zu versauen."

Sehr viele Frauen haben mir das schon persönlich berichtet.

Liebe Leserin,

genau dieses Erleben ist exakt die Kehrseite des inneren weiblichen Panzers:

Denn immer dort, wo unser Herz für einen Menschen höher schlägt, wir uns aus Unsicherheit aber NICHT mehr wohl und selbstbewusst fühlen, müssen wir die Situation krampfhaft kontrollieren, und zwar so lange, bis wir uns wieder sicher fühlen.

Und sicher fühlen wir uns in dieser Situation erst dann wieder, wenn dieser Mensch uns gleich einen NEUEN Panzer gibt, der uns schützen soll:

Die Beziehungssicherheit.

Doch immer dann, wenn wir uns in der Begegnung zwischen Mann und Frau schützen müssen und die Situation zwanghaft steuern und kontrollieren, KANN dieser andere Mensch nicht entzündet werden. Das Gefühl kommt nicht bei ihm an. Sein Innerstes wird nicht berührt.

Die lösungsorientierte und authentische weibliche Herangehensweise, die in fast allen Bereichen des Lebens einer Frau funktioniert (Beruf, Freundschaften, Alltag, Erziehung, Familie, Freizeit usw.), führt immer dort zur Enttäuschung, wo es um den Umgang mit den eigenen Sehnsüchten und dem starken Partnerschaftswunsch geht.

Denn immer dann, wenn eine Frau ihre ergebnisorientierte, zielbewusste Energie auf die zarte Bekanntschaft zu einem Mann überträgt, dessen Gefühle seiner männlichen Natur gemäß ein sensibles, längeres Wachstum benötigen, versagt diese weibliche

Vorgehensweise komplett.

Schon nach ein paar Begegnungen mit intensiver Nähe und Intimität zwingt ihre Schutzhaut sie dazu, die natürlichen Ungewissheiten und die Unsicherheit nicht mehr weiter AUSHALTEN zu können.

Das Beziehungsprojekt ist dann längst beschlossene Sache, ganz gleich, in welchem augenblicklichen Zustand der Mann sich befindet und welche kontinuierlichen Signale er sendet oder nicht.

Mental und gedanklich muss sie die Phase 1 und 2 überspringen und agiert dann fast sofort und wie selbstverständlich in der Phase 3 (Bindungsphase). Der völlig natürliche und viel länger brauchende Bindungsrhythmus des Mannes wird aus dieser Unsicherheit heraus komplett übersprungen.

Und das, obwohl ein Mann in den ersten Monaten FAST IMMER erst ausgiebig die Phase 1 und dann die Phase 2 genießt.

Ab diesem Moment spürt ein Mann dann IMMER die gefühlte Not hinter dem weiblichen Panzer.

Er spürt intuitiv, dass die Frau zwar als Mensch zufrieden ist, sich jedoch als FRAU mit ihren Sehnsüchten scheinbar ohnmächtig in ihrem Leben fühlt.

Er merkt unbewusst, dass sie nun diesen Mangel auf Gedeih und Verderb mit IHM kompensieren will und zwar, indem sie ihn jetzt verzweifelt für ihren Beziehungstraum braucht.

Vielleicht kennen Sie dieses Phänomen umgekehrt bei Männern in Ihrer Umgebung?

Ist es nicht so, dass Sie schon bei den ersten Begegnungen mit den meisten

Männern merken, dass er DESHALB nichts in Ihnen auslösen kann, WEIL Sie genau spüren, dass er sein natürlich-selbstbewusstes „Mann-Sein“ scheinbar extrem für Sie zurückstellt?

Spüren Sie vielleicht, dass irgendwas „komisch“ ist mit ihm, wenn er Sie, ohne Sie näher zu kennen, wie ein Verdurstender auf Händen trägt, Ihnen aus der Hand frisst und Sie völlig übertrieben und unnatürlich aufs Podest hebt?

Vielleicht fühlen Sie ja auch, dass es in Wirklichkeit ganz natürlich wäre, wenn er stattdessen die Begegnung einfach nur lebhaft und angeregt genießen würde. Wenn er sich MIT seinem starken Interesse an Ihnen einfach nur wohl und inspiriert in Ihrer Nähe fühlt.

Wäre es vielleicht nicht völlig normal, wenn er Sie direkt, spielerisch, charmant und männlich-souverän als die attraktive Frau behandelt, als die er Sie empfindet?

Merken Sie nicht auch, dass hier „irgendwas nicht stimmt“, wenn er Sie scheinbar völlig übertrieben und verzweifelt BRAUCHT für einen persönlichen Mangel in seinem Leben? Und dass SIE nicht diejenige sein wollen, die diesen Mangel nun füllt?

Wenn Sie dieses Phänomen nachvollziehen können, wissen Sie auch, wie Männer fühlen, wenn sie sich von einer Frau in den ersten Monaten wieder entfernen, obwohl das von ihm wahrgenommene Beziehungspotenzial ganz am Anfang „ausgereicht“ hätte, um langfristig darauf aufzubauen.

Dort, wo der künstliche Panzer um unsere Weiblichkeit und Männlichkeit am stärksten ist, kann man nur noch aus Ohnmacht heraus von dem EINEN Seelenpartner, dem EINEN Richtigen, dem Seelengefährten oder dem Traumpartner träumen, den uns

hoffentlich irgendwann das Schicksal beschert.
Um diesen dann auf Gedeih und Verderb mit all unserer Kraft und Energie in unseren persönlichen Beziehungsraum hineinzuzwängen.

Die in diesem Buch beschriebenen Übungen und Prinzipien wollen vor allem eines erreichen:

Dass Sie Schritt für Schritt an solche Erfahrungen herangeführt werden, die Sie wieder SPÜREN lassen, dass Sie die Zügel als Frau wirklich in der Hand haben.

Ich möchte, dass auch SIE das Geschenk erleben, sich aus ganzer Kraft und emotionaler Freiheit heraus als die Frau zu spüren, die Sie längst schon SIND und dass Sie dabei ALLE Ihre emotionalen Facetten und die farbenfrohe Vielfalt Ihrer Weiblichkeit ausleben.

Üben Sie das an Ihrem aktuellen Kandidaten.

Verwandeln Sie sich hinein in Ihr bestes weibliches Selbst, direkt vor seinen Augen.

Lassen Sie es zu, dass er viel mehr herausgefordert sein wird, Gedanken an Sie zu investieren, sich zu engagieren und sich immer mehr den Kopf über Sie zu zerbrechen.

Machen Sie das überall dort, wo Sie VORHER noch stets die Kontrolle behalten mussten aus Verlustangst, panischer Ungewissheit und der Sorge, ihn von sich stoßen zu können.

Seien Sie geduldig dabei und geben Sie sich viel mehr Zeit als bisher. Denn es war ja zuletzt SEIN Atem, der mit großem Abstand der längere war. Doch seien SIE jetzt wieder diejenige, die in Zukunft mehr Muße und Unbeschwertheit haben wird als ER. Erfahrungsgemäß sind die ersten Schritte auf diesem Weg die schwersten, da Sie an einigen Stellen des Weges, wie blind vertrauend, einfach nur voranschreiten müssen.

Mit anderen Worten:

Insbesondere am Anfang dieses Weges werden Sie in einer bestimmten Situation von Ihren alten Mustern stark in Versuchung gebracht werden, „umzukippen“ und sich in den Sog Ihrer panischen und sehnsuchtsvollen Gefühle fallen zu lassen.

Schon unzählige Male habe ich einer Frau den folgenden Tipp ans Herz gelegt und ich möchte es auch Ihnen gegenüber tun:

Wenn Sie immer wieder mal in eine Stimmung kommen, in der Sie sich von Ihren heftigen Gefühlen wie überschwemmt fühlen:

Handeln Sie niemals aus solch einer Stimmung heraus, sondern warten Sie erst ab, bis Sie sich wieder etwas beruhigt und einen klareren Kopf haben.

Warten Sie, bevor Sie irgendetwas tun, VIEL länger, als es Ihnen Ihre drängenden, hoffenden, sorgenvollen (z.B. aus der Angst, irgendeinen Fehler zu machen) Gefühle in diesem Moment aufzwängen wollen.

Im Zweifelsfall gilt:

Spannen Sie den Bogen lieber ZU SEHR, als dass Sie die Spannung ZU SCHNELL wieder auflösen.

Ich habe bisher im Coaching noch nicht erlebt, dass dies ein Fehler sein könnte.

Sondern ganz im Gegenteil:

Die Zeit arbeitet dann nicht mehr (wie bisher) gegen Sie, sondern nur für Sie: In keiner anderen Situation ist wohl der Satz „weniger ist mehr" zutreffender als in dem Prozess der Neuerweckung verschütteter Gefühle.

Der beschriebene Weg in diesem Buch stellt ein Geländer dar, mit dessen Hilfe ich in meinen Beratungen schon sehr viele Frauen dabei unterstützen konnte, wieder in ihr höheres weibliches Selbst hineinzuwachsen.

Zunächst Schritt für Schritt, sich an dem Geländer festhaltend.

Wie in jedem anderen Bereich unseres persönlichen Lebens ist es hier ganz genauso:

Bevor wir sie fühlen können, müssen wir die Dinge, die wir uns von Herzen wünschen, zunächst blind und vertrauensvoll TUN. Insbesondere am Anfang werden die Gefühle dem Handeln also hinterherhinken.

Doch wartet wohl nirgendwo sonst etwas Lebendigeres und Kraftvolleres auf Sie: Denn Sie werden Ihre göttliche und unendlich kostbare Weiblichkeit FÜHLEN.

Meine Erfahrung ist:

Irgendwann, wenn Sie die tieferen Wahrheiten hinter den ganzen Verhaltensregeln und Beispielen verinnerlicht haben werden, dann werden Sie auch FÜHLEN können, dass Ihre enorme weibliche Stärke wieder intuitiv Ihr gesamtes Denken und Handeln bestimmt. Sie werden dann dieses Geländer nicht mehr brauchen.

Aufgrund meiner Tätigkeit hatte ich das Glück, immer wieder auch vielen SOLCHER Frauen zu begegnen, die diesen Teil Ihres weiblichen Wesens in unwiderstehlicher Weise und wie selbstverständlich ausleben:

Frauen jeglichen Aussehens und Alters, welche aus einer starken inneren Kraft heraus ihre kostbare Weiblichkeit zelebrieren, getragen von einer Wahrheit, die Sie unendlich häufig schon erlebten:

Dass sie das emotional stärkere Geschlecht sind. Sie leben voller Vertrauen ihre naturgegebene weibliche Macht aus, Liebe zu geben und diese an den richtigen Stellen genauso auch wieder zu entziehen.

Mit diesem Buch möchte ich Sie dabei unterstützen, sich auch in SOLCHEN Situationen an Ihrem neuen Wissen festzuhalten.

Ich möchte Ihnen daher nahelegen, besonders in den kommenden Wochen immer wieder und wieder bestimmte Abschnitte nachzulesen, die Sie innerlich angesprochen haben, und sich diese zu vergegenwärtigen.

Lassen Sie die Rezeptoren Ihrer ureigenen, kraftvollen Weiblichkeit immer empfänglicher werden.

Notieren Sie sich Ihre Erkenntnisse und Ideen dabei in einem Tagebuch.

Lassen Sie zu, dass die brachliegenden Bereiche Ihrer weiblichen Lebendigkeit, Ihre Kraft und spielerische Souveränität wieder in Ihnen zum Vorschein kommen. Folgen Sie dann diesen ersten, leichten emotionalen Spuren Ihres lang vergessenen Erlebens im Kontakt zu IHM und im Kontakt zu allen Männern.

Halten Sie durch.

Mein kostenloser Coaching-Brief per Email

Ich bekomme täglich viele persönliche Anfragen per Email, mit sehr konkreten Fragen zu einer ganz speziellen Situation. Leider bin ich nicht imstande, alle Emails persönlich zu beantworten. Deshalb habe ich einen kostenlosen Email-Kurs ins Leben gerufen, in dem ich mit umfassenden Tipps, vielen konkreten Lösungsbeispielen und tieferen Einsichten auf die verzwicktesten Beziehungskrisen meiner Leserinnen antworte.

Mehr Infos unter:

www.martin-von-bergen.info/newsletter

Falls Sie noch keine Post von mir bekommen, können Sie sich den kostenlosen Email-Kurs schon ab heute senden lassen.

Schreiben Sie Ihre persönliche Meinung in mein Gästebuch

www.martin-von-bergen.info/lesermeinungen

Ich würde mich sehr freuen, wenn Sie mir Ihre persönliche Meinung zu diesem Buch und Ihre Erfahrungen damit berichten.

Ich bin sehr daran interessiert zu hören, welche Impulse und Einsichten, aber auch welche Kritik Sie haben. Hinterlassen Sie dafür einfach Ihren Kommentar auf meiner Homepage.

Empfehlung – Christian Sander

„Wie gewinne ich das Herz eines Mannes?"

- Wie Sie den Richtigen dazu bringen, sich in Sie zu verlieben -

Eine Reise in die Psyche und das Herz der Männer.

Welche Wesensmerkmale und Verhaltensweisen entscheiden schon bei den ersten Begegnungen darüber, ob er Sie als Beziehungskandidatin einstuft?

Der Bestsellerautor und Beziehungscoach Christian Sander enthüllt in diesem Leitfaden das Geheimnis, warum ein Mann eine Frau schon nach kurzer Zeit als seine Traumfrau wahrnimmt (mehr Informationen dazu unter www.christian-sander.net).

Ob beim Ansprechen oder während der ersten Verabredungen, ob nach den ersten Intimitäten oder während der ersten Monate zarter Schmetterlinge im Bauch: Aus der sehr klaren Perspektive eines Mannes leitet Sie Christian Sander durch den Prozess des näheren Kennenlernens.

Profitieren Sie von diesem Standardwerk über die verborgene Logik der männlichen Psyche und entdecken Sie, wie tiefere Emotionen in ihr geweckt werden.

Für mehr Informationen gehen Sie auf die Seite

http://www.christian-sander.net

Das Buch „Wie gewinne ich das Herz eines Mannes?" ist ebenfalls in allen Buchhandlungen und bekannten Onlinebuchhandlungen zu finden:

ISBN 978 - 3 - 03799 - 000 - 1

MEINE NOTIZEN

MEINE NOTIZEN

MEINE NOTIZEN

MEINE NOTIZEN

6016543R00258

Printed in Germany
by Amazon Distribution
GmbH, Leipzig